小企业会计

XIAO QIYE KUAIJI

李继楼　彭杰武　编著

云南大学出版社
YUNNAN UNIVERSITY PRESS

图书在版编目（CIP）数据

小企业会计／李继楼，彭杰武编著．—昆明：云南大学出版社，2012

ISBN 978－7－5482－1108－2

Ⅰ．①小…　Ⅱ．①李…　②彭…　Ⅲ．①中小企业—会计　Ⅳ．①F276.3

中国版本图书馆 CIP 数据核字（2012）第 143128 号

小企业会计

李继楼　彭杰武　编著

策划编辑： 叶枫红
责任编辑： 叶枫红
封面设计： 夏雪梅
出版发行： 云南大学出版社
印　　装： 云南国浩印刷有限公司
开　　本： 787mm×1092mm　1/16
印　　张： 23.75
字　　数： 414 千
版　　次： 2012 年 7 月第 1 版
印　　次： 2012 年 7 月第 1 次印刷
书　　号： ISBN 978－7－5482－1108－2
定　　价： 38.00 元

地　　址：云南省昆明市翠湖北路 2 号云南大学英华园（邮编：650091）
发行电话：0871－5031071　5033244
网　　址：http：//www.ynup.com
E－mail：market@ynup.com

序言（一）

2011年10月18日，财政部发布《小企业会计准则》（财会〔2011〕17号），自2013年1月1日起在全国小企业范围内实施，2004年4月27日发布的《小企业会计制度》同时废止，标志着由适用于大中型企业的《企业会计准则》和适用于小企业的《小企业会计准则》共同构成的企业会计标准体系基本建成。《小企业会计准则》的颁布实施，是国家扶持小企业健康持续发展的重要措施之一，对改善小企业外部环境，加强扶持小企业发展的信贷、税收、产业等各项政策措施落实提供有力制度保障。

《小企业会计准则》从财务会计目标定位上促进小企业依法建账，提高核算水平和会计信息质量，具有以下作用：有助于小企业加强自身内部管理，提高管理和经营能力；有助于税务机关根据小企业会计信息提供的实际负税能力征税，促进小企业税负公平，将国家相关税收优惠政策落到实处；有助于提高小企业的信用评价，小企业通过提供真实可靠的通用财务报表信息，从而提高自身的财务信誉度和银行的信用评价，与国家解决小企业融资难的相关政策相呼应，从长效制度的角度逐步解决小企业融资难、贷款难的问题；有助于小企业有限合伙人等社会投资者获得小企业真实可靠的会计信息，了解直接参与经营的出资者的受托管理责任，维护自身的利益，增强资本流动，缓解资金瓶颈问题；有助于政府管理部门通过获得小企业真实可靠的经济信息、财务信息，正确评价经济运行，维护市场经济秩序、搭建服务平台，作出宏观经济决策。

小企业是我国国民经济和社会发展的重要力量，截至2010年末，全国工商登记中小企业超过1 100万家，个体工商户超过3 400万个。中小企业超过企业总户数的99%，创造的最终产品和服务价值相当于国内生产总值的60%左右，缴税额为国家税收总额的50%左右，提供了80%左右的就业岗位。以工业为例，2010年，全国规模以上中小企业44.9万家，比2005年增长50.1%，年均增长8.5%，占规模以上企业数量的99.3%；全国规模以上中小企业工业增加值增长17.5%，占规模以上工业增加值的69.1%；

实现税金1.5万亿元，占规模以上企业税金总额的54.3%，是2005年的1.9倍，年均增长13.1%；完成利润2.6万亿元，占规模以上企业利润总额的66.8%，是2005年的2.4倍，年均增长18.9%。

贯彻实施《小企业会计准则》，促进小企业持续健康发展，需要从理论支撑、准则解读、横向视野、纵向对比、系统理解、深入浅出等方面来阐述小企业会计。

这本《小企业会计》根据《小企业会计准则》和《企业会计准则——基本准则》的规范和要求，从会计理论性、政策性、操作性、社会性等方面阐述小企业会计，突出其系统性和实践操作性；框架结构合理、逻辑层次清晰，随着会计主体、会计核算工具、会计要素确认计量报告依次展开，通俗易懂，便于理解应用。书中分析和描述了包含小企业在内的中小企业的特点、地位作用、组织形式、存在问题和发展前景；针对税收会计在小企业中的重要性，将税收核算单独成章，增强操作指导性；针对很多小企业需要进行成本核算，增加了成本核算基本原理和基本方法内容；将《小企业会计准则》与IASB（国际会计准则理事会）发布的《中小主体国际财务报告准则2009》和我国2006年的《企业会计准则》做了横向比较分析；对中小企业会计行为和会计监督存在的问题、原因和措施进行了分析和描述。可较好地为广大企业会计人员、税收征管人员、经济类院校师生和相关经济工作者学习、应用和研究小企业会计提供指导、参考和帮助。小企业经济的发展离不开会计，相信这本《小企业会计》对我国小企业的发展将起到积极的促进作用。

云南省财政厅党组成员、副厅长　胡芩菩

2012年5月

序言（二）

我很高兴地收到和阅读云南省保山学院李继楼、彭杰武两位老师编著的《小企业会计》一书。

在我国改革开放以来三十多年的国民经济和社会发展过程中，小企业是一支重要力量。可以这样说，促进小企业发展，是保持国民经济平稳较快发展的重要基础，是关系民生和社会稳定的重大战略任务。据统计，中小企业数量占企业总户数的比重，在90%，甚至95%以上；提供、吸引和容纳了80%左右的劳动力就业；创造的最终产品和服务价值相当于国内生产总值的2/3；缴税额为国家税收总额的五成左右。

在小企业会计核算和财务管理方面，财政部2011年发布《小企业会计准则》（财会〔2011〕17号），将从2013年1月1日起在全国小企业范围内实施（替代2004年4月发布的《小企业会计制度》），标志着由适用于大中型企业的《企业会计准则》和适用于小企业的《小企业会计准则》共同构成的企业会计标准体系基本建成，也是服务小企业发展的切实举措，将为国家扶持小企业发展的信贷、税收、产业等各项政策措施落实提供有力的制度保障。

《小企业会计准则》与原《小企业会计制度》相比，在理念、范围、框架结构、核算方法、信息满足、报表编制和披露等方面均发生了深刻变化。原来的《小企业会计制度》仅仅以会计科目使用和报表的填列为主线进行规范，《小企业会计准则》既考虑到小企业会计人员的知识结构、企业规模、经营管理、发展创新等特点，又兼顾与IASB（国际会计准则理事会）《中小主体国际财务报告准则2009》相协调，解决中国小企业的实际发展问题。从制度层面上升为准则层面，这对小企业会计带来了挑战，需要从理论支撑、准则解读、横向视野、纵向对比、系统理解、深入浅出等方面来阐述小企业会计，这也是这本《小企业会计》的创新和贡献之处。

我阅读本书，认为具有以下几个特点：

第一，本书按照《小企业会计准则》和《企业会计准则——基本准则》的规范和要求，从会计理论性、政策性、操作性、社会性的角度出发，针对小企业会计环境、会计人员状况和会计业务的具体特征，以会计理论为支撑，以会计法规准则为依据，以小企业会计实务为基础，突出系统性和实践性，充分将小企业会计的特点揭示出来。

第二，从财务会计概念框架的角度，将《小企业会计准则》与IASB（国际会计准则理事会）发布的《中小主体国际财务报告准则2009》和我国2006年《企业会计准则》做了比较分析，阐述小企业主体界定、财务会计目标、信息质量和会计要素确认计量报告，清晰地描述出《小企业会计》在我国企业会计体系结构中的位置，清楚地将小企业会计的逻辑路径勾勒出来，便于认识理解。

第三，会计系统的组织必然要受到其对象——会计主体的约束和影响，体现不同主体的特点。书中用一章的篇幅首次分析和描述了包含小企业在内的中小企业的特点、地位作用、组织形式、存在问题和发展前景，将小企业会计政策选择的针对性和会计主体特点的内在联系表现出来，非常便于读者理解分析。

第四，以往的小企业会计文献侧重于会计核算和法规制度的解释，该书首次在此基础上对中小企业会计行为和会计监督存在的问题、原因和措施进行了分析和描述，有利于促进小企业内部管理，改善会计信息质量的可靠性和相关性，从而改善小企业税收环境和融资环境，促进小企业税负公平，提高小企业的信用评价，加强小企业贷款及其风险管理，有利于将国家对小企业优惠政策落实到位。对当前解决我国小企业发展瓶颈，从会计角度做了一些理论上的探讨和创新。

第五，《小企业会计》框架结构合理、逻辑层次清晰，随着会计主体、会计核算工具、会计要素确认计量报告依次展开，阅读路径清晰；针对税收会计在小企业中的重要性，将税收核算单独成章，增强操作指导性；针对很多小企业需要进行成本核算，增加了成本核算基本原理和基本方法等内容；同时将《小企业会计准则》与《企业会计准则》和原实行的《小企业会计制度》的差异，在书中做了下划线标注，以节省读者阅读时间。

本书体现了系统性、理论性、政策性、实用性特点，可以较好地为广大企业会计人员、税收征管人员、经济类院校师生和相关经济工作者学习、应用和研究小企业会计提供指导、参考和帮助。“十二五”时期，我国中小企业处于大有作为的重要战略机遇期，其成长面临着国际和国内经济巨大变革带来的历史机遇和严峻挑战，“转方式、调结构、上水平”势在必行。

企业经济的发展离不开基于会计信息的财务管理。我相信，这本《小企业会计》对我国小企业的管理水平提升发展能够发挥助力作用。

北京大学会计学教授、博士生导师　王立彦

2012 年 5 月于北京大学光华管理学院

前 言

2011年10月18日，财政部发布《小企业会计准则》（财会〔2011〕17号），自2013年1月1日起在全国小企业范围内实施，2004年4月27日发布的《小企业会计制度》（财会［2004］2号）同时废止。这是继我国企业会计准则建成并有效实施之后企业会计标准建设的又一项重大系统工程，标志着由适用于大中型企业的《企业会计准则》和适用于小企业的《小企业会计准则》共同构成的企业会计标准体系基本建成，是服务小企业发展的切实举措，将为国家扶持小企业发展各项政策措施的落实提供有力的制度保障。

财政部、工业和信息化部、国家税务总局、工商总局、银监会等五部门于2011年10月26日发布《关于贯彻实施〈小企业会计准则〉的指导意见》（财会［2011］20号），明确指出：小企业是我国国民经济和社会发展的重要力量，促进小企业发展，是保持国民经济平稳较快发展的重要基础，是关系民生和社会稳定的重大战略任务。发布实施《小企业会计准则》是贯彻落实《中华人民共和国中小企业促进法》、《国务院关于进一步促进中小企业发展的若干意见》等有关法规政策的重要举措；有利于加强小企业内部管理，促进小企业又好又快发展；有利于改善小企业税收环境，督促小企业建账建制，依法治税，加强小企业税收征管，有助于税务机关根据小企业实际负担能力征税，将相关税收优惠政策落实到位，促进小企业税负公平；有利于改善小企业融资环境，发挥信用信息服务在小企业融资中的作用，建立和完善小企业信用信息征集机制和评价体系，提高小企业的信用评价，加强小企业贷款管理，防范小企业贷款风险；各地区有关部门要从维护市场经济秩序、促进小企业健康发展、构建和谐社会的高度，积极采取有效措施，学习好、宣传好、贯彻好《小企业会计准则》。

《小企业会计准则》由准则和附录两部分组成，准则部分主要规范小企业通常发生的交易或事项的会计处理原则，为小企业处理会计实务问题提供具体而统一的标准；附录包括会计科目、主要账务处理和财务报表，为小企业执行小企业会计准则提供操作性规范。《小企业会计准则》在范围上涵盖了农林牧渔业、工业制造业、建筑业、批发和零售业等各种行业。《小企业会计准则》与《企业会计准则》进行了有序衔接，在准则实施上采取了既积极又稳妥的制度安排，允许小企业采用企业会计准则体系，鼓励小企业做大做强，允许小企业会计准则中没有作出规定的业务按照企业会计准则相关规定处理，确保会计信息高标准高要求，这些要求比 IASB（国际会计准则理事会）发布的《中小主体国际财务报告准则 2009》更积极。

《小企业会计准则》充分体现了自身特点：(1) 小企业经济业务相对简单，一级会计科目设置明显较少。(2) 针对小企业会计人员的知识结构以及企业规模特点，简化了部分业务的账务处理。会计要素采用历史成本作为记账基础，不采用公允价值作为记账基础；对任何资产都不计提资产减值准备，在实际发生时确认资产损失；固定资产、生产性生物资产的折旧方法、使用寿命和预计净残值的确定参照了企业所得税法中有关认定标准，通常采用年限平均法计提折旧；对会计与税法形成的暂时性差异一律采用应付税款法；简化了确认收入的判断条件，规定小企业在发出商品且收到货款或取得收款权利时确认收入的实现，减少了关于风险报酬转移的职业判断；长期股权投资采用成本法，不采用权益法，不要求严格区分投资前被投资企业实现利润的分配还是投资后被投资企业实现利润的分配；简化了资本公积的核算项目，只核算资本溢价。(3) 兼顾报表使用者决策和编报的成本效益原则，简化财务报表，不编制所有者权益变动表，只包括资产负债表、利润表、现金流量表和附注；小企业的资产负债表以历史成本为原则，不考虑资产的公允价值；简化了现金流量表内容，只进行直接法填报。(4)《小企业会计准则》制定的理念、框架结构、计价方法、核算原则等都充分考虑了税务部门和银行等企业外部会计信息使用者的需求，最大限度地消除了小企业会计与税法的差异；信息披露方面，增加了税务部门和贷款银行等信息使用者所关注的信息，为便于税务部门掌握小企业纳税调整和税金缴纳情况，要求小企业在报表附注中详细披露应付职工薪酬、应交税费项目的说明，以及与税法规定存在差异的纳税调整过程等；为便于贷款银行客观评价小企业偿债能力，要求小企业披露短期投资期末市价、应收账款账龄、存货期末市价、利润分配情况、对外担保资产以及未决诉讼、未决仲裁和对外提供担保等有关情况的说明。

本书的编著，完全按照《小企业会计准则》和《企业会计准则——基本准则》的规范和要求，从会计理论性、政策性、操作性、社会性的角度出发，针对小企业会计环境、会计人员状况和会计业务的具体特征，力求做到以会计理论为支撑，以会计法规准则为依据，以小企业会计实务为基础，按照准则比较、会计主体、会计核算工具、会计要素确认计量报告依次展开，突出系统性、理论性、政策性和实践性。为广大企业会计人员、税收征管人员、经济类院校师生和相关经济工作者学习、应用和研究小企业会计提供指导、参考和帮助。

本书吸收了作者对中小企业经济和中小企业会计的一些公开发表的研究成果，从财务会计概念框架的角度，将《小企业会计准则》与IASB（国际会计准则理事会）发布的《中小主体国际财务报告准则2009》和我国2006年的《企业会计准则》做了横向比较分析，阐述小企业主体界定、财务会计目标、信息质量和会计要素确认计量报告，尝试勾勒出《小企业会计》的逻辑路径以及在我国企业会计体系结构中的位置；从会计主体的角度分析和描述包含小企业在内的中小企业的特点、地位作用、组织形式、存在问题和发展前景，试图将小企业会计政策选择的针对性和会计主体特点的内在联系表现出来；对中小企业会计行为和会计监督存在的问题、原因和措施进行分析和描述，以利于促进小企业加强内部管理，改善会计信息质量的可靠性和相关性，从而改善小企业税收环境和融资环境，有利于落实国家对小企业的优惠政策；针对税收会计在小企业中的重要性，将税收核算单独成章，增强操作指导性；针对很多小企业需要进行成本核算，用一章的篇幅加入了成本核算基本原理和基本方法内容；为便于读者阅读和应用，将《小企业会计准则》与《企业会计准则》和原实行的《小企业会计制度》的差异，在书中做了下划线标注。书中疏漏和不妥之处，恳请读者指正交流（作者邮箱 lijilou@126.com）。

在本书的编著过程中，得到了北京大学光华管理学院会计学教授、博士生导师、会计系原系主任王立彦老师的指导，云南省财政厅党组成员、副厅长胡芩菩给予了鼓励和肯定，云南省财政厅会计处处长赵学源提出了建设性的宝贵意见，保山市财政局会计科科长杨崇田参与了部分内容的修改，在此表示诚挚的感谢！

作 者

2012年5月

目 录

第一章 《小企业会计准则》横向比较

2011 年 10 月 18 日财政部发布《小企业会计准则》，深化会计改革，规范小型、微型企业会计核算，提高企业会计信息质量。对现阶段我国小企业发展具有较强的针对性和有效性。对小企业内部管理、税收征管、税负公平、融资筹资、贷款管理、风险防范、落实国家关于扶持小企业发展的法规政策将起到积极作用。也为政府监管部门和经济管理部门提供更为可靠的衡量信息，改善小企业外部经营环境，促进小企业持续健康发展。标志着分别适用于大中型企业和小企业的《企业会计准则》和《小企业会计准则》共同构成的我国企业会计标准体系基本建成。

《小企业会计准则》作为我国企业会计标准的重要组成部分，其会计概念基础沿用财政部 2006 年发布的基本准则，从财务会计概念框架的角度，将其与 IASB（国际会计准则理事会）发布的《中小主体国际财务报告准则 2009》和我国 2006 年的《企业会计准则》相比较，其概念框架下的主体界定、财务会计目标、信息质量和会计要素确认计量报告等方面具有独特意义。

第一节 主体界定的特征

《小企业会计准则》的主体界定，将小企业从大中型企业独立出来，实行差别会计报告，既向着国际趋同方向发展，又立足于我国小企业发展的实际情况。从市场经济内在竞争机制的产权制度的角度看，我国小企业是最有资格的市场竞争参与者之一，但在其成长和发展中，内部管理和外部环境对其持续发展都存在需要解决的不利因素。

一、《小企业会计准则》主体界定的独立性，体现了与 IASB《中小主体国际财务报告准则 2009》的趋同和发展方向

IASB《中小主体国际财务报告准则 2009》描述的中小主体不负有公共

受托责任，并且向外部使用者公布通用财务报表。外部使用者包括诸如不参与管理业务的所有者、现有或潜在的债权人以及信用评价机构；负有公共受托责任的条件包括：其债务性或权益性工具已在公开市场交易或者正在准备发行这些工具，或者将以信托方式持有大量外部人士的资产作为其主要业务之一，如金融企业。至于如何界定企业的“中小主体”问题，各国情况各不相同。

《企业会计准则——基本准则》第二条：“适用于在中华人民共和国境内设立的企业（包括公司）”。在基本准则框架下的《小企业会计准则》第二条：适用于在中华人民共和国境内依法设立的、符合《中小企业划型标准规定》所规定的小型企业标准的企业。小企业不包括：（1）股票或债券在市场上公开交易的小企业；（2）金融机构或其他具有金融性质的小企业；（3）企业集团内的母公司和子公司。这个主体界定与 IASB《中小主体国际财务报告准则 2009》有基本一致和趋同的发展方向。

二、《小企业会计准则》的主体界定，鉴于我国小企业在国民经济中的地位、作用以及发展困境，具有非常强的针对性

我国中小企业是国民经济和社会发展的重要力量，在繁荣经济、增加就业、推动创新、改善民生等方面，发挥着越来越重要的作用。截至 2009 年底，全国工商登记企业 1030 万户（不含 3130 万个体工商户），按现行中小企业划分标准测算，中小企业达 1023.1 万户，超过企业总户数的 99%，中小企业创造的最终产品和服务价值相当于国内生产总值的 60% 左右，缴纳税额为国家税收总额的 50% 左右，提供了 70% 左右的就业岗位。2010 年末，全国工商登记中小企业超过 1100 万家，个体工商户超过 3400 万个，“十一五”时期中小企业新增城镇就业岗位 4400 万个以上，提供 80% 以上的城镇就业岗位。但由于过去国家政策的抓大放小和其他各方面的原因，对小企业的引导、培育、扶持、外部监管指导严重缺位，小企业会计核算体系不健全、会计信息失真、财务管理混乱、内部管理不顺、信用缺失、融资筹资难、抗风险能力弱、税收征管方式不公平、人才匮乏、创新能力不足、持续发展能力不强。小企业具有规模小、数量大、业务简单、竞争力弱、寿命短、投资主体多元化（多为私有企业）、主要集中在劳动密集型产业、发展不平衡等共同的特点和发展困境。

《中小企业划型标准规定》从营业收入、从业人员、资产规模三个方面划分中型、小型、微型三种类型企业（具体标准见第二章）。

《小企业会计准则》第三条：（1）符合本准则条件的小企业，可以执行本准则，也可以执行《企业会计准则》；（2）执行本准则的小企业，发生的交易或者事项本准则未作规范的，可以参照《企业会计准则》中的相关规定进行处理；（3）执行《企业会计准则》的小企业，不得在执行《企业会计准则》的同时，选择执行本准则的相关规定；（4）执行本准则的小企业公开发行股票或债券的，应当转为执行《企业会计准则》；（5）因经营规模或企业性质变化导致不符合本准则规定而成为大中型企业或金融企业的，应当从次年1月1日起转为执行《企业会计准则》；（6）已执行《企业会计准则》的上市公司、大中型企业和小企业，不得转为执行本准则；（7）微型企业参照执行本准则。第四条：执行本准则的小企业转为执行《企业会计准则》时，应当按照《企业会计准则第38号——首次执行企业会计准则》等相关规定进行会计处理。

《小企业会计准则》针对我国小企业的特征，在会计概念框架中独立界定小企业会计主体，充分体现了中国的实际情况。将对小企业加强自身管理、改善外部环境、持续健康协调发展以及中国市场经济非国有化主体经济的深入和完善产生积极的推动作用。

第二节 财务会计及报告目标的特征

财务会计及报告目标要回答的主要问题是：谁是信息使用者，用途是什么，报告主体能提供哪些主要信息。对此，比较一致的认识是财务报告具有决策有用性和受托责任两个方面的目标。FASB/IASB 在 2010 年发布的 SFAC No. 8，界定的财务报告目标：通用财务报告的目标是向现有和潜在的投资者、贷款人和其他债权人提供关于报告主体的财务信息，有助于他们做出提供资金的决策及收回贷款和其他形式信贷的决策。IASB《中小主体国际财务报告准则2009》第二章描述“中小主体”财务报表目标：提供有关主体财务状况、经营业绩、现金流量的信息，以有助于那些无权要求主体按特定的信息需求编制报告的广大使用者做出经济决策，也体现了管理层受托责任的结果。2006 年《企业会计准则——基本准则》第四条：企业应当编制财务报告，财务报告的目标是向财务报告使用者提供与企业财务状况、经营成果和现金流量等有关的会计信息，反映企业管理层受托责任履行情况，有助于财务报告使用者作出经济决策，财务报告使用者主要包括投资者、债权人、政府及其有关部门和社会公众等。《小企业会计准则》的财务会计目标沿用基本准则的规定，与《中小主体国际财务报告准则 2009》基本保持一致，但《小企业会计准则》从报告内容、列示项目、表内确认等财务会计报告目标均显现出与前两个准则的不同之处，体现我国小企业的信息使用者、信息用途、所有权结构、企业治理、外部经营环境等自身的独特性特征。

一、我国小企业的特殊性决定了《小企业会计准则》的财务会计目标有别于其他准则

我国小企业数量众多、规模较小，社会影响范围较小，但在国民经济中的经济总量比重、上交税收、容纳就业人口、推动创新等方面的贡献较大。企业组织形式和管理方式多元化，且规范程度不高，企业资金主要是自身投入，与公众利益关系不密切。会计信息的外部使用者相对较少，但信息使用者的信息要求具有独特性，外部会计信息需求者主要是税务机关、贷款银行、担保机构、利害关系债权人、不参加经营管理的现有和潜在的投资人以及相关政府管理部门。客观上导致《小企业会计准则》的财务会计目标不同于 IASB《中小主体国际财务报告准则 2009》以及我国《企业会计准则》所涵盖的大中型企业及上市公司。

二、《小企业会计准则》的财务会计目标定位具有促进小企业税负公平的特点

税务部门是小企业会计信息的主要使用者之一，从税收征管法和实体税法的角度，获取对小企业纳税管理的会计信息。税务部门利用小企业提供的会计信息做出税收判断、决策、纳税评估和纳税预测，包括征收方式、税收优惠、税额计算、税款返还、发票管理、纳税奖惩、纳税信用等级评定等。税务部门作为会计信息的使用者，由于小企业数量众多，税收征管资源有限，希望小企业财务会计与税法的差异相对较少，以减少纳税调整，提高征管效率。关注小企业的账务是否健全、账簿记录是否真实可靠，能否提供纳税信息，是否及时、足额缴纳税款。为满足这种信息需求，《小企业会计准则》采取了与《中小主体国际财务报告准则 2009》和《企业会计准则》不同的做法：减少了小企业财务会计与所得税法的差异，如采用历史成本计量、不计提资产减值准备、不确认未来收益、确定固定资产使用寿命和预计净残值兼顾税法规定、详细披露职工薪酬和应交税费项目、采用应付税款法等。《小企业会计准则》从财务会计目标定位上促进小企业依法建账，提高核算水平和会计信息质量，加强税收征管，有助于税务机关根据小企业的实际负税能力征税，促进小企业税负公平，将国家相关税收优惠政策落到实处。

三、《小企业会计准则》的财务会计目标定位具有促进小企业提高信用评价，缓解融资难的特点

贷款银行、担保机构、利害关系债权人是小企业外部融资的主要渠道。作为小企业的又一个主要会计信息使用者，利用小企业会计信息做出信贷决策和偿债预测、评价，希望小企业提供通用财务报表，即资产负债表、利润表、现金流量表。但由于小企业规模小，应变能力差，抗风险能力弱的特点，银行对贷款决策持非常谨慎的态度，贷款满足率低，小企业的银行贷款大部分是抵押和信用担保。他们关注小企业的财务信息和非财务信息，包括现金流量、报表是否真实、经营者素质、借款原因、偿债能力、对外担保、未决诉讼、未决仲裁和经营者个人信用等方面的情况。长期困扰小企业融资难的发展瓶颈问题，既有外部体制、机制的原因，更与小企业自身不能提供真实可靠的会计信息直接相关。高质量的会计信息决定着小企业的信用评价，《小企业会计准则》从会计以及报告目标定位上，要求小企业加强管理，提供真实可靠的通用财务报表信息，从而提高自身的财务信誉度和银行的信用评价，与国家解决小企业融资难的相关政策相呼应，从长效制度的角度逐步解决小企业融资难、贷款难的问题。

四、《小企业会计准则》的财务会计目标定位具有促进小企业资本流动和改善外部环境的特点

我国小企业组织形式多元化，有独资企业、合伙企业、公司制企业、集群或联合经营；管理方式多元化，有公司治理结构、所有者与经营者一体化、家族式管理。小企业虽然不对外公开发行金融工具，不涉及公众资本，但随着经济发展的复杂化，除了所有者与经营者合二为一这种模式外，也出现了投资者、出资人、公司制企业的其他股东不参与企业经营管理的情况，诸如按公司法规定的有限合伙人、民间资本联合的出资人、联合经营的合作者。他们希望获得小企业真实可靠的会计信息，了解直接参与经营的出资者的受托管理责任，满足知情权，维护自身的利益。在公司法规框架内的企业资本流动中，做出考虑退股、缩减出资、增加投资等决策。如果小企业会计信息的相关性、可靠性提高且稳定，形成规范的、程序化的、可以让人信赖的会计信息市场，在流动性过剩、负利率低利率时代，特别是主板市场低迷的情况下，小企业对资金的需求将会以有限合伙人、有限股东、联合资本的方式吸引更多的潜在投资者，小企业的资本流动将会增强，缓解资金瓶颈的问题。

政府管理部门作为会计信息使用者，在维护市场经济秩序、搭建服务平台、经济监管、宏观决策和调控方面，必须建立在真实可靠的经济信息、财务信息的基础之上。小企业在数量、经济总量、容纳就业人数方面具有重要地位，提供的会计信息在国家汇总加工的宏观信息中也占重要比例。经济管理和监管机构通过获得财务报告信息，正确评价经济运行，从而作出宏观经济决策。我国作为新兴市场国家，在经济转型以后，政府及其有关部门在市场导向、产业政策、区域规划、宏观调控中，对企业进行资金、技术、其他要素的扶持。一方面，其选择扶持对象的过程就可能是利用会计信息进行判断决策的过程；另一方面，实施过程中需要小企业提供相关性、可靠性的会计信息作为监管和服务的依据。《小企业会计准则》财务会计目标的定位具有改善小企业外部环境的特点。

五、我国《小企业会计准则》受托责任财务会计目标，可理解为具有独特的政策性和社会性特征

所有权与经营权分离是公司治理结构的核心，根据受托责任观，企业管理层受投资人的委托经营管理企业及其各项资产，对投资人负责，应做到资本保值增值，实现利润或企业价值最大化。这种情况在我国现阶段小企业范围内不具有普遍性，多数小企业所有权与经营权高度统一。但从会计法和相关经济法规层面上看，小企业对政府及其管理部门负有“保证会计资料真实、完整，加强经济管理和财务管理，提高经济效益，维护社会主义市场经济秩序”的责任。小企业和投资者一方面只有稳健经营、可持续发展、提供真实可靠的会计信息，吸引更多的投资者，实现资源的合理配置和结构调整，实现持续健康发展的自我目标和社会责任目标；另一方面，《会计法》第三、四、二十一条规定：各单位必须依法设置会计账簿，并保证其真实、完整，单位负责人对本单位的会计工作和会计资料的真实性、完整性负责，财务报告应当由单位负责人和主管会计工作的负责人、会计机构负责人（会计主管人员）签名并盖章，单位负责人应当保证财务报告真实、完整。我国小企业在市场经济刚刚起步阶段，以其灵活性表现出较大的优势，但在成长发展的过程中由于自身和外部环境的原因，客观上存在着管理不规范、账务不健全、会计信息失真、财务管理混乱的特点，在市场环境不断规范、市场主体多元化和市场经济不断深入发展的阶段，表现出极大的艰苦性和不适应性，必须借助外生性强制力量改善这种状况。这就决定了《小企业会计准则》财务会计目标的受托责任具有社会责任和会计法层面的政策性特点。

第三节 会计信息质量的可靠性和相关性特征

会计信息质量的可靠性和相关性既相互依存又相互制约，共同作用成为会计信息质量的内涵，是一对存在权衡的会计信息质量特征。在财务会计目标强有力的影响和导向下，会计信息质量的相关性和可靠性具有成本效益约束条件下权衡的排序关系。

一、可靠性和相关性的成本效益约束特征

效益大于成本是选择信息的约束条件。IASB《中小主体国际财务报告准则 2009》效益与成本之间的平衡会计信息质量描述为：信息所产生的效益应超过提供信息的成本，效益和成本的评价实质上是一个价值判断过程，而且成本也不一定由享受效益的信息使用者承担，经常是由不承担成本的广大的外部信息使用者获得。当某一会计方法能提供的信息不可能同时满足可靠性和相关性时，理性的选择是在可靠性的前提下，选择最相关性的信息，可靠性是反映经济真实所决定的财务会计的本质。《小企业会计准则》的成本效益选择体现了可靠性重于相关性这个特征。

二、与《中小主体国际财务报告准则 2009》的差异在于排序关系不同

小企业作为报告主体提供什么样的会计信息，取决于成本效益约束条件。小企业财务报告信息的核心部分是财务报表表内信息。FASB/IASB 财务会计概念公告（SFAC No. 8）将会计信息质量划分为三个层次：基本质量特征、增进的质量特征和信息约束条件。基本质量特征指相关性、重要性与如实反映（原可靠性）；增进质量特征有可比性、可稽核性、及时性和可理解性；约束条件为成本与效益。IASB《中小主体国际财务报告准则 2009》描述的会计信息质量：可理解、相关性、重要性、可靠性、实质重于形式、审慎、完整性、可比性、及时性、效益与成本之间的平衡。《小企业会计准则》沿用基本准则会计信息质量要求：可靠性（如实反映、真实可靠、内

容完整）、相关性、可理解性、可比性、实质重于形式、重要性、谨慎性、及时性。中外两类准则比较，既有趋同又有差异，主要差异在于可靠性和相关性的排序。

三、更注重如实反映和真实可靠，可靠性重于相关性

从通用财务报表对会计要素的表内确认、计量模式和成本效益约束条件，结合我国小企业非公众性、外部信息使用者较少、会计信息失真、信用缺失等特点分析，《小企业会计准则》与《企业会计准则》相比，具有自身的特点：相关性需求相对较弱，可靠性需求又非常强烈，可靠性重于相关性，更注重如实反映和真实可靠。

财务会计对经济事项的描述过程表现为确认、计量和报告，高质量会计信息具有两个特点，一是如实反映经济真相，二是满足会计信息使用者的需要，也就是可靠性（或“如实反映”）和相关性。可靠性是可量化和可验证的，表现为已经发生的交易，将经济真相如实地用会计信息反映出来。信息是客观事物的反映，只有如实反映一个主体客观存在的经济资源，以及实际变动的现实交易事项，才有可能通过财务信息真实描绘经济真相。财务会计的真实可靠性是指会计确认、计量、报告的经济业务必须符合客观实际，具有明显的财务性，《小企业会计准则》会计信息质量的这个要求尤其明显。相关性是满足会计信息使用者需求的属性，信息使用者利用会计信息做出决策。相关性具有及时性、重要性、预测性、未来性、财务性和非财务性特征。会计信息的相关性不存在有无的问题，只是相关性需求的层次、强弱不同，信息使用者及其用途具有差异性和变化性，小企业的外部信息使用者相对较少，相关性相对较弱。因此《小企业会计准则》可靠性和相关性也存在需要权衡的特点，相关但不可靠的会计信息同样不具备相关性，二者在相互依存和相互制约中更强调可靠性。

第四节　会计要素确认、计量、报告采用简化办法的特征

小企业会计主体、财务会计目标、会计信息质量的独特性，决定了小企业财务会计确认、计量、报告已无太多的选择空间，与《企业会计准则》和《中小主体国际财务报告准则2009》比较，在确认和报告方面采用了简

化的办法。减少了不经常涉及的交易事项和内容较为复杂的会计处理方法，在计量方面基本上抛弃了公允价值，采用单一的历史成本计量模式，减少了会计估计和职业判断。在财务会计确认、计量和报告等方面，均体现了《小企业会计准则》更注重如实反映和真实可靠的方法选择。

一、采用历史成本计量属性，放弃公允价值计量

《小企业会计准则》放弃了公允价值计量，选择单一的历史成本计量属性，减少了会计估计，不确认未实现收益，增强了会计信息的可靠性。在《企业会计准则》的计量属性中，对公允价值计量，理论界和实务界存在很大的争议。虽然公允价值计量突破了财务会计历史成本计量的局限性，解决了历史成本计量下的资产账面价值和实际价值背离的问题，但我国公允价值应用条件与美国等发达国家相比，市场条件还不完善，很多计量事项难于找到最直接的市价，公允价值数据不易获得，需采用专门的估值技术，更多的企业依靠会计人员的职业判断和专业评估机构。企业利用公允价值操纵利润进行盈余管理的动机和事实未能排除，公允价值计量所生成的会计信息质量的可靠性尚存质疑。《小企业会计准则》放弃公允价值计量，符合成本效益约束条件的质量要求，增强了会计信息的可靠性。

二、所有资产不计提减值准备，取消相关资产的公允价值后续计量

《小企业会计准则》采用单一历史成本计量模式，所有资产均不计提减值准备，不采用公允价值后续计量，遵循交易事项实现原则，在实际发生损失和坏账时直接计入营业外支出科目，冲销相应资产账户。注重会计信息的可验证性，避免盈余管理，同时与现行所得税法一致，减少纳税调整。

三、简化金融资产的核算

《企业会计准则》将金融资产分类为：交易性金融资产、贷款和应收款项、持有至到期投资、可供出售的金融资产四类，长期股权投资单独核算。《小企业会计准则》将其简化为：短期投资、长期债权投资和长期股权投资。对于长期债权投资后续计量取消实际利率法，采用直线法简化核算；长期股权投资的后续核算，取消权益法，统一采用成本法核算。体现了成本效益约束条件权衡下可靠性重于相关性和简化核算的特点。

四、长期负债的入账价值和利息计算采用简化方法

《企业会计准则》在确认、计量长期负债时，对借款的合同利率或债券的票面利率与形成负债日的实际市场利率之间的差额，以及实际收到的借款金额与借款合同金额或债券面值之间的差额，在存续期内按照实际利率法进行摊销。《小企业会计准则》以实际发生额入账，利息计算统一采用票面利率或合同利率。减少小企业核算成本和核算的复杂性，增加会计信息的可理解性。

五、商品销售收入的确认标准和所得税会计简化核算

《企业会计准则》以商品所有权上的主要风险和报酬发生转移为核心作为确认商品销售收入的标准，所得税核算采用资产负债表纳税影响会计法。《小企业会计准则》以发出货物、收取款项或取得收款的权力作为确认商品销售收入的标准，存货发出成本的计算取消后进先出法；所得税核算采用应付税款法。简化核算方法，减少关于风险报酬转移的会计职业判断，减少盈余管理的可能性，增强会计信息质量的可靠性。

六、简化会计报告的列报内容

《小企业会计准则》与《企业会计准则》比较，会计报表的项目和披露简化：（1）资产负债表表内项目减少；（2）现金流量表可以根据需要编制，成为小企业的选择披露报表，内容做了简化，并且删除了“将净利润调节为经营活动的现金流量、不涉及现金收支的重大投资和筹资活动、现金及现金等价物净额的变动情况”等项目；（3）所有者权益变动表小企业无需编制；（4）报表附注只要求披露以下内容：遵循小企业会计准则的声明；短期投资、应收账款、存货、固定资产项目的说明；应付职工薪酬、应交税费项目的说明；利润分配的说明；用于对外担保的资产名称、账面余额及形成的原因；未决诉讼、未决仲裁以及对外提供担保所涉及的金额；发生严重亏损的，应当披露持续经营的计划、未来经营的方案；对已在资产负债表和利润表中列示项目与企业所得税法规定存在差异的纳税调整过程；其他需要说明的事项。体现了《小企业会计准则》会计信息质量相关性需求相对较弱的特点。

七、《小企业会计准则》未涉及的交易事项，发生时参照《企业会计准则》中的相关规定进行处理

《小企业会计准则》未涉及的交易事项主要有以下内容：（1）资产类：租入固定资产、融资性质的分期付款购入资产、债务重组取得的资产、非货币性交易取得的资产、投资性房地产等；（2）负债类：应付债券、预计负债、或有负债；（3）所有者权益类：运用公允价值和权益结算的股份支付形成的资本公积。（4）收入类：售后回购、售后租回、销售折让、视同买断的委托代销、非货币性资产交换产生的利得和损失、债务重组利得或损失等；（5）前期差错更正、资产负债表日后事项。

第二章　中小企业概述

第一节　中小企业的地位和作用

中小企业在国民经济中的地位与作用一般可以用三个指标来衡量：一是中小企业数占企业总数的比重；二是中小企业从业人员占全部就业人员的比重；三是中小企业产值占总产值的比重。

一、中小企业在世界各国国民经济中的重要作用

（一）中小企业是现代市场经济中，对市场机制反应最灵敏、最具有活力的组成部分，在市场经济中发挥着无可替代的作用

现代经济增长的历史或隐或现地反映着这样的一种规律：哪个国家或地区中小企业得到发展和重视，哪个国家或地区的经济增长就快、经济发展的后劲就足。中小企业发展、中小企业盈利成了经济增长、经济繁荣的代名词。

英国早年（20世纪50年代）的中小企业淘汰政策，不但没有给英国带来幸运和繁荣，反而导致了失业和萧条，后来不得不做相应的调整。可几乎在同时，日本和德国却采取了截然相反的做法：实行鼓励、扶持中小企业政策，形成了一种和谐的关系。

就我国而言，经济高速发展的江苏、浙江、广东、山东都无一例外地保持着中小企业的高速发展。中小企业在经济增长中的特殊作用有其深刻的经济内涵，中小企业具有独特的需求发展和现实功能，中小企业往往接近消费者、接近市场，能及时发现市场需求，同时由于其管理层极少，能针对市场需求迅速作出反应。

（二）中小企业是现代市场经济中技术创新的重要力量，发挥着先导作用，创新更具灵活性

中小企业的研究经费大大低于垄断性大企业，但所提供的创新成果却多于

垄断性大企业，不仅中小企业的专利发明要多于大企业，而且中小企业单位研发投入的发明效率也要比大企业的专利发明高。美国在第二次世界大战后经济上广泛采用的703 项重要发明中，只有133 项是美国科学中心与跨国公司完成的，大部分是由小公司及某个领域的个人发明家完成的，如青霉素、晶体管、复印机等都是中小企业研制成功的。在1953—1973 年的20 年中，美、英、德、法、日五国共开发了352 件重要技术革新项目，有159 件为中小企业创造，占45.2%。所以人们把中小企业看成是重要的革新活动源泉，这就显示了中小企业在研究和发展上的巨大作用。无论是在不断发展的产业还是在逐渐衰退的产业，中小企业都是卓越的革新者。

（三）吸收社会大部分劳动力，提供新的岗位

中小企业提供就业机会主要有两种方式：一种新设企业，另一种是原有企业扩大。前者称外部扩大，后者称内部扩大。中小企业最大的优势就是通过提供新的岗位来创造就业的能力，为不断增长的人口提供了新的工作。中小企业还为新进入劳动力市场的年轻人、妇女、残疾人、少数民族和老年人提供了适当的就业机会。美国1976 至1982 年，500 人以上的企业净增加就业人数445.9 万人，而500 人以下的企业净增加就业人数741.3 万人，后者是前者的1.66 倍，后者占全部净增加就业人数的62.4%。

（四）为员工提供获得全面经验的机会

中小企业给员工提供了在大企业专业化生产中所无法提供的多种学习经历。小企业的员工不仅可以承担多种业务，而且有更大的决策权，这可以使其将兴趣和工作结合起来。因此小企业能使员工成为更好的领导者，并可以更有效地利用他们的智慧和能量，这种现实使越来越多的大学生寻求在小企业的全职工作。

（五）创造相当部分的国民生产总值

美国目前共有中小企业2140 多万家，占了全美企业总数的99%，中小企业就业人数占总就业人数的60%，新增加的就业机会有2/3 是由中小企业创造的，中小企业的产值占国内生产总值的40%。更重要的是，中小企业有很强的创新能力，美国有一半以上的创新发明是在小企业实现的，小企业的人均发明创造是大企业的两倍。并且中小企业对科技进步也有很大的贡献，美国的高技术公司在起步阶段通常都是中小企业。

（六）有力地推动着农村地区的工业化进程

中小企业分布广泛，使农村地区的产业结构根本改观，使工业或服务业占主导地位；中小企业吸收了绝大部分农村剩余劳动力，中小企业承担着农

村的产前、产中、产后社会化服务体系的主角。因此，中小企业为农业现代化和工业化作出了重要贡献。

二、中小企业在我国经济发展中的作用

中小企业作为中国社会主义市场经济的重要组成部分，已经逐步成为国民经济发展的生力军。中小企业在产品技术创新、产业结构调整、区域经济发展、解决城镇就业和农村劳动力转移、提高国民生活水平、构建和谐社会等方面发挥着日益重要的作用，成为构建市场经济主体，促进社会稳定发展的一支基础力量。

（一）中小企业是我国经济持续增长的重要保障

截至2009年底，全国工商登记企业1 030万户（不含3 130万个体工商户），按现行中小企业划分标准测算，中小企业达1 023.1万户，超过企业总户数的99%。目前，中小企业创造的最终产品和服务价值相当于国内生产总值的60%左右，缴税额为国家税收总额的50%左右，提供了75%左右的就业岗位。

（二）中小企业是我国市场经济的主导力量

就中小企业自身来说，由于其竞争力弱，更强烈地要求市场竞争的充分性和公平性。因此，对于发展中国家而言，众多中小企业的存在，防止了垄断行为的发生，刺激了有效需求的增长，成为经济高速增长的主要来源。

（三）搞活中小企业是深化国有企业改革的前提条件

中小企业改革有利于从整体上突破改革难点，可以为大型国有企业改革创造更好的条件。通过改组、联合、兼并、出售等多种形式放开搞活国有中小企业，是完成国有资产优化重组的重要内容。而且由于中小企业具有产权流动和重组的震荡小、易操作、见效快等特点，有利于在短时期内实现改革措施的突破，符合先易后难、以小促大、外围突破和循序渐进的改革战略安排。

（四）中小企业是增加就业、稳定社会的重要力量

中小企业在解决就业及推进城镇化方面具有大企业不可替代的作用。全国工业企业中85%以上的职工就业于中小企业，而中小型的商业零售企业则占据了90%的就业份额，在建筑施工企业中有65%以上的人员就业于中小规模的企业。非公有制的小企业已成为吸纳城镇新增劳动力就业和公有制单位富余职工再就业的主要渠道。并且在今后一个时期内，中小企业仍将是我国增加就业机会、安置城乡劳动力就业的基本场所和主要渠道。

（五）中小企业是技术创新的主导力量

中小企业中有相当一部分为高新技术企业、知识和技术密集型企业。其创新成果不仅在数量上占有相当份额，而且水平和影响也不亚于大企业，它们创造了许多被认为是现代最重要的工业创新成果。大力发展中小企业尤其是新型高科技中小企业，必将促进我国市场经济的发展，推动产业结构的升级和技术创新。

（六）中小企业是农村经济发展和地方财政的重要财源

中小企业尤其是乡镇企业的发展，为农村剩余劳动力提供就业机会，提高农民的收入水平，为农业发展积累资金，有利于改善城乡关系，促进农村社会经济的进步。从整体上看，中小企业是我国当前地方经济的主体力量，是地方政府获得财政收入、安置就业人员的主要载体。中小企业支撑着绝大部分地方工业及服务业、零售业、基础建设、农用工业、公益性事业及利用地区资源的特色产业，对地方经济的长远发展，满足人民生活的基本需要，起着非常重要的作用。

三、我国中小企业“十一五”时期的发展和“十二五”战略机遇

大企业与中小企业功能不同：大企业增加 GDP 和税收显著，可以强国和强财政；以中小企业为主体的民营经济最大作用是增加就业，是充分吸收劳动力的主力军，可让更多劳动者获得收入。

促进中小企业又好又快发展，是保持国民经济平稳较快发展的重要基础，是关系民生和社会稳定的重大战略任务。国家“十一五”规划《纲要》提出实施“中小企业成长工程”以来，各地区、各有关部门认真贯彻落实，取得了积极成效。“十二五”时期继续实施中小企业成长工程，对于进一步促进中小企业健康发展，实现国家“十二五”规划《纲要》确定的战略目标，具有十分重要的意义。

（一）“十一五”时期中小企业平稳较快发展

在党中央、国务院的正确领导下，各地区、各有关部门积极实施中小企业成长工程，加大政策支持，完善社会服务，不断优化发展环境。中小企业积极应对国际金融危机，加快调整结构，转变发展方式。在政策支持和市场机制的共同作用下，中小企业发展质量和素质跃上新台阶，在促进经济发展、扩大社会就业、深化改革开放、改善人民生活和全面建设小康社会等方面发挥了重要作用。

1. 经济贡献不断扩大

2010 年末，全国工商登记中小企业超过 1 100 万家，个体工商户超过 3 400 万个。以工业为例，2010 年，全国规模以上中小企业 44.9 万家，比 2005 年增长 50.1%，年均增长 8.5%，占规模以上企业数量的 99.3%；全国规模以上中小企业工业增加值增长 17.5%，占规模以上工业增加值的 69.1%；实现税金 1.5 万亿元，占规模以上企业税金总额的 54.3%，是 2005 年的 1.9 倍，年均增长 13.1%；完成利润 2.6 万亿元，占规模以上企业利润总额的 66.8%，是 2005 年的 2.4 倍，年均增长 18.9%。

2. 就业主渠道作用不断凸显

“十一五”时期中小企业新增城镇就业岗位 4 400 万个以上，其中，规模以上中小工业企业从业人员由 5 636 万人增加到 7 056 万人，占规模以上工业从业人员的 77.9%。中小企业提供 80% 以上的城镇就业岗位，成为农村富余劳动力、国有企业下岗职工再就业和高校毕业生就业的主渠道。

3. 技术创新能力不断增强

据测算，中小企业提供了全国约 65% 的发明专利、75% 以上的企业技术创新和 80% 以上的新产品开发。在全国科技园区、高新技术园区中，中小企业比例超过了 70%。2010 年底，国家高新技术企业中的中小企业比例达到 82.6%。中小企业已成为我国提升自主创新能力、加快经济发展方式转变的生力军。

4. 产业结构不断优化

“十一五”时期，中小企业从一般加工制造、批发零售等传统行业，加快向高新技术产业、现代服务业等领域扩展，资本密集型和技术密集型产品和服务比重持续增加，产品质量不断提高，品牌数量不断增多。中西部中小企业快速发展，中西部地区规模以上中小工业企业 13.8 万家，占全国规模以上工业企业数量的 30.5%；实现税金 5 509 亿元，占全国规模以上工业税金总额的 20.3%。全国以中小企业集聚为特征的产业集群达 2 000 多个，50% 的中小企业在各类集聚区发展。中小企业和非公有制经济广泛参与市场竞争，有利于发挥市场配置资源基础性作用，促进了社会主义市场经济体制的完善。中小企业已成为调整和优化经济结构的重要推动力量。

5. 企业人员素质和管理水平不断提高

组织实施中小企业银河培训工程，完成经营管理、政策法规等现场培训 80 万人次，信息化培训 110 万人次。实施专业技术人才知识更新工程，为中小企业培训 240 万人次，培养高技能人才 830 万人次。推动实施中小企业管理咨询服务，帮助中小企业改善经营管理。中小企业经营管理者、专业技术人才等人员素质和经营管理水平不断提高，形成了一批管理科学、经营规范、成长性良好的示范企业。

“十一五”时期中小企业成长取得的良好成绩，是各地区、各部门全面贯彻党中央、国务院一系列方针政策，开拓创新、攻坚克难、努力工作的结果；是完善体制机制，激发社会创新活力的结果；是着力建设社会化服务体系，加强和改善对中小企业服务的结果；是中小企业加强管理、提升素质、奋发努力的结果。

（二）“十二五”时期，我国中小企业仍处于可以大有作为的重要战略机遇期

中小企业成长面临着国际和国内经济巨大变革带来的历史机遇和严峻挑战，“转方式、调结构、上水平”势在必行。

（1）市场空间不断扩大。我国经济继续处于快速发展时期，工业化、信息化、城镇化、市场化、国际化深入发展，人均国民收入稳步增加，居民消费能力不断增强，市场需求潜力巨大。民生优先、内需主导、消费驱动的政策取向，为中小企业成长带来新的市场机会。国际金融危机后的全球产业调整，有利于中小企业加强与大企业和跨国企业的分工合作，加速融入全球产业链。

（2）发展领域不断拓宽。国际金融危机催生新的技术革命，信息网络、生物、可再生能源等技术正在酝酿新突破。我国经济结构战略性调整加快，战略性新兴产业、现代服务业和现代农业孕育发展，区域间产业转移加快，放宽市场准入，扩大民间投资领域，为中小企业成长提供了新的发展空间。

（3）政策措施不断完善。各级政府和有关部门高度重视中小企业发展，相继出台了一系列促进中小企业发展的政策措施，加快形成比较完善的财税、金融、社保、公共服务等政策扶持体系，为中小企业成长提供了政策保障。

（4）社会服务不断加强。中小企业公共服务平台加快建设，融资、担保、信用、信息、培训、技术、咨询、创业、市场开拓等服务业深入开展，为中小企业成长提供了重要支撑。对外合作与交流日益频繁，为中小企业“走出去”和“引进来”创造了有利条件。各类社会化服务机构不断进入中小企业服务领域，中小企业服务体系建设稳步推进。

（5）结构调整任务十分繁重。中小企业主要集中在传统产业，创新能力不强，部分行业产能过剩、布局雷同现象突出；服务业中小企业发展滞后，产业结构不合理；高耗能行业总产值占工业比重高。区域发展不均衡，

中西部地区中小企业发展不足。由于中小企业普遍缺乏资金、技术、人才、信息，要实现产业结构优化目标，任务重，压力大。

（6）资源环境等约束不断强化。初级产品和大宗商品等原材料价格和劳动力成本面临上升压力，土地、能源、环境等制约因素增强。中小企业多处于产业链低端，产品附加值低，消化成本能力弱。一些中小企业资源利用率低，环境污染重，安全隐患多。中小企业走“拼资源、拼价格、拼环境”的老路已难以为继。

（7）市场竞争更趋激烈。国际金融危机影响深远，围绕市场、资源、人才、技术、标准等的竞争更加激烈。国际贸易保护主义抬头，技术性贸易壁垒等贸易保护手段不断翻新、更趋隐蔽，贸易摩擦范围逐步从传统产业向高新技术产业蔓延，人民币升值压力加大，中小企业进入国际市场面临更大困难。不少中小企业技术和管理落后，产品趋同，国内市场同质化竞争和不公平竞争现象没有根本改变。

（8）制约中小企业成长的体制机制因素依然存在。中小型金融机构发育不足，中小企业融资难问题依然突出；涉企收费偏多偏高，违规收费屡禁不止，中小企业负担依然较重；公共服务基础设施薄弱，服务质量有待提高；行业性垄断依然存在，部分行业准入条件偏高；创业门槛较高，企业设立前置审批复杂。

第二节　中小企业的界定

一、中小企业的界定标准

中小企业不是一个绝对的概念，而是一个与大企业相对而言的概念。从理论上讲，中小企业一般是指规模较小的或处于创业阶段和成长阶段的企业，包括规模在规定标准以下的法人企业和自然人企业。它指的是与本行业大企业相比，生产规模较小的企业，对中小企业的概念通常用数量指标和质的指标来界定。一般来说，数量指标是利用企业的资本金额、销售额、雇用人数等指标中的一个或几个作为划分大、中、小企业的标准；质的指标主要是指从遵循经营学的角度，能反映企业经营本质特征的指标。由于经济发展情况不同，世界各国对中小企业的具体确认标准和办法也不同，有的国家以法律形式规定中小企业确认标准，有的国家没有统一的确认标准，只是在制定相关政策时加以规定，但一般都是以雇员人数、营业额、资产总额、资本总额中的一项或几项指标来确认中小企业的。目前国际上还没有一个普遍接受或一致认同的定义，企业大小的标准都较为武断，一般为某种特殊目的而制定。

我国工业和信息化部、国家统计局、发展改革委、财政部为贯彻落实《中华人民共和国中小企业促进法》和《国务院关于进一步促进中小企业发展的若干意见》，研究制定了《中小企业划型标准规定》（工信部联企业[2011] 300 号），把中小企业划分为中型、小型、微型三种类型，具体标准根据企业从业人员、营业收入、资产总额等指标，结合行业特点制定。

该标准适用于在中华人民共和国境内依法设立的各类所有制和各种组织形式的企业，个体工商户和本规定以外的行业参照本规定进行划型。国务院有关部门据此进行相关数据分析，不得制定与本规定不一致的企业划型标准。该规定自发布之日起执行，原国家经贸委、原国家计委、财政部和国家统计局 2003 年颁布的《中小企业标准暂行规定》同时废止。

适用的行业包括：农、林、牧、渔业，工业（包括采矿业，制造业，电力、热力、燃气及水生产和供应业），建筑业，批发业，零售业，交通运输业（不含铁路运输业），仓储业，邮政业，住宿业，餐饮业，信息传输业（包括电信、互联网和相关服务），软件和信息技术服务业，房地产开发经营，物业管理，租赁和商务服务业，其他未列明行业（包括科学研究和技术服务业，水利、环境和公共设施管理业，居民服务、修理和其他服务业，社会工作，文化、体育和娱乐业等）。

各行业划型标准为：

（1）农、林、牧、渔业。营业收入 20 000 万元以下的为中小微型企业。其中，营业收入 500 万元及以上的为中型企业，营业收入 50 万元及以上的为小型企业，营业收入 50 万元以下的为微型企业。

（2）工业。从业人员 1 000 人以下或营业收入 40 000 万元以下的为中小微型企业。其中，从业人员 300 人及以上，且营业收入 2 000 万元及以上的为中型企业；从业人员 20 人及以上，且营业收入 300 万元及以上的为小型企业；从业人员 20 人以下或营业收入 300 万元以下的为微型企业。

（3）建筑业。营业收入 80 000 万元以下或资产总额 80 000 万元以下的为中小微型企业。其中，营业收入 6 000 万元及以上，且资产总额 5 000 万元及以上的为中型企业；营业收入 300 万元及以上，且资产总额 300 万元及以上的为小型企业；营业收入 300 万元以下或资产总额 300 万元以下的为微型企业。

（4）批发业。从业人员200人以下或营业收入40 000万元以下的为中小微型企业。其中，从业人员20人及以上，且营业收入5 000万元及以上的为中型企业；从业人员5人及以上，且营业收入1 000万元及以上的为小型企业；从业人员5人以下或营业收入1 000万元以下的为微型企业。

（5）零售业。从业人员300人以下或营业收入20 000万元以下的为中小微型企业。其中，从业人员50人及以上，且营业收入500万元及以上的为中型企业；从业人员10人及以上，且营业收入100万元及以上的为小型企业；从业人员10人以下或营业收入100万元以下的为微型企业。

（6）交通运输业。从业人员1 000人以下或营业收入30 000万元以下的为中小微型企业。其中，从业人员300人及以上，且营业收入3 000万元及以上的为中型企业；从业人员20人及以上，且营业收入200万元及以上的为小型企业；从业人员20人以下或营业收入200万元以下的为微型企业。

（7）仓储业。从业人员200人以下或营业收入30 000万元以下的为中小微型企业。其中，从业人员100人及以上，且营业收入1 000万元及以上的为中型企业；从业人员20人及以上，且营业收入100万元及以上的为小型企业；从业人员20人以下或营业收入100万元以下的为微型企业。

（8）邮政业。从业人员1 000人以下或营业收入30 000万元以下的为中小微型企业。其中，从业人员300人及以上，且营业收入2 000万元及以上的为中型企业；从业人员20人及以上，且营业收入100万元及以上的为小型企业；从业人员20人以下或营业收入100万元以下的为微型企业。

（9）住宿业。从业人员300人以下或营业收入10 000万元以下的为中小微型企业。其中，从业人员100人及以上，且营业收入2 000万元及以上的为中型企业；从业人员10人及以上，且营业收入100万元及以上的为小型企业；从业人员10人以下或营业收入100万元以下的为微型企业。

（10）餐饮业。从业人员300人以下或营业收入10 000万元以下的为中小微型企业。其中，从业人员100人及以上，且营业收入2 000万元及以上的为中型企业；从业人员10人及以上，且营业收入100万元及以上的为小型企业；从业人员10人以下或营业收入100万元以下的为微型企业。

（11）信息传输业。从业人员2 000人以下或营业收入100 000万元以下的为中小微型企业。其中，从业人员100人及以上，且营业收入1 000万元及以上的为中型企业；从业人员10人及以上，且营业收入100万元及以上的为小型企业；从业人员10人以下或营业收入100万元以下的为微型企业。

（12）软件和信息技术服务业。从业人员300人以下或营业收入10 000万元以下的为中小微型企业。其中，从业人员100人及以上，且营业收入1 000万元及以上的为中型企业；从业人员10人及以上，且营业收入50万元及以上的为小型企业；从业人员10人以下或营业收入50万元以下的为微型企业。

（13）房地产开发经营。营业收入200 000万元以下或资产总额10 000万元以下的为中小微型企业。其中，营业收入1 000万元及以上，且资产总额5 000万元及以上的为中型企业；营业收入100万元及以上，且资产总额2 000万元及以上的为小型企业；营业收入100万元以下或资产总额2 000万元以下的为微型企业。

（14）物业管理。从业人员1 000人以下或营业收入5 000万元以下的为中小微型企业。其中，从业人员300人及以上，且营业收入1 000万元及以上的为中型企业；从业人员100人及以上，且营业收入500万元及以上的为小型企业；从业人员100人以下或营业收入500万元以下的为微型企业。

（15）租赁和商务服务业。从业人员300人以下或资产总额120 000万元以下的为中小微型企业。其中，从业人员100人及以上，且资产总额8 000万元及以上的为中型企业；从业人员10人及以上，且资产总额100万元及以上的为小型企业；从业人员10人以下或资产总额100万元以下的为微型企业。

（16）其他未列明行业。从业人员300人以下的为中小微型企业。其中，从业人员100人及以上的为中型企业；从业人员10人及以上的为小型企业；从业人员10人以下的为微型企业。

企业类型的划分以统计部门的统计数据为依据。中型企业标准上限即为大型企业标准的下限，国家统计部门据此制定大中小微型企业的统计分类。

二、中小企业划分标准的基本原则

第一，真实反映中小企业市场竞争中的规模和对社会就业的贡献。随着经济和社会的发展，劳动生产率的提高，体现中小企业在实际市场竞争中的规模和现状，真实反映企业实际情况。

第二，覆盖国民经济各行业，并适用于各种所有制、各种组织形态的企业，有比较广泛的覆盖性。涉及84个行业大类，362个行业中类和859个行业小类，分别占大、中和小类的比重为88.42%、91.41%和94.09%，基本涵盖了国民经济的主要行业。个体工商户和本标准以外的行业参照中小企业划型标准执行。

第三，标准符合我国企业的实际，具有国际可比性。不同国家、不同经济发展的阶段、不同行业中小企业的标准不尽相同，且随着经济的发展而变化。随着我国经济发展和劳动生产率的变化，对企业类型的分类、指标等与国际上基本一致，具有国际可比性。

这个划分标准适应经济和企业发展的需要，准确反映中小企业真实状况和对经济的贡献。真实反映不同行业的特点和状况，对指导和推动中小企业发展具有重要意义。有利于中小企业分类管理、政策实施和宏观决策，有利于建立中小企业分类统计制度和信息管理，真实反映中小企业经济运行状况。有利于加大对小型、微型企业扶持力度。小型和微型企业经济基础相对薄弱、科研能力总体偏低，但是企业中比例最大的群体，也是弱势群体。有利于明确重点，增强政策的针对性和时效性。有利于处理好提供劳动生产率和解决就业的问题，大型、中型企业劳动生产率较高，小型和微型企业是劳动力就业的主体。有利于现阶段在兼顾劳动生产率的同时更加注重解决劳动力就业问题，便于与国际接轨。

微型企业是企业群体中的弱势群体，也是最需要政府给予扶持的群体。微型企业经营规模小，技术相对简单，大多从事劳动密集型产业或服务业，是需要政府重点扶持的对象。微型企业是社会就业的重要渠道，微型企业单位投资的就业容量和单位产值使用劳动力弹性明显高于大中型企业，具有创业成本低，就业弹性空间大，就业方式灵活等特点，是吸纳社会就业的重要渠道。微型企业从业人员占第二次全国经济普查全部法人企业从业人员的38.7%。大力发展微型企业是解决就业问题的重要措施。

第三节　中小企业的特点

一、中小企业与大型企业相比的特殊性

（一）生产规模小

中小企业由于资本存量水平低，资信程度不高，筹措资金也相对困难，因此生产规模扩张缓慢，在产品品种、质量、标准和技术含量等方面都难以与大型企业相比，生产规模相对较小。然而近几年来，技术方面的变化令人瞩目，一些高新技术中小企业办出了特色，技术含量大大提高。在美国硅谷和各地高新技术产业的中小企业，尽管生产规模不大，从业人员少，但其技

术含量并不低。

（二）数量大，分布范围广

无论是发达国家还是发展中国家，中小企业在数量上都占绝对优势。1999 年美国有中小企业 3 200 万家，占全国企业总数的 99% 以上。2000 年中国有中小企业 3 980 万家，占全国企业总数的 99%。如日本、美国在制造业方面中小企业分别占全国企业总数的 99% 和 98%，而发展中国家的中小企业经营范围广泛，几乎涉及社会经济和生活的各方面，在制造业、服务业、建筑业、农业、运输业、批发零售业等竞争性领域无所不在。

（三）经营方式灵活多样

中小企业有投资少、见效快的特点，其经营范围宽，经营项目丰富，经营体制灵活。中小企业经营手段灵活多变，市场适应性强，可以根据市场变化较快地调整产品结构，改变生产方向，从而较快地适应市场的新需要，具有很强的生命力。

（四）竞争力弱，寿命短，停业破产率较高

中小企业“船小好掉头”是优势，但真正要在经营中取得有利地位，还需“船大好冲浪”的大型企业。美国每年有 60 万家中小企业注册，但其中 30 万家只能经营一年半，能维持经营 10 年的不到一成。

二、我国中小企业的特点

改革开放以来我国中小企业得到迅猛的发展，在经济发展中呈现出以下特点：

（一）规模小、数量大、技术装备率低

我国的中小企业特别是小企业，由于技术装备低，产出规模小，产品多为劳动密集型，在现代化过程中，还不能像发达国家一样，实现小型企业的巨人化。中小企业一般一次性投资量较小，进入的限制条件较少，使用的多为传统技术，产品的技术含量低，附加价值低，这和中国的整个经济发展水平较低是相称的。

（二）经营灵活，适应性强

中小企业经营手段灵活多变，市场适应性强，可以根据市场变化较快地调整产品结构，改变生产方向，从而较快地适应市场的新需要，具有很强的生命力。

（三）投资主体多元化

我国的中小企业既不像大中型企业那样，多为国家投资兴建；也不像资本主义国家的那样，多为私人投资兴建。而是既有国家投资兴建的企业，也有大量属于劳动人民集体所有的企业，还有相当一部分的个体（私营）企业。一般来说，大型企业多为国有企业，中小型企业多为非国有企业。

（四）生产经营市场调节

在生产经营的外部条件下，在计划经济时期，尽管提过大、中、小型企业并举的口号，但国家计划实际上是偏重于大型企业的投资建设和生产经营，忽视中小企业在经济发展中的作用，因而，中小企业得不到政府计划的保障。改革开放前，中小企业只能在计划经济的缝隙中生存，随着改革开放的进展和市场机制作用的扩大，中小企业才得到迅速发展。

（五）主要面向国内市场，逐步国际化趋势

中国人口多，就业压力大，中小企业自身素质低下、资金短缺，决定了它们的生产、服务须要面向国内市场，尽管近年来出现了一批外向型中小企业，也因为自身素质不高，难以适应国际市场的激烈竞争而很不稳定，加之体制方面的原因，使得中国中小企业的生产服务方向主要是国内市场。随着生产的社会化分工不断深入，东部地区中小企业与发达国家或地区的贸易往来比较密切，大多生产具有国际比较优势的产品，具有外向型经济的特点。

（六）主要集中在劳动密集型产业

由于中小企业是在就业压力和国内市场需求旺盛的条件下发展起来的，资金短缺，加之中国的整体技术水平相对落后，中小企业主要集中在劳动力密集型产业。其技术进步缓慢，这也决定了中小企业的产品档次低、成本高。

（七）发展不平衡，优势地区集中

中国幅员辽阔，各地区中小企业分布与发展水平极不平衡。东部、中部中小企业数量占全国总量较大，西部较少；在企业规模上，东部中小企业的平均产值规模大于中部和西部。长江中下游地区是中小企业的汪洋大海，江苏以乡镇企业为主，浙江以私营个体闻名；中西部地区资源丰富，但中小企业欠发达，推进第三产业和科技环保型中小企业发展是重点；珠江三角洲地区中小企业区位优势明显。

（八）服务领域拓展迅速

中小企业的服务领域从手工业、简单加工业、零售业拓展到国民经济各主要行业。随着一定的资本原始积累的形成，中小企业的行业涉及面开始拓宽，现已逐步介入到电子、精密仪器、机械化工等技术要求较高的行业。在国民经济第一、第二和第三产业中，几乎都有中小企业存在。

（九）中小企业的组织方式由单兵作战向专业化经营、协作化生产迈进

单兵作战是中小企业早期的主要经营组织方式，但是随着市场竞争的升级，不少企业开始尝试抱团经营，共拓市场，逐步走向专业化；有的成为大企业的卫星企业，形成链条关系，走上为大企业生产配套产品或提供售后服务的专业化道路。

（十）中小企业的产品从单纯模仿型向自主创新型转变

中小企业在发展之初由于技术缺乏、资金少、装备差，因而主要以模仿型产品生产为主。随着资本原始积累的形成，部分企业已开始注重产品的质量与产品的科技含量，有的企业通过招揽人才，形成技术开发中心，自主开发新产品，生产新工艺，有的则借助科研院所的力量走产、学、研相结合的路子。

第四节　中小企业的组织形式

中小企业的组织形式必须在以《公司法》为主的企业组织法规等法律环境下存在，目前主要有独资企业、合伙企业、公司制企业、合营企业和集群制企业等组织形式。

一、独资企业

独资企业是由单个人出资、独立经营并承担法律责任的企业，通常规模较小。这种企业在法律上称为自然人企业。

（一）独资企业的优势：

（1）创办手续简单，易于组建、经营和终止；

（2）筹办费用最低；

（3）所有税后利润都归自己所有；

（4）享受优惠税收待遇；

（5）不必对外公开任何信息；

（6）没有专门的法规制约，行政干预少；

（7）可以随自己的意愿按照个人的方式经营企业，实现个人目标。

（二）采用独资企业形式的不足：

（1）业主对企业债务承担无限责任，如果破产，业主的一切个人财产都可以用来偿债；

（2）个人资金有限，筹措资金的能力弱；

(3) 个人能力有限，可能会感到很孤独；

(4) 企业与所有者是统一体，企业的存在取决于业主本人；

(5) 社会地位相对较低，留不住人才。

虽然有种种不利之处，但为了避免最坏的情况发生，可以从法律上将个人财产划归自己的子女、配偶所有，当然还可以通过保险得到保护；对于个人能力、资金及其他问题都可以采取相应的措施以弥补其不足。

二、合伙经营

合伙经营实际上是一种单一业主联合，通过这种组织方式共同承担与个人财产相关联的法律责任。建立合伙企业，资本更加雄厚，合伙人可以将各自不同的经营技巧带入企业。我国合伙投资的企业合资者多数为主要投资者的亲属、邻居或同乡。绝大多数私营企业所有权和经营权紧密结合。

(一) 合伙经营的优点

(1) 可以获得较高的启动资本（假定合伙人都投入资金）；

(2) 合伙人之间可以互相增强信心，并能够分担责任；

(3) 合伙人之间形成技术、能力互补；

(4) 与有限公司相比，资本、资产、经营范围等不受限制。

(二) 合伙经营的不足

(1) 不论是谁的过失，每个合伙人都对公司的债务负责；

(2) 可能发生合伙人之间的个人冲突；

(3) 除非合伙约书另有约定，只要任一合伙人去世或破产，合伙关系即自动解除。

三、公司制企业

公司是企业的三种基本法律形式中最复杂，也是最符合现代企业制度的一种。公司与独资企业和合伙企业的最基本区别在于：公司是法人企业，而独资企业和合伙企业是自然人企业；公司的财产属于公司所有，不是股东个人所有；公司的经营业务由公司自己的组织机构执行，与股东本人没有直接关系；公司是法人，在法律上具有独立的人格，有权以自己的名义从事经营活动并参与其他有关的民事活动。

(一) 公司制企业的优点

(1) 股东的有限责任。企业的所有者或投资者以其投资对企业承担责任，股东的个人财产与公司财产分离，保护了投资者除了股金以外的其他个人财产。

（2）公司制是筹集资金的最有效的企业法律形式。可以通过发行股票和债券吸收大量游资，虽然增股并不是筹措扩展资金的唯一途径，但的确是便捷的途径。

（3）企业寿命可以持久延续。公司的生存与任何股东或高管的命运无关，如果公司的某个股东死亡，其股权可由其合法继承人接受，而公司作为法人实体存在，不受任何影响。

（4）所有权转移方便。在大多数情况下，股东可以根据个人意志出售股票，公司的经营不受影响。

（5）管理效率高。随着公司规模的扩大，所有者与经营者逐渐分离，公司的经营管理职能转由职业经理人承担，可以更有效地管理企业。

（6）可以更多地接受社会监督，体现在股票上市和增加股东人数上。

（7）具有通用性特征，对大小企业都适用。

（二）公司制企业的不足

（1）组建工作较复杂，开办费用高。有的国家规定办公司必须聘请律师。

（2）双重税负。公司除了缴纳所得税外，股东还要在从公司得到股息和红利时缴纳个人所得税。

（3）对管理人员的激励因素会逐渐削弱。由于所有者与经营者分离，公司的经营业绩与管理人员的所得和前途没有直接关系。

（4）接受政府的管理。筹办公司前必须提出申请，经过批准后再注册登记。公司投入营业后必须逐年向政府报告财务情况。

（5）难以保密。按公司法规定，公司要有经营活动的记录并向政府报告，或接受检查。公司还要向股东提供年度财务报告，如果股东很多，等于向社会公开了企业内部的机密。

四、合资企业和中小企业集群组织

中小企业主还可以采取其他合法的企业组织形式，现在最流行的主要有：合资企业和一种新型的企业组织形式——中小企业集群组织，即把同一相关产业的不同中小企业联合起来，在尽可能保留中小企业本身优点的基础上，组成一个强大的企业编队，从而使我国中小企业能在经济全球一体化的市场中不断前进。

（一）合资企业

随着非竞争企业之间的工作关系日益紧密，由两个或多个企业为了获取利润而临时组成一个合伙企业，可以随着经营活动的结束而解散。例如，两个或多个投资者合资购买一块地，然后开发并出售它。许多中小企业以它们的研究和开发资源与大企业合作建立合资企业，而大企业可以提供营销和财务以及其他专业人员。合资企业在世界范围内越来越流行。

（二）中小企业集群

所谓中小企业集群是指在某一特定领域中通常以一个主导产业为核心，大量产业联系密切的企业以及相关支撑机构在空间上集聚所形成的集合体。中小企业集群作为一种颇具特色的经济组织形式，对外它是一个企业组织，有自己的品牌、销售渠道、情报网络甚至研发中心等，其功能类似于一个大型企业；对内它与其他企业之间没有上下级关系，也没有纵向一体化。各中小企业主是基于相互的信任、认同、互惠和优先权行使等原因以会员的身份参与到集群组织中来的。组织内各企业均有明确细致的分工，相互之间的经济交往仍按市场原则进行。集群组织的权力机构是管理委员会，委员会成员由组织内中小企业群选出的代表组成，集群组织的战略决策一般由管理委员会选举或外聘的经理提出，交委员会批准实施。集群组织可以由部分中小企业发起，也可以由地方政府倡议组建，其财产属于所有参与集群组的会员企业。

五、家族企业

（一）家族企业的普遍性

在当今世界上，家族企业是最普遍的主要的企业组织形式之一。43%的欧洲企业是家族企业，而在68%的欧洲企业中，主要行政人员来自控股家族的委派。美国约有90%的企业为家族企业，英国有70%的企业为家族企业，在亚洲，东亚各国和地区最大的几家家族控股公司的市价总值分别占其国内生产总值的百分比：中国香港84.26%、马来西亚76.2%、新加坡48.3%、菲律宾46.7%、泰国39.3%、印尼21.5%、中国台湾17%、韩国12.9%、日本2.1%。世界上很多大的企业都是家族企业出身，如微软、福特、杜邦、柯达、通用电气、迪斯尼、强生、诺得斯顿、默克、沃尔玛、宝洁、摩托罗拉、惠普等为数不少的大型公司。在上市的最大型企业中有40%的企业仍为家族企业所控制。中国社会科学院社会学所、全国工商联研究室共同组织对21个省市自治区的250个市县区的1 947家中小私营企业进行的抽样调查表明，有近80%是家族式企业。我国的家族企业大部分规模很小，但也有一些已进入了大、中型企业的行列，其中有的还成为上市公司。可见，家族企业的存在具有相当的普遍性。

（二）家族企业的定义

家族企业的概念很难清晰界定其内涵，它不仅包括那些夫妻店、父子店和兄弟店，还包括一些上市公司；有的名为乡镇企业，实际上为家族企业的公司，也包括大量存在着“泛家族管理”的高科技企业。综合一些学者的看法和思考，可以将其大致定义为：家族企业是指以血缘关系为基本纽带、以追求家族利益为首要目标、以实际控制权为基本手段、以亲情为首要原则、以企业为组织形式的经济组织。家族企业具有这样的特点：同一家族的两个或两个以上的成员拥有所有权或其他参与管理的职能，家族成员可以专职也可以兼职。

（三）家族企业的特点

（1）组织基础：家族企业的组织成员结构以血缘关系为核心，沿着血缘、姻缘、地缘、业缘、关系缘的方向，组成一个同心圆际线缘网结构。

（2）基本目标：实现家族利益是家族企业的首要目标，并把实现经济利益作为家族成员的基本凝聚力。

（3）产权结构：家族企业都倾向于通过控制所有权实现其他权力安排。家族企业的关键权力均为家族组织的核心成员所把握，从而保持家族对企业的实际控制权，以此维持组织的团结与成员的忠诚。即便是所有权结构由单一转向多元再分离，家族的绝对控股地位和对企业的实际控制权一般是不会轻易放弃的。

（4）领导制度：家族企业基本都实行家长制的集权化管理模式。

（5）组织结构：家族企业内部组织结构，基本上都选择直线职能式结构，这种结构与家族企业的集权理念相适应，也与家族企业多、规模小、经济职能单一、产品品种少等经济活动特点相适应。

（6）治理原则：家族企业内部主要以人治方式进行管理，主要依靠个人经验与智慧、情感的好恶和亲朋好友关系来管理企业，管理的主观随意性大。

（7）表现形式：企业在外观上也许具有现代企业的特征，但其内在可能存在着某种对企业决策管理有着重大影响的非正式组织，其成员具有同一家族或亲缘关系背景，有着共同的感情与需要。

（8）社交策略：企业主要通过放大的家族际缘来整合社会关系，扩大组织，获取社会资源。在社会交往中，随时把握着一种亲疏远近的关系原则和内外有别的尺度。

(9) 观念倾向：家族企业在生存发展中形成了一种独特的做事方式和有别于其他企业的内部倾向性信念，这就是常说的组织文化。

（四）家族企业的优势

(1) 凝聚力强。创业时期，凭借家族成员之间特有的血缘关系、亲缘关系和相关的社会网络资源，以较低的成本迅速集聚人才，团结奋斗，甚至可以不计报酬，能够在很短的一个时期内获得竞争优势，较快地完成原始资本的积累。

(2) 集权式的组织模式。家族企业的创立者或继承者，依托家族的血缘关系，将企业的决策权集中在自己手中或家族内部，从而建立了集中、稳定而强大的领导实体。

(3) 反应迅速。以家族整体利益来看，利益的一致性使得各成员对外部环境变化具有天然的敏感性；同时，家长制的权威领导，可使得公司的决策速度最快。

(4) 代理成本低。家族成员彼此间的信任及了解的程度远高于其他非家族企业的成员，他们之间就可能负担较低的心理契约成本；成员之间特有的血缘、亲缘关系，使家族企业具有强烈的凝聚力，再加上经营权与所有权的合一，因此，家族企业的代理成本相对于其他类型的企业低。

(5) 恩威并用的管理方法。家族企业中，不仅严格管理员工，而且更注重改善劳资关系。

(6) 家长的示范效应和家族精神。家族企业的创业者或领导者的创业精神在家族企业中具有良好的示范作用。

（五）家族企业的劣势

(1) 难以得到最优秀的人才。企业要做大要发展，单纯在家族成员中选择人才，选择面窄，长期的家长制管理，排斥了社会上更优秀的人才的加盟。

(2) 结构及内部关系错综复杂。由于血缘关系和亲缘关系的介入，公司的内部结构和关系复杂。家族企业的领导者是否能处理好私人情感与企业利益间的关系，是一个巨大的挑战。

(3) 经营层面。家族企业艰苦创业发展壮大后，家族成员很容易产生惰性，从遇事快半拍变为凡事慢半拍，导致公司的经营危机。

(4) 战略层面。由于外在环境的变迁，如果战略上不能及时调整，创业初期帮助家族兴起的主业，甚至会成为导致公司亏损的原因。

（5）重人治，轻法治，丧失了组织创新的能力。家族企业领导，经常置董事会和部属意见于不顾，作出草率的决定，产生家族企业经营危机。

六、特许经营

特许经营是较为流行的企业扩张和个人创业途径之一。它适应了现代化生产和消费变化的客观要求，通过低成本扩张实现规模化经营，标准化服务实现科学化管理，是一种高效率的经营方式。历史上第一个特许经营是 19 世纪辛格缝纫机公司与它的销售商形成的分销关系。第二次世界大战后，特许经营方式在汽车公司、各式商店、药店和就业代理机构中盛行，因此特许经营企业迅速增长，尤其以快餐业为典型，并开始强调全球特许经营。

（一）特许经营的内涵

1997 年，原国内贸易部发布了《商业特许经营管理办法（试行）》："特许经营是指特许者将自己拥有的商标（包括服务商标）、商品、产品、专利和专有技术、经营模式等经合同的形式授予被特许者使用，被特许者按合同规定，在特许者统一的业务模式下从事经营活动，并向特许者支付相应的费用。"

国际特许经营协会对特许经营的解释是：特许经营是特许者与被特许者之间的一种契约关系。根据契约，特许者向被特许者提供一种独特的商业经营特许权，并给予人员训练、组织结构、经营管理、商品采购等方面的指导与帮助，被特许者向特许者支付相应的费用。国际上特许经营已经成为一种十分流行的商业模式，像美国的麦当劳、肯德基、可口可乐等均为特许经营的典范。

国际上的特许经营方式主要有以下三种：专利特许经营、经营模式特许经营、背景式特许经营。特许经营的主要特征是：技术和品牌价值的扩张，特许经营的垄断性以及特许者和加盟者双方赢得市场。特许经营是一种交易系统，它主要围绕一个双方协议而展开。根据协议，一方（特许经营人）被授予以私营的方式经营企业的权利，但经营方式和经营期限必须由另一方指定（授权方）。这个协议称为特许经营协议，它所限定的权力为特许经营权。特许协议是一个赋予企业权利和规定具体条件的协议。特许人拥有特许名称、标志，并有权准许其他企业销售其产品。受许人通常是接受特许条件，在特定地区经营的独立的地方企业经营者。受许人有权销售特许人的产品或服务，但其营销行为必须符合特许协议。

（二）特许经营的优越性

通过特许建立自己的公司比独立经营成功的机会更大，对特许经营授权者而言，不但可减少人力物力，而且可在短时间内在广泛的地区作出快速的扩充；对特许经营者而言，则可借助总公司的名声及管理指导，付出少量资金，就可学习并使用总公司的一切成功元素，并可在短时间内发展业务赚取利润，通过特许经营可以获得培训、资金的帮助和经营利润。

（三）特许经营的局限性

特许经营主要有三方面的缺陷：特许经营费用、经营受特许合同限制、失去独立性。

（1）特许经营费用：一般来说，知名特许权人的费用较高，包含特许注册费、资金投入、特许权提成、广告费用。

（2）经营上的限制：特许权人总是努力控制被特许人在特许企业某些方面的经营方式。包括销售地域限制、对会员要求现场认可、所提供的货物和服务限制、广告和营业时间限制。

（3）丧失独立性：签署特许协议后，被特许人就失去了很多独立性，作为特许企业的经营者只具有半独立商人的地位。如果不遵守营业标准，或不支付特许权提成，就要失去特许权。

尽管特许经营存在风险与局限，但它的优点依然是显而易见的。作为一个小资本的投资者，选择加盟特许组织仍不失为一个明智之举。但投资者必须充分认识到，任何事物都不是只有百利而无一害的，你踏进特许经营组织的那一刻，就走进了一个充满风险的世界。

第五节　中小企业存在的问题及发展前景

一、中小企业存在的问题

改革开放以来，中小企业发展条件和环境有了明显改善，发展质量和水平有较大提高，但中小企业发展仍面临诸多问题和困难。

（一）制约我国中小企业发展的瓶颈问题

与发达欧美国家中小企业相比较，我国中小企业在资金实力、尖端的技术力量、高素质的人力资源三方面都远远落后。资金不足、人才匮乏、技术不高是制约我国中小企业发展的瓶颈问题。

（二）中小企业发展自身素质的问题

（1）竞争力较弱。中小企业在生产规模和资本积累方面处于劣势，易受经营环境的影响，劳动生产率较低，生产成本高，在市场上缺乏竞争力。

（2）技术落后。技术水平低，设备落后，产品档次低，缺乏竞争力，产品开发能力较弱。

（3）经营管理水平低。由于缺乏管理人才，习惯于传统的经营管理方式管理企业，管理制度不健全，组织结构、劳动人事、财务会计、生产经营等方面缺乏相应的管理规范。

（4）抗风险能力较弱。经济形势的风云变幻和中国国内经济政策的转变，中小企业订单、原料、劳动力等生产要素种种不利因素的重压，致使广大中小企业举步维艰甚至出现了减产、停产或倒闭现象。

（5）结构调整和转变发展方式困难较大。中小企业中劳动密集型、资源型、加工贸易型和“贴牌”企业数量较多，在当前资源和环境约束明显，经济全球化加速，新兴产业发展步伐加快的形势下，其技术装备和生产工艺落后、结构不合理、产能过剩、资源利用率低、污染环境和管理水平不高等问题更加突出。受资金、人才以及市场等因素影响，中小企业自主调整能力不足，产品和产业调整优化升级难度大。

（三）中小企业发展的外部环境问题

我国中小企业在发展中除自身存在的问题，其外部支持体系的建立尚未健全，缺乏必要的政策支持。我国中小企业发展的支持体系包括：政府管理机构、创业政策、产业政策、财税政策、法律政策、金融政策、国际化经营政策、信息咨询服务网络，以及综合服务等支持体系。

（1）促进中小企业创业和发展的政策法规实施体系不健全，缺乏必要的政策支持，市场秩序还不够规范。通过制定法律法规来确定中小企业的地位，促进中小企业的发展，是许多国家的通行做法。目前我国在这方面还比较薄弱，政策法规实施体系不健全，中小企业的发展缺乏必要的政策扶持，主要表现在融资、土地使用、技术开发和税收等各个方面，在一定程度上也影响和制约了中小企业的发展。

（2）中小企业特别是小企业融资供需矛盾依然突出。中小企业中长期贷款不足，小企业贷款规模和比重仍然过低。贷款抵押品单一，金融产品和服务尚需进一步创新和完善，为中小企业服务的中小银行发展滞后。资本市场发育程度不高，直接融资渠道还需进一步拓宽。

（3）社会化服务体系不健全，发展环境仍需进一步改善。落实中小企业促进法的配套政策尚不完善，部分已出台政策措施落实不到位，一些深层次的体制机制障碍没有根本消除。不重视中小企业的观念和做法在个别地方和领域仍然存在，中小企业进入垄断行业和领域、实现公平准入还存在一些障碍，参与政府采购还比较困难，侵犯中小企业及其职工合法权益的现象仍有发生。社会化服务体系还不完善，中小企业创业辅导、管理咨询、法律援助、技术推广以及企业融资、信息、培训等社会服务体系不健全，公益性服务不足。公共信息基础设施薄弱，信息流通不畅，公共信息资源由部门独占，难以共享，导致中小企业获取信息、处理信息的能力较弱，信息的及时性、准确性和完整性都无法得到保障。

（4）政府对中小企业的扶持尚需进一步加强。中小企业发展专项资金规模总体偏小，资金使用较为分散，支持领域有限，资金支持的透明性、公开性、程序性不足。政府对中小企业的公共服务仍需改善和加强。

（5）中小企业的负担较重。中小企业的负担重，主要表现在非正常收费项目及标准等问题。一些地方把本应由社会承担的职责，如环境卫生、社会治安、交通安全、社区绿化等加在中小企业身上；一些地方政府把中小企业作为摊派的对象，直接增加企业的负担，影响中小企业的发展。

二、中小企业的发展前景

中小企业是我国国民经济和社会发展的重要力量，促进中小企业发展，是保持国民经济平稳较快发展的重要基础，是关系民生和社会稳定的重大战略任务。中小企业是企业群体中最弱势、最需要政府扶持的，针对我国中小企业生产经营困难，国家出台了一系列法律、政策措施，加大财税、信贷等扶持力度，改善中小企业经营环境，加快中小企业技术进步和结构调整，支持中小企业开拓市场，改进对中小企业的服务，提高中小企业经营管理水平和加强对中小企业工作的领导。促进中小企业平稳健康发展是我国长期坚持的重要方针，2003 年国家出台实施了《中小企业促进法》，2005 年国务院出台了《关于鼓励支持和引导个体私营等非公有制经济发展的若干意见》，2009 年国务院出台了《关于进一步促进中小企业发展的若干意见》。随着一系列法律和政策措施的出台，中小企业发展法律、政策和市场环境在逐步改善。

《国务院关于进一步促进中小企业发展的若干意见》国发 2009 年 36 号：必须采取更加积极有效的政策措施，帮助中小企业克服困难，转变发展方式，实现又好又快发展。

（一）进一步营造有利于中小企业发展的良好环境

（1）完善中小企业政策法律体系。落实扶持中小企业发展的政策措施，清理不利于中小企业发展的法律法规和规章制度。深化垄断行业改革，扩大市场准入范围，降低准入门槛，进一步营造公开、公平的市场环境。加快制定融资性担保管理办法，修订《贷款通则》，修订中小企业划型标准，明确对小型企业的扶持政策。

（2）完善政府采购支持中小企业的有关制度。制定政府采购扶持中小企业发展的具体办法，提高采购中小企业货物、工程和服务的比例。进一步提高政府采购信息发布透明度，完善政府公共服务外包制度，为中小企业创造更多的参与机会。

（3）加强对中小企业的权益保护。组织开展对中小企业相关法律和政策特别是金融、财税政策贯彻落实情况的监督检查，发挥新闻舆论和社会监督的作用，加强政策效果评价。坚持依法行政，保护中小企业及其职工的合法权益。

（4）构建和谐劳动关系。采取切实有效措施，加大对劳动密集型中小企业的支持，鼓励中小企业不裁员、少裁员，稳定和增加就业岗位。对中小企业吸纳困难人员就业、签订劳动合同并缴纳社会保险费的，在相应期限内给予基本养老保险补贴、基本医疗保险补贴、失业保险补贴。

（二）缓解中小企业融资困难

（1）全面落实支持小企业发展的金融政策。完善小企业信贷考核体系，提高小企业贷款呆账核销效率，建立和完善信贷人员尽职免责机制。鼓励建立小企业贷款风险补偿基金，对金融机构发放小企业贷款按增量给予适度补助，对小企业不良贷款损失给予适度风险补偿。

（2）加强和改善对中小企业的金融服务。国有商业银行和股份制银行都要建立小企业金融服务专营机构，完善中小企业授信业务制度，逐步提高中小企业中长期贷款的规模和比重。提高贷款审批效率，创新金融产品和服务方式。完善财产抵押制度和贷款抵押物认定办法，采取动产、应收账款、仓单、股权和知识产权质押等方式，缓解中小企业贷款抵质押不足的矛盾。对商业银行开展中小企业信贷业务实行差异化的监管政策。建立和完善中小企业金融服务体系。加快研究鼓励民间资本参与发起设立村镇银行、贷款公司等股份制金融机构的办法；积极支持民间资本以投资入股的方式，参与农村信用社改制为农村商业（合作）银行、城市信用社改制为城市商业银行以及城市商业银行的增资扩股。支持、规范发展小额贷款公司，鼓励有条件的小额贷款公司转为村镇银行。

（3）进一步拓宽中小企业融资渠道。加快创业板市场建设，完善中小企业上市机制，扩大中小企业上市规模，增加直接融资。完善创业投资和融资租赁政策，大力发展创业投资和融资租赁企业。鼓励有关部门和地方政府设立创业投资引导基金，引导社会资金设立主要支持中小企业的创业投资企业，积极发展股权投资基金。发挥融资租赁、典当、信托等融资方式在中小企业融资中的作用。稳步扩大中小企业集合债券和短期融资券的发行规模，积极培育和规范发展产权交易市场，为中小企业产权和股权交易提供服务。

（4）完善中小企业信用担保体系。设立包括中央、地方财政出资和企业联合组建的多层次中小企业融资担保基金和担保机构。各级财政要加大支持力度，综合运用资本注入、风险补偿和奖励补助等多种方式，提高担保机构对中小企业的融资担保能力。落实好对符合条件的中小企业信用担保机构免征营业税、准备金提取和代偿损失税前扣除的政策。国土资源、住房城乡建设、金融、工商等部门要为中小企业和担保机构开展抵押物和出质的登记、确权、转让等提供优质服务。加强对融资性担保机构的监管，引导其规范发展。鼓励保险机构积极开发为中小企业服务的保险产品。

（5）发挥信用信息服务在中小企业融资中的作用。推进中小企业信用制度建设，建立和完善中小企业信用信息征集机制和评价体系，提高中小企业的融资信用等级。完善个人和企业征信系统，为中小企业融资提供方便快速的查询服务。构建守信受益、失信惩戒的信用约束机制，增强中小企业信用意识。

（三）加大对中小企业的财税扶持力度

（1）加大财政资金支持力度。逐步扩大中央财政预算扶持中小企业发展的专项资金规模，重点支持中小企业技术创新、结构调整、节能减排、开拓市场、扩大就业，以及改善对中小企业的公共服务。加快设立国家中小企业发展基金，发挥财政资金的引导作用，带动社会资金支持中小企业发展。地方财政也要加大对中小企业的支持力度。

（2）落实和完善税收优惠政策。国家运用税收政策促进中小企业发展，具体政策由财政部、税务总局会同有关部门研究制定。

（3）进一步减轻中小企业社会负担。凡未按规定权限和程序批准的行政事业性收费项目和政府性基金项目，均一律取消。全面清理整顿涉及中小企业的收费，重点是行政许可和强制准入的中介服务收费、具有垄断性的经营服务收费，能免则免，能减则减，能缓则缓。严格执行收费项目公示制度，公开前置性审批项目、程序和收费标准，严禁地方和部门越权设立行政事业性收费项目，不得擅自将行政事业性收费转为经营服务性收费。进一步规范执收行为，全面实行中小企业缴费登记卡制度，设立各级政府中小企业负担举报电话。健全各级政府中小企业负担监督制度，严肃查处乱收费、乱罚款及各种摊派行为。任何部门和单位不得通过强制中小企业购买产品、接受指定服务等手段牟利。严格执行税收征收管理法律法规，不得违规向中小企业提前征税或者摊派税款。

（四）加快中小企业技术进步和结构调整

（1）支持中小企业提高技术创新能力和产品质量。支持中小企业加大研发投入，开发先进适用的技术、工艺和设备，研制适销对路的新产品，提高产品质量。加强产学研联合和资源整合，加强知识产权保护，重点在轻工、纺织、电子等行业推进品牌建设，引导和支持中小企业创建自主品牌。支持中华老字号等传统优势中小企业申请商标注册，保护商标专用权，鼓励挖掘、保护、改造民间特色传统工艺，提升特色产业。

（2）支持中小企业加快技术改造。按照重点产业调整和振兴规划要求，支持中小企业采用新技术、新工艺、新设备、新材料进行技术改造。中央预算内技术改造专项投资中，要安排中小企业技术改造资金，地方政府也要安排中小企业技术改造专项资金。中小企业的固定资产由于技术进步原因需加速折旧的，可按规定缩短折旧年限或者采取加速折旧的方法。

（3）推进中小企业节能减排和清洁生产。促进重点节能减排技术和高效节能环保产品、设备在中小企业的推广应用。按照发展循环经济的要求，鼓励中小企业间资源循环利用。鼓励专业服务机构为中小企业提供合同能源管理、节能设备租赁等服务。充分发挥市场机制作用，综合运用金融、环保、土地、产业政策等手段，依法淘汰中小企业中的落后技术、工艺、设备和产品，防止落后产能异地转移。严格控制过剩产能和"两高一资"行业盲目发展。对纳入环境保护、节能节水企业所得税优惠目录的投资项目，按规定给予企业所得税优惠。

（4）提高企业协作配套水平。鼓励中小企业与大型企业开展多种形式的经济技术合作，建立稳定的供应、生产、销售等协作关系。鼓励大型企业通过专业分工、服务外包、订单生产等方式，加强与中小企业的协作配套，积极向中小企业提供技术、人才、设备、资金支持，及时支付货款和服务费用。

（5）引导中小企业集聚发展。按照布局合理、特色鲜明、用地集约、生态环保的原则，支持培育一批重点示范产业集群。加强产业集群环境建设，改善产业集聚条件，完善服务功能，壮大龙头骨干企业，延长产业链，提高专业化协作水平。鼓励东部地区先进的中小企业通过收购、兼并、重组、联营等多种形式，加强与中西部地区中小企业的合作，实现产业有序转移。

(6) 加快发展生产性服务业。鼓励和支持中小企业在科技研发、工业设计、技术咨询、信息服务、现代物流等生产性服务业领域发展。积极促进中小企业在软件开发、服务外包、网络动漫、广告创意、电子商务等新兴领域拓展，扩大就业渠道，培育新的经济增长点。

(五) 支持中小企业开拓市场

(1) 支持引导中小企业积极开拓国内市场。支持符合条件的中小企业参与家电、农机、汽车摩托车下乡和家电、汽车“以旧换新”等业务。中小企业专项资金、技术改造资金等要重点支持销售渠道稳定、市场占有率高的中小企业。采取财政补助、降低展费标准等方式，支持中小企业参加各类展览展销活动。支持建立各类中小企业产品技术展示中心，办好中国国际中小企业博览会等展览展销活动。鼓励电信、网络运营企业以及新闻媒体积极发布市场信息，帮助中小企业宣传产品，开拓市场。

(2) 支持中小企业开拓国际市场。进一步落实出口退税等支持政策，研究完善稳定外需、促进外贸发展的相关政策措施，稳定和开拓国际市场。充分发挥中小企业国际市场开拓资金和出口信用保险的作用，加大优惠出口信贷对中小企业的支持力度。鼓励和支持有条件的中小企业到境外开展并购等投资业务，收购技术和品牌，带动产品和服务出口。

(3) 支持中小企业提高自身市场开拓能力。引导中小企业加强市场分析预测，把握市场机遇，增强质量、品牌和营销意识，改善售后服务，提高市场竞争力。提升和改造商贸流通业，推广连锁经营、特许经营等现代经营方式和新型业态，帮助和鼓励中小企业采用电子商务，降低市场开拓成本。支持餐饮、旅游、休闲、家政、物业、社区服务等行业拓展服务领域，创新服务方式，促进扩大消费。

(六) 努力改进对中小企业的服务

(1) 加快推进中小企业服务体系建设。加强统筹规划，完善服务网络和服务设施，积极培育各级中小企业综合服务机构。通过资格认定、业务委托、奖励等方式，发挥工商联以及行业协会（商会）和综合服务机构的作用，引导和带动专业服务机构的发展。建立和完善财政补助机制，支持服务机构开展信息、培训、技术、创业、质量检验、企业管理等服务。

（2）加快中小企业公共服务基础设施建设。通过引导社会投资、财政资金支持等多种方式，重点支持在轻工、纺织、电子信息等领域建设一批产品研发、检验检测、技术推广等公共服务平台。支持小企业创业基地建设，改善创业和发展环境。鼓励高等院校、科研院所、企业技术中心开放科技资源，开展共性关键技术研究，提高服务中小企业的水平。完善中小企业信息服务网络，加快发展政策解读、技术推广、人才交流、业务培训和市场营销等重点信息服务。

（3）完善政府对中小企业的服务。深化行政审批制度改革，全面清理并进一步减少、合并行政审批事项，实现审批内容、标准和程序的公开化、规范化。投资、工商、税务、质检、环保等部门要简化程序、缩短时限、提高效率，为中小企业设立、生产经营等提供便捷服务。地方各级政府在制订和实施土地利用总体规划和年度计划时，要统筹考虑中小企业投资项目用地需求，合理安排用地指标。

（七）提高中小企业经营管理水平

（1）引导和支持中小企业加强管理。支持培育中小企业管理咨询机构，开展管理咨询活动。引导中小企业加强基础管理，强化营销和风险管理，完善治理结构，推进管理创新，提高经营管理水平。督促中小企业苦练内功、降本增效，严格遵守安全、环保、质量、卫生、劳动保障等法律法规，诚实守信经营，履行社会责任。

（2）大力开展对中小企业各类人员的培训。实施中小企业银河培训工程，加大财政支持力度，充分发挥行业协会（商会）、中小企业培训机构的作用，广泛采用网络技术等手段，开展政策法规、企业管理、市场营销、专业技能、客户服务等各类培训。

（3）加快推进中小企业信息化。继续实施中小企业信息化推进工程，加快推进重点区域中小企业信息化试点，引导中小企业利用信息技术提高研发、管理、制造和服务水平，提高市场营销和售后服务能力。鼓励信息技术企业开发和搭建行业应用平台，为中小企业信息化提供软硬件工具、项目外包、工业设计等社会化服务。

（八）加强对中小企业工作的领导

（1）加强指导协调。成立国务院促进中小企业发展工作领导小组，加强对中小企业工作的统筹规划、组织领导和政策协调，领导小组办公室设在工业和信息化部。各地可根据工作需要，建立相应的组织机构和工作机制。

(2) 建立中小企业统计监测制度。统计部门要建立和完善对中小企业的分类统计、监测、分析和发布制度，加强对规模以下企业的统计分析工作。有关部门要及时向社会公开发布发展规划、产业政策、行业动态等信息，逐步建立中小企业市场监测、风险防范和预警机制。

促进中小企业健康发展既是一项长期战略任务，也是保增长、扩内需、调结构、促发展、惠民生的紧迫任务。中小企业发展前景广阔。

第三章 小企业会计概论

第一节 会计概述

一、会计的概念

在生产活动中，为了获得一定的劳动成果，必然要耗费一定的人力、财力、物力。一方面是劳动成果的多少，另一方面是劳动耗费的高低。对劳动耗费和劳动成果进行记录、计算，并加以比较和分析，从而有效地组织和管理生产。

会计就是这样产生于人们对经济活动进行管理的客观需要，并随着加强经济管理、提高经济效益的要求而发展，与经济发展密切相关。会计是以货币为主要计量单位，反映和监督一个单位经济活动的一种经济管理工作。

会计按其报告的对象不同，又有财务会计与管理会计之分。财务会计主要侧重于向企业外部关系人提供有关企业财务状况、经营成果和现金流量情况等信息，侧重于过去的信息，为外部有关各方提供所需数据；管理会计主要侧重于向企业内部管理者提供进行经营规划、经营管理、预测决策所需的相关信息，侧重于未来信息，为内部管理部门提供数据。

二、会计的职能

会计的职能是会计在经济管理过程中所具有的功能。对于会计的职能理论界有不同的观点，《中华人民共和国会计法》将会计的基本职能描述为会计核算和会计监督两个方面，对会计工作的开展具有重要的指导意义。

（一）进行会计核算

会计核算贯穿于经济活动的全过程，是会计最基本的职能。它是指会计以货币为主要计量单位，对特定主体的经济活动进行确认、计量、记录和报告，为有关各方提供会计信息。

会计核算的内容具体表现为生产经营过程中的各种经济业务，包括：（1）款项和有价证券的收付；（2）财物的收发、增减和使用；（3）债权、债务的发生和结算；（4）资本、基金的增减和经费的收支；（5）收入、费用、成本的计算；（6）财务成果的计算和处理；（7）其他需要办理会计手续、进行会计核算的事项。会计核算的要求是真实、准确、完整、及时。

确认是运用特定会计方法，以文字和金额同时描述某一交易或事项，使其金额反映在特定主体财务报表的合计数中的会计程序。确认分为初始确认和后续确认。

计量是确定会计确认中用以描述某一交易或事项的金额的会计程序。

记录是指对特定主体的经济活动采用一定的记账方法，在账簿中进行登记的会计程序。

报告是指在确认、计量和记录的基础上，对特定主体的财务状况、经营成果和现金流量情况（行政、事业单位是对其经费收入、经费支出、经费结余及其财务状况），以财务报表的形式向有关方面报告。

（二）实施会计监督

会计监督职能是指对特定主体经济活动和相关会计核算的合法性、合理性进行审查，即以一定的标准和要求利用会计所提供的信息对各单位的经济活动进行有效的指导、控制和调节，以达到预期的目的。

会计监督的内容包括：（1）监督经济业务的真实性；（2）监督财务收支的合法性；（3）监督公共财产的完整性。会计监督是一个过程，它分为事前监督、事中监督和事后监督。会计监督职能要求会计人员在进行会计核算的同时，也要对特定主体经济业务的合法性、合理性进行审查。

两项基本会计职能是相辅相成、辩证统一的关系。会计核算是会计监督的基础，没有核算所提供的各种信息，监督就失去了依据；而会计监督又是会计核算质量的保障，只有核算，没有监督，就难以保证核算所提供信息的真实性、可靠性。

除以上两项基本职能外，会计还具有预测经济前景、参与经济决策、计划组织以及绩效评价等职能。

三、会计的对象

会计的对象是指会计核算和监督的内容。会计需要以货币为主要计量单位，对特定主体的经济活动进行核算与监督。从宏观上来说，会计对象是在生产过程中的资金运动；从微观上来说，会计对象是一个单位能够用货币表现的经济活动。

会计的对象是指会计所核算和监督的内容，即特定主体能够以货币表现的经济活动。以货币表现的经济活动通常又称为价值运动或资金运动。资金运动包括各特定主体的资金投入、资金运用和资金退出等过程。工业企业的资金运动包括资金的投入，供应过程、生产过程、销售过程，资金的退出三部分。

资金的投入是指企业从事生产与销售活动，必须拥有一定数量的资金，用于建造厂房、购买机器设备、购买材料、支付职工工资、支付经营管理中必要的开支等，生产出的产品经过销售后，收回的货款还要补偿生产中的垫付资金、偿还有关债务、上交有关税金等。

资金的循环和周转分为供应、生产、销售三个阶段。在供应过程中，企业要购买材料等劳动对象，发生材料买价、运输费、装卸费等材料采购成本，与供应单位发生货款结算关系。在生产过程中，劳动者借助于劳动手段将劳动对象加工成特定的产品，发生材料消耗的材料费、固定资产磨损的折旧费、生产工人劳动耗费的人工费等，构成产品使用价值与价值的统一体，同时，还将发生企业与工人之间的工资结算关系、与有关单位之间的劳务结算关系等。在销售过程中，将生产的产品销售出去，发生有关销售费用、收回货款、交纳税金等业务活动，并同购货单位发生货款结算关系、同税务机关发生税务结算关系等。企业获得的销售收入，扣除各项费用后的利润，还要提取盈余公积并向所有者分配利润。

资金的退出包括偿还各项债务、上交各项税金、向所有者分配利润等，这部分资金便离开本企业，退出本企业的资金循环与周转。

上述资金运动的三个阶段，构成了开放式的运动形式，是相互支撑、相互制约的统一体。资金运动呈现出显著的运动状态，同时也具有某一时点上的相对静止状态，这两个方面既相互联系，又相互制约。

四、会计方法

（一）会计方法的概述

会计方法是指会计采用专门方法实现会计核算和监督的职能。会计方法包括会计核算、会计分析、会计检查、会计预测和会计决策方法等。其中，会计核算方法是最基本、最主要的方法。

（二）会计核算方法

会计核算的方法，是对会计对象进行连续、系统、全面的核算和监督所应用的方法。

主要包括以下七种专门方法：设置会计科目及账户、复式记账、填制和审核凭证、登记账簿、成本计算、财产清查、编制会计报表。相互联系共同组成会计核算的方法体系。

1. 设置会计科目及账户

设置会计科目及账户，是对会计对象具体内容进行的分类反映和监督方法。正确、科学地设置会计科目及账户，细化会计对象，提供会计核算的具体内容，是会计核算的基础。

2. 复式记账

复式记账是指对每一项经济业务都要在两个或两个以上的相互联系的账户中进行登记的一种方法。

3. 填制和审核凭证

原始凭证和记账凭证统称为会计凭证。各单位发生的任何会计事项都必须取得原始凭证，证明其经济业务的发生或完成。审核原始凭证填制内容是否完备、手续是否齐全、业务的发生是否合理合法等，审核无误后才能编制记账凭证，记账凭证是记账的依据。

4. 登记账簿

账簿是具有一定格式，用来记账的簿籍。登记账簿就是根据会计凭证，采用复式记账法，把经济业务分门别类、内容连续地在有关账簿中进行登记的方法。账簿记录的各种数据资料，是会计信息中心，也是编制财务报表的重要依据。

5. 成本计算

成本计算是按照一定对象归集和分配生产经营过程中发生的各种费用，以便确定该对象的总成本和单位成本的一种专门方法。

6. 财产清查

财产清查就是通过对各项财产物质、货币资金进行实物盘点，对往来款项进行核对，以查明实存数同账存数是否相符的一种专门方法。在财产清查中发现有财产、资金账面数额与实存数额不符的情况，应该及时调整账簿记录，使账存数与实存数一致，并查明账实不符的原因，明确责任。通过财产清查，可以查明各项财产物资、债权债务、所有者权益的情况，可以促进企业加强物资管理，保证财产的完整，并能为编制会计报表提供真实、准确的资料。

7. 编制会计报表

编制会计报表是根据账簿记录的数据资料，采用一定的表格形式，概括、综合地反映各单位在一定时期内经济活动过程和结果的一种方法。会计报表提供的资料是进行会计分析、会计检查的重要依据。

从填制会计凭证到登记账簿、编制出会计报表，循环往复，持续不断地进行下去，称为会计循环。上述会计核算的方法是相互联系、密切配合，构成了一个完整的核算方法体系。

第二节　会计要素及会计等式

一、会计要素

（一）会计要素的概念

会计核算，需要对会计核算和监督的内容进行分类。会计要素是会计对象按经济特征所作的最基本分类，也是会计核算对象的具体化。合理划分会计要素，有利于清晰地反映产权关系和其他经济关系。企业会计要素分为六大类，即资产、负债、所有者权益、收入、费用和利润。其中，资产、负债和所有者权益三项会计要素主要反映企业的财务状况；收入、费用和利润三项会计要素主要反映企业的经营成果。

（二）反映财务状况的会计要素

财务状况是指企业一定时期的资产及权益情况，是资金运动相对静止状态时的表现。反映财务状况的会计要素包括资产、负债、所有者权益三项。

1. 资产

资产是指企业过去的交易或者事项形成的、由企业拥有或者控制的、预期会给企业带来经济利益的资源。

（1）资产的分类。小企业的资产按照流动性，可分为流动资产和非流动资产。

小企业的流动资产，是指预计在1年内（含1年，下同）或超过1年的一个正常营业周期内变现、出售或耗用的资产。包括：货币资金、短期投资、应收及预付款项、存货等。

小企业的非流动资产，是指流动资产以外的资产。包括：长期债券投资、长期股权投资、固定资产、生产性生物资产、无形资产、长期待摊费用等。

小企业的资产应当按照成本计量，不计提资产减值准备。

（2）资产的特征。

①企业过去的交易或者事项：包括购买、生产、建造行为或其他交易或者事项。预期在未来发生的交易或者事项不形成资产。

②预期会给企业带来经济利益。预期会给企业带来经济利益，是指直接或者间接导致现金和现金等价物流入企业的潜力，如货币资金、厂房场地、机器设备、原材料、专利权、商标权以及企业对其他单位的投资等。所谓经济利益，是指直接或间接地流入企业的现金或现金等价物。那些已经没有经济价值、不能给企业带来经济利益的项目，就不能继续确认为企业的资产。

③由企业拥有或者控制，是指企业享有某项资源的所有权，或者虽然不享有某项资源的所有权，但该资源能被企业所控制。一项资源要作为企业资产予以确认，企业应该拥有此项资源的所有权，可以按照自己的意愿使用或处置资产。

2. 负债

负债是指企业过去的交易或者事项形成的预期会导致经济利益流出企业的现时义务。现时义务是指企业在现行条件下已承担的义务。未来发生的交易或者事项形成的义务，不属于现时义务，不应当确认为负债。

（1）负债的分类。负债按其流动性不同，分为流动负债和非流动负债。

小企业的流动负债，是指预计在 1 年内或者超过 1 年的一个正常营业周期内清偿的债务。包括：短期借款、应付及预收款项、应付职工薪酬、应交税费、应付利息等。

小企业的非流动负债，是指流动负债以外的负债。包括：长期借款、长期应付款等。

（2）负债的特征。

①负债的清偿预期会导致经济利益流出企业。负债通常是在未来某一时日通过交付资产（包括现金和其他资产）或提供劳务来清偿。

②负债是由过去的交易或事项形成的现时义务。也就是说，导致负债的交易或事项必须已经发生。

3. 所有者权益

所有者权益是指企业资产扣除负债后由所有者享有的剩余权益。公司的所有者益又称为股东权益。

小企业的所有者权益包括：实收资本（或股本，下同）、资本公积、盈余公积和未分配利润。

对于任何企业而言，其资产形成的资金来源不外乎两个：一个是债权人；一个是所有者。债权人对企业资产的要求权形成企业负债，所有者对企业资产的要求权形成企业的所有者权益。所有者权益的来源包括所有者投入的资本、直接计入所有者权益的利得和损失、留存收益等。

所有者权益具有以下特征：

(1) 除非发生减资、清算或分派现金股利，企业不需要偿还所有者权益；

(2) 企业清算时，只有在清偿所有的负债后，所有者权益才返还给所有者；

(3) 所有者凭借所有者权益能够参与企业利润的分配。

(三) 反映经营成果的会计要素

经营成果是企业在一定时期内从事生产经营活动所取得的最终成果，是资金运动显著变动状态的主要体现。反映经营成果的会计要素包括收入、费用、利润三项。

1. 收入

收入是指企业在日常生产经营活动中形成的、会导致所有者权益增加、与所有者投入资本无关的经济利益的总流入。包括：销售商品收入和提供劳务收入。

出售固定资产、无形资产并非企业的日常活动，这种偶发性的收入不应确认为收入，而应作为营业外收入确认。而出租固定资产、无形资产在实质上属于让渡资产使用权，出售不需要的材料的收入也属于企业日常活动中的收入，因此应确认为企业的收入，具体确认为其他业务收入。

2. 费用

费用是指企业在日常生产经营活动中发生的、会导致所有者权益减少、与向所有者分配利润无关的经济利益的总流出。

小企业的费用包括：营业成本、营业税金及附加、销售费用、管理费用、财务费用等。

处置固定资产而发生的损失，虽然会导致所有者权益减少和经济利益的总流出，但不属于企业的日常活动，因此不应确认为企业的费用，而应确认为营业外支出。

3. 利润

利润是指企业在一定会计期间的经营成果。包括：营业利润、利润总额和净利润。

二、会计等式

会计六要素反映了资金运动的静态和动态两个方面，具有紧密的相关性，它们在数量上存在着特定的平衡关系，这种平衡关系用公式来表示，就是会计等式。它反映会计要素之间平衡关系，是各种会计核算方法的理论基础。是复式记账法的理论基础，也是编制资产负债表的依据。

（一）资产 = 负债 + 所有者权益

资产来源于所有者的投入资本和来自债权人的借入资金及企业在生产经营中所产生效益的积累，分别归属于所有者和债权人。

经济业务的发生引起等式两边会计要素变动的方式可以总结归纳为四种类型：

（1）资产和负债、所有者权益同时增加：经济业务发生引起等式两边金额同时增加，增加金额相等，变动后等式仍保持平衡。

如企业收到所有者投资600万元，款项存入银行。

这项经济业务使银行存款增加了600万元，等式左边的资产增加了600万元，同时等式右边的所有者权益也增加600万元，并没有改变等式的平衡关系。

（2）资产和负债、所有者权益同时减少：经济业务的发生引起等式两边金额同时减少，减少金额相等，变动后等式仍保持平衡。

如企业用银行存款归还所欠B企业的货款20万元。

这项经济业务使企业的银行存款即资产减少了20万元，同时应付账款即负债也减少了20万元，等式两边同时减少20万元，等式依然成立。

（3）资产此增彼减：经济业务的发生引起等式左边即资产内部的项目此增彼减，增减的金额相同，变动后资产的总额不变，等式仍保持平衡。

如企业用银行存款100万元购买一台生产设备，设备已交付使用。

这项经济业务使企业的固定资产增加了100万，但同时银行存款减少了100万，企业的资产内部发生增减变动，但资产总额不变。

（4）负债和所有者权益此增彼减：. 经济业务的发生引起等式右边负债内部项目此增彼减，或所有者权益内部项目此增彼减，或负债与所有者权益项目之间此增彼减，增减的金额相同，变动后等式右边总额不变，等式仍保持平衡。

如企业向银行借入50万元直接用于归还拖欠的货款。

这项经济业务使企业的应付账款减少了50万元，同时短期借款增加了

50万元，负债内部发生增减变动，但负债总额不变。

实际工作中，企业每天发生的经济业务要复杂得多，但无论其引起会计要素如何变动，都不会破坏资产与权益的恒等关系（亦即会计等式的平衡）。

（二）收入－费用＝利润

企业经营的目的是为了获得收入，实现盈利。企业在取得收入的同时，也必然要发生相应的费用。通过收入与费用的比较，才能确定企业一定时期的盈利水平。收入减去费用等于利润。

收入、费用和利润之间的关系，是编制利润表的基础。

第三节 会计核算的基本前提和信息质量要求

一、会计核算的基本前提

会计核算的基本前提是对会计核算所处的时间、空间环境所作的合理设定。为了保证会计工作的正常进行和会计信息的质量，对会计核算的范围、内容、基本程序和方法所作的假定。

（一）会计主体（会计实体）

会计主体是指会计信息所反映的特定单位，也称为会计实体。会计所要反映的总是特定的对象，只有明确规定会计核算的对象，将会计所要反映的对象与其他经济实体区别开来，才能保证会计核算工作的正常开展，实现会计的目标。为日常的会计处理提供了空间依据。

会计主体不同于法律主体。一般来说，法律主体往往是一个会计主体，例如，一个企业作为一个法律主体，应当建立会计核算体系，独立反映其财务状况、经营成果和现金流量。但是，会计主体不一定是法律主体，比如在企业集团里，一个母公司拥有若干个子公司，在企业集团母公司的统一领导下开展经营活动。

（二）持续经营

持续经营是指会计主体的生产经营活动将无限期地延续下去，在可以预见的将来，企业不会面临清算、解散、倒闭而不复存在。

企业是否持续经营对会计政策的选择，正确确定和计量财产计价、收益影响很大。由于持续经营是根据企业发展的一般情况所作的设定，企业在生产经营过程中缩减经营规模乃至停业的可能性总是存在的。为此，往往要求定期对企业持续经营这一前提作出分析和判断。一旦判定企业不符合持续经营前提，就应当改变会计核算的方法。

（三）会计分期

会计分期是从持续经营基本前提引申出来的，是持续经营的客观要求。会计分期是指将一个企业持续经营的生产经营活动划分为连续、相等的期间，又称为会计期间。

会计分期的目的是，将持续经营的生产活动划分为连续、相等的期间，据以结算盈亏，按期编报财务报告，从而及时地向各方面提供有关企业财务状况、经营成果和现金流量信息。

会计期间一般可以按照日历时间划分，分为年、季、月。我国会计准则明确规定，采取公历年度，自每年1月1日至12月31日止。此外，国际上会计期间可以按实际的经济活动周期来划分，其周期或长、或短于公历年度。

（四）货币计量

货币计量是指采用货币作为计量单位，记录和反映企业的生产经营活动。

企业资产、负债和所有者权益，尤其是资产可以采取不同的计量属性，如数量计量（个、张、根等）、人工计量（工时等）和货币计量。

我国会计准则要求采用人民币作为记账本位币，是对货币计量这一会计前提的具体化。业务收支以人民币以外的货币为主的单位，可以选定其中一种货币为记账本位币，提供给境内的财务会计报告使用者的应当折算为人民币。

二、会计信息质量要求

会计核算的一般原则是进行会计核算的指导思想和衡量会计工作成败的标准。具体包括衡量会计信息质量及确认和计量两个方面的原则。

（一）会计信息质量要求

2006年2月财政部颁布的《企业会计准则——基本准则》对会计信息质量要求的准则，包括客观性、相关性、明晰性、可比性、实质重于形式、重要性、谨慎性、及时性，这些准则都是为了保证会计信息的质量而提出，是会计确认、计量和报告质量的保证。

1. 客观性

也称真实性原则，指企业应当以实际发生的经济业务及证明经济业务发生的合法凭证为依据，如实反映财务状况、经营成果，做到内容真实，数字准确，资料可靠。这一原则是对会计工作的基本要求。

这一原则包括两个内容：一是会计必须根据审核无误的原始凭证，采用特定的专门方法进行记账、算账、报账，保证所提供的会计信息内容完整、真实可靠。二是会计人员在进行会计处理时应保持客观，运用正确的会计原则和方法，得出具有可检验性的会计信息。

2. 相关性

指企业所提供的会计信息应与财务会计报告使用者的经济决策相关，有助于财务会计报告使用者对企业过去、现在或者未来的情况作出评价或预测。这里所说的相关，是指与决策相关，有助于决策。

根据相关性原则，要求在收集、记录、处理和提供会计信息过程中能充分考虑各方面会计信息使用者决策的需要，满足各方面具有共性的信息需求。对于特定用途的信息，不一定都通过财务报告来提供，而可以采取其他形式加以提供。

3. 明晰性

指企业提供的会计信息应当清晰明了，便于财务会计报告使用者理解和使用。明晰性原则要求会计信息简明、易懂，能够简单明了地反映企业的财务状况、经营成果和现金流量，从而有助于会计信息使用者正确理解、掌握企业的情况。

根据明晰性原则，会计记录应当准确、清晰，填制会计凭证、登记会计账簿必须做到依据合法、账户对应关系清楚、文字摘要完整；在编制会计报表时，项目钩稽关系清楚、项目完整、数字准确。

4. 可比性

指企业提供的会计信息应当具有可比性。包括两个方面的质量要求，一是信息的横向可比，即企业之间的会计信息口径一致，相互可比。二是信息的纵向可比，即同一企业不同时期发生的相同或相似的交易或事项，应当采用一致的会计政策，不得随意改变，便于对不同时期的各项指标进行纵向比较。企业不得随意改变会计政策，但并不意味着所选择的会计程序和方法不能作任何变更。一般来说，在两种情况下，可以变更会计政策，一是有关法规发生变化，要求企业改变会计政策；二是改变会计政策后能够更恰当地反映企业的财务状况和经营成果。

5. 实质重于形式

指企业应当按照以交易或事项的经济实质进行会计确认、计量和报告，而不应仅以交易或事项的法律形式作为依据。这里所讲的形式是指法律形式，实质指经济实质。

6. 重要性

指企业提供的会计信息应当反映与企业财务状况、经营成果和现金流量等有关的所有重要交易或事项。企业在选择会计方法和程序时，要考虑经济业务本身的性质和规模，根据特定的经济业务决策影响的大小，来选择合适的会计方法和程序。

重要性原则与会计信息成本效益直接相关，能够使提供会计信息的收益大于成本。对于那些不重要的项目，如果也采用严格的会计程序，分别核算，分项反映，就会导致会计信息成本高于收益。

7. 谨慎性

又称稳健性原则，是指企业对交易或事项进行确认、计量和报告应当保持应有的谨慎，在不确定因素的情况下作出判断时，不应高估资产或者收益、低估负债或者费用。对于可能发生的损失和费用，应当加以合理估计。对企业存在的风险加以合理估计，能在风险实际发生之前化解并防范风险，有利于企业作出正确的经营决策，保护所有者和债权人的利益，提高市场竞争力。

8. 及时性

指企业对于已经发生的交易或事项，应当及时进行会计确认、计量和报告，不得提前或延后。会计信息具有时效性，才能满足经济决策的及时需要，信息才有价值。

（二）确认和计量的原则

1. 权责发生制原则

指收入和费用计入某会计期间，不是以在该期间内收到或付出现金为标志，而是依据收入和费用在该期间的权责是否发生来确定。具体来说，凡在当期取得的收入或者应当负担的费用，不论款项是否已经收付，都应当作为当期的收入或费用；凡不属于当期的收入或费用，即使款项已经在当期收到或应当期支付，都不能作为当期的收入或费用。因此，权责发生制原则，也称为应收应付原则。

与权责发生制相对应，是收付实现制。收付实现制也称现收现付制，是以实际收到或付出款项作为确认收入或费用的依据。

权责发生制与收付实现制都是会计核算的记账基础。由于会计分期产生了本期与上期、下期的区别，因此在确认收入或费用时，就产生了上述两种不同的记账基础，而采用不同的记账基础会影响各期的损益。盈利组织一般采用权责发生制，预算单位等常采用收付实现制。

2. 配比原则

指将收入与其相对应的费用、成本进行对比，以结出损益，完整地反映特定时期的经营成果，正确评价企业的经营业绩。配比原则包括两层含义：一是因果配比，将收入与其对应的成本费用配比；二是时间配比，将一定时期的收入与同时期的费用相配比。

3. 历史成本原则

指将取得资产时发生的成本作为资产的入账价值，在资产处置前保持其入账价值不变。历史成本是实际发生的，成本数据比较容易取得，有客观依据，便于核查，具有可验证性和可靠性。

小企业在对会计要素进行计量时，应当按照历史成本计量，不计提资产减值准备。

第四节 小企业会计账户与借贷记账法

一、会计科目

（一）会计科目的概念

会计要素是对会计对象的基本分类，为满足各有关方面对会计信息的需要，还必须对会计要素作进一步分类，这种对会计要素的具体内容进行分类的项目称为会计科目。

所有的经济业务都有与之相对应的会计科目，所有的会计科目都有与之对应的经济业务。

2011 年颁布的《小企业会计准则》对会计科目做了如下规定：

会计科目依据小企业会计准则中确认和计量的规定制定，涵盖了各类小企业的交易和事项。小企业在不违反会计准则中确认、计量和报告规定的前提下，可以根据本企业的实际情况自行增设、分拆、合并会计科目。小企业不存在的交易或者事项，可不设置相关会计科目。对于明细科目，小企业可以比照附录中的规定自行设置。会计科目编号供小企业填制会计凭证、登记会计账簿、查阅会计账目、采用会计软件系统参考，小企业可结合本企业的实际情况自行确定其他会计科目的编号。

《小企业会计准则》——会计科目表

序号	编号	会计科目名称	序号	编号	会计科目名称
一、资产类			35	2202	应付账款
1	1001	库存现金	36	2203	预收账款
2	1002	银行存款	37	2211	应付职工薪酬
3	1012	其他货币资金	38	2221	应交税费
4	1101	短期投资	39	2231	应付利息
5	1121	应收票据	40	2232	应付利润
6	1122	应收账款	41	2241	其他应付款
7	1123	预付账款	42	2401	递延收益
8	1131	应收股利	43	2501	长期借款
9	1132	应收利息	44	2701	长期应付款
10	1221	其他应收款	三、所有者权益类		
11	1401	材料采购	45	3001	实收资本
12	1402	在途物资	46	3002	资本公积
13	1403	原材料	47	3101	盈余公积
14	1404	材料成本差异	48	3103	本年利润
15	1405	库存商品	49	3104	利润分配
16	1407	商品进销差价	四、成本类		
17	1408	委托加工物资	50	4001	生产成本
18	1411	周转材料	51	4101	制造费用
19	1421	消耗性生物资产	52	4301	研发支出
20	1501	长期债券投资	53	4401	工程施工
21	1511	长期股权投资	54	4403	机械作业
22	1601	固定资产	五、损益类		
23	1602	累计折旧	55	5001	主营业务收入
24	1604	在建工程	56	5051	其他业务收入
25	1605	工程物资	57	5111	投资收益
26	1606	固定资产清理	58	5301	营业外收入
27	1621	生产性生物资产	59	5401	主营业务成本

续　表

序号	编号	会计科目名称	序号	编号	会计科目名称
28	1622	生产性生物资产累计折旧	60	5402	其他业务成本
29	1701	无形资产	61	5403	营业税金及附加
30	1702	累计摊销	62	5601	销售费用
31	1801	长期待摊费用	63	5602	管理费用
32	1901	待处理财产损益	64	5603	财务费用
二、负债类			65	5711	营业外支出
33	2001	短期借款	66	5801	所得税费用
34	2201	应付票据			

会计科目按其所提供信息的详细程度及其统驭关系不同，又分为总分类科目和明细分类科目。前者是对会计要素具体内容进行总括分类、提供总括信息的会计科目，如“应收账款”、“原材料”等。后者是对总分类科目作进一步分类、提供更详细更具体会计信息的科目，如“应收账款”科目按债务人名称或姓名设置明细科目，反映应收账款的具体对象；“原材料”科目按原料及材料的类别、品种和规格等设置明细科目，反映各种原材料的具体构成内容。对于明细科目较多的总账科目，可在总分类科目与明细分类科目之间设置二级或多级科目。

（二）会计科目的意义

会计科目是进行各项会计记录和提供各项会计信息的基础，在会计核算中具有重要意义。

（1）会计科目是复式记账的基础。复式记账要求每一笔经济业务在两个或两个以上相互联系的账户中进行登记，以反映资金运动的来龙去脉。

（2）会计科目是编制记账凭证的基础。记账凭证是确定所发生的经济业务应记入何种科目以及分门别类登记账簿的凭据。

（3）会计科目为成本计算与财产清查提供了前提条件。通过会计科目的设置，有助于成本核算，使各种成本计算成为可能；而通过账面记录与实际结存的核对，又为财产清查、保证账实相符提供了必备的条件。

（4）会计科目为编制会计报表提供了方便。会计报表是提供会计信息的主要手段，为了保证会计信息的质量及其提供的及时性，财务报表中的许多项目与会计科目是一致的，并根据会计科目的本期发生额或余额填列。

（三）会计科目设置的原则

会计科目作为反映会计要素的构成及其变化情况，为投资者、债权人、企业经营管理者等提供会计信息的重要手段，在其设置过程中应努力做到科学、合理、适用，遵循下列原则：

（1）合法性原则。为了保证会计信息的可比性，所设置的会计科目应当符合国家统一的会计制度的规定。

（2）相关性原则。会计科目的设置，应为提供有关各方所需要的会计信息服务，满足对外报告与对内管理的要求。

（3）实用性原则。企业的组织形式、所处行业、经营内容及业务种类等不同，在会计科目的设置上亦应有所区别。在合法性的基础上，应根据企业自身特点，设置符合企业需要的会计科目。

二、会计账户及其结构

账户是根据会计科目设置的，具有一定格式和结构，用于分类反映会计要素增减变动情况及其结果的载体。设置账户是会计核算的重要方法之一。

同会计科目的分类相对应，账户按其所提供信息的详细程度及其统驭关系不同分为总分类账户（简称总账账户或总账）和明细分类账户（简称明细账）；按其所反映的经济内容不同分为资产类账户、负债类账户、所有者权益类账户、成本类账户、损益类账户等。

会计账户具有一定的格式：

会计账户

日期	凭证号数	摘要	增加	减少	余额

为了教学和工作方便，经常采用简化格式丁字账来说明账户结构：

会计账户（T 型账户）

借方	贷方

三、借贷记账法

记账方法按记录方式不同，可分为单式记账法和复式记账法。

复式记账法是指对每一笔经济业务，都要用相等的金额，在两个或两个以上相互联系的账户中进行记录的记账方法。通过对应账户的双重等额记录，能反映经济活动的来龙去脉，并能运用账户体系的平衡关系来检查全部会计记录的正确性。

复式记账法分为借贷记账法、增减记账法和收付记账法。借贷记账法是世界各国普遍采用的一种记账方法，目前我国的企业、行政、事业单位和其他组织都采用借贷记账法。

（一）借贷记账法的定义

借贷记账法是以“借”和“贷”作为记账符号，以“有借必有贷、借贷必相等”作为记账规则，记录会计要素增减变动情况的一种复式记账法。

“借”和“贷”仅是一种记账符号，已失去文字含义。

（二）借贷记账法的依据

借贷记账法的对象是会计要素的增减变动过程及其结果。资产 = 负债 + 所有者权益，这一恒等式是借贷记账法的理论基础和依据。

（三）账户结构

在借贷记账法中，账户的基本结构是：左方为借方，右方为贷方。但哪一方登记增加，哪一方登记减少，则可以从会计要素的静态恒等式：资产 = 负债 + 所有者权益，及动态平衡方程：资产 + 费用 = 负债 + 所有者权益 + 收入来分析。结构如下：

账户结构（记账方法）

借方	贷方
（1）资产增加	（1）资产减少
（2）负债减少	（2）负债增加
（3）所有者权益减少	（3）所有者权益增加
（4）费用增加	（4）费用减少
（5）收入和利润减少	（5）收入和利润增加
资产余额	负债、所有者权益余额

收入、费用期末一般无余额，平时余额在增加方。

资产类账户期末余额＝借方期初余额＋本期借方发生额－本期贷方减少额

负债及所有者类账户期末余额＝贷方期初余额＋本期贷方发生额－本期借方减少额

四、账户记录的试算平衡

根据资产与权益的恒等关系以及借贷记账法“有借必有贷，借贷必相等”的记账规则，检查所有账户记录是否正确，可以采用两种试算平衡方法，即发生额试算平衡法和余额试算平衡法。

（一）发生额试算平衡法

它是根据本期所有账户借方发生额合计与贷方发生额合计的恒等关系，检验本期发生额记录是否正确的方法。公式为：

全部账户本期借方发生额合计＝全部账户本期贷方发生额合计

（二）余额试算平衡法

它是根据本期所有账户借方余额合计与贷方余额合计的恒等关系，检验本期账户记录是否正确的方法。根据余额时间不同，又分为期初余额平衡与期末余额平衡两类。期初余额平衡是期初所有账户借方余额合计与贷方余额合计相等，期末余额平衡是期末所有账户借方余额合计与贷方余额合计相等。公式为：

全部账户的借方期初余额合计 = 全部账户的贷方期初余额合计

全部账户的借方期末余额合计 = 全部账户的贷方期末余额合计

在实际工作中，余额试算平衡通过编制试算平衡表的方式进行。

账户试算平衡表可参见下表：

账户试算平衡表

年　　月　　日

借方				贷方			
科目	期初余额	本期借方发生额	期末余额	科目	期初余额	本期贷方发生额	期末余额
合计	(1)	(2)	(3)	合计	(1)	(2)	(3)

五、总分类账户与明细分类账户的平行登记

（一）总分类账户与明细分类账户的关系

总分类账户对明细分类账户具有统驭控制作用；明细分类账户对总分类账户具有补充说明作用。总分类账户与其所属明细分类账户在总金额上应当相等。

（二）总分类账户与明细分类账户的平行登记

平行登记是指对所发生的每项经济业务事项，都要以会计凭证为依据，一方面记入有关总分类账户，另一方面记入有关总分类账户所属明细分类账户的方法。

总分类账户与明细分类账户平行登记要求：

（1）所依据会计凭证相同、所属会计期间相同；

（2）借贷方向相同；

（3）计入总分类账户的金额与计入其所属明细分类账户的合计金额相等。

六、会计科目与账户的联系和区别

会计科目与账户都是对会计对象具体内容的项目分类，两者口径一致，

性质相同，会计科目是账户的名称，也是设置账户的依据，账户是会计科目的具体运用。两者的区别是：会计科目仅仅是账户的名称，不存在结构；而账户则具有一定的格式和结构。

第四章　会计凭证和会计账簿

第一节　会计凭证

一、会计凭证的意义和种类

（一）会计凭证的意义

会计凭证是记录经济业务发生和完成情况的书面证明，是登记账簿的依据。

任何单位在处理任何经济业务时，都必须由执行和完成该项经济业务的有关人员从单位外部取得或自行填制有关凭证，以书面形式记录和证明所发生经济业务的性质、内容、数量、金额等，并在凭证上签名或盖章，以对经济业务的合法性和凭证的真实性、完整性负责。任何会计凭证都必须经过有关人员的严格审核并确认无误后，才能作为记账的依据。合法地取得、正确地填制和审核会计凭证，是会计核算的基本方法之一，也是会计核算工作的起点，在会计核算中具有重要意义。

1. 记录经济业务，提供记账依据

会计凭证是登记账簿的依据，会计凭证所记录有关信息是否真实、可靠、及时，对于能否保证会计信息质量，具有至关重要的影响。

2. 明确经济责任，强化内部控制

任何会计凭证除记录有关经济业务的基本内容外，还必须由有关部门和人员签章，对会计凭证所记录经济业务的真实性、完整性、合法性负责，以防止舞弊行为，强化内部控制。

3. 监督经济活动，控制经济运行

通过会计凭证的审核，可以查明每一项经济业务是否符合国家有关法律、法规、制度规定，是否符合计划、预算进度，是否有违法违纪行为等。对于查出的问题，应积极采取措施予以纠正，实现对经济活动的事中控制，保证经济活动健康进行。

（二）会计凭证的种类

会计凭证按照编制的程序和用途不同，分为原始凭证和记账凭证两类。

原始凭证又称单据，是在经济业务事项发生时由经办人员直接取得或者填制，用以表明某项经济业务事项已经发生或完成的情况，从而明确有关经济责任的一种会计凭据。原始凭证是会计核算的原始资料和重要依据，来源于实际发生的经济业务事项。

记账凭证是对经济业务事项按其性质加以归类，确定会计分录，并据以登记会计账簿的会计凭证，它具有分类归纳原始凭证和满足登记会计账簿需要的作用，必须根据审核无误的原始凭证和有关资料编制。是介于原始凭证与账簿之间的中间环节，是登记明细分类账户和总分类账户的依据。

二、原始凭证

（一）原始凭证的基本内容

由于经济业务的种类和内容不同，经营管理的要求不同，原始凭证的格式和内容也千差万别。但无论何种原始凭证，都必须做到所载明的经济业务清晰，经济责任明确，一般应具备以下基本内容（也称为原始凭证要素）：

（1）原始凭证名称；

（2）填制原始凭证的日期；

（3）接受原始凭证单位名称；

（4）经济业务内容（含数量、单价、金额等）；

（5）填制单位签章；

（6）有关人员签章；

（7）凭证附件。

在实际工作中，根据经营管理和业务需要，除上述基本内容外，可以增加必要的内容。对于不同单位经常发生的共同性经济业务，有关部门可以制定统一的凭证格式。如人民银行统一制定的银行转账结算凭证，标明了结算双方单位名称、账号等内容。

（二）原始凭证的种类

1. 原始凭证按照来源不同，分为外来原始凭证和自制原始凭证

（1）外来原始凭证。它是指在经济业务发生或完成时，从其他单位或个人直接取得的原始凭证，如购买货物取得的增值税专用发票、对外单位支付款项时取得的收据、职工出差取得的飞机票、火车票等。

（2）自制原始凭证。它是指由本单位内部经办业务的部门和人员，在

执行或完成某项经济业务时填制的、仅供本单位内部使用的原始凭证，如收料单、领料单、限额领料单、产品入库单、产品出库单、借款单、工资发放明细表、折旧计算表等。

2. 原始凭证按照填制手续及内容不同，分为一次性凭证、累计凭证和汇总凭证

（1）一次性凭证。它是指一次填制完成、只记录一笔经济业务的原始凭证，如收据、领料单、收料单、发货票、借款单、银行结算凭证等。一次性凭证是一次有效的凭证。

领　料　单

领料单位：第一车间　　　　　　　　　　　　凭证编号：0010

用　　途：生产 A 产品　　20×× 年 2 月 3 日　　仓　　库：2号

材料类别	材料编号	材料名称	规格	计量单位	数量		单价	金额
					请领	实领		
型钢	0345	圆钢	25mm	公斤	1 500	1 500	4.40	6 600
型钢	0348	圆钢	10mm	公斤	1 000	1 000	4.40	4 400
合计					2 500	2 500	4.40	11 000

发料 姜同　　领料 王立　　领料单位负责人 刘宁　　记账 赵东

（2）累计凭证。它是指在一定时期内多次记录发生的同类型经济业务的原始凭证。其特点是，在一张凭证内可以连续登记相同性质的经济业务，随时结出累计数及结余数，并按照费用限额进行费用控制，期末按实际发生额记账。累计凭证是多次有效的原始凭证。具有代表性的累计凭证是限额领料单。

限　额　领　料　单

领料部门：生产车间　　　　　　　　　　　　发料仓库：2号

用　　途：B产品生产　　20×× 年 2 月　　编　　号：008

材料类别	材料编号	材料名称及规格	计量单位	领料限额	实际领用	单价	金额	备注
型钢	0348	圆钢 φ10mm	公斤	500	480	4.40	2112	

日期	请领		实发			限额结余	退库	
	数量	签章	数量	发料人	领料人		数量	退库单
2.3	200		200	姜同	王立	300		
2.12	100		100	姜同	王立	200		
2.20	180		180	姜同	王立	20		
合计	480		480			20		

供应部门负责人 李微　　生产计划部门负责人 佟伟　　仓库负责人签章 刘俊

（3）汇总凭证。它是指对一定时期内反映经济业务内容相同的若干张原始凭证，按照一定标准综合填制的原始凭证。汇总原始凭证合并了同类型经济业务，简化了记账工作量。常用的汇总原始凭证有：发出材料汇总表、工资结算汇总表、差旅费报销单等。

发出材料汇总表

20××年2月28日

会计科目（用途）	领料部门	原材料	燃　料	合　计
生产成本	A产品生产车间	6 600		6 600
	B产品生产车间	2 112		2 112
	小　计	8 712		8 712
制造费用	车间一般耗用	220		220
管理费用	管理部门耗用	110		110
合　计		9 042		9 042

会计主管 李鸣　　复核 张满　　制表 曲信

3. 原始凭证按照格式不同，分为通用凭证和专用凭证

（1）通用凭证。它是指由有关部门统一印制、在一定范围内使用的具有统一格式和使用方法的原始凭证。

（2）专用凭证。它是指由单位自行印制、仅在本单位内部使用的原始凭证。如领料单、差旅费报销单、折旧计算表、工资费用分配表等。

4. 原始凭证按照经济业务的类别不同，分为以下六类

（1）款项收付业务凭证。是指记录现金和银行存款收付增减等业务的原始凭证。这类凭证既有外来的，也有自制的，但多为一次性凭证，如现金借据、现金收据、领款单、零星购物发票、车船机票、医药费单据、银行支票、付款委托书、托收承付结算凭证等。

（2）出入库业务凭证。是指记录存货出入库等情况的原始凭证。这类凭证可以是一次性凭证，也可以是累计凭证，如入库单、领料单、提货单等。

（3）成本费用凭证。是指记录产品生产费用的发生和分配情况的原始

凭证。这类凭证大都是内部自制凭证，如工资单、工资费用汇总表、折旧费用分配表、制造费用分配表、产品成本计算单等。

（4）购销业务凭证。是指记录材料物品采购或劳务供应、产成品（商品）或劳务销售情况的原始凭证，前者为外来的凭证，后者为自制的凭证，如提货单、发货单、交款单、运费单据等。

（5）固定资产业务凭证。是指记录固定资产购置、报废和盘盈、盘亏业务的原始凭证，如固定资产调拨单、固定资产移交清册、固定资产报废单和盘盈、盘亏报告单等。

（6）转账业务凭证。是指会计期间终了，为了结平收入和支出等账户，计算并结转成本、利润等，由会计人员根据会计账簿记录、整理、制作的原始凭证。这类凭证一般无固定格式，但需要注明制证人并由会计主管签章。

（三）原始凭证的填制或取得

《会计法》规定办理经济业务必须填制或取得原始凭证并及时送交会计机构。

（1）办理经济业务必须填制或取得原始凭证。

（2）填制或取得原始凭证必须及时送交会计机构。及时送交会计机构原则上不超过一个会计结算期以保证会计核算工作的正常进行和当期会计资料的真实、完整。

（四）原始凭证的填制要求

原始凭证是编制记账凭证的依据，是会计核算最基础的原始资料。要保证会计核算工作的质量，必须从保证原始凭证的质量做起，正确填制原始凭证。原始凭证的填制必须符合下列要求：

（1）记录真实。原始凭证所填列的经济业务内容，必须真实可靠，符合实际情况。

（2）内容要完整。原始凭证所要求填列的项目必须逐项填列齐全，不得遗漏和省略。按照填制原始凭证的实际日期填写；名称齐全，不能简化；品名或用途填写明确，不能含糊不清；有关人员的签章必须齐全

（3）手续要完备。单位自制的原始凭证必须有经办单位领导人或者其他指定的人员签名盖章；对外开出的原始凭证必须加盖本单位公章；从外部取得的原始凭证，必须盖有出具单位的公章；从个人取得的原始凭证，必须有填制人员的签名盖章。取得的原始凭证必须符合手续完备的要求，以明确经济责任，确保凭证的合法性、真实性。

（4）书写清楚、规范。原始凭证要按规定填写，文字简明，字迹清楚，

易于辨认，不得使用未经国务院公布的简化汉字。大小写金额必须填写规范，小写金额用阿拉伯数字逐个书写，不得写连笔字，在金额前要填写人民币符号“¥”，人民币符号“¥”与阿拉伯数字之间不得留有空白，金额数字一律填写到角分，无角分的，写“00”或符号“-”，有角分的，分位写“0”，不得用符号“—”；大写金额用汉字壹、贰、叁、肆、伍、陆、柒、捌、玖、拾、佰、仟、万、亿、元、角、分、零、整等，一律用正楷或行书字书写，大写金额前未印有“人民币”字样的，应加写“人民币”三个字，“人民币”字样和大写金额之间不得留有空白，大写金额到元或角为止的，后面要写“整”或“正”字，有分的，不写“整”或“正”字。如小写金额为¥1 008.00，大写金额应写成“壹仟零捌元整”。

（5）编号连续。各种凭证连续编号，以便考查。如果凭证已预先印定编号，如发票、支票等重要凭证，在写坏作废时，应加盖“作废”戳记，妥善保管，不得撕毁。

（6）不得涂改、刮擦、挖补。原始凭证有错误的，应当由出具单位重开或更正，更正处应当加盖出具单位印章。原始凭证金额有错误的，应当由出具单位重开，不得在原始凭证上更正。

（7）填制及时。各种原始凭证必须及时填写，并按规定的程序及时送交会计机构、会计人员进行审核。

（五）原始凭证的审核

审核原始凭证的具体程序、要求，应当按国家统一的会计制度规定进行，要求在经济业务发生或完成时及时填制有关原始凭证，及时进行凭证的传递。

1. 原始凭证的审核内容

为了如实反映经济业务的发生和完成情况，充分发挥会计的监督职能，保证会计信息的真实性、可靠性和正确性，会计机构、会计人员必须对原始凭证进行严格审核。具体包括：

（1）审核原始凭证的真实性。原始凭证作为会计信息的基本信息源，其真实性对会计信息的质量具有至关重要的影响。其真实性的审核包括凭证日期是否真实、业务内容是否真实、数据是否真实等内容的审查。对外来原始凭证，必须有填制单位公章和填制人员签章；对自制原始凭证，必须有经办部门和经办人员的签名或盖章。此外，对通用原始凭证，还应审核凭证本身的真实性，以防假冒。

（2）审核原始凭证的合法性。审核原始凭证所记录经济业务是否有违反国家法律法规的情况，是否履行了规定的凭证传递和审核程序，是否有舞弊行为。

（3）审核原始凭证的合理性。审核原始凭证所记录经济业务是否符合企业生产经营活动的需要，是否符合有关的计划和预算等。

（4）审核原始凭证的完整性。审核原始凭证各项基本要素是否齐全，是否有漏项情况，日期是否完整，数字是否清晰，文字是否工整，有关人员签章是否齐全，凭证联次是否正确等。

（5）审核原始凭证的正确性。审核原始凭证各项金额的计算及填写是否正确，包括：阿拉伯数字分位填写，不得连写；小写金额前要标明“￥”字样，中间不能留有空位；大写金额前要加“人民币”字样，大写金额与小写金额要相符；凭证中有书写错误的，应采用正确的方法更正，不能采用涂改、刮擦、挖补等不正确方法。

（6）审核原始凭证的及时性。原始凭证的及时性是保证会计信息及时性的基础。

审核时应注意审查凭证的填制日期，尤其是支票、银行汇票、银行本票等时效性较强的原始凭证，更应仔细验证其签发日期。

2. 审核原始凭证必须符合以下要求

（1）从外单位取得的原始凭证，必须盖有填制单位的公章；对外单位开出的原始凭证，必须加盖本单位的公章。必须有购买人以外的第三者查证核实后，会计人员才能据以入账。

（2）凡填有大写和小写金额的原始凭证，大写和小写金额必须相符。

（3）一式几联的原始凭证，应当注明各联的用途，只能以一联作为报销凭证。

（4）发生销货退回的，除填制退货发票外，还必须有退货验收证明；退款时，必须取得对方的收款收据或者汇款银行的凭证，不得以退货发票代替收据。

（5）职工公出借款凭据，必须附在记账凭证之后。

（6）经上级有关部门批准的经济业务，应当以批准文件作为原始凭证附件。

3. 原始凭证审核的处理

（1）对于完全符合要求的原始凭证，应及时据以编制记账凭证入账。

（2）会计机构、会计人员对不真实、不合法的原始凭证有权不予受理，并向单位负责人报告，请求查明原因，追究有关当事人责任；对记载不准确、不完整的原始凭证予以退回，并要求经办人员按照国家统一的会计制度进行更正、补充。

（六）原始凭证的错误更正

（1）原始凭证所记载的内容均不得涂改，随意涂改的原始凭证即为无效凭证。

（2）原始凭证记载内容有错误的，应当由开具单位重开或更正，更正工作必须由原始凭证出具单位进行，并在更正处加盖出具单位印章（不包括金额更正）。

（3）原始凭证金额有错误不得更正，只能由原始凭证出具单位重新开具。

（4）原始凭证出具单位应当依法开具准确无误的原始凭证，对填制有误的原始凭证负有更正或重开的义务，不得拒绝。

三、记账凭证

（一）记账凭证的基本内容

记账凭证作为登记账簿的依据，各单位规模大小及其对会计核算繁简程度的要求不同，其格式亦有所不同。但为了满足记账的基本要求，记账凭证应具备以下基本内容或要素：

（1）记账凭证的名称，如“收款凭证”、“付款凭证”、“转账凭证”；

（2）填制记账凭证的日期；

（3）记账凭证的编号；

（4）经济业务的内容摘要；

（5）经济业务所涉及的会计科目（包括一级科目、二级或明细科目）及其记账方向；

（6）经济业务的金额；

（7）记账标记；

（8）所附原始凭证张数；

（9）会计主管、记账、审核、出纳、制单等有关人员签章。

（二）记账凭证的种类

1. 按内容分类

记账凭证按其所反映的经济内容不同，一般分为收款凭证、付款凭证和转账凭证。

（1）收款凭证。是指用于记录现金和银行存款收款业务的会计凭证。

收款凭证根据有关现金和银行存款收入业务的原始凭证填制，是登记现金日记账、银行存款日记账以及有关明细账和总账等账簿的依据，也是出纳人员收讫款项的依据。如下图所示：

收款凭证

借方科目：银行存款　　20××年 2月5日　　收 字第 3 号

摘　要	贷方科目		金　额	记　账
	一　级　科　目	二级或明细科目		
销售甲产品	主营业务收入	甲产品	20 000	
	应交税金	应交增值税	3 400	
合　计			23 400	

附件贰张

会计主管 李鸣　记账 张清　稽核 沈严　填制 方新　出纳 廉明　交款人 赵伟

（2）付款凭证。是指用于记录现金和银行存款付款业务的会计凭证。付款凭证根据有关现金和银行存款支付业务的原始凭证填制，是登记现金日记账、银行存款日记账以及有关明细账和总账等账簿的依据，也是出纳人员支付款项的依据。如下图所示：

付款凭证

贷方科目：银行存款　　20××年2　月12 日　　付 字第 10 号

摘　要	借方科目		金　额	记　账
	一　级　科　目	二级或明细科目		
购买材料	物资采购	A 材料	10 000	
	应交税金	应交增值税	1 700	
合　计			11 700	

附件壹张

会计主管 李鸣　记账 张清　稽核 沈严　填制 方新　出纳 廉明　领款人 赵威

涉及货币资金之间收付的记账凭证，一般填制付款凭证。

（3）转账凭证。是指用于记录不涉及现金和银行存款业务的会计凭证。转账凭证根据有关转账业务的原始凭证填制，是登记有关明细账和总账等账簿的依据。如下图所示：

转账凭证

20××年2月15日　　　　转字第8号

摘　要	一级科目	二级或明细科目	借方金额	贷方金额	记账
生产领用材料	生产成本	甲产品	10 000		
	原材料	钢材		10 000	
合　计			10 000	10 000	

附件壹张

会计主管 李鸣　记账 张清　稽核 沈严　填制 方新

对于经济业务较简单、规模较小、收付款业务较少的单位，还可采用通用记账凭证来记录所有经济业务。这时，记账凭证不再区分收款、付款及转账业务，而将所有经济业务统一编号，在同一格式的凭证中进行记录。通用记账凭证的格式与转账凭证基本相同。

记　账　凭　证

日期：2007年12月04日　　　　第002号

摘　要	总帐科目	明细科目	借方金额（亿千百十万千百十元角分）	贷方金额（亿千百十万千百十元角分）	记帐
付职工生活补助	应付职工薪酬	职工福利	218600		√
	库存现金			218600	√
附单据 1 张	合　计		¥218600	¥218600	

核准：　复核：王芳　记账：戚北林　出纳：李莉　制单：周正业

2. 按照填列方式分类

记账凭证按照填列方式的不同，又可分为复式记账凭证、单式记账凭证和汇总记账凭证。

（1）复式记账凭证。是将每一笔经济业务所涉及的全部会计科目及其发生额均在同一张记账凭证中反映的一种凭证。它是实际工作中应用最普遍的记账凭证。上述收款凭证、付款凭证和转账凭证以及通用记账凭证均为复式记账凭证。复式记账凭证全面反映了经济业务的账户对应关系，有利于检查会计分录的正确性，但不便于会计岗位上的分工记账。

（2）单式记账凭证。是指每一张记账凭证只填列经济业务所涉及的一个会计科目及其金额的记账凭证。填列借方科目的称为借项凭证，填列贷方科目的称为贷项凭证。某项经济业务涉及几个会计科目，就编制几张单式记账凭证。单式记账凭证反映内容单一，便于分工记账，便于按会计科目汇总，但一张凭证不能反映每一笔经济业务的全貌，不便于检验会计分录的正确性。

单式记账凭证的使用范围较窄，不作专门介绍。

（3）汇总记账凭证。是将许多同类记账凭证逐日或定期（3 天、5 天、10 天等）加以汇总后填制的凭证。如将收款凭证、付款凭证或转账凭证按一定的时间间隔分别汇总，编制汇总收款凭证、汇总付款凭证或汇总转账凭证；又如，将一段时间的记账凭证按相同会计科目的借方和贷方分别汇总，编制记账凭证汇总表，等等。

（三）记账凭证的编制

记账凭证的编制的两个要求：记账凭证必须以原始凭证及有关资料为依据编制；作为记账凭证编制依据的原始凭证和有关资料必须审核无误，以保证记账凭证的质量。

（1）收款凭证的编制。该凭证左上角的“借方科目”按收款的性质填写“现金”或“银行存款”；日期填写的是编制本凭证的日期；右上角填写编制收款凭证的顺序号；“摘要”填写对所记录的经济业务的简要说明；“贷方科目”填写与收入现金或银行存款相对应的会计科目；“记账”是指该凭证已登记账簿的标记，防止经济业务重记或漏记；“金额”是指该项经济业务的发生额；该凭证右边“附件 × ×张”是指本记账凭证所附原始凭证的张数；最下边分别由有关人员签章，以明确经济责任。

（2）付款凭证的编制。付款凭证的编制方法与收款凭证基本相同，只是左上角由“借方科目”换为“贷方科目”，凭证中间的“贷方科目”换为“借方科目”。

对于涉及“库存现金”和“银行存款”之间的经济业务，如将现金存入银行或从银行提取现金，为了避免重复记账，一般只编制付款凭证，不编收款凭证。出纳人员应根据会计人员审核无误的收款凭证和付款凭证办理收付款业务。

（3）转账凭证的编制。该凭证将经济业务中所涉及全部会计科目，按照先借后贷的顺序记入“会计科目”栏中的“一级科目”和“二级或明细科目”，并按应借、应贷方向分别记入“借方金额”或“贷方金额”栏。其他项目的填列与收、付款凭证相同。

（4）通用凭证的编制。该凭证的编制与转账凭证基本相同。所不同的是，在凭证的编号上，采用按照发生经济业务的先后顺序编号的方法。对于一笔经济业务涉及两张以上记账凭证时，可以采取分数编号法。

（5）科目汇总表的编制。首先，根据分录凭证编制“T”形账户，将本期各会计科目的发生额一一记入有关“T”形账户。然后计算各个账户的本期借方发生额与贷方发生额合计数。最后将此发生额合计数填入科目汇总表中与有关科目相对应的“本期发生额”栏，并将所有会计科目本期借方发生额与贷方发生额进行合计，借贷相等后，一般说明无误，可用以登记总账。

编制记账凭证时应当对记账凭证连续编号，以分清会计事项处理的先后顺序，便于记账凭证与会计账簿核对，确保记账凭证完整无缺。

（四）记账凭证的审核

为了保证会计信息的质量，在记账之前应由有关稽核人员对记账凭证进行严格的审核。其审核的主要内容是：

（1）内容是否真实。审核记账凭证是否有原始凭证为依据，所附原始凭证的内容与记账凭证的内容是否一致，记账凭证汇总表的内容与其所依据的记账凭证的内容是否一致等。

（2）项目是否齐全。审核记账凭证各项目的填写是否齐全，如日期、凭证编号、摘要、会计科目、金额、所附原始凭证张数及有关人员签章等。

（3）科目是否正确。审核记账凭证的应借、应贷科目是否正确，是否有明确的账户对应关系，所使用的会计科目是否符合国家统一的会计制度的规定等。

（4）金额是否正确。审核记账凭证所记录的金额与原始凭证的有关金额是否一致，计算是否正确，记账凭证汇总表的金额与记账凭证的金额合计是否相符等。

（5）书写是否正确。审核记账凭证中的记录是否文字工整、数字清晰，是否按规定进行更正等。

此外，出纳人员在办理收款或付款业务后，应在凭证上加盖“收讫”或“付讫”的戳记，以避免重收重付。

四、会计凭证的传递与保管

（一）会计凭证的传递

会计凭证的传递是指从会计凭证的取得或填制时起至归档保管过程中，在单位内部有关部门和人员之间的传送程序。会计凭证的传递是会计核算得以正常、有效进行的前提。会计凭证的传递，要求能够满足内部控制制度的要求，使传递程序合理有效，同时尽量节约传递时间，减少传递的工作量。

企业生产组织特点、经济业务的内容和管理要求不同，会计凭证的传递也有所不同。为此，企业应根据具体情况制定每一种凭证的传递程序和方法。例如，收料单的传递中应规定：材料到达企业后多长时间内验收入库，收料单由谁填制，一式几联，各联次的用途是什么，何时传递到会计部门，会计部门由谁负责收料单的审核工作，由谁据以编制记账凭证、登记账簿、整理归档等。会计凭证的传递是否科学、严密、有效，对于加强企业内部管理、提高会计信息的质量具有重要的影响。

（二）会计凭证的保管

会计凭证的保管是指会计凭证记账后的整理、装订、归档和存查工作。会计凭证作为记账的依据，是重要的会计档案和经济资料。本单位以及有关部门、单位，可能因各种需要查阅会计凭证，特别是发生贪污、盗窃、违法乱纪行为时，会计凭证还是依法处理的有效证据。因此，任何单位在完成经济业务手续和记账之后，必须将会计凭证按规定的立卷归档制度形成会计档案资料，妥善保管，防止丢失，不得任意销毁，以便日后随时查阅。

对会计凭证的保管，既要做到完整无缺，又要便于翻阅查找。其主要要求有：

（1）会计凭证应定期装订成册，防止散失。会计部门在依据会计凭证记账以后，应定期（每天、每旬或每月）对各种会计凭证进行分类整理，将各种记账凭证按照编号顺序，连同所附的原始凭证一起加具封面、封底，装订成册，并在装订线上加贴封签，由装订人员在装订线封签处签名或盖章。

从外单位取得的原始凭证遗失时，应取得原签发单位盖有公章的证明，并注明原始凭证的号码、金额、内容等，由经办单位会计机构负责人、会计主管人员和单位负责人批准后，才能代作原始凭证。若确实无法取得证明的，如车票丢失，则应由当事人写明详细情况，由经办单位会计机构负责人、会计主管人员和单位负责人批准后，代作原始凭证。

（2）会计凭证封面应注明单位名称、凭证种类、凭证张数、起止号数、年度、月份、会计主管人员、装订人员等有关事项，会计主管人员和保管人员应在封面上签章。

（3）会计凭证应加贴封条，防止抽换凭证。原始凭证不得外借，其他单位如有特殊原因确实需要使用时，经本单位会计机构负责人、会计主管人员批准，可以复制。

向外单位提供的原始凭证复制件，应在专设的登记簿上登记，并由提供人员和收取人员共同签名、盖章。

（4）原始凭证较多时，可单独装订，但应在凭证封面注明所属记账凭证的日期、编号和种类，同时在所属的记账凭证上应注明“附件另订”及原始凭证的名称和编号，以便查阅。对各种重要的原始凭证，如押金收据、提货单等，以及各种需要随时查阅和退回的单据，应另编目录，单独保管，并在有关的记账凭证和原始凭证上分别注明日期和编号。

（5）每年装订成册的会计凭证，在年度终了时可暂由单位会计机构保管一年，期满后应当移交本单位档案机构统一保管；未设立档案机构的，应当在会计机构内部指定专人保管。出纳人员不得兼管会计档案。

（6）严格遵守会计凭证的保管期限要求，期满前不得任意销毁，保管期满后按国家会计档案管理办法销毁。

第二节　会计账簿

一、会计账簿的意义和种类

（一）会计账簿的意义

填制与审核会计凭证，可以将每天发生的经济业务进行如实、正确的记录，明确其经济责任。但会计凭证数量繁多、信息分散，缺乏系统性，不便于会计信息的整理与报告。为了全面、系统、连续地核算和监督单位的经济活动及其财务收支情况，应设置会计账簿。

会计账簿（简称账簿）是指由一定格式账页组成的，以会计凭证为依据，全面、系统、连续地记录各项经济业务的簿籍。设置和登记账簿，是编制会计报表的基础，是连接会计凭证与会计报表的中间环节，在会计核算中具有重要意义。

（1）通过账簿的设置和登记，记载、储存会计信息。将会计凭证所记录的经济业务一一记入有关账簿，可以全面反映会计主体在一定时期内所发生的各项资金运动，储存所需要的各项会计信息。

（2）通过账簿的设置和登记，分类、汇总会计信息。账簿由不同的相互关联的账户所构成。通过账簿记录，一方面可以分门别类地反映各项会计信息，提供一定时期内经济活动的详细情况；另一方面可以通过发生额、余额计算，提供各方面所需要的总括会计信息，反映财务状况及经营成果的综合价值指标。

（3）通过账簿的设置和登记，检查、校正会计信息。账簿记录是会计凭证信息的进一步整理。如在永续盘存制下，通过有关盘存账户余额与实际盘点或核查结果的核对，可以确认财产的盘盈或盘亏，并根据实际结存数额调整账簿记录，做到账实相符，提供如实、可靠的会计信息。

（4）通过账簿的设置和登记，编报、输出会计信息。为了反映一定日期的财务状况及一定时期的经营成果，应定期进行结账工作，进行有关账簿之间的核对，计算出本期发生额和余额，据以编制会计报表，向有关各方提供所需要的会计信息。

账簿与账户有着十分密切的联系。账户是根据会计科目开设的，账户存在于账簿之中，账簿中的每一账页就是账户的存在形式和载体，没有账簿，账户就无法存在。然而，账簿只是一个外在形式，账户才是它的真实内容。账簿序时、分类地记载经济业务，是在个别账户中完成的。因此，也可以说，账簿是由若干账页组成的一个整体，而开设于账页上的账户则是这个整体中的个别部分，所以，账簿与账户的关系是形式和内容的关系。

（二）账簿的种类

账簿可以按其用途、账页格式和外形特征等不同标准进行分类。

1. 按用途分类

账簿按其用途的不同，可以分为序时账簿、分类账簿和备查账簿三类。

（1）序时账簿。序时账簿又称日记账，是按照经济业务发生或完成时间的先后顺序逐日逐笔进行登记的账簿。序时账簿可以用来核算和监督某一类型经济业务或全部经济业务的发生或完成情况。用来记录全部业务的日记账称为普通日记账；用来记录某一类型经济业务的日记账称为特种日记账，如记录现金收付业务及其结存情况的现金日记账，记录银行存款收付业务及其结存情况的银行存款日记账，以及专门记录转账业务的转账日记账。在我国，大多数企业一般只设现金日记账和银行存款日记账，而不设置转账日记账和普通日记账。

(2) 分类账簿。分类账簿是对全部经济业务事项按照会计要素的具体类别而设置的分类账户进行登记的账簿。按照总分类账户分类登记经济业务事项的是总分类账簿，简称总账。按照明细分类账户分类登记经济业务事项的是明细分类账簿，简称明细账。总分类账提供总括的会计信息，明细分类账提供详细的会计信息，两者相辅相成，互为补充。

分类账簿可以分别反映和监督各项资产、负债、所有者权益、收入、费用和利润的增减变动情况及其结果。分类账簿提供的核算信息是编制会计报表的主要依据。

分类账簿和序时账簿的作用不同。序时账簿能提供连续系统的信息，反映企业资金运动的全貌；分类账簿则是按照经营与决策的需要而设置的账户，归集并汇总各类信息，反映资金运动的各种状态、形式及其构成。在账簿组织中，分类账簿占有特别重要的地位，只有通过分类账簿，才能把数据按账户形成不同信息，满足编制会计报表的需要。

小型经济单位，业务简单，总分类账户不多，为简化工作，可以把序时账簿与分类账簿结合起来，设置联合账簿。

(3) 备查账簿。备查账簿（或称辅助登记簿），简称备查簿，是对某些在序时账簿和分类账簿等主要账簿中都不予登记或登记不够详细的经济业务进行补充登记时使用的账簿。例如，租入固定资产备查簿，是用来登记那些以经营租赁方式租入、不属于本企业财产、不能记入本企业固定资产账户的机器设备；应收票据贴现备查簿是用来登记本企业已经贴现的应收票据，由于尚存在着票据付款人到期不能支付票据款项而使本企业产生连带责任的可能性（即负有支付票据款项的连带义务），而这些应收票据已不能在企业的序时账簿或分类账簿中反映，所以要备查登记。

备查账簿与序时账簿和分类账簿相比，存在两点不同之处：一是登记依据可能不需要记账凭证，甚至不需要一般意义上的原始凭证；二是账簿的格式和登记方法不同，备查账簿的主要栏目不记录金额，它更注重用文字来表述某项经济业务的发生情况。例如，租入固定资产登记簿，它登记的依据主要就是租赁合同与企业内部使用单位收到设备的证明。这两者在企业一般经济业务的核算中，不能充当正式原始凭证，只能作为原始凭证的附件（如作为支付租金的依据）。登记租入固定资产备查簿，也不需要编制记账凭证，该备查簿记录的内容主要有：出租单位、设备名称、规格、编号、设备原值、净值、租用时间、月份或年度租金数额、租金支付方式、租用期间修理或改造的有关规定及损坏赔偿规定、期满退租方式及退租时间等。

2. 按账页格式分类

按账页格式不同，账簿可分为两栏式、三栏式、多栏式和数量金额式四种。

（1）两栏式账簿，即只有借方和贷方两个基本金额栏目的账簿。普通日记账和转账日记账一般采用两栏式。

（2）三栏式账簿，是设置借方、贷方和余额三个基本栏目的账簿。各种日记账、总分类账以及资本、债权、债务明细账都可以采用三栏式账簿。三栏式账簿又分为设对方科目和不设对方科目两种。区别在于摘要栏和借方科目栏之间是否有一栏“对方科目”。有“对方科目”栏的，称为设对方科目的三式栏账簿；不设“对方科目”栏的，称为不设对方科目的三式栏账簿，也称为一般三栏式账簿。

（3）多栏式账簿，是在账簿的两个基本栏目借方和贷方按需要分设若干专栏的账簿。如多栏式日记账、多栏式明细账。但是，专栏设置在借方，还是设在贷方，或是两方同时设专栏，设多少栏，则根据需要确定。收入、费用明细账一般采用这种格式的账簿。

（4）数量金额式账簿，这种账簿的借方、贷方和余额三个栏目内，都设数量、单价、金额三小栏，借以反映财产物资的实物数量和价值量。如原材料、库存商品、产成品等明细账一般都采用数量金额式账簿。

3. 按外形特征分类

账簿按其外形特征分类的不同，可分为订本账、活页账和卡片账三种。

（1）订本账。订本账是启用之前就已将账页装订在一起，并对账页进行了连续编号的账簿。订本账的优点是能够避免账页散失和防止抽换账页；其缺点是不能准确地为各账户预留账页，预留太多，造成浪费，预留太少，影响连续登记。这种账簿一般适用于总分类账、现金日记账、银行存款日记账。

（2）活页账。活页账是在账簿登记完毕之前并不固定装订在一起，而是装在活页账夹中。当账簿登记完毕之后（通常是一个会计年度结束之后），才将账页予以装订，加具封面，并给各账页连续编号。这类账簿的优点是记账时可根据实际需要，随时将空白账页装入账簿，或抽去不需用的账页，也便于分工记账；其缺点是如果管理不善，可能会造成账页散失或故意抽换账页。各种明细分类账一般采用活页账形式。

（3）卡片账。卡片账是将账户所需格式印刷在硬卡上。严格说，卡片账也是一种活页账，只不过它不是装在活页账夹中，而是装在卡片箱内。在我国，企业一般只对固定资产的核算采用卡片账形式。因为固定资产在长期使用中其实物形态不变，又可能经常转移使用部门，设置卡片账便于随同实物转移。少数企业在材料核算中也使用材料卡片。

二、会计账簿的登记

（一）账簿的主要内容及登记要求

1. 账簿的主要内容

在实际工作中，账簿的格式是多种多样的，不同格式的账簿所包括的具体内容也不尽相同。但各种账簿都应具备以下基本要素。

（1）封面。主要标明账簿的名称，如总分类账、各种明细账、现金日记账、银行存款日记账等。

（2）扉页。主要列明科目索引、账簿启用和经管人员一览表（活页账、卡片账在装订成册后，填列账簿启用和经管人员一览表）。

（3）账页。账页是账簿用来记录具体经济业务的载体，其格式因记录经济业务内容的不同而有所不同，但基本内容应包括：

①账户的名称（总分类账户、二级账户或明细账户）；

②登记账户的日期栏；

③凭证种类和号数栏；

④摘要栏（简要说明所记录经济业务的内容）；

⑤金额栏（记录经济业务引起账户发生额或余额增减变动的数额）；

⑥总页次和分户页次。

2. 账簿的登记要求

为了保证账簿记录的正确性，必须根据审核无误的会计凭证登记会计账簿，并符合下列要求：

（1）准确完整。登记会计账簿时，应当将会计凭证日期、编号、业务内容摘要、金额和其他有关资料逐项记入账内，做到数字准确、摘要清楚、登记及时、字迹工整。每一项会计事项，一方面要记入有关的总账，另一方面要记入该总账所属的明细账。账簿记录中的日期，应该填写记账凭证上的日期；以自制原始凭证，如收料单、领料单等作为记账依据的，账簿记录中的日期应按有关自制凭证上的日期填列。

（2）注明记账符号。账簿登记完毕，应在记账凭证上签名或盖章，并在记账凭证的“过账”栏内注明账簿页数或画对勾，表示记账完毕，避免重记、漏记。

(3) 书写留空。账簿中书写的文字和数字上面要留有适当的空格，不要写满格，一般应占格距的1/2。这样，在一旦发生登记错误时，能比较容易地进行更正，同时也方便查账工作。

(4) 正常记账使用蓝黑墨水。为了保持账簿记录的持久性，防止涂改，登记账簿必须使用蓝黑墨水或碳素墨水并用钢笔书写，不得使用圆珠笔(银行的复写账簿除外）或者铅笔书写。

(5) 特殊记账使用红墨水。可以使用红色墨水记账的情况包括：按照红字冲账的记账凭证，冲销错误记录；在不设借贷等栏的多栏式账页中，登记减少数；在三栏式账户的余额栏前，如未印明余额方向的，在余额栏内登记负数余额；根据国家统一的会计制度规定可以用红字登记的其他会计记录。会计中的红字表示负数，因此，除上述情况外，不得用红色墨水登记账簿。

(6) 顺序连续登记。记账时，必须按账户页次逐页逐行登记，不得隔页、跳行。如发生隔页、跳行现象，应在空页、空行处用红色墨水画对角线注销，或者注明"此页空白"或"此行空白"字样，并由记账人员和会计机构负责人（会计主管人员）签章。

(7) 结出余额。凡需要结出余额的账户，结出余额后，应当在"借或贷"栏目内注明"借"或"贷"字样，以示余额的方向；对于没有余额的账户，应在"借或贷"栏内写"平"字，并在"余额"栏用"0"表示。现金日记账和银行存款日记账必须逐日结出余额。

(8) 过次承前。每一账页登记完毕时，应当结出本页发生额合计及余额，在该账页最末一行"摘要"栏注明"转次页"或"过次页"，并将这一金额记入下一页第一行有关金额栏内，在该行"摘要"栏注明"承前页"，以保持账簿记录的连续性，便于对账和结账。

(9) 不得刮擦涂改。如发生账簿记录错误，不得刮、擦、挖补或用退色药水更改字迹，而应采用规定的方法更正。

(二) 会计账簿的登记方法

1. 日记账的登记方法

(1) 现金日记账。现金日记账是用来核算和监督库存现金每天的收入、支出和结存情况的账簿。由出纳人员根据同现金收付有关的记账凭证，按时间顺序逐日逐笔进行登记，即根据现金收款凭证和与现金有关的银行存款付款凭证（从银行提取现金的业务）登记现金收入，根据现金付款凭证登记现金支出，并根据“上日余额+本日收入-本日支出=本日余额”的公式，逐日结出现金余额，与库存现金实存数核对，以检查每日现金收付是否有误。

（2）银行存款日记账。银行存款日记账是用来核算和监督银行存款每日的收入、支出和结余情况的账簿。银行存款日记账应按企业在银行开立的账户和币种分别设置，由出纳员根据与银行存款收付业务有关的记账凭证，按时间先后顺序逐日逐笔进行登记。根据银行存款收款凭证和有关的现金付款凭证（库存现金存入银行的业务）登记银行存款收入栏，根据银行存款付款凭证登记其支出栏，每日结出存款余额。

2. 总分类账的登记方法

总分类账是按照总分类账户分类登记以提供总括会计信息的账簿。总账中的账页是按总账科目（一级科目）开设的总分类账户。应用总分类账，可以全面、系统、综合地反映企业所有的经济活动情况和财务收支情况，可以为编制会计报表提供所需的资料。因此，每一企业都应设置总分类账。

总分类账最常用的格式为三栏式，设置借方、贷方和余额三个基本金额栏目。

总分类账的记账依据和登记方法取决于企业采用的账务处理程序。既可以根据记账凭证逐笔登记，也可以根据经过汇总的科目汇总表或汇总记账凭证等登记。

3. 明细分类账的登记方法

明细分类账是根据二级账户或明细账户开设账页，分类、连续地登记经济业务以提供明细核算资料的账簿。明细分类账是总分类账的明细记录，它是按照总分类账的核算内容，按照更加详细的分类，反映某一具体类别经济活动的财务收支情况，它对总分类账起补充说明的作用，它所提供的资料也是编制会计报表的重要依据。

不同类型经济业务的明细分类账，可根据管理需要，依据记账凭证、原始凭证或汇总原始凭证逐日逐笔或定期汇总登记。固定资产、债权、债务等明细账应逐日逐笔登记；库存商品、原材料收发明细账以及收入、费用明细账可以逐笔登记，也可定期汇总登记。库存现金、银行存款账户由于已设置了日记账，不必再设明细账，其日记账实质上也是一种明细账。

明细账的格式有三栏式、多栏式、数量金额式和横线登记式（或称平行式）等多种。

三、对账和结账

（一）对账

为了保证账簿所提供的会计资料正确、真实、可靠，会计人员在登记账簿时，一定要有高度的责任心，切不可马虎。记完账后，还应定期做好对账工作，做到账证相符、账账相符、账实相符。会计对账工作的主要内容包括：

1. 账证核对

账簿是根据经过审核之后的会计凭证登记的，但实际工作中仍然可能发生账证不符的情况。因此，记完账后，要将账簿记录与会计凭证进行核对，核对账簿记录与原始凭证、记账凭证的时间、凭证字号、内容、金额等是否一致，记账方向是否相符，做到账证相符。

会计期末，如果发现账证不符，还有必要重新进行账证核对，但这时的账证核对是通过试算平衡发现记账错误之后再按一定的线索进行。

2. 账账核对

各个会计账簿是一个有机的整体，既有分工，又有衔接，总的目的就是为了全面、系统、综合地反映企事业单位的经济活动与财务收支情况。各种账簿之间的这种衔接依存关系就是常说的钩稽关系。利用这种关系，可以通过账簿的相互核对发现记账工作是否有误。一旦发现错误，就应立即更正，做到账账相符。

账簿之间的核对包括以下内容：

（1）核对总分类账簿的记录。按照“资产 = 负债 + 所有者权益”这一会计等式和“有借必有贷、借贷必相等”的记账规律，总分类账簿各账户的期初余额、本期发生额和期末余额之间存在对应的平衡关系，各账户的期末借方余额合计和贷方余额合计也存在平衡关系。通过这种等式和平衡关系，可以检查总账记录是否正确、完整。

（2）总分类账簿与所属明细分类账簿核对。总分类账各账户的期末余额应与其所属的各明细分类账的期末余额之和核对相符。

（3）总分类账簿与序时账簿核对。如前所述，我国企事业单位必须设置现金日记账和银行存款日记账。现金日记账必须每天与库存现金核对相符，银行存款日记账也必须定期与银行对账。在此基础上，还应检查库存现金总账和银行存款总账的期末余额，与现金日记账和银行存款日记账的期末余额是否相符。

（4）明细分类账簿之间的核对。例如，会计部门有关实物资产的明细账与财产物资保管部门或使用部门的明细账定期核对，以检查其余额是否相符。核对的方法一般是由财产物资保管部门或使用部门定期编制收发结存汇总表报会计部门核对。

3. 账实核对

账实核对是指各项财产物资、债权债务等账面余额与实有数额之间的核对。账实核对的内容主要有：

（1）现金日记账账面余额与库存现金数额是否相符；

（2）银行存款日记账账面余额与银行对账单的余额是否相符；

（3）各项财产物资明细账账面余额与财产物资的实有数额是否相符；

（4）有关债权债务明细账账面余额与对方单位的账面记录是否相符等。

造成账实不符的原因是多方面的，如财产物资保管过程中发生的自然损耗；财产收发过程中由于计量或检验不准，造成多收或少收的差错；由于管理不善、制度不严造成的财产损坏、丢失、被盗；在账簿记录中发生的重记、漏记、错记；由于有关凭证未到，形成未达账项，造成结算双方账实不符；以及发生意外灾害等。因此需要通过定期的财产清查来弥补漏洞，保证会计信息真实可靠，提高企业管理水平。

（二）结账

结账是一项将账簿记录定期结算清楚的账务工作。在一定时期结束时（如月末、季末或年末），为了编制会计报表，需要进行结账。结账的内容通常包括两个方面：一是结清各种损益类账户，并据以计算确定本期利润；二是结清各资产、负债和所有者权益账户，分别结出本期发生额合计和余额。

1. 结账的程序

（1）将本期发生的经济业务全部登记入账，并保证其正确性。

（2）根据权责发生制的要求，调整有关账项，合理确定本期应计的收入和应计的费用。具体包括两类：

①应计收入和应计费用的调整。应计收入是指那些已在本期实现、因款项未收而未登记入账的收入。企业发生的应计收入，主要是本期已经发生且符合收入确认标准，但尚未收到相应款项的商品或劳务。对于这类调整事项，应确认为本期收入，借记“应收账款”等科目，贷记“主营业务收入”等科目。待以后收妥款项时，借记“库存现金”、“银行存款”等科目，贷记“应收账款”等科目。

应计费用是指那些已在本期发生、因款项未付而未登记入账的费用。企业发生的应计费用，本期已经受益，如应付未付的借款利息等。由于这些费用已经发生，应当在本期确认为费用，借记“管理费用”、“财务费用”等科目，贷记“应付利息”等科目。待以后支付款项时，借记“应付利息”等科目，贷记“库存现金”、“银行存款”等科目。

②收入分摊和成本分摊的调整。收入分摊是指企业已经收取有关款项，但未完成或未全部完成销售商品或提供劳务，需在期末按本期已完成的比例，分摊确认本期已实现收入的金额，并调整以前预收款项时形成的负债。如企业销售商品预收定金、提供劳务预收佣金。在收到预收收入时，应借记“银行存款”等科目，贷记“预收账款”等科目。在以后提供商品或劳务、确认本期收入时，进行期末账项调整，借记“预收账款”等科目，贷记“主营业务收入”等科目。

成本分摊是指企业的支出已经发生，能使若干个会计期间受益，为正确计算各个会计期间的盈亏，将这些支出在其受益的会计期间进行分配，如企业已经支出，但应由本期和以后各期负担的预付账款，应借记“预付账款”等科目，贷记“银行存款”等科目。在会计期末进行账项调整时，借记“制造费用”等科目，贷记“预付账款”等科目。

(3) 将损益类科目转入“本年利润”科目，结平所有损益类科目。

(4) 结算出资产、负债和所有者权益类科目的本期发生额和余额，并结转下期。

2. 结账的方法

(1) 对不需按月结计本期发生额的账户，如各项应收应付款明细账和各项财产物资明细账等，每次记账以后，都要随时结出余额，每月最后一笔余额即为月末余额。也就是说，月末余额就是本月最后一笔经济业务记录的同一行内余额。月末结账时，只需要在最后一笔经济业务事项记录之下通栏划单红线，不需要再结计一次余额。

(2) 库存现金、银行存款日记账和需要按月结计发生额的收入、费用等明细账，每月结账时，要在最后一笔经济业务记录下面通栏划单红线，结出本月发生额和余额，在摘要栏内注明“本月合计”字样，并在下面通栏划单红线。

(3) 需要结计本年累计发生额的某些明细账户，每月结账时，应在“本月合计”行下结出自年初起至本月末止的累计发生额，登记在月份发生额下面，在摘要栏内注明“本年累计”字样，并在下面通栏划单红线。12

月末的“本年累计”就是全年累计发生额，全年累计发生额下通栏划双红线。

(4) 总账账户平时只需结出月末余额。年终结账时，为了总括地反映全年各项资金运动情况的全貌，核对账目，要将所有总账账户结出全年发生额和年末余额，在摘要栏内注明“本年合计”字样，并在合计数下通栏划双红线。

年度终了结账时，有余额的账户，要将其余额结转下年，并在摘要栏注明“结转下年”字样。在下一会计年度新建有关会计账户的第一行余额栏内填写上年结转的余额，并在摘要栏注明“上年结转”字样。即将有余额的账户的余额直接记入新账余额栏内，不需要编制记账凭证，也不必将余额再记入本年账户的借方或贷方，使本年有余额的账户的余额变为零。因为既然年末是有余额的账户，其余额应当如实地在账户中加以反映，否则容易混淆有余额的账户和没有余额的账户之间的区别。

四、错账查找与更正方法

(一) 错账查找的方法

在记账过程中，可能发生各种各样的差错，产生错账，如重记、漏记、数字颠倒、数字错位、数字记错、科目记错、借贷方向记反（反向）等，从而影响会计信息的准确性。应及时找出差错，并予以更正。错账查找的方法主要有：

1. 差数法

差数法是指按照错账的差数查找错账的方法。例如，在记账过程中只登记了会计分录的借方或贷方，漏记了另一方，从而形成试算平衡中借方合计与贷方合计不等。其表现形式是：借方金额遗漏，会使该金额在贷方超出；贷方金额遗漏，会使该金额在借方超出。对于这样的差错，可由会计人员通过回忆和与相关金额的记账核对来查找。

2. 尾数法

对于发生的角、分的差错可以只查找小数部分，以提高查错的效率。

3. 除 2 法

除 2 法是指以差数除以 2 来查找错账的方法。当某个借方金额错记入贷方（或相反）时，出现错账的差数表现为错误的 2 倍，将此差数用 2 去除，得出的商即是反向的金额。例如，应记入“原材料——甲材料”科目借方的 4 000 元误记入贷方，则该明细科目的期末余额将小于其总分类科目期末余额8 000元，被2除的商4 000元即为借贷方向反向的金额。同理，如果借方总额大于贷方600元，即应查找有无300元的贷方金额误记入借方。如非此类错误，则应另寻差错的原因。

（二）错账更正方法

对于账簿记录中所发生的错误，应采用正确的方法予以更正。

1. 画线更正法

在结账前发现账簿记录有文字或数字错误，而记账凭证没有错误，可以采用画线更正法。更正时，可在错误的文字或数字上划一条红线，在红线的上方填写正确的文字或数字，并由记账及相关人员在更正处盖章，以明确责任。但应注意：更正时不得只划销错误数字，应将全部数字划销，并保持原有数字清晰可辨，以便审查。如，将3 684.00元误记为6 384.00元，应先在6 384.00上划一条红线以示注销，然后在其上方空白处填写正确的数字，而不能只将前两位数字更正为"36"。

2. 红字更正法

红字更正法适用于两种情况：

（1）记账后发现记账凭证中的应借、应贷会计科目有错误，从而引起记账错误。更正的方法是：用红字填写一张与原记账凭证完全相同的记账凭证，以示注销原记账凭证，然后用蓝字填写一张正确的记账凭证，并据以记账。

例：某企业生产车间生产产品直接耗用材料一批，价值2 000元。该企业会计分录误作为：

借：制造费用　　2 000

　贷：原材料　　2 000

该企业更正时，应当用红字编制一张与原记账凭证完全相同的记账凭证，以示注销原记账凭证：

借：制造费用　　[2 000]

　贷：原材料　　[2 000]

然后用蓝字编制一张正确的记账凭证并记账，分录为：

借：生产成本　　2 000

　贷：原材料　　2 000

（2）记账后发现记账凭证和账簿记录中应借、应贷会计科目无误，只是所记金额大于应记金额。更正的方法是：按多记的金额用红字编制一张与原记账凭证应借、应贷科目完全相同的记账凭证，以冲销多记的金额，并据以记账。

承上例，科目选用无误，但金额误记为20 000元，则该企业的更正会计分录为：

借：生产成本　　　　　　　　　　　　　　　18 000

　贷：原材料　　　　　　　　　　　　　　　　18 000

3. 补充登记法（又称补充更正法）

记账后发现记账凭证和账簿记录中应借、应贷会计科目无误，只是所记金额小于应记金额。更正的方法是：按少记的金额用蓝字编制一张与原记账凭证应借、应贷科目完全相同的记账凭证，以补充少记的金额，并据以记账。

承上例，金额误记为200元，则该企业的更正会计分录为：

借：生产成本　　　　　　　　　　　　　　　1 800

　贷：原材料　　　　　　　　　　　　　　　　1 800

五、会计账簿的更换与保管

（一）会计账簿的更换

会计账簿的更换通常在新会计年度建账时进行。总账、日记账和多数明细账应每年更换一次，备查账簿可以连续使用。

（二）会计账簿的保管

年度终了，各种账户在结转下年，建立新账后，一般都要把旧账送交总账会计集中统一管理。会计账簿由本单位账务部门保管一年，期满后，由财务会计部门编造清册移交本单位的档案部门保管。

第五章 流动资产

小企业的流动资产包括：货币资金、短期投资、应收及预付款项、存货等。

第一节 货币资金

货币资金是指企业生产经营过程中处于货币形态的资产，包括库存现金、银行存款和其他货币资金。

一、库存现金

库存现金是指存放于企业财会部门、由出纳人员经管的货币。库存现金是企业流动性最强的资产，应当严格遵守国家有关现金管理制度，正确进行现金收支的核算，监督现金使用的合法性与合理性。

（一）现金管理制度

根据国务院发布的《现金管理暂行条例》的规定，现金管理制度主要包括以下内容：

1. 现金的使用范围

企业可用现金支付的款项有：

（1）职工工资、津贴；

（2）个人劳务报酬；

（3）根据国家规定颁发给个人的科学技术、文化艺术、体育等各种奖金；

（4）各种劳保、福利费用以及国家规定的对个人的其他支出；

（5）向个人收购农副产品和其他物资的款项；

（6）出差人员必需随身携带的差旅费；

（7）结算起点以下的零星支出；

（8）中国人民银行确定需要支付现金的其他支出。

除上述情况可以用现金支付外，其他款项的支付应通过银行转账结算。

2. 现金的限额

现金的限额是指为了保证企业日常零星开支的需要，允许单位留存现金的最高数额。这一限额由开户银行根据单位的实际需要核定，一般按照单位3~5天日常零星开支的需要确定，边远地区和交通不便地区开户单位的库存现金限额，可按多于5天但不超过15天的日常零星开支的需要确定。核定后的现金限额，开户单位必须严格遵守，超过部分应于当日终了前存入银行。需要增加或减少现金限额的单位，应向开户银行提出申请，由开户银行核定。

3. 现金收支的规定

开户单位收入现金应于当日送存开户银行，当日送存确有困难的，由开户银行确定送存时间；开户单位支付现金，可以从本单位库存现金中支付或从开户银行提取，不得从本单位的现金收入中直接支付，即不得“坐支”现金，因特殊情况需要坐支现金的单位，应事先报经有关部门审查批准，并在核定的范围和限额内进行，同时，收支的现金必须入账。开户单位从开户银行提取现金时，应如实写明提取现金的用途，由本单位财会部门负责人签字盖章，并经开户银行审查批准后予以支付。因采购地点不确定、交通不便、抢险救灾及其他特殊情况必须使用现金的单位，应向开户银行提出书面申请，由本单位财会部门负责人签字盖章，并经开户银行审查批准后予以支付。此外，不准用不符合国家统一的会计制度的凭证顶替库存现金，即不得“白条顶库”；不准谎报用途套取现金；不准用银行账户代其他单位和个人存入或支取现金；不准用单位收入的现金以个人名义存入储蓄；不准保留账外公款，即不得“公款私存”，不得设置“小金库”等。银行对于违反上述规定的单位，将按照违规金额的一定比例予以处罚。

（二）现金的核算

为了总括地反映企业库存现金的收入、支出和结存情况，小企业应当设置“库存现金”，借方登记现金的增加，贷方登记现金的减少，期末余额在借方，反映企业实际持有的库存现金的金额。有内部周转使用备用金的，可以单独设置“备用金”科目。

小企业应当设置“库存现金日记账”，由出纳人员根据收付款凭证，按照业务发生顺序逐笔登记。每日终了，应当计算当日的现金收入合计额、现金支出合计额和结余额，将结余额与实际库存额核对，做到账款相符。

有外币现金的小企业，还应当分别按照人民币和外币进行明细核算。

每日终了结算现金收支、财产清查等发现的有待查明原因的现金短缺或溢余，应通过“待处理财产损益”科目核算：属于现金短缺，应按照实际短缺的金额，借记“待处理财产损益——待处理流动资产损益”科目，贷记本科目；属于现金溢余，按照实际溢余的金额，借记本科目，贷记“待处理财产损益——待处理流动资产损益”科目。

企业应当设置现金总账和现金日记账，分别进行企业库存现金的总分类核算和明细分类核算。

（三）现金的清查

企业应当按规定进行现金的清查，一般采用实地盘点法，对于清查的结果应当编制现金盘点报告单。如果有挪用现金、白条顶库的情况，应及时予以纠正；对于超限额留存的现金应及时送存银行。如果账款不符，发现的有待查明原因的现金短缺或溢余，应先通过“待处理财产损益”科目核算。按管理权限报经批准后，分别以下情况处理：

（1）如为现金短缺，属于应由责任人赔偿或保险公司赔偿的部分，计入其他应收款；属于无法查明的其他原因，计入营业外支出。

（2）如为现金溢余，属于应支付给有关人员或单位的，计入其他应付款；属于无法查明原因的，计入营业外收入。

二、银行存款

（一）银行存款核算

银行存款是指企业存入银行或其他金融机构的各种款项。企业应当根据业务需要，按照规定在其所在地银行开设账户，运用所开设的账户，进行存款、取款以及各种收支转账业务的结算。设置“银行存款”账户进行核算。银行存款的收付应严格执行银行结算制度的规定。

增加银行存款，借记本科目，贷记“库存现金”、“应收账款”等科目；减少银行存款，做相反的会计分录。本科目期末借方余额，反映小企业存在银行或其他金融机构的各种款项。

应当按照开户银行和其他金融机构、存款种类等设置“银行存款日记账”，由出纳人员根据收付款凭证，按照业务的发生顺序逐笔登记。每日终了，应结出余额。有外币银行存款的小企业，还应当分别按照人民币和外币进行明细核算。

“银行存款日记账”应定期与“银行对账单”核对，至少每月核对一次。小企业银行存款账面余额与银行对账单余额之间如有差额，应编制“银行存款余额调节表”调节相符。

企业银行存款账面余额与银行对账单余额之间不一致的原因，是因为存在未达账项。发生未达账项的具体情况有四种：

一是企业已收款入账，银行尚未收款入账；

二是企业已付款入账，银行尚未付款入账；

三是银行已收款入账，企业尚未收款入账；

四是银行已付款入账，企业尚未付款入账。

【例5－1】 甲公司20×3年12月31日银行存款日记账的余额为540 000元，银行转来对账单的余额为830 000元。经逐笔核对，发现以下未达账项：

（1）企业送存转账支票600 000元，并已登记银行存款增加，但银行尚未记账。

（2）企业开出转账支票450 000元，但持票单位尚未到银行办理转账，银行尚未记账。

（3）企业委托银行代收某公司购货款480 000元银行已收妥并登记入账，但企业尚未收到收款通知，尚未记账。

（4）银行代企业支付电话费40 000元，银行已登记企业银行存款减少，但企业未收到银行付款通知，尚未记账。

项目	金额	项目	金额
银行存款日记账余额	540 000	银行对账单余额	830 000
加：银行已收企业未收款	480 000	加：企业已上银行未收款	600 000
减：银行已付企业未付款	40 000	减：企业已付银行未付款	450 000
调节后存款余额	980 000	调节后存款余额	980 000

调节后，如果双方余额相等，一般可以认为双方记账没有差错。调节后双方余额仍然不相等时，原因还是两个，要么是未达账项未全部查出，要么是一方或双方账簿记录还有差错。

（二）银行结算账户

1. 概念

银行结算账户（又称人民币银行结算账户）是指银行为存款人开立的用于办理现金存取、转账结算等资金收付活动的人民币活期存款账户。它是存款人办理存、贷款和资金收付活动的基础。

（1）办理人民币业务；

（2）办理资金收付结算业务；

（3）银行结算账户是活期存款账户。

存款人不得出租、出借银行结算账户，不得利用银行结算账户套取银行信用。

2. 种类

（1）单位银行结算账户按用途不同分为：基本存款账户、一般存款账户、专用存款账户、临时存款账户。

（2）银行结算账户按其存款人不同：分为单位银行结算账户和个人银行结算账户。

个体工商户凭营业执照以字号或经营者姓名开立的银行结算账户纳入单位银行结算账户管理。

存款人凭个人身份证以自然人名义开立的银行结算账户为个人银行结算账户。个人因使用借记卡、信用卡在银行或邮政储蓄机构开立的银行结算账户，纳入个人银行结算账户管理。

三、其他货币资金

其他货币资金是指企业除库存现金、银行存款以外的各种货币资金，主要包括：银行汇票存款、银行本票存款、信用卡存款、信用证保证金存款、外埠存款、备用金等其他货币资金。设置“其他货币资金”账户进行核算。

增加其他货币资金，借记本科目，贷记“银行存款”科目；减少其他货币资金，做相反的会计分录。期末借方余额，反映小企业持有的其他货币资金。

（1）银行汇票存款。银行汇票是指由出票银行签发的，由其在见票时按照实际结算金额无条件支付给收款人或者持票人的票据。银行汇票的出票银行为银行汇票的付款人。单位和个人各种款项的结算，均可使用银行汇票。银行汇票可以用于转账，填明“现金”字样的银行汇票也可以用于支取现金。

（2）银行本票存款。银行本票是指银行签发的，承诺自己在见票时无条件支付确定的金额给收款人或持票人的票据。单位和个人在同一票据交换区域需要支付的各种款项，均可使用银行本票。银行本票可以用于转账，注明“现金”字样的银行本票可以用于支取现金。

（3）信用卡存款。信用卡存款是指企业为取得信用卡而存入银行信用卡专户的款项。信用卡是银行卡的一种。信用卡按使用对象分为单位卡和个人卡；按信用等级分为金卡和普通卡；按是否向发卡银行交存备用金分为贷记卡和准贷记卡。

（4）信用证保证金存款。信用证保证金存款是指采用信用证结算方式的企业为开具信用证而存入银行信用证保证金专户的款项。企业向银行申请开立信用证，应按规定向银行提交开证申请书、信用证申请人承诺书和购销合同。

（5）外埠存款。外埠存款是指企业为了到外地进行临时或零星采购，而汇往采购地银行开立采购专户的款项。该账户的存款不计利息、只付不收、付完清户，除了采购人员可从中提取少量现金外，一律采用转账结算。

四、短期投资

短期投资即核算小企业购入的能随时变现并且持有时间不准备超过1年（含1年，下同）的投资。设置“短期投资”账户进行核算。

按历史成本计价，期末短期投资不计提减值准备，不按公允价值计量。应按照股票、债券、基金等短期投资种类进行明细核算。

短期投资的主要账务处理。

1. 小企业购入各种股票、债券、基金等作为短期投资的，应当按照实际支付的购买价款和相关税费，借记本科目，贷记“银行存款”科目

（1）小企业购入股票，如果实际支付的购买价款中包含已宣告但尚未发放的现金股利，应当按照实际支付的购买价款和相关税费扣除已宣告但尚未发放的现金股利后的金额，借记本科目，按照应收的现金股利，借记“应收股利”科目，按照实际支付的购买价款和相关税费，贷记“银行存款”科目。

（2）小企业购入债券，如果实际支付的购买价款中包含已到付息期但尚未领取的债券利息，应当按照实际支付的购买价款和相关税费扣除已到付息期但尚未领取的债券利息后的金额，借记本科目，按照应收的债券利息，借记“应收利息”科目，按照实际支付的购买价款和相关税费，贷记“银行存款”科目。

2. 在短期投资持有期间，被投资单位宣告分派的现金股利，借记“应收股利”科目，贷记“投资收益”科目

在债务人应付利息日，按照分期付息、一次还本债券投资的票面利率计

算的利息收入，借记“应收利息”科目，贷记“投资收益”科目。

3. 出售短期投资，应当按照实际收到的出售价款，借记“银行存款”或“库存现金”科目，按照该项短期投资的账面余额，贷记本科目，按照尚未收到的现金股利或债券利息，贷记“应收股利”或“应收利息”科目，按照其差额，贷记或借记“投资收益”科目。

“短期投资”科目期末借方余额，反映小企业持有的短期投资成本

【例5-2】20×3年1月8日，甲公司购入丙公司发行的五年期公司债券，该笔债券于20×2年7月1日发行，面值为200万元，票面利率为4%，债券利息按年支付。甲公司支付价款为210万元（其中包含已宣告发放的债券利息4万元），另支付交易费用1万元。20×3年2月5日，甲公司收到该笔债券利息4万元。

（1）20×3年1月8日，购入丙公司的公司债券：

借：短期投资　　2 070 000

　　应收利息　　40 000

　贷：银行存款　　2 110 000

（2）20×3年2月5日，收到购买价款中包含的已宣告发放的债券利息：

借：银行存款　　40 000

　贷：应收利息　　40 000

（3）20×3年12月31日，确认丙公司的公司债券利息收入：

借：应收利息　　80 000

　贷：投资收益　　80 000

（4）20×4年2月10日，收到持有丙公司的公司债券利息时：

借：银行存款　　80 000

　贷：应收利息　　80 000

第二节　应收及预付款项

应收及预付款项，是指小企业在日常生产经营活动中发生的各项债权。包括：应收票据、应收账款、应收股利、应收利息、其他应收款等应收款项和预付账款。

一、应收账款

应收账款是指企业因销售商品、提供劳务等日常生产经营活动应收取的款项。主要包括企业销售商品或提供劳务等应向有关债务人收取的价款及代购货单位垫付的包装费、运杂费等。

为了反映和监督应收账款的增减变动及其结存情况，小企业应设置“应收账款”科目，核算小企业因销售商品、提供劳务等日常生产经营活动应收取的款项。应按照对方单位（或个人）进行明细核算。期末借方余额，反映小企业尚未收回的应收账款。

小企业因销售商品或提供劳务形成应收账款，应当按照应收金额，借记本科目，按照税法规定应交纳的增值税销项税额，贷记“应交税费——应交增值税（销项税额）”科目，按照其差额，贷记“主营业务收入”或“其他业务收入”科目。

收回应收账款，借记“银行存款”或“库存现金”科目，贷记本科目。

按照小企业会计准则规定确认应收账款实际发生的坏账损失，应当按照可收回的金额，借记“银行存款”等科目，按照其账面余额，贷记本科目，按照其差额，借记“营业外支出”科目。

不单独设置“预收账款”科目的企业，预收的账款也在“应收账款”科目核算。

小企业应收及预付款项符合下列条件之一的，减除可收回的金额后确认的无法收回的应收及预付款项，作为坏账损失：

（1）债务人依法宣告破产、关闭、解散、被撤销，或者被依法注销、吊销营业执照，其清算财产不足清偿的。

（2）债务人死亡，或者依法被宣告失踪、死亡，其财产或者遗产不足清偿的。

（3）债务人逾期 3 年以上未清偿，且有确凿证据证明已无力清偿债务的。

（4）与债务人达成债务重组协议或法院批准破产重整计划后，无法追偿的。

（5）因自然灾害、战争等不可抗力导致无法收回的。

（6）国务院财政、税务主管部门规定的其他条件。

应收及预付款项的坏账损失应当于实际发生时计入营业外支出，同时冲减应收及预付款项。

【例5-3】甲公司采用托收承付结算方式向乙公司销售商品一批，货款300 000元，增值税额51 000元，以银行存款代垫运杂费6 000元，已办理托收手续。甲公司应作如下会计处理：

借：应收账款　　357 000
　贷：主营业务收入　　300 000
　　应交税费——应交增值税（销项税额）　　51 000
　　银行存款　　6 000

需要说明的是，企业代购货单位垫付包装费、运杂费也应计入应收账款，通过"应收账款"科目核算。

甲公司实际收到款项时，应作如下会计处理：

借：银行存款　　357 000
　贷：应收账款　　357 000

若确认无法收回，作为坏账损失：

借：营业外支出　　357 000
　贷：应收账款　　357 000

企业应收账款改用应收票据结算，在收到承兑的商业汇票时，借记"应收票据"科目，贷记"应收账款"科目。

【例5-4】甲公司收到丙公司交来商业汇票一张，面值10 000元，用以偿还其前欠货款。甲公司应作如下会计处理：

借：应收票据　　10 000
　贷：应收账款　　10 000

二、应收票据

（一）应收票据概述

应收票据是指企业因销售商品、提供劳务等而收到的商业汇票。商业汇票是一种由出票人签发的，委托付款人在指定日期无条件支付确定金额给收款人或者持票人的票据。

商业汇票分为商业承兑汇票和银行承兑汇票。

商业承兑汇票是指由付款人签发并承兑，或由收款人签发交由付款人承兑的汇票。商业承兑汇票的付款人收到开户银行的付款通知，应在当日通知银行付款。付款人在接到通知日的次日起三日内（遇法定休假日顺延）未通知银行付款的，视同付款人承诺付款，银行将于付款人接到通知日的次日起第四日（遇法定休假日顺延）上午开始营业时，将票款划给持票人。付款人提前收到由其承兑的商业汇票，应通知银行于汇票到期日付款。银行在办理划款时，付款人存款账户不足支付的，银行应填制付款人未付票款通知书，连同商业承兑汇票邮寄持票人开户银行转交持票人。

银行承兑汇票是指由在承兑银行开立存款账户的存款人（这里也是出票人）签发，由承兑银行承兑的票据。企业申请使用银行承兑汇票时，应向其承兑银行按票面金额的万分之五交纳手续费。银行承兑汇票的出票人应于汇票到期前将票款足额交存其开户银行，承兑银行应在汇票到期日或到期日后的见票当日支付票款。银行承兑汇票的出票人于汇票到期前未能足额交存票款时，承兑银行除凭票向持票人无条件付款外，对出票人尚未支付的汇票金额按照每天万分之五计收利息。

商业汇票的付款期限，最长不得超过六个月。定日付款的汇票付款期限自出票日起计算，并在汇票上记载具体到期日；出票后定期付款的汇票付款期限自出票日起按月计算，并在汇票上记载；见票后定期付款的汇票付款期限自承兑或拒绝承兑日起按月计算，并在汇票上记载。商业汇票的提示付款期限，自汇票到期日起 10 日。符合条件的商业汇票的持票人，可以持未到期的商业汇票连同贴现凭证向银行申请贴现。

（二）应收票据核算

为了反映和监督应收票据取得、票款收回等经济业务，设置“应收票据”科目，核算小企业因销售商品（产成品或材料，下同）、提供劳务等日常生产经营活动而收到的商业汇票（银行承兑汇票和商业承兑汇票）。应按照开出、承兑商业汇票的单位进行明细核算。期末借方余额，反映小企业持有的商业汇票的票面金额。

小企业因销售商品、提供劳务等而收到开出、承兑的商业汇票，按照商业汇票的票面金额，借记本科目，按照确认的营业收入，贷记“主营业务收入”等科目。涉及增值税销项税额的，还应当贷记“应交税费——应交增值税（销项税额）”科目。

持未到期的商业汇票向银行贴现，应按照实际收到的金额（即减去贴现息后的净额），借记“银行存款”科目，按照贴现息，借记“财务费用”科目，按照商业汇票的票面金额，贷记本科目（银行无追索权情况下）或“短期借款”科目（银行有追索权情况下）。

将持有的商业汇票背书转让以取得所需物资，按照应计入取得物资成本的金额，借记“材料采购”或“原材料”、“库存商品”等科目，按照商业汇票的票面金额，贷记本科目，如有差额，借记或贷记“银行存款”等科目。涉及按照税法规定可抵扣的增值税进项税额的，还应当借记“应交税费——应交增值税（进项税额）”科目。

商业汇票到期，应按照实际收到的金额，借记“银行存款”科目，贷记本科目。

因付款人无力支付票款，或到期不能收回应收票据，应按照商业汇票的票面金额，借记“应收账款”科目，贷记本科目。

小企业应当设置“应收票据备查簿”，逐笔登记商业汇票的种类、号数和出票日、票面金额、交易合同号和付款人、承兑人、背书人的姓名或单位名称、到期日、背书转让日、贴现日、贴现率和贴现净额以及收款日期和收回金额、退票情况等资料。商业汇票到期结清票款或退票后，在备查簿中应予注销。

1. 取得应收票据和收回到期票款

【例5－5】 甲公司20×3年3月1日向乙公司销售一批产品，货款为1 000 000元，尚未收到，已办妥托收手续，适用增值税税率为17%。则甲公司应作如下会计处理：

借：应收账款　　1 170 000

　贷：主营业务收入　　1 000 000

　　应交税费——应交增值税（销项税额）　　170 000

3月15日，甲公司收到乙公司寄来一张3个月期的商业承兑汇票，面值为1 000 000元，抵付产品货款。

甲公司应作如下会计处理：

借：应收票据　　1 170 000

　贷：应收账款　　1 170 000

在本例中，乙公司用商业承兑汇票抵偿前欠的货款1 170 000元，应借记“应收票据”科目，贷记“应收账款”科目。

6月15日，甲公司上述应收票据到期收回票面金额1 170 000元存入银行。

甲公司应作如下会计处理：

借：银行存款　　1 170 000

　贷：应收票据　　1 170 000

2. 转让应收票据

企业可以将自己持有的商业汇票背书转让。背书是指在票据背面或者粘单上记载有关事项并签章的票据行为。背书转让的，背书人应当承担票据责任。企业将持有的商业汇票背书转让以取得所需物资时，按应计入取得物资成本的金额，借记“材料采购”或“原材料”、“库存商品”等科目，按专用发票上注明的可抵扣的增值税额，借记“应交税费——应交增值税（进项税额）”科目，按商业汇票的票面金额，贷记“应收票据”科目，如有差额，借记或贷记“银行存款”等科目。

【例5-6】承【例5-5】，假定甲公司于4月15日将上述应收票据背书转让，以取得生产经营所需的A种材料，该材料金额为1 000 000元，适用增值税税率为17%。甲公司应作如下会计处理：

借：原材料　　1 000 000

　　应交税费——应交增值税（进项税额）　　170 000

　贷：应收票据　　1 170 000

三、预付账款

预付账款是指企业按照合同规定预付的款项。应当设置“预付账款”科目，核算小企业按照合同规定预付的款项。包括：根据合同规定预付的购货款、租金、工程款等。小企业进行在建工程预付的工程价款，也通过本科目核算。应按照对方单位（或个人）进行明细核算。期末借方余额，反映小企业预付的各种款项。

预付款项情况不多的小企业，也可以不设置本科目，将预付的款项直接记入“应付账款”科目借方。

小企业因购货而预付的款项，借记本科目，贷记“银行存款”等科目。收到所购物资，按照应计入购入物资成本的金额，借记“在途物资”或“原材料”、“库存商品”等科目，按照税法规定可抵扣的增值税进项税额，借记“应交税费——应交增值税（进项税额）”科目，按照应支付的金额，贷记本科目。补付的款项，借记本科目，贷记“银行存款”等科目；退回多付的款项，做相反的会计分录。

出包工程按照合同规定预付的工程价款，借记本科目，贷记“银行存款”等科目。按照工程进度和合同规定结算的工程价款，借记“在建工程”科目，贷记本科目、“银行存款”等科目。

按照小企业会计准则规定确认预付账款实际发生的坏账损失，应当按照可收回的金额，借记“银行存款”等科目，按照其账面余额，贷记本科目，按照其差额，借记“营业外支出”科目。

【例5-7】甲公司向乙公司采购材料500千克，单价100元，所需支付的款项总额50 000元。按照合同规定向乙公司预付货款的50%，验收货物后补付其余款项。甲公司应作如下会计处理：

（1）预付50%的货款时：

借：预付账款—乙公司　　25 000

　贷：银行存款　　25 000

（2）收到乙公司发来的500千克材料，验收无误，增值税专用发票记载的货款为50 000元，增值税额为8 500元。甲公司以银行存款补付所欠款项33 500元。

借：原材料　　50 000

　　应交税费——应交增值税（进项税额）　　8 500

　贷：预付账款——乙公司　　58 500

借：预付账款——乙公司　　33 500

　贷：银行存款　　33 500

四、其他应收款

其他应收款是指企业除应收票据、应收账款、预付账款等以外的其他各种应收及暂付款项。其主要内容包括：

（1）应收的各种赔款、罚款，如因企业财产等遭受意外损失而应向有关保险公司收取的赔款等；

（2）应收的出租包装物租金；

（3）应向职工收取的各种垫付款项，如为职工垫付的水电费、应由职工负担的医药费、房租费等；

（4）存出保证金，如租入包装物支付的押金；

（5）其他各种应收、暂付款项。

为了反映和监督其他应收账款的增减变动及其结存情况，设置“其他应收款”科目核算小企业除应收票据、应收账款、预付账款、应收股利、应收利息等以外的其他各种应收及暂付款项。包括：各种应收的赔款、应向职工收取的各种垫付款项等。小企业出口产品或商品按照税法规定应予退回的增值税款，也通过本科目核算。应按照对方单位（或个人）进行明细核算。期末借方余额，反映小企业尚未收回的其他应收款项。

小企业发生的其他各种应收款项，借记本科目，贷记“库存现金”、“银行存款”、“固定资产清理”等科目。

出口产品或商品按照税法规定应予退回的增值税款，借记本科目，贷记

“应交税费——应交增值税（出口退税）”科目。

收回其他各种应收款项，借记“库存现金”、“银行存款”、“应付职工薪酬”等科目，贷记本科目。

按照小企业会计准则规定确认其他应收款实际发生的坏账损失，应当按照可收回的金额，借记“银行存款”等科目，按照其账面余额，贷记本科目，按照其差额，借记“营业外支出”科目。

【例5-8】甲公司在材料采购过程中发生交通事故，按合同规定，应由保险公司赔偿损失300 000元，赔款尚未收到。

借：其他应收款——保险公司　　300 000
　贷：材料采购　　300 000

【例5-9】承【例5-8】，保险公司赔款如数收到。

借：银行存款　　300 000
　贷：其他应收款——保险公司　　300 000

【例5-10】甲公司以银行存款替公司高管垫付应由其个人负担的医疗费18 000元，以后从其工资中扣回。

（1）垫支时：

借：其他应收款　　18 000
　贷：银行存款　　18 000

（2）扣款时：

借：应付职工薪酬　　18 000
　贷：其他应收款　　18 000

【例5-11】甲公司租入包装物一批，以银行存款向出租方支付押金20 000元。

借：其他应收款——存出保证金　　20 000
　贷：银行存款　　20 000

【例5-12】承【例5-11】，租入包装物按期如数退回，甲公司收到出租方退还的押金20 000元，已存入银行。

借：银行存款　　20 000
　贷：其他应收款——存出保证金　　20 000

五、应收股利

“应收股利”科目核算小企业应收取的现金股利或利润。应按照被投资单位进行明细核算。

小企业购入股票，如果实际支付的购买价款中包含已宣告但尚未发放的现金股利，应当按照实际支付的购买价款和相关税费扣除已宣告但尚未发放的现金股利后的金额，借记“短期投资”或“长期股权投资”科目，按照应收的现金股利，借记本科目，按照实际支付的购买价款和相关税费，贷记“银行存款”科目。

在短期投资或长期股权投资持有期间，被投资单位宣告分派现金股利或利润，应当按照本企业应享有的金额，借记本科目，贷记“投资收益”科目。

小企业实际收到现金股利或利润，借记“银行存款”等科目，贷记本科目。

六、应收利息

设置“应收利息”科目，核算小企业债券投资应收取的利息。应按照被投资单位进行明细核算。期末借方余额，反映小企业尚未收到的债券利息。购入的一次还本付息债券投资持有期间的利息收入，在“长期债券投资”科目核算，不在本科目核算。

小企业购入债券，如果实际支付的购买价款中包含已到付息期但尚未领取的债券利息，应当按照实际支付的购买价款和相关税费扣除应收的债券利息后的金额，借记“短期投资”或“长期债券投资”科目，按照应收的债券利息，借记本科目，按照实际支付的购买价款和相关税费，贷记“银行存款”科目。

在长期债券投资持有期间，在债务人应付利息日，按照分期付息、一次还本债券投资的票面利率计算的利息收入，借记本科目，贷记“投资收益”科目；按照一次还本付息债券投资的票面利率计算的利息收入，借记“长期债券投资——应计利息”科目，贷记“投资收益”科目。实际收到债券利息，借记“银行存款”等科目，贷记本科目。

第三节　存　货

一、存货概述

（一）存货的概念

小企业的存货，是指小企业在日常生产经营过程中持有以备出售的产成品或商品、处在生产过程中的在产品、将在生产过程或提供劳务过程中耗用的材料和物料等，以及小企业（农、林、牧、渔业）为出售而持有的、或在将来收获为农产品的消耗性生物资产。

小企业的存货包括：原材料、在产品、半成品、产成品、商品、周转材料、委托加工物资、消耗性生物资产等。

（1）原材料，是指小企业在生产过程中经加工改变其形态或性质并构成产品主要实体的各种原料及主要材料、辅助材料、外购半成品（外购件）、修理用备件（备品备件）、包装材料、燃料等。

（2）在产品，是指小企业正在制造尚未完工的产品。包括：正在各个生产工序加工的产品，以及已加工完毕但尚未检验或已检验但尚未办理入库手续的产品。

（3）半成品，是指小企业经过一定生产过程并已检验合格交付半成品仓库保管，但尚未制造完工成为产成品，仍需进一步加工的中间产品。

（4）产成品，是指小企业已经完成全部生产过程并已验收入库，符合标准规格和技术条件，可以按照合同规定的条件送交订货单位，或者可以作为商品对外销售的产品。

（5）商品，是指小企业（批发业、零售业）外购或委托加工完成并已验收入库用于销售的各种商品。

（6）周转材料，是指小企业能够多次使用、逐渐转移其价值但仍保持原有形态且不确认为固定资产的材料。包括：包装物、低值易耗品、小企业（建筑业）的钢模板、木模板、脚手架等。

（7）委托加工物资，是指小企业委托外单位加工的各种材料、商品等物资。

（8）消耗性生物资产，是指小企业（农、林、牧、渔业）生长中的大田作物、蔬菜、用材林以及存栏待售的牲畜等。

（二）存货成本的确定

1. 小企业取得的存货，应当按照实际成本进行计量

（1）外购存货的成本包括：购买价款、相关税费、运输费、装卸费、保险费以及在外购存货过程发生的其他直接费用，但不含按照税法规定可以抵扣的增值税进项税额。

（2）通过进一步加工取得存货的成本包括：直接材料、直接人工以及按照一定方法分配的制造费用。

经过1年期以上的制造才能达到预定可销售状态的存货发生的借款费

用，也计入存货的成本。前款所称借款费用，是指小企业因借款而发生的利息及其他相关成本。包括：借款利息、辅助费用以及因外币借款而发生的汇兑差额等。

（3）投资者投入存货的成本，应当按照评估价值确定。

（4）提供劳务的成本包括：与劳务提供直接相关的人工费、材料费和应分摊的间接费用。

（5）自行栽培、营造、繁殖或养殖的消耗性生物资产的成本，应当按照下列规定确定：

①自行栽培的大田作物和蔬菜的成本包括：在收获前耗用的种子、肥料、农药等材料费、人工费和应分摊的间接费用。

②自行营造的林木类消耗性生物资产的成本包括：郁闭前发生的造林费、抚育费、营林设施费、良种试验费、调查设计费和应分摊的间接费用。

③自行繁殖的育肥畜的成本包括：出售前发生的饲料费、人工费和应分摊的间接费用。

④水产养殖的动物和植物的成本包括：在出售或入库前耗用的苗种、饲料、肥料等材料费、人工费和应分摊的间接费用。

（6）盘盈存货的成本，应当按照同类或类似存货的市场价格或评估价值确定。

2. 小企业应当采用先进先出法、加权平均法或者个别计价法确定发出存货的实际成本。计价方法一经选用，不得随意变更

对于性质和用途相似的存货，应当采用相同的成本计算方法确定发出存货的成本。

对于不能替代使用的存货、为特定项目专门购入或制造的存货以及提供的劳务，采用个别计价法确定发出存货的成本。对于周转材料，采用一次转销法进行会计处理，在领用时按其成本计入生产成本或当期损益；金额较大的周转材料，也可以采用分次摊销法进行会计处理。出租或出借周转材料，不需要结转其成本，但应当进行备查登记。

对于已售存货，应当将其成本结转为营业成本。

3. 下列费用不应计入存货成本，而应在其发生时计入当期损益

（1）存货发生毁损，处置收入、可收回的责任人赔偿和保险赔款，扣除其成本、相关税费后的净额，应当计入营业外支出或营业外收入。

盘盈存货实现的收益应当计入营业外收入。盘亏存货发生的损失应当计入营业外支出。

（2）仓储费用，指企业在存货采购入库后发生的储存费用，应在发生时计入当期损益。但是，在生产过程中为达到下一个生产阶段所必需的仓储费用应计入存货成本。如某种酒类产品生产企业为使生产的酒达到规定的产品质量标准，而必须发生的仓储费用，应计入酒的成本，而不应计入当期损益。

4. 不能归属于使存货达到目前场所和状态的其他支出，应在发生时计入当期损益，不得计入存货成本

（三）发出存货的计价方法

日常工作中，企业发出的存货，可以按实际成本核算，也可以按计划成本核算。

如采用计划成本核算，会计期末应调整为实际成本。

企业应当根据各类存货的实物流转方式、企业管理的要求、存货的性质等实际情况，合理地确定发出存货成本的计算方法，以及当期发出存货的实际成本。对于性质和用途相同的存货，应当采用相同的成本计算方法确定发出存货的成本。

在实际成本核算方式下，小企业可以采用的发出存货成本的计价方法包括个别计价法、先进先出法、月末一次加权平均法等。

（1）个别计价法。亦称个别认定法、具体辨认法、分批实际法，采用这一方法是假设存货具体项目的实物流转与成本流转相一致，按照各种存货逐一辨认各批发出存货和期末存货所属的购进批别或生产批别，分别按其购入或生产时所确定的单位成本计算各批发出存货和期末存货成本的方法。在这种方法下，是把每一种存货的实际成本作为计算发出存货成本和期末存货成本的基础。

个别计价法的成本计算准确，符合实际情况，但在存货收发频繁的情况下，其发出成本分辨的工作量较大。因此，这种方法适用于一般不能替代使用的存货、为特定项目专门购入或制造的存货以及提供的劳务，如珠宝、名画等贵重物品。

（2）先进先出法。是指以先购入的存货应先发出（销售或耗用）这样一种存货实物流动假设为前提，对发出存货进行计价的一种方法。采用这种方法，先购入的存货成本在后购入存货成本之前转出，据此确定发出存货和期末存货的成本。具体方法是：收入存货时，逐笔登记收入存货的数量、单价和金额；发出存货时，按照先进先出的原则逐笔登记存货的发出成本和结存金额。

先进先出法可以随时结转存货发出成本，但较繁琐。如果存货收发业务较多、且存货单价不稳定时，其工作量较大。在物价持续上升时，期末存货成本接近于市价，而发出成本偏低，会高估企业当期利润和库存存货价值；反之，会低估企业存货价值和当期利润。

（3）月末一次加权平均法。是指以本月全部进货数量加上月初存货数量作为权数，去除本月全部进货成本加上月初存货成本，计算出存货的加权平均单位成本，以此为基础计算本月发出存货的成本和期末存货的成本的一种方法。计算公式如下：

存货单位成本 =［月初库存货的实际成本 + $\sum$（本月各批进货的实际单位成本 × 本月各批进货的数量）］/（月初库存存货数量 + 本月各批进货数量之和）

本月发出存货成本 = 本月发出存货的数量 × 存货单位成本

本月月末库存存货成本 = 月末库存存货的数量 × 存货单位成本

或本月月末库存存货成本 = 月初库存货的实际成本 + 本月收入存货的实际成本 − 本月发出存货的实际成本

采用加权平均法只在月末一次计算加权平均单价，比较简单，有利于简化成本计算工作，但由于平时无法从账上提供发出和结存存货的单价及金额，因此不利于存货成本的日常管理与控制。

二、原材料

原材料是指企业在生产过程中经过加工改变其形态或性质并构成产品主要实体的各种原料、主要材料和外购半成品，以及不构成产品实体但有助于产品形成的辅助材料。原材料具体包括原料及主要材料、辅助材料、外购半成品（外购件）、修理用备件（备品备件）、包装材料、燃料等。原材料的日常收发及结存，可以采用实际成本核算，也可以采用计划成本核算。

（一）采用实际成本核算

“原材料”科目。本科目用于核算库存各种材料的收发与结存情况。在原材料按实际成本核算时，本科目的借方登记入库材料的实际成本，贷方登记发出材料的实际成本，期末余额在借方，反映企业库存材料的实际成本。

“原材料”核算小企业库存的各种材料。购入的工程用材料，在“工程物资”科目核算，不在本科目核算。应按照材料的保管地点（仓库）、材料的类别、品种和规格等进行明细核算。

小企业购入并已验收入库的材料，按照实际成本，借记本科目，贷记“在途物资”、“应付账款”等科目。涉及按照税法规定可抵扣的增值税进项税额的，还应当借记“应交税费——应交增值税（进项税额）”科目。

购入的材料已经到达并已验收入库，但在月末尚未办理结算手续的，可按照暂估价值入账，借记本科目、“周转材料”等科目，贷记“应付账款——暂估应付账款”科目；下月初用红字做同样的会计分录予以冲回，以便下月收到发票账单等结算凭证时，按照正常程序进行账务处理。

自制并已验收入库的材料，按照实际成本，借记本科目，贷记“生产成本”科目。取得投资者投入的原材料，应当按照评估价值，借记本科目，贷记“实收资本”、“资本公积”科目。涉及增值税进项税额的，还应进行相应的账务处理。生产经营领用材料，按照实际成本，借记“生产成本”、“制造费用”、“销售费用”、“管理费用”等科目，贷记本科目。出售材料结转成本，按照实际成本，借记“其他业务成本”科目，贷记本科目。发给外单位加工的材料，按照实际成本，借记“委托加工物资”科目，贷记本科目。外单位加工完成并已验收入库的材料，按照加工收回材料的实际成本，借记本科目，贷记“委托加工物资”科目。

清查盘点，发现盘盈、盘亏、毁损的原材料，按照实际成本（或估计价值），借记或贷记本科目，贷记或借记“待处理财产损益——待处理流动资产损益”科目。

采用计划成本进行材料日常核算的小企业，日常领用、发出原材料均按照计划成本记账。

月末，按照发出各种原材料的计划成本计算应负担的成本差异，借记“生产成本”、“制造费用”、“销售费用”、“管理费用”、“委托加工物资”、“其他业务成本”等科目，贷记“材料成本差异”科目；实际成本小于计划成本的差异做相反的会计分录。

“在途物资”科目，核算小企业采用实际成本进行材料、商品等物资的日常核算，尚未到达或尚未验收入库的各种物资的实际采购成本，应按照供应单位和物资品种进行明细核算。期末借方余额，反映小企业已经收到发票账单，但材料或商品尚未到达或尚未验收入库的在途材料、商品等物资的采购成本。

小企业（批发业、零售业）在购买商品过程中发生的费用（包括：运输费、装卸费、包装费、保险费、运输途中的合理损耗和入库前的挑选整理费等），在“销售费用”科目核算，不在本科目核算。

小企业外购材料、商品等物资，应当按照发票账单所列购买价款、运输费、装卸费、保险费以及在外购材料过程发生的其他直接费用，借记本科目，按照税法规定可抵扣的增值税进项税额，借记“应交税费——应交增值税（进项税额）”科目，按照购买价款、相关税费、运输费、装卸费、保险费以及在外购物资过程发生的其他直接费用，贷记“库存现金”、“银行存款”、“其他货币资金”、“预付账款”、“应付账款”等科目。

材料已经收到、但尚未办理结算手续的，可暂不作会计分录。待办理结算手续后，再根据所付金额或发票账单的应付金额，借记本科目，贷记“银行存款”等科目。

应向供应单位、外部运输机构等收回的材料或商品短缺或其他应冲减材料或商品采购成本的赔偿款项，应根据有关的索赔凭证，借记“应付账款”或“其他应收款”科目，贷记本科目。因自然灾害等发生的损失和尚待查明原因的途中损耗，先记入“待处理财产损益”科目，查明原因后再作处理。

月末，应将仓库转来的外购材料或商品收料凭证，按照材料或商品并分别下列不同情况进行汇总：

（1）对于收到发票账单的收料凭证（包括本月付款或开出、承兑商业汇票的上月收料凭证），应当按照汇总金额，借记“原材料”、“周转材料”、“库存商品”等科目，贷记本科目。

（2）对于尚未收到发票账单的收料凭证，应分别材料或商品，并按照估计金额暂估入账，借记“原材料”、“周转材料”、“库存商品”等科目，贷记“应付账款—暂估应付账款”科目，下月初用红字做同样的会计分录予以冲回，以便下月收到发票账单等结算凭证时，按照正常程序进行账务处理。

1. 购入材料

原材料入库的时间与付款的时间可能一致，也可能不一致，在会计处理上有所不同。

（1）货款已经支付，材料已验收入库。

【例 5－13】甲公司购入 K 材料一批，增值税专用发票上记载的货款 1 000 000 元，增值税额 170 000 元，对方代垫包装费 20 000 元，全部款项转账付讫，材料已验收入库。

借：原材料——K 材料　　　　1 020 000

　　应交税费——应交增值税（进项税额）　　170 000

贷：银行存款　　　　　　　　　　　　　　　　1 190 000

本例属于发票账单与材料同时到达的采购业务，企业材料已验收入库，因此应通过“原材料”科目核算，对于增值税专用发票上注明的可抵扣的进项税额，应借记“应交税费——应交增值税（进项税额）”科目。

【例5－14】甲公司持银行汇票2 000 000元购入A材料一批，增值税专用发票上记载的货款为1 600 000元，增值税额272 000元，对方代垫运费20 000元，取得运费发票（抵扣7%），材料已验收入库。

借：原材料——A材料　　　　1 618 600（1 600 000＋20 000＊93%）

　　应交税费——应交增值税（进项税额）

　　　　　　　　　　　　　　273 400（272 000＋20 000＊7%）

贷：其他货币资金——银行汇票 1 892 000

退回剩余款项：

借：银行存款　　　　　　　　　　　　　　　108 000

　贷：其他货币资金——银行汇票　　　　　　　108 000

【例5－15】甲公司购入免税农产品M材料一批，货款40 000元，对方代垫包装费5 000元，款项以银行存款支付，材料已验收入库。填制税务机关认可的收购发票（抵扣13%）。

借：原材料——M材料　　　　　　39 800（40 000＊87%＋5 000）

　　应交税费——应交增值税（进项税额）

　　　　　　　　　　　　　　　5 200

贷：银行存款　　　　　　　　　45 000

（2）货款已经支付或已开出、承兑商业汇票，材料尚未到达或尚未验收入库。

【例5－16】甲公司采用汇兑结算方式购入B材料一批，发票收到，增值税专用发票上记载的货款为200 000元，增值税额34 000元。支付保险费10 000元，材料尚未到达。

借：在途物资　　　　　　　　　　　　　　　210 000

　　应交税费——应交增值税（进项税额）　　34 000

贷：银行存款　　　　　　　　　　　　　　　244 000

本例属于已经付款，但材料尚未到达或尚未验收入库的采购业务，应通过“在途物资”科目核算；待材料到达、入库后，再根据收料单，由“在途物资”科目转入“原材料”科目核算。

【例5－17】承【例5－16】，上述购入的B材料已收到，并验收入库。

借：原材料　　210 000

　贷：在途物资　　210 000

（3）货款尚未支付，材料已经验收入库。

【例 5-18】甲公司采用托收承付结算方式购入 N 材料一批，增值税专用发票上记载的货款为 500 000 元，增值税额 85 000 元，对方代垫包装费 10 000 元，银行转来的结算凭证已到，款项尚未支付，材料已验收入库。

借：原材料——N 材料　　510 000

　　应交税费——应交增值税（进项税额）　　85 000

　贷：应付账款　　595 000

【例 5-19】甲公司采用委托收款结算方式购入 Z 材料一批，材料已验收入库，月末发票账单尚未收到，无法确定实际成本，暂估价值为 300 000 元。

借：原材料——Z　　300 000

　贷：应付账款——暂估应付账款　　300 000

下月初作相反的会计分录予以冲回：

借：应付账款——暂估应付账款　　300 000

　贷：原材料　　300 000

下月初作相反的会计分录予以冲回，以便下月付款后，按正常程序，借记“原材料”、“应交税费——应交增值税（进项税额）”科目，贷记“银行存款”或“应付票据”等科目。

【例 5-20】承【例 5-19】，上述购入的 Z 材料于次月收到发票账单，增值税专用发票上记载的货款为 310 000 元，增值税额 52 700 元，对方代垫保险费 20 000 元，已用银行存款付讫。

借：原材料——Z 材料　　330 000

　　应交税费——应交增值税（进项税额）　　52 700

　贷：银行存款　　382 700

（4）货款已经预付，材料尚未验收入库。

【例 5-21】根据与×公司签订的购销合同，甲公司为购买 K 材料向×公司预付 1 000 000 元货款的 50%，计 500 000 元，已通过汇兑方式汇出。

借：预付账款　　500 000

　贷：银行存款　　500 000

【例 5-22】承【例 5-21】，甲公司收到×公司发运来的 K 料，已验收入库。

发票账单记载，该批货物的货款1 000 000元，增值税额170 000元，对方代垫包装费30 000元，所欠款项以银行存款付讫。

(1) 材料入库时：

借：原材料——K材料　　　　　　　　　　1 030 000

　　应交税费——应交增值税（进项税额）　　170 000

　贷：预付账款　　　　　　　　　　　　　1 200 000

(2) 补付货款时：

借：预付账款　　　　　　　　　　　　　　700 000

　贷：银行存款　　　　　　　　　　　　　700 000

2. 发出材料

【例5-23】甲公司20×3年3月1日结存B材料3 000公斤，每公斤实际成本为10元；3月5日和3月20日分别购入该材料9 000公斤和6 000公斤，每公斤实际成本分别为11元和12元；3月10日和3月25日分别发出该材料10 500公斤和6 000公斤。按先进先出法核算时，发出和结存材料的成本如下表所示。

20×3年		凭证号	摘要	收入			发出			结存		
月	日			数量	单价	金额	数量	单价	金额	数量	单价	金额
3	1	略	期初结存							3 000	10	30 000
	5		购入	9 000	11	99 000				3 000 9 000	10 11	30 000 99 000
	10		发出				3 000 7 500	10 11	30 000 82 500	1 500	11	16 500
	20		购入	6 000	12	72 000				1 500 6 000	11 12	16 500 72 000
	25		发出				1 500 4 500	11 12	16 500 54 000	1 500	12	18 000
	31		合计	15 000		171 000	16 500		183 000	1 500	12	18 000

【例5-24】承【例5-23】，采用月末一次加权平均法计算B材料的成本如下：

$$B材料平均单位成本=\frac{30\ 000+171\ 000}{3\ 000+15\ 000}=11.17（元）$$

本月发出存货的成本 = 16 500 × 11.17 = 184 305（元）

月末库存存货的成本 = 30 000 + 171 000 − 184 305 = 16 695（元）

企业各生产单位及有关部门领用的材料具有种类多、业务频繁等特点。为了简化核算，可以在月末根据“领料单”或“限额领料单”中有关领料的单位、部门等加以归类，编制“发料凭证汇总表”，据以编制记账凭证、登记入账。发出材料实际成本的确定，可以由企业从上述个别计价法、先进先出法、月末一次加权平均法等方法中选择。计价方法一经确定，不得随意变更。如需变更，应在附注中予以说明。

【例5－25】甲公司根据“发料凭证汇总表”的记录，3月份基本生产车间领用K材料500 000元，辅助生产车间领用K材料40 000元，车间管理部门领用K材料5 000元，企业行政管理部门领用K材料4 000元，计549 000元。

借：生产成本——基本生产成本	500 000
——辅助生产成本	40 000
制造费用	5 000
管理费用	4 000
贷：原材料——K材料	549 000

（二）采用计划成本核算

材料采用计划成本核算时，材料的收发及结存，无论总分类核算还是明细分类核算，均按照计划成本计价。使用的会计科目有“原材料”、“材料采购”、“材料成本差异”等。材料实际成本与计划成本的差异，通过“材料成本差异”科目核算。月末，计算本月发出材料应负担的成本差异并进行分摊，根据领用材料的用途计入相关资产的成本或者当期损益，从而将发出材料的计划成本调整为实际成本。

“原材料”科目。本科目用于核算库存各种材料的收发与结存情况。在材料采用计划成本核算时，本科目的借方登记入库材料的计划成本，贷方登记发出材料的计划成本，期末余额在借方，反映企业库存材料的计划成本。

“材料采购”科目。本科目借方登记采购材料的实际成本，贷方登记入库材料的计划成本。借方大于贷方表示超支，从本科目贷方转入“材料成本差异”科目的借方；贷方大于借方表示节约，从本科目借方转入“材料成本差异”科目的贷方；期末为借方余额，反映企业在途材料的采购成本。

“材料采购”科目核算小企业采用计划成本进行材料日常核算、购入材料的采购成本。采用实际成本进行材料日常核算的，购入材料的采购成本，在“在途物资”科目核算。委托外单位加工材料商品的加工成本在“委托加工物资”科目核算。本科目应按照供应单位和材料品种进行明细核算。

材料采购的主要账务处理：

（1）小企业外购材料，应当按照发票账单所列购买价款、运输费、装卸费、保险费以及在外购材料过程发生的其他直接费用，借记本科目，按照税法规定可抵扣的增值税进项税额，借记“应交税费——应交增值税（进项税额）”科目，按照购买价款、相关税费、运输费、装卸费、保险费以及在外购材料过程发生的其他直接费用，贷记“库存现金”、“银行存款”、“其他货币资金”、“预付账款”、“应付账款”等科目。

材料已经收到，但尚未办理结算手续的，可暂不作会计分录。待办理结算手续后，再根据所付金额或发票账单的应付金额，借记本科目，贷记“银行存款”等科目。

应向供应单位、运输机构等收回的材料短缺或其他应冲减材料采购成本的赔偿款项，应根据有关的索赔凭证，借记“应付账款”或“其他应收款”科目，贷记本科目。因自然灾害等发生的损失和尚待查明原因的途中损耗，先记入“待处理财产损益”科目，查明原因后再作处理。

（2）月末，应将仓库转来的外购收料凭证，分别下列不同情况进行处理：

对于收到发票账单的收料凭证（包括本月付款或开出、承兑商业汇票的上月收料凭证），应按照实际成本和计划成本分别汇总，并按照计划成本，借记“原材料”、“周转材料”等科目，贷记本科目；将实际成本大于计划成本的差异，借记“材料成本差异”科目，贷记本科目；实际成本小于计划成本的差异做相反的会计分录。

对于尚未收到发票账单的收料凭证，应按照计划成本暂估入账，借记“原材料”、“周转材料”等科目，贷记“应付账款——暂估应付账款”科目，下月初用红字做同样的会计分录予以冲回，以便下月收到发票账单等结算凭证时，按照正常程序进行账务处理。

“材料成本差异”科目。本科目反映企业已入库各种材料的实际成本与计划成本的差异，借方登记超支差异及发出材料应负担的节约差异，贷方登记节约差异及发出材料应负担的超支差异。期末如为借方余额，反映企业库存材料的实际成本大于计划成本的差异（即超支差异）；如为贷方余额，反映企业库存材料实际成本小于计划成本的差异（即节约差异）。可以分别按“原材料”、“周转材料”等类别或品种进行明细核算。小企业也可以在“原材料”、“周转材料”等科目设置“成本差异”明细科目。

（1）小企业验收入库材料发生的材料成本差异，实际成本大于计划成本的差异，借记本科目，贷记“材料采购”科目；实际成本小于计划成本的差异做相反的会计分录。

入库材料的计划成本应当尽可能接近实际成本。除特殊情况外，计划成本在年度内不得随意变更。

（2）结转发出材料应负担的材料成本差异，按照实际成本大于计划成本的差异，借记“生产成本”、“管理费用”、“销售费用”、“委托加工物资”、“其他业务成本”等科目，贷记本科目；实际成本小于计划成本的差异做相反的会计分录。

发出材料应负担的成本差异应当按月分摊，不得在季末或年末一次计算。发出材料应负担的成本差异，除委托外部加工发出材料可按照月初成本差异率计算外，应使用本月的实际成本差异率；月初成本差异率与本月实际成本差异率相差不大的，也可按照月初成本差异率计算。计算方法一经确定，不得随意变更。

材料成本差异率的计算公式如下：

本月材料成本差异率＝（月初结存材料的成本差异＋本月验收入库材料的成本差异）÷（月初结存材料的计划成本＋本月验收入库材料的计划成本）×100%

月初材料成本差异率＝月初结存材料的成本差异÷月初结存材料的计划成本×100%

发出材料应负担的成本差异＝发出材料的计划成本×材料成本差异率

1. 购入材料

（1）货款已经支付，同时材料验收入库。

【例5－26】甲公司购入L材料一批，专用发票上记载的货款为3 000 000元，增值税额510 000元，发票账单已收到，计划成本为3 200 000元，已验收入库，全部款项以银行存款支付。

借：材料采购	3 000 000
应交税费——应交增值税（进项税额）	510 000
贷：银行存款	3 510 000

在计划成本法下，取得的材料先要通过“材料采购”科目进行核算，

企业支付材料价款和运杂费等构成存货实际成本的，记入“材料采购”科目。

（2）货款已经支付，材料尚未验收入库。

【例5-27】甲公司采用汇兑结算方式购入M材料一批，专用发票上记载的货款为200 000元，增值税额34 000元，发票账单已收到，计划成本180 000元，材料尚未入库。

借：材料采购　　200 000

　　应交税费——应交增值税（进项税额）　　34 000

　贷：银行存款　　234 000

（3）货款尚未支付，材料已经验收入库。

【例5-28】甲公司采用商业承兑汇票支付方式购入M材料一批，专用发票上记载的货款为500 000元，增值税额85 000元，发票账单已收到，计划成本520 000元，材料已验收入库。

借：材料采购　　500 000

　　应交税费——应交增值税（进项税额）　　85 000

　贷：应付票据　　585 000

【例5-29】甲公司购入M材料一批，材料已验收入库，发票账单未到，月末按照计划成本600 000元估价入账。

借：原材料　　600 000

　贷：应付账款——暂估应付账款　　600 000

下月初作相反的会计分录予以冲回：

借：应付账款——暂估应付账款　　600 000

　贷：原材料　　600 000

企业购入验收入库的材料，按计划成本，借记“原材料”科目，贷记“材料采购”科目，按实际成本大于计划成本的差异，借记“材料成本差异”科目，贷记“材料采购”科目；实际成本小于计划成本的差异，借记“材料采购”科目，贷记“材料成本差异”科目。

【例5-30】承【例5-26】和【例5-28】，月末，甲公司汇总本月已付款或已开出并承兑商业汇票的入库材料的计划成本3 720 000元（即3 200 000+520 000）。

借：原材料——L材料　　3 200 000

　　　　——M材料　　520 000

　贷：材料采购　　3 720 000

上述入库材料的实际成本为3 500 000元（即3 000 000 +500 000），入库材料的成本差异为节约220 000元（即3 500 000 -3 720 000）。

借：材料采购 220 000

　贷：材料成本差异——L材料 200 000

　　　　　　　　——M材料 20 000

2. 发出材料

月末，企业根据领料单等编制“发料凭证汇总表”结转发出材料的计划成本，应当根据所发出材料的用途，按计划成本分别记入“生产成本”、“制造费用”、“销售费用”、“管理费用”等科目。

【例5 -31】甲公司根据“发料凭证汇总表”的记录，某月L材料的消耗（计划成本）为：基本生产车间领用2 000 000元，辅助生产车间领用600 000元，车间管理部门领用250 000元，企业行政管理部门领用50 000元。本月L材料的差异率1%。

借：生产成本——基本生产成本 2 000 000

　　　　　　——辅助生产成本 600 000

　　制造费用 250 000

　　管理费用 50 000

　贷：原材料——L材料 2 900 000

分摊发出材料的成本差异

借：生产成本——基本生产成本 20 000

　　　　　　——辅助生产成本 6 000

　　制造费用 2 500

　　管理费用 500

　贷：原材料——L材料 29 000

三、周转材料

设置“周转材料”科目，核算小企业库存的周转材料的实际成本或计划成本。包括：包装物、低值易耗品，以及小企业（建筑业）的钢模板、木模板、脚手架等。

各种包装材料，如纸、绳、铁丝、铁皮等，应在“原材料”科目内核算；用于储存和保管产品、材料而不对外出售的包装物，应按照价值大小和使用年限长短，分别在“固定资产”科目或本科目核算。

小企业的包装物、低值易耗品，也可以单独设置“包装物”、“低值易耗品”科目。

包装物数量不多的小企业，也可以不设置本科目，将包装物并入“原材料”科目核算。

本科目应按照周转材料的种类，分别“在库”、“在用”和“摊销”进行明细核算。

（1）小企业购入、自制、委托外单位加工完成并验收入库的周转材料，以及对周转材料的清查盘点，比照“原材料”科目的相关规定进行账务处理。

（2）生产、施工领用周转材料，通常采用一次转销法，按照其成本，借记“生产成本”、“管理费用”、“工程施工”等科目，贷记本科目。

（3）随同产品出售但不单独计价的包装物，按照其成本，借记“销售费用”科目，贷记本科目。

（4）随同产品出售并单独计价的包装物，按照其成本，借记“其他业务成本”科目，贷记本科目。

金额较大的周转材料，也可以采用分次摊销法，领用时应按照其成本，借记本科目（在用），贷记本科目（在库）；按照使用次数摊销时，应按照其摊销额，借记“生产成本”、“管理费用”、“工程施工”等科目，贷记本科目（摊销）。

周转材料采用计划成本进行日常核算的，领用等发出周转材料，还应结转应分摊的成本差异。

期末余额，反映小企业在库、出租、出借周转材料的实际成本或计划成本以及在用周转材料的摊余价值。包装物是指为了包装本企业商品而储备的各种包装容器，如桶、箱、瓶、坛、袋等。

（一）生产领用包装物

生产领用包装物，应按照领用包装物的实际成本，借记“生产成本”科目，按照领用包装物的计划成本，贷记“周转材料——包装物”科目，按照其差额，借记或贷记“材料成本差异”科目。

【例5－32】甲公司对包装物采用计划成本核算，当月生产产品领用包装物的计划成本为100 000元，材料成本差异率为－3%。

借：生产成本	97 000
材料成本差异	3 000
贷：周转材料——包装物	100 000

（二）随同商品出售包装物

随同商品出售而不单独计价的包装物，应按其实际成本计入销售费用，借记“销售费用”科目，按其计划成本，贷记“周转材料——包装物”科目，按其差额，借记或贷记“材料成本差异”科目。

【例5-33】甲公司某月销售商品领用不单独计价包装物的计划成本为500 000元，材料成本差异率为-3%。

借：销售费用　　485 000

　　材料成本差异　　15 000

　贷：周转材料——包装物　　500 000

随同商品出售且单独计价的包装物，一方面应反映其销售收入，计入其他业务收入；另一方面应反映其实际销售成本，计入其他业务成本。

【例5-34】甲公司某月销售商品领用单独计价包装物的计划成本为80 000元，销售收入为100 000元，增值税额为17 000元，款项已存入银行。该包装物的材料成本差异率为3%。

（1）出售单独计价包装物：

借：银行存款　　117 000

　贷：其他业务收入　　100 000

　　　应交税费——应交增值税（销项税额）　　17 000

（2）结转所售单独计价包装物的成本：

借：其他业务成本　　82 400

　贷：周转材料——包装物　　80 000

　　　材料成本差异　　2 400

（三）“周转材料——低值易耗品”科目，低值易耗品应当根据使用次数分次进行摊销。

1. 一次转销法

采用一次转销法摊销低值易耗品，在领用低值易耗品时，将其价值一次、全部计入有关资产成本或者当期损益，主要适用于价值较低或极易损坏的低值易耗品的摊销。

【例5-35】甲公司基本生产车间领用一般工具，实际成本为30 000元。

借：制造费用　　30 000

　贷：周转材料——低值易耗品　　30 000

2. 分次摊销法

采用分次摊销法摊销低值易耗品，低值易耗品在领用时摊销其账面价值的单次平均摊销额。分次摊销法适用于可供多次反复使用的低值易耗品。在采用分次摊销法的情况下，单独设置“周转材料——低值易耗品——在用”、“周转材料——低值易耗品——在库”和“周转材料——低值易耗品——摊销”明细科目。

【例5－36】甲公司基本生产车间领用专用工具一批，实际成本为10 000元，采用分次摊销法进行摊销。该专用工具的估计使用次数为2次。应作如下会计处理：

（1）领用专用工具：

借：周转材料—低值易耗品—在用　　10 000

　贷：周转材料—低值易耗品—在库　　10 000

（2）第一次领用时摊销其价值的一半：

借：制造费用　　5 000

　贷：周转材料—低值易耗品—摊销　　5 000

（3）第二次领用时摊销其价值的一半：

借：制造费用　　5 000

　贷：周转材料—低值易耗品—摊销　　5 000

同时：

借：周转材料—低值易耗品—摊销　　10 000

　贷：周转材料—低值易耗品—在用　　10 000

四、消耗性生物资产

核算小企业（农、林、牧、渔业）持有的消耗性生物资产的实际成本。应按照消耗性生物资产的种类、群别等进行明细核算。

消耗性生物资产的主要账务处理。

（1）外购的消耗性生物资产，按照应计入消耗性生物资产成本的金额，借记本科目，贷记“银行存款”、“应付账款”等科目。

（2）自行栽培的大田作物和蔬菜，应按照收获前发生的必要支出，借记本科目，贷记“银行存款”等科目。

自行营造的林木类消耗性生物资产，应按照郁闭前发生的必要支出，借记本科目，贷记“银行存款”等科目。

自行繁殖的育肥畜、水产养殖的动植物，应按照出售前发生的必要支出，借记本科目，贷记“银行存款”等科目。

（3）产畜或役畜淘汰转为育肥畜的，应按照转群时的账面价值，借记本科目，按照已计提的累计折旧，借记“生产性生物资产累计折旧”科目，按照其账面余额，贷记“生产性生物资产”科目。

育肥畜转为产畜或役畜的，应按照其账面余额，借记“生产性生物资产”科目，贷记本科目。

（4）择伐、间伐或抚育更新性质采伐而补植林木类消耗性生物资产发生的后续支出，借记本科目，贷记“银行存款”等科目。

林木类消耗性生物资产达到郁闭后发生的管护费用等后续支出，借记“管理费用”科目，贷记“银行存款”等科目。

（5）农业生产过程中发生的应归属于消耗性生物资产的费用，按照应分配的金额，借记本科目，贷记“生产成本”科目。

（6）消耗性生物资产收获为农产品时，应按照其账面余额，借记“农产品”科目，贷记本科目。

（7）出售消耗性生物资产，应按照实际收到的金额，借记“银行存款”等科目，贷记“主营业务收入”等科目。按照其账面余额，借记“主营业务成本”等科目，贷记本科目。

期末借方余额，反映小企业（农、林、牧、渔业）消耗性生物资产的实际成本。

五、委托加工物资

委托加工物资是指企业委托外单位加工的各种材料、商品等物资。企业委托外单位加工物资的成本包括加工中实际耗用物资的成本、支付的加工费用及应负担的运杂费等，支付的税金，包括委托加工物资所应负担的消费税（指属于消费税应税范围的加工物资）等。

设置“委托加工物资”科目，核算小企业委托外单位加工的各种材料、商品等物资的实际成本。应按照加工合同、受托加工单位以及加工物资的品种等进行明细核算。期末借方余额，反映小企业委托外单位加工尚未完成物资的实际成本。

（1）小企业发给外单位加工的物资，按照实际成本，借记本科目，贷记“原材料”、“库存商品”等科目；按照计划成本或售价核算的，还应同时结转材料成本差异或商品进销差价。

（2）支付加工费、运杂费等，借记本科目，贷记“银行存款”等科目；需要交纳消费税的委托加工物资，由受托方代收代缴的消费税，借记本科目

（收回后用于直接销售的）或“应交税费——应交消费税”科目（收回后用于继续加工的），贷记“应付账款”、“银行存款”等科目。

（3）加工完成验收入库的物资和剩余的物资，按照加工收回物资的实际成本和剩余物资的实际成本，借记“原材料”、“库存商品”等科目，贷记本科目。

（4）采用计划成本或售价核算的，按照计划成本或售价，借记“原材料”或“库存商品”科目，按照实际成本，贷记本科目，按照实际成本与计划成本或售价之间的差额，借记或贷记“材料成本差异”或贷记“商品进销差价”科目。采用计划成本或售价核算的，也可以采用上月材料成本差异率或商品进销差价率计算本月应分摊的材料成本差异或商品进销差价。

（一）发出物资

【例5－37】甲公司发出材料委托某量具厂加工一批量具，该材料计划成本70 000元，材料成本差异率－4%，以银行存款支付运杂费1 200元。

（1）发出材料时：

借：委托加工物资　67 200
　　材料成本差异　2 800
　贷：原材料　70 000

（2）支付运杂费时：

借：委托加工物资　1 200
　贷：银行存款　1 200

（二）支付加工费、运杂费等

支付加工费、运杂费等，借记本科目，贷记“银行存款”等科目；需要交纳消费税的委托加工物资，由受托方代收代缴的消费税，借记本科目（收回后用于直接销售的）或“应交税费——应交消费税”科目（收回后用于继续加工的），贷记“应付账款”、“银行存款”等科目。

【例5－38】承【例5－37】，甲公司以银行支付上述量具的加工费用10 000元。

借：委托加工物资　10 000
　贷：银行存款　10 000

（三）加工完成验收入库

【例5－39】承【例5－37】和【例5－38】，甲公司收回由某量具厂代加工的量具，以银行支付运杂费2 000元。该量具已验收入库，其计划成本为100 000元。应作如下会计处理：

（1）支付运杂费时：

借：委托加工物资　2 000

　贷：银行存款　2 000

（2）量具入库时：

借：周转材料——低值易耗品　100 000

　贷：委托加工物资　80 400

　　　材料成本差异　19 600

【例5-40】甲公司委托丙公司加工商品一批（应税消费品）10 000件，有关经济业务如下：

（1）1月8日，发出材料，计划成本为600 000元，材料成本差异率为-3%。

①发出委托加工材料：

借：委托加工物资　600 000

　贷：原材料　600 000

②结转发出材料应分摊的材料成本差异：

借：材料成本差异　18 000

　贷：委托加工物资　18 000

（2）2月20日，支付商品加工费120 000元，支付应当交纳的消费税66 000元，该商品收回后用于连续生产，消费税可抵扣，甲公司和丙公司均为一般纳税人，适用增值税税率为17%。

借：委托加工物资　120 000

　　应交税费——应交消费税　66 000

　　　　　　——应交增值税（进项税额）　20 400

　贷：银行存款　206 400

（3）3月10日，用银行存款支付往返运杂费9 000元。

借：委托加工物资　9 000

　贷：银行存款　9 000

（4）3月16日，上述商品10 000件（每件计划成本为70元）加工完毕，验收入库。

借：库存商品　700 000

　　材料成本差异　11 000

　贷：委托加工物资　711 000

需要交纳消费税的委托加工物资，由受托方代收代交的消费税，收回后用于直接销售的，记入“委托加工物资”科目；收回后用于继续加工的，记入“应交税费——应交消费税”科目。

六、库存商品

（一）库存商品的内容

库存商品是指企业已完成全部生产过程并已验收入库、合乎标准规格和技术条件，可以按照合同规定的条件送交订货单位，或可以作为商品对外销售的产品以及外购或委托加工完成验收入库用于销售的各种商品。库存商品具体包括库存产成品、外购商品、存放在门市部准备出售的商品、发出展览的商品、寄存在外的商品、接受来料加工制造的代制品和为外单位加工修理的代修品等。已完成销售手续，但购买单位在月末未提取的产品，不应作为企业的库存商品，而应作为代管商品处理，单独设置代管商品备查簿进行登记。库存商品可以采用实际成本核算，也可以采用计划成本核算，其方法与原材料相似。采用计划成本核算时，库存商品实际成本与计划成本的差异，可单独设置“产品成本差异”科目核算。

（1）为了反映和监督库存商品的增减变动及其结存情况，应当设置“库存商品”科目，借方登记验收入库的库存商品成本，贷方登记发出的库存商品成本，期末余额在借方，反映各种库存商品的实际成本或计划成本。

（2）“库存商品”科目核算小企业库存的各种商品的实际成本或售价。包括：库存产成品、外购商品、存放在门市部准备出售的商品、发出展览的商品以及寄存在外的商品等。

接受来料加工制造的代制品和为外单位加工修理的代修品，在制造和修理完成验收入库后，视同小企业的产成品，也通过本科目核算。

可以降价出售的不合格品，也在本科目核算，但应与合格产品分开记账。

已经完成销售手续，但购买单位在月末未提取的库存产成品，应作为代管产品处理，单独设置代管产品备查簿，不再在本科目核算。

小企业（农、林、牧、渔业）可将本科目改为“农产品”科目。

小企业（批发业、零售业）在购买商品过程中发生的费用（包括：运输费、装卸费、包装费、保险费、运输途中的合理损耗和入库前的挑选整理费等），在“销售费用”科目核算，不在本科目核算。

库存商品应按照库存商品的种类、品种和规格等进行明细核算。

（3）库存商品的主要账务处理。

①小企业生产的产成品的入库和出库，平时只记数量不记金额，月末计算入库产成品的实际成本。生产完成验收入库的产成品，按照其实际成本，借记本科目，贷记“生产成本”等科目。

对外销售产成品，借记“主营业务成本”科目，贷记本科目。

②购入商品到达验收入库后，按照商品的实际成本或售价，借记本科目，贷记“库存现金”、“银行存款”、“在途物资”等科目。

涉及增值税进项税额的，还应进行相应的处理。按照售价与进价之间的差额，贷记“商品进销差价”科目。

购入的商品已经到达并已验收入库，但尚未办理结算手续的，可按照暂估价值入账，借记本科目，贷记“应付账款——暂估应付账款”科目；下月初用红字做同样的会计分录予以冲回，以便下月收到发票账单等结算凭证时，按照正常程序进行账务处理。

对外销售商品结转销售成本或售价，借记“主营业务成本”科目，贷记本科目。月末，分摊已销商品的进销差价，借记“商品进销差价”科目，贷记“主营业务成本”科目。

期末借方余额，反映小企业库存商品的实际成本或售价。

（二）库存商品的核算

1. 验收入库商品

对于库存商品采用实际成本核算的企业，当库存商品生产完成并验收入库时，应按实际成本，借记“库存商品”科目，贷记“生产成本——基本生产成本”科目。

【例5-41】甲公司“商品入库汇总表”记载，验收入库M产品10 000台，实际单位成本600元；N产品20 000台，实际单位成本150元。

借：库存商品——M产品　　6 000 000
　　　　　　——N产品　　3 000 000
　贷：生产成本——基本生产成本（M产品）　　6 000 000
　　　　　　　——基本生产成本（N产品）　　3 000 000

2. 销售商品

企业销售商品、确认收入时，应结转其销售成本，借记“主营业务成本”等科目，贷记“库存商品”科目。

【例5-42】甲公司月末汇总的发出商品中，当月已实现销售的M产品有5 000台，N产品有15 000台。该月M产品实际单位成本600元，N产品实际单位成本150元。在结转其销售成本时，应作如下会计处理：

借：主营业务成本　　　　　　　　　　　　525 000
　贷：库存商品——M 产品　　　　　　　　　　300 000
　　　　　　　——N 产品　　　　　　　　　　225 000

企业购入的商品可以采用进价或售价核算。采用售价核算的，商品售价和进价的差额，可通过“商品进销差价”科目核算。月末，应分摊已销商品的进销差价，将已销商品的销售成本调整为实际成本，借记“商品进销差价”科目，贷记“主营业务成本”科目。

商品流通企业的库存商品还可以采用毛利率法和售价金额核算法进行日常核算。

（1）毛利率法。毛利率法是指用本期销售净额乘以上期实际（或本期计划）毛利率匡算本期销售毛利，并据以计算发出存货和期末存货成本的一种方法。

计算公式如下：

毛利率＝销售毛利/销售净额×100%

销售净额＝商品销售收入－销售退回与折让

销售毛利＝销售净额×毛利率

销售成本＝销售净额－销售毛利

期末存货成本＝期初存货成本＋本期购货成本－本期销售成本

这一方法是商品流通企业，尤其是商业批发企业常用的计算本期商品销售成本和期末库存商品成本的方法。商品流通企业由于经营商品的品种繁多，如果分品种计算商品成本，工作量将大大增加，而且，一般来讲，商品流通企业同类商品的毛利率大致相同，采用这种存货计价方法既能减轻工作量，也能满足对存货管理的需要。

【例 5－43】某商场 20×3 年 4 月 1 日针织品存货 1 800 万元，本月购进 3 000 万元，本月销售收入 3 400 万元，上季度该类商品毛利率为 25%。

本月已销商品和月末库存商品的成本计算如下：

本月销售收入＝3 400（万元）

销售毛利＝3 400×25%＝850（万元）

本月销售成本＝3 400－850＝2 550（万元）

库存商品成本＝1 800＋3 000－2 550＝2 250（万元）

（2）售价金额核算法。售价金额核算法是指平时商品的购入、加工收回、销售均按售价记账，售价与进价的差额通过“商品进销差价”科目核算，期末计算进销差价率和本期已销商品应分摊的进销差价，并据以调整本期销售成本的一种方法。

“商品进销差价”科目核算小企业采用售价进行日常核算的商品售价与进价之间的差额。应按照库存商品的种类、品种和规格等进行明细核算。

小企业购入、加工收回以及销售退回等增加的库存商品，按照商品售价，借记“库存商品”科目，按照商品进价，贷记“银行存款”、“委托加工物资”等科目，按照售价与进价之间的差额，贷记本科目。

月末，分摊已销商品的进销差价，借记本科目，贷记“主营业务成本”科目。

销售商品应分摊的商品进销差价，按照以下公式计算：

①商品进销差价率 = 月末分摊前本科目贷方余额 ÷（“库存商品”科目月末借方余额 + 本月“主营业务收入”科目贷方发生额）×100%

②本月销售商品应分摊的商品进销差价 = 本月“主营业务收入”科目贷方发生额 × 商品进销差价率

③本期销售商品的成本 = 本期商品销售收入 - 本期销售商品应分摊的商品进销差价

④期末结存商品的成本 = 期初库存商品的进价成本 + 本期购进商品的进价成本 - 本期销售商品的成本

小企业的商品进销差价率各月之间比较均衡的，也可以采用上月商品进销差价率计算分摊本月的商品进销差价。年度终了，应对商品进销差价进行复核调整。

期末贷方余额，反映小企业库存商品的商品进销差价。

企业的商品进销差价率各期之间是比较均衡的，因此，也可以采用上期商品进销差价率计算分摊本期的商品进销差价。年度终了，应对商品进销差价进行核实调整。

对于从事商业零售业务的企业（如百货公司、超市等），由于经营商品种类、品种、规格等繁多，而且要求按商品零售价格标价，采用其他成本计算结转方法均较困难，因此广泛采用这一方法。

【例 5 - 44】某商场 20×3 年 4 月期初库存商品的进价成本为 150 万元，售价总额为 200 万元；本月购进该商品的进价成本为 300 万元，售价总额为 380 万元；本月销售收入为 400 万元。有关计算如下：

商品进销差价率 =（50 + 80）/（200 + 380）×100% = 22.41%

已销商品应分摊的商品进销差价 = 400 × 22.41% = 89.66（万元）

七、存货清查

（一）存货清查是指通过对存货的实地盘点，确定存货的实有数量，并与账面结存数核对，从而确定存货实存数与账面结存数是否相符的一种专门方法

由于存货种类繁多、收发频繁，在日常收发过程中可能发生计量错误、计算错误、自然损耗，还可能发生损坏变质以及贪污、盗窃等情况，造成账实不符，形成存货的盘盈盘亏。对于存货的盘盈盘亏，应填写存货盘点报告（如实存账存对比表），及时查明原因，按照规定程序报批处理。盘盈存货实现的收益应当计入营业外收入。盘亏存货发生的损失应当计入营业外支出。

（二）设置“待处理财产损益”科目

核算小企业在清查财产过程中查明的各种财产盘盈、盘亏和毁损的价值。所采购物资在运输途中因自然灾害等发生的损失或尚待查明的损耗，也通过本科目核算。小企业的财产损益，应当查明原因，在年末结账前处理完毕，处理后本科目应无余额。

本科目应按照待处理流动资产损益和待处理非流动资产损益进行明细核算。

（1）盘盈的各种材料、产成品、商品、现金等，应当按照同类或类似存货的市场价格或评估价值，借记“原材料”、“库存商品”、“库存现金”等科目，贷记本科目（待处理流动资产损益）。盘亏、毁损、短缺的各种材料、产成品、商品、现金等，应当按照其账面余额，借记本科目（待处理流动资产损益），贷记“材料采购”或“在途物资”、“原材料”、“库存商品”、“库存现金”等科目。涉及增值税进项税额的，还应进行相应的账务处理。

盘盈的固定资产，按照同类或类似固定资产的市场价格或评估价值扣除按照该项固定资产新旧程度估计的折旧后的余额，借记“固定资产”科目，贷记本科目（待处理非流动资产损益）。盘亏的固定资产，按照该项固定资产的账面价值，借记本科目（待处理非流动资产损益），按照已计提的累计折旧，借记“累计折旧”科目，按照其原价，贷记“固定资产”科目。

（2）盘亏、毁损、报废的各项资产，按照管理权限经批准后处理时，按照残料价值，借记“原材料”等科目，按照可收回的保险赔偿或过失人赔偿，借记“其他应收款”科目，按照本科目余额，贷记本科目（待处理

流动资产损益、待处理非流动资产损益），按照其借方差额，借记“营业外支出”科目。

盘盈的各种材料、产成品、商品、固定资产、现金等，按照管理权限经批准后处理时，按照本科目余额，借记本科目（待处理流动资产损益、待处理非流动资产损益），贷记“营业外收入”科目。

【例5－45】甲公司在财产清查中盘盈J材料1000千克，实际单位成本60元，经查属于材料收发计量方面误差。（假定不考虑增值税要因）

（1）批准处理前：

借：原材料　　60 000

　贷：待处理财产损益　　60 000

（2）批准处理后：

借：待处理财产损益　　60 000

　贷：营业外收入　　60 000

【例5－46】甲公司在财产清查中发现盘亏K材料50公斤，实际单位成本100元，经查属于一般经营损失。（假定不考虑增值税要因）

（1）批准处理前：

借：待处理财产损益　　5 000

　贷：原材料　　5 000

（2）批准处理后：

借：营业外支出　　5 000

　贷：待处理财产损益　　5 000

【例5－47】甲公司在财产清查中发现毁损L材料100公斤，实际单位成本80元，经查属于材料保管员的过失造成的，按规定由其个人赔偿50%，残料已办理入库手续，价值200元。（假定不考虑增值税要因）

（1）批准处理前：

借：待处理财产损益　　8 000

　贷：原材料——L材料　　8 000

（2）批准处理后

①由过失人赔款部分：

借：其他应收款　　4 000

　贷：待处理财产损益　　4 000

②残料入库：

借：原材料　　200

贷：待处理财产损益　　200

③材料毁损净损失：

借：管理费用　　3 800

贷：待处理财产损益　　3 800

【例5-48】甲公司因台风造成一批库存材料毁损，实际成本100 000元，根据保险责任范围及保险合同规定，应由保险公司赔偿70 000元。

（1）批准处理前：

借：待处理财产损益　　100 000

贷：原材料　　100 000

（2）批准处理后：

借：其他应收款　　70 000

营业外支出——非常损失　　30 000

贷：待处理财产损益　　100 000

第六章　长期资产

小企业的长期资产是指流动资产以外的资产。包括：长期债券投资、长期股权投资、固定资产、生产性生物资产、无形资产、长期待摊费用等。

第一节　长期投资

一、长期债券投资

（一）长期债券投资概述

1. 长期债券投资是指小企业准备长期（在 1 年以上，下同）持有的债券投资

长期债券投资应当按照购买价款和相关税费作为成本进行计量。实际支付价款中包含的已到付息期但尚未领取的债券利息，应当单独确认为应收利息，不计入长期债券投资的成本。长期债券投资在持有期间发生的应收利息应当确认为投资收益。

（1）分期付息、一次还本的长期债券投资，在债务人应付利息日按照票面利率计算的应收未收利息收入应当确认为应收利息，不增加长期债券投资的账面余额。

（2）一次还本付息的长期债券投资，在债务人应付利息日按照票面利率计算的应收未收利息收入应当增加长期债券投资的账面余额。

（3）债券的折价或者溢价在债券存续期间内于确认相关债券利息收入时采用直线法进行摊销。

长期债券投资到期，小企业收回长期债券投资，应当冲减其账面余额。处置长期债券投资，处置价款扣除其账面余额、相关税费后的净额，应当计入投资收益。

2. 小企业长期债券投资符合下列条件之一的，减除可收回的金额后确认的无法收回的长期债券投资，作为长期债券投资损失

（1）债务人依法宣告破产、关闭、解散、被撤销，或者被依法注销、吊销营业执照，其清算财产不足清偿的。

（2）债务人死亡，或者依法被宣告失踪、死亡，其财产或者遗产不足清偿的。

（3）债务人逾期3年以上未清偿，且有确凿证据证明已无力清偿债务的。

（4）与债务人达成债务重组协议或法院批准破产重整计划后，无法追偿的。

（5）因自然灾害、战争等不可抗力导致无法收回的。

（6）国务院财政、税务主管部门规定的其他条件。

长期债券投资损失应当于实际发生时计入营业外支出，同时冲减长期债券投资账面余额。

（二）长期债券投资核算

"长期债券投资"科目应按照债券种类和被投资单位，分别"面值"、"溢折价"、"应计利息"进行明细核算。

（1）小企业购入债券作为长期投资，应当按照债券票面价值，借记本科目（面值），按照实际支付的购买价款和相关税费，贷记"银行存款"科目，按照其差额，借记或贷记本科目（溢折价）。

如果实际支付的购买价款中包含已到付息期但尚未领取的债券利息，应当按照债券票面价值，借记本科目（面值），按照应收的债券利息，借记"应收利息"科目，按照实际支付的购买价款和相关税费，贷记"银行存款"科目，按照其差额，借记或贷记本科目（溢折价）。

（2）在长期债券投资持有期间，在债务人应付利息日，按照分期付息、一次还本的长期债券投资票面利率计算的利息收入，借记"应收利息"科目，贷记"投资收益"科目；按照一次还本付息的长期债券投资票面利率计算的利息收入，借记本科目（应计利息），贷记"投资收益"科目。

在债务人应付利息日，按照应分摊的债券溢折价金额，借记或贷记"投资收益"科目，贷记或借记本科目（溢折价）。

（3）长期债券投资到期，收回长期债券投资，应当按照收回的债券本金或本息，借记"银行存款"等科目，按照其账面余额，贷记本科目（成本、溢折价、应计利息），按照应收未收的利息收入，贷记"应收利息"科目。

处置长期债券投资，应当按照处置收入，借记"银行存款"等科目，按照其账面余额，贷记本科目（成本、溢折价），按照应收未收的利息收入，贷记“应收利息”科目，按照其差额，贷记或借记“投资收益”科目。

（4）按照小企业会计准则规定确认实际发生的长期债券投资损失，应当按照可收回的金额，借记“银行存款”等科目，按照其账面余额，贷记本科目（成本、溢折价），按照其差额，借记“营业外支出”科目。

期末借方余额，反映小企业持有的分期付息、一次还本债券投资的成本和到期一次还本付息债券投资的本息。

【例6-1】20×3年1月1日，甲公司支付价款1 000 000元（含交易费用）从证券交易所购入A公司同日发行的5年期公司债券12 000份，债券票面价值总额为1 200 000元，票面年利率为4.50%，于年末支付本年度债券利息（即每年利息为54 000元），债券到期时一次性偿还本金。合同约定：A公司在遇到特定情况时可以将债券赎回，且不需要为提前赎回支付额外款项。

（1）20×3年1月1日，购入A公司债券

借：长期债券投资——A公司债券——面值　　1 200 000

　贷：银行存款　　1 000 000

　　长期债券投资——A公司债券——溢折价　　200 000

（2）20×3年12月31日，确认A公司债券实际利息收入、收到债券利息（1 200 000×4.50%＝54 000）

借：应收利息——A公司　　54 000

　贷：投资收益——A公司债券　　54 000

平均摊销溢折价：200 000÷5＝40 000

借：长期债券投资——A公司债券——溢折价　　40 000

　贷：投资收益——A公司债券　　40 000

借：银行存款　　54 000

　贷：应收利息——A公司　　54 000

（3）20×4－20×6年12月31日，同（2）

（4）20×7年末A公司债券到期收回利息和本金：

借：银行存款　　1 254 000

　　长期债券投资——A公司债券——溢折价　　40 000

　贷：长期债券投资——A公司债券——面值　　1 200 000

　　投资收益——A公司债券　　94 000

（5）若20×6年6月4日，以1 100 000元出售

借：银行存款　　1 100 000
　长期债券投资——A公司债券——溢折价　　80 000
　投资收益——A公司债券　　20 000
　贷：长期债券投资——A公司债券——面值　　1 200 000

二、长期股权投资

（一）长期股权投资概述

1. 长期股权投资是指小企业准备长期持有的权益性投资。长期股权投资应当按照成本进行计量。

（1）以支付现金取得的长期股权投资，应当按照购买价款和相关税费作为成本进行计量。实际支付价款中包含的已宣告但尚未发放的现金股利，应当单独确认为应收股利，不计入长期股权投资的成本。

（2）通过非货币性资产交换取得的长期股权投资，应当按照换出非货币性资产的评估价值和相关税费作为成本进行计量。

2. 长期股权投资应当采用成本法进行会计处理。在长期股权投资持有期间，被投资单位宣告分派的现金股利或利润，应当按照应分得的金额确认为投资收益。

3. 处置长期股权投资，处置价款扣除其成本、相关税费后的净额，应当计入投资收益。

4. 小企业长期股权投资符合下列条件之一的，减除可收回的金额后确认的无法收回的长期股权投资，作为长期股权投资损失：

（1）被投资单位依法宣告破产、关闭、解散、被撤销，或者被依法注销、吊销营业执照的。

（2）被投资单位财务状况严重恶化，累计发生巨额亏损，已连续停止经营3年以上，且无重新恢复经营改组计划的。

（3）对被投资单位不具有控制权，投资期限届满或者投资期限已超过10年，且被投资单位因连续3年经营亏损导致资不抵债的。

（4）被投资单位财务状况严重恶化，累计发生巨额亏损，已完成清算或清算期超过3年的。

（5）国务院财政、税务主管部门规定的其他条件。

长期股权投资损失应当于实际发生时计入营业外支出，同时冲减长期股权投资账面余额。

（二）长期股权投资的核算

设置“长期股权投资”科目，核算小企业准备长期持有的权益性投资。应按照被投资单位进行明细核算。

长期股权投资的主要账务处理：

（1）小企业以支付现金取得的长期股权投资，如果实际支付的购买价款中包含已宣告但尚未发放的现金股利，应当按照实际支付的购买价款和相关税费扣除已宣告但尚未发放的现金股利后的金额，借记本科目，按照应收的现金股利，借记“应收股利”科目，按照实际支付的购买价款和相关税费，贷记“银行存款”科目。

通过非货币性资产交换取得的长期股权投资，应当按照非货币性资产的评估价值与相关税费之和，借记本科目，按照换出非货币性资产的账面价值，贷记“固定资产清理”、“无形资产”等科目，按照支付的相关税费，贷记“应交税费”等科目，按照其差额，贷记“营业外收入”或借记“营业外支出”等科目。

（2）在长期股权投资持有期间，被投资单位宣告分派的现金股利或利润，应当按照应分得的金额，借记“应收股利”科目，贷记“投资收益”科目。

（3）处置长期股权投资，应当按照处置价款，借记“银行存款”等科目，按照其成本，贷记本科目，按照应收未收的现金股利或利润，贷记“应收股利”科目，按照其差额，贷记或借记“投资收益”科目。

（4）根据小企业会计准则规定确认实际发生的长期股权投资损失，应当按照可收回的金额，借记“银行存款”等科目，按照其账面余额，贷记本科目，按照其差额，借记“营业外支出”科目。

《小企业会计准则》规定长期股权投资采用成本法核算。

【例6－2】甲公司20×3年1月10日购买K股份有限公司发行的股票50 000股准备长期持有，从而拥有K股份有限公司5%的股份。每股买入价为10元，另外，公司购买该股票时发生有关税费5 000元，款项已由银行存款支付。

初始投资成本：（50 000×10）+5 000=505 000

借：长期股权投资——K公司　　505 000

　贷：银行存款　　505 000

【例6－3】甲公司20×3年5月15日以银行存款购买M股份有限公司的股票100 000股作为长期投资，每股买入价为10元，每股价格中包含有

0.2元的已宣告分派的现金股利，另支付相关税费7 000元。

初始投资成本：(100 000×10）+7 000－（100 000×0.2）=987 000

借：长期股权投资——M公司 987 000

应收股利 20 000

贷：银行存款 1 007 000

假定甲公司20×1年6月20日收到M股份有限公司分来的购买该股票时已宣告分派的股利20 000元。

借：银行存款 20 000

贷：应收股利 20 000

【例6－4】承【例6－2】，如果甲公司于20×3年6月20日收到K股份有限公司宣告发放2009年度现金股利的通知，应分得现金股利5 000元。

借：应收股利 5 000

贷：长期股权投资——K公司 5 000

在这种情况下，属于被投资单位在取得本企业投资前实现净利润的分配额，应作为投资成本的收回，借记“应收股利”科目，贷记“长期股权投资”科目，而不是确认为投资收益。

【例6－5】甲公司将其作为长期投资持有的M股份有限公司20 000股股票，以每股11元的价格卖出，支付相关税费1 000元，取得价款220 000元，款项已由银行收妥。该长期股权投资账面价值为200 000元。

投资收益：220 000－200 000－1 000=19 000

借：银行存款 219 000

贷：长期股权投资——M公司 200 000

投资收益 19 000

第二节 固定资产和生产性生物资产

一、固定资产

（一）固定资产的概念和特征

固定资产，是指企业为生产产品、提供劳务、出租或经营管理而持有的，使用寿命超过1年的有形资产。企业的固定资产包括：房屋、建筑物、机器、机械、运输工具、设备、器具、工具等。

固定资产是指同时具有以下特征的有形资产：（1）为生产商品、提供劳务、出租或经营管理而持有的。（2）使用寿命超过一个会计年度。这一特征是固定资产区别于商品等流动资产的重要标志。固定资产的收益期超过一年，能在一年以上的时间里为企业创造经济利益。

（二）固定资产的分类

企业的固定资产种类繁多、规格不一，为加强管理，便于组织会计核算，有必要对其进行科学、合理的分类。根据不同的管理需要和核算要求以及不同的分类标准，可以对固定资产进行不同的分类，主要有以下几种分类方法：

1. 按经济用途分类

按固定资产的经济用途分类，可分为生产经营用固定资产和非生产经营用固定资产。

（1）生产经营用固定资产，是指直接服务于企业生产、经营过程的各种固定资产，如生产经营用的房屋、建筑物、机器、设备、器具、工具等。

（2）非生产经营用固定资产，是指不直接服务于生产、经营过程的各种固定资产，如职工宿舍等使用的房屋、设备和其他固定资产等。

按照固定资产的经济用途分类，可以归类反映和监督企业生产经营用固定资产和非生产经营用固定资产之间，以及生产经营用各类固定资产之间的组成和变化情况，借以考核和分析企业固定资产的利用情况，促使企业合理地配备固定资产，充分发挥其效用。

2. 综合分类

按固定资产的经济用途和使用情况等综合分类，可把企业的固定资产划分为七大类：

（1）生产经营用固定资产；

（2）非生产经营用固定资产；

（3）租出固定资产（指在经营租赁方式下出租给外单位使用的固定资产）；

（4）不需用固定资产；

（5）未使用固定资产；

（6）土地（指过去已经估价单独入账的土地。因征地而支付的补偿费，应计入与土地有关的房屋、建筑物的价值内，不单独作为土地价值入账。企业取得的土地使用权，应作为无形资产管理，不作为固定资产管理）；

（7）融资租入固定资产（指企业以融资租赁方式租入的固定资产，在租赁期内，应视同自有固定资产进行管理）。

由于企业的经营性质不同，经营规模各异，对固定资产的分类不可能完全一致。但实际工作中，企业大多采用综合分类的方法作为编制固定资产目录，进行固定资产核算的依据。

（三）固定资产的计量

固定资产应当按照成本进行计量。

（1）外购固定资产的成本包括：购买价款、相关税费、运输费、装卸费、保险费、安装费等，但不含按照税法规定可以抵扣的增值税进项税额。

以一笔款项购入多项没有单独标价的固定资产，应当按照各项固定资产或类似资产的市场价格或评估价值比例对总成本进行分配，分别确定各项固定资产的成本。

（2）自行建造固定资产的成本，由建造该项资产在竣工决算前发生的支出（含相关的借款费用）构成。

企业在建工程在试运转过程中形成的产品、副产品或试车收入冲减在建工程成本。

（3）投资者投入固定资产的成本，应当按照评估价值和相关税费确定。

（4）融资租入的固定资产的成本，应当按照租赁合同约定的付款总额和在签订租赁合同过程中发生的相关税费等确定。

（5）盘盈固定资产的成本，应当按照同类或者类似固定资产的市场价格或评估价值，扣除按照该项固定资产新旧程度估计的折旧后的余额确定。

（四）固定资产折旧

（1）小企业应当对所有固定资产计提折旧，但已提足折旧仍继续使用的固定资产和单独计价入账的土地不得计提折旧。

固定资产的折旧费应当根据固定资产的受益对象计入相关资产成本或者当期损益。折旧，是指在固定资产使用寿命期内，按照确定的方法对应计折旧额进行系统分摊。应计折旧额，是指应当计提折旧的固定资产的原价（成本）扣除其预计净残值后的金额。预计净残值，是指固定资产预计使用寿命已满，企业从该项固定资产处置中获得的扣除预计处置费用后的净额。已提足折旧，是指已经提足该项固定资产的应计折旧额。

（2）小企业应当按照年限平均法（即直线法，下同）计提折旧。企业的固定资产由于技术进步等原因，确需加速折旧的，可以采用双倍余额递减法和年数总和法。企业应当根据固定资产的性质和使用情况，并考虑税法的规定，合理确定固定资产的使用寿命和预计净残值。固定资产的折旧方法、使用寿命、预计净残值一经确定，不得随意变更。应当按月计提折旧，当月增加的固定资产，当月不计提折旧，从下月起计提折旧；当月减少的固定资产，当月仍计提折旧，从下月起不计提折旧。

(3) 固定资产的日常修理费，应当在发生时根据固定资产的受益对象计入相关资产成本或者当期损益。

(4) 固定资产的改建支出，应当计入固定资产的成本，但已提足折旧的固定资产和经营租入的固定资产发生的改建支出应当计入长期待摊费用。固定资产的改建支出，是指改变房屋或者建筑物结构、延长使用年限等发生的支出。

(5) 处置固定资产，处置收入扣除其账面价值、相关税费和清理费用后的净额，应当计入营业外收入或营业外支出。

固定资产的账面价值，是指固定资产原价（成本）扣减累计折旧后的金额。

（五）固定资产的核算

为了核算固定资产，一般需要设置“固定资产”、“累计折旧”、“在建工程”、“工程物资”、“固定资产清理”等科目，核算固定资产取得、计提折旧、处置等情况。

1.“固定资产”科目

核算企业固定资产的原价（成本）。企业应当根据会计准则规定的固定资产标准，结合本企业的具体情况，制定固定资产目录，作为核算依据。企业购置计算机硬件所附带的、未单独计价的软件，也通过本科目核算。临时租入的固定资产和以经营租赁租入的固定资产，应另设备查簿进行登记，不在本科目核算。应按照固定资产类别和项目进行明细核算。企业根据实际情况设置“固定资产登记簿”和“固定资产卡片”。期末借方余额，反映企业固定资产的原价（成本）。

(1) 企业购入（含以分期付款方式购入）不需要安装的固定资产，应当按照实际支付的购买价款、相关税费（不包括按照税法规定可抵扣的增值税进项税额）、运输费、装卸费、保险费等，借记本科目，按照税法规定可抵扣的增值税进项税额，借记“应交税费——应交增值税（进项税额）”科目，贷记“银行存款”、“长期应付款”等科目。

①购入需要安装的固定资产，先记入“在建工程”科目，安装完成后再转入本科目。

②自行建造固定资产完成竣工决算，按照竣工决算前发生相关支出，借记本科目，贷记“在建工程”科目。

③取得投资者投入的固定资产，应当按照评估价值和相关税费，借记本科目或“在建工程”科目，贷记“实收资本”、“资本公积”科目。

④融资租入的固定资产，在租赁期开始日，按照租赁合同约定的付款总额和在签订租赁合同过程中发生的相关税费等，借记本科目或“在建工程”科目，贷记“长期应付款”等科目。

⑤盘盈的固定资产，按照同类或类似固定资产的市场价格或评估价值扣除按照新旧程度估计的折旧后的余额，借记本科目，贷记“待处理财产损益——待处理非流动资产损益”科目。

(2) 在固定资产使用过程中发生的修理费，应当按照固定资产的受益对象，借记“制造费用”、“管理费用”等科目，贷记“银行存款”等科目。

固定资产的大修理支出，借记“长期待摊费用”科目，贷记“银行存款”等科目。

(3) 对固定资产进行改扩建时，应当按照该项固定资产账面价值，借记“在建工程”科目，按照其已计提的累计折旧，借记“累计折旧”科目，按照其原价，贷记本科目。

(4) 因出售、报废、毁损、对外投资等原因处置固定资产，应当按照该项固定资产账面价值，借记“固定资产清理”科目，按照其已计提的累计折旧，借记“累计折旧”科目，按照其原价，贷记本科目。

(5) 盘亏的固定资产，按照该项固定资产的账面价值，借记“待处理财产损益—待处理非流动资产损益”科目，按照已计提的折旧，借记“累计折旧”科目，按照其原价，贷记本科目。盘亏固定资产发生的损失应当计入营业外支出。

2. “累计折旧”科目

核算小企业固定资产的累计折旧。可以进行总分类核算，也可以进行明细核算。需要查明某项固定资产的已计提折旧，可以根据“固定资产卡片”上所记载的该项固定资产原价、折旧率和实际使用年数等资料进行计算。期末贷方余额，反映小企业固定资产的累计折旧额。

小企业按月计提固定资产的折旧费，应当按照固定资产的受益对象，借记“制造费用”、“管理费用”等科目，贷记本科目。

因出售、报废、毁损、对外投资等原因处置固定资产，应当按照该项固定资产账面价值，借记“固定资产清理”科目，按照其已计提的累计折旧，借记本科目，按照其原价，贷记“固定资产”科目。

3. “在建工程” 科目

核算企业需要安装的固定资产、固定资产新建工程、改扩建等所发生的成本。企业购入不需要安装的固定资产，在“固定资产”科目核算，不在本科目核算。企业已提足折旧的固定资产的改建支出和经营租入固定资产的改建支出，在“长期待摊费用”科目核算，不在本科目核算。应按照在建工程项目进行明细核算。本科目期末借方余额，反映企业尚未完工或虽已完工，但尚未办理竣工决算的工程成本。

(1) 企业购入需要安装的固定资产，应当按照实际支付的购买价款、相关税费（不包括按照税法规定可抵扣的增值税进项税额)、运输费、装卸费、保险费、安装费等，借记本科目，按照税法规定可抵扣的增值税进项税额，借记“应交税费——应交增值税（进项税额)”科目，贷记“银行存款”等科目。

融资租入的固定资产，在租赁期开始日，按照租赁合同约定的付款总额和在签订租赁合同过程中发生的相关税费等，借记本科目或“固定资产”科目，贷记“长期应付款”科目。

固定资产安装完成，借记“固定资产”科目，贷记本科目。

(2) 自营工程领用工程物资，借记本科目，贷记“工程物资”科目。

在建工程应负担的职工薪酬，借记本科目，贷记“应付职工薪酬”科目。

在建工程使用本企业的产品或商品，应当按照成本，借记本科目，贷记“库存商品”科目。同时，按照税法规定应交纳的增值税额，借记本科目，贷记“应交税费——应交增值税（销项税额)”科目。

在建工程在竣工决算前发生的借款利息，在应付利息日应当根据借款合同利率计算确定的利息费用，借记本科目，贷记“应付利息”科目。办理竣工决算后发生的利息费用，在应付利息日，借记“财务费用”科目，贷记“应付利息”等科目。

在建工程在试运转过程中发生的支出，借记本科目，贷记“银行存款”等科目；形成的产品或者副产品对外销售或转为库存商品的，借记“银行存款”、“库存商品”等科目，贷记本科目。

自营工程办理竣工决算，借记“固定资产”科目，贷记本科目。

(3) 出包工程，按照工程进度和合同规定结算的工程价款，借记本科目，贷记“银行存款”、“预付账款”等科目。

工程完工收到承包单位提供的账单，借记“固定资产”科目，贷记本科目。

(4) 对固定资产进行改扩建时，应当按照该项固定资产账面价值，借记本科目，按照其已计提的累计折旧，借记“累计折旧”科目，按照其原价，贷记“固定资产”科目。在改扩建过程中发生的相关支出，借记本科目，贷记相关科目。改扩建完成办理竣工决算，借记“固定资产”科目，贷记本科目。

4. “工程物资”科目

核算企业为在建工程准备的各种物资的成本。包括：工程用材料、尚未安装的设备以及为生产准备的工器具等。按照“专用材料”、“专用设备”、“工器具”等进行明细核算。期末借方余额，反映企业为在建工程准备的各种物资的成本。

(1) 企业购入为工程准备的物资，应当按照实际支付的购买价款和相关税费，借记本科目，贷记“银行存款”等科目。

(2) 工程领用工程物资，借记“在建工程”科目，贷记本科目。工程完工后将领出的剩余物资退库时做相反的会计分录。工程完工后剩余的工程物资转作本企业存货的，借记“原材料”等科目，贷记本科目。

5. “固定资产清理”科目

核算企业因出售、报废、毁损、对外投资等原因处置固定资产所转出的固定资产账面价值以及在清理过程中发生的费用等。应按照被清理的固定资产项目进行明细核算。期末借方余额，反映企业尚未清理完毕的固定资产清理净损失；期末贷方余额，反映企业尚未清理完毕的固定资产清理净收益。

(1) 企业因出售、报废、毁损、对外投资等原因处置固定资产，应当按照该项固定资产的账面价值，借记本科目，按照其已计提的累计折旧，借记“累计折旧”科目，按照其原价，贷记“固定资产”科目。同时，按照税法规定不得从增值税销项税额中抵扣的进项税额，借记本科目，贷记“应交税费——应交增值税（进项税额转出）”科目。

(2) 清理过程中应支付的相关税费及其他费用，借记本科目，贷记“银行存款”、“应交税费”等科目。取得出售固定资产的价款、残料价值和变价收入等处置收入，借记“银行存款”、“原材料”等科目，贷记本科目。应由保险公司或过失人赔偿的损失，借记“其他应收款”等科目，贷记本科目。

(3) 固定资产清理完成后，如为借方余额，借记“营业外支出——非流动资产处置净损失”科目，贷记本科目。如为贷方余额，借记本科目，贷记“营业外收入——非流动资产处置净收益”科目。

（六）固定资产账务处理实例

1. 外购

【例6－6】甲公司购入一台不需要安装即可投入使用的设备，取得的增值税专用发票上注明的设备价款为30 000元，增值税额为5 100元，另支付运输费300元，包装费400元，款项以银行存款支付。假设甲公司不属于实行增值税转型的企业。

固定资产的成本：

固定资产买价30 000＋增值税5 100＋运输费300＋包装费400＝35 800

借：固定资产　　35 800

　贷：银行存款　　35 800

【例6－7】甲公司用银行存款购入一台需要安装的设备，增值税专用发票上注明的设备买价为200 000元，增值税额为34 000元，支付运输费10 000元，支付安装费30 000元。

（1）购入进行安装时：

借：在建工程　　244 000

　贷：银行存款　　244 000

（2）支付安装费时：

借：在建工程　　30 000

　贷：银行存款　　30 000

（3）设备安装完毕交付使用时，确定的固定资产成本＝244 000＋30 000＝274 000（元）

借：固定资产　　274 000

　贷：在建工程　　274 000

【例6－8】甲公司向乙公司一次购进了三台不同型号且具有不同生产能力的设备A、B、C，共支付款项100 000 000元，增值税额17 000 000元，包装费750 000元，全部以银行存款转账支付：假定设备A、B、C均满足固定资产的定义及确认条件，公允价值分别为45 000 000元、38 500 000元、16 500 000元；不考虑其他相关税费。

（1）确定应计入固定资产成本的金额，包括购买价款、包装费及增值税额，即：

100 000 000＋17 000 000＋750 000＝117 750 000（元）

（2）确定设备A、B、C的价值分配比例。

A设备应分配的固定资产价值比例为：

45 000 000/（45 000 000 + 38 500 000 + 16 500 000）×100% = 45%

B设备应分配的固定资产价值比例为：

38 500 000/（45 000 000 + 38 500 000 + 16 500 000）×100% = 38.5%

C设备应分配的固定资产价值比例为：

16 500 000/（45 000 000 + 38 500 000 + 16 500 000）×100% = 16.5%

（3）确定A、B、C设备各自的成本：

A设备的成本为：117 750 000 × 45% = 52 987 500（元）

B设备的成本为：117 750 000 × 38.5% = 45 333 750（元）

C设备的成本为：117 750 000 × 16.5% = 19 428 750（元）

（4）甲公司应作如下会计处理：

借：固定资产——A设备　　52 987 500
　　　　　　——B设备　　45 333 750
　　　　　　——C设备　　19 428 750
　贷：银行存款　　117 750 000

2. 建造固定资产

（1）自营工程。

【例6-9】甲公司自建厂房一幢，购入为工程准备的各种物资500 000元，支付的增值税额为85 000元，全部用于工程建设。领用本企业生产的水泥一批，实际成本为80 000元，税务部门确定的计税价格为100 000元，增值税税率17%；工程人员应计工资100 000元，支付的其他费用30 000元。工程完工并达到预定可使用状态。

①购入工程物资时：

借：工程物资　　585 000
　贷：银行存款　　585 000

②工程领用工程物资时：

借：在建工程　　585 000
　贷：工程物资　　585 000

③工程领用本企业生产的水泥，确定应计入在建工程成本的金额为：

80 000 + 100 000 × 17% = 97 000（元）

借：在建工程　　97 000

　贷：库存商品　　80 000

　　　应交税费——应交增值税（销项税额）　　17 000

④分配工程人员工资时：

借：在建工程　　100 000

　贷：应付职工薪酬　　100 000

⑤支付工程发生的其他费用时：

借：在建工程　　30 000

　贷：银行存款等　　30 000

⑥工程完工转入固定资产成本 = 585 000 + 97 000 + 100 000 + 30 000 = 812 000（元）

借：固定资产　　812 000

　贷：在建工程　　812 000

（2）出包工程。

【例 6 - 10】甲公司将一幢厂房的建造工程出包给丙公司承建，按合理估计的发包工程进度和合同规定向丙公司结算进度款 600 000 元，工程完工后，收到丙公司有关工程结算单据，补付工程款 400 000 元，工程完工并达到预定可使用状态。该企业应作如下会计处理：

①按合理估计的发包工程进度和合同规定向丙公司结算进度款时：

借：在建工程　　600 000

　贷：银行存款　　600 000

②补付工程款时：

借：在建工程　　400 000

　贷：银行存款　　400 000

③工程完工并达到预定可使用状态时：

借：固定资产　　1 000 000

　贷：在建工程　　1 000 000

3. 固定资产折旧

（1）年限平均法。

年限平均法的计算公式如下：

年折旧率 =（1 - 预计净残值率）/预计使用寿命（年）×100%

月折旧率 = 年折旧率/12

月折旧额 = 固定资产原价 × 月折旧率

【例 6－11】甲公司有一幢厂房，原价为 5 000 000 元，预计可使用 20 年，预计报废时的净残值率为 2%。该厂房的折旧率和折旧额的计算如下：

年折旧率＝（1－2%）/20＝4.9%

月折旧率＝4.9%/12＝0.41%

月折旧额＝5 000 000×0.41%＝20 500（元）

（2）工作量法。

工作量法的基本计算公式如下：

单位工作量折旧额＝固定资产原价×（1－预计净残值率）/预计总工作量

某项固定资产月折旧额＝该项固定资产当月工作量×单位工作量折旧额

【例 6－12】甲公司的一辆运货卡车的原价为 600 000 元，预计总行驶里程为 500 000 公里，预计报废时的净残值率为 5%，本月行驶 4 000 公里。该辆汽车的月折旧额计算如下：

单位里程折旧额＝600 000×（1－5%）/500 000＝1.14（元/公里）

本月折旧额＝4 000×1.14＝4 560（元）

（3）双倍余额递减法

双倍余额递减法的计算公式如下：

年折旧率＝2/预计使用寿命（年）×100%

月折旧率＝年折旧率/12

月折旧额＝每月月初固定资产账面净值×月折旧率

【例 6－13】甲公司一项固定资产的原价为 1 000 000 元，预计使用年限为 5 年，按双倍余额递减法计提折旧，每年的折旧额计算如下：

年折旧率＝2/5×100%＝40%

第 1 年应提的折旧额＝1 000 000×40%＝400 000（元）

第 2 年应提的折旧额＝（1 000 000－400 000）×40%＝240 000（元）

第 3 年应提的折旧额＝（600 000－240 000）×40%＝144 000（元）

从第 4 年起改用年限平均法（直线法）计提折旧。

第 4 年、第 5 年的年折旧额＝［（360 000－144 000）－4 000］/2＝10 600（元）

每年各月折旧额根据年折旧额除以 12 来计算。

本例采用了双倍余额递减法计提固定资产折旧，双倍余额递减法是指在不考虑固定资产预计净残值的情况下，根据每期期初固定资产原价减去累计折旧后的金额和双倍的直线法折旧率计算固定资产折旧的一种方法。采用双倍余额递减法计提固定资产折旧，一般应在固定资产使用寿命到期前两年内，将固定资产账面净值扣除预计净残值后的净值平均摊销。

(4) 年数总和法。

年数总和法计算公式如下：

年折旧率 =（预计使用寿命 - 已使用年限）/预计使用寿命 ×（预计使用寿命 + 1）/2 × 100%

或者：

年折旧率 = 尚可使用年限/预计使用寿命的年数总和 × 100%

月折旧率 = 年折旧率/12

月折旧额 =（固定资产原值 - 预计净残值）× 月折旧额

【例 6 - 14】 承【6 - 13】，假如采用年数总和法，计算各年折旧额如表 6 - 1 所示。

表 6 - 1

金额单位：元

年 份	尚可使用年限	原价 - 净残值	变动折旧率	年折旧额	累计折旧
1	5	996 000	5/15	332 000	332 000
2	4	996 000	4/15	265 600	597 600
3	3	996 000	3/15	199 200	796 800
4	2	996 000	2/15	132 800	929 600
5	1	996 000	1/15	66 400	996 000

【例 6 - 15】 甲公司采用年限平均法对固定资产计提折旧。2007 年 1 月份根据“固定资产折旧计算表”，确定的各车间及厂部管理部门应分配的折旧额为：一车间 1 500 000 元，二车间 2 400 000 元，三车间 3 000 000 元，厂部管理部门 600 000 元。

借：制造费用——一车间　　1 500 000

　　　　　　——二车间　　2 400 000

　　　　　　——三车间　　3 000 000

　　管理费用　　600 000

　贷：累计折旧　　7 500 000

【例6-16】甲公司20×3年6月份固定资产计提折旧情况如下：一车间厂房计提折旧3 800 000元，机器设备计提折旧4 500 000元；管理部门房屋建筑物计提折旧6 500 000元，运输工具计提折旧2 400 000元；销售部门房屋建筑物计提折旧3 200 000元，运输工具计提折旧2 630 000元。当月新购置机器设备一台，价值为5 400 000元，预计使用寿命为10年，该企业同类设备计提折旧采用年限平均法。

新购置的机器设备本月不计提折旧。本月计提的折旧费用中，车间使用的固定资产计提的折旧费用计入制造费用，管理部门使用的固定资产计提的折旧费用计入管理费用，销售部门使用的固定资产计提的折旧费用计入销售费用。

借：制造费用——一车间　　8 300 000
　　管理费用　　8 900 000
　　销售费用　　5 830 000
　贷：累计折旧　　23 030 000

4. 固定资产修理

【例6-17】20×3年6月1日，甲公司对现有的一台管理用设备进行日常修理，修理过程中发生的材料费100 000元，应支付的维修人员工资为20 000元。

借：管理费用　　120 000
　贷：原材料　　100 000
　　应付职工薪酬　　20 000

【例6-18】20×3年8月1日，甲公司对其现有的一台管理部门使用的设备进行修理，修理过程中发生支付维修人员工资为5 000元。

借：管理费用　　5 000
　贷：应付职工薪酬　　5 000

5. 固定资产的处置

【例6-19】甲公司出售一幢建筑物，原价为2 000 000元，已计提折旧1 000 000元，实际出售价格为1 200 000元，已通过银行收回价款。

（1）将出售固定资产转入清理时：

借：固定资产清理　　1 000 000
　　累计折旧　　1 000 000
　贷：固定资产　　2 000 000

（2）收回出售固定资产的价款时：

借：银行存款　　　　　　　　　　　　　　　　　　1 200 000

　贷：固定资产清理　　　　　　　　　　　　　　　1 200 000

（3）计算销售该固定资产应交纳的营业税，按规定适用的营业税税率为5%，应纳税为60 000（1 200 000×5%）元：

借：固定资产清理　　　　　　　　　　　　　　　　60 000

　贷：应交税费——应交营业税　　　　　　　　　　60 000

（4）结转出售固定资产实现的利得时：

借：固定资产清理　　　　　　　　　　　　　　　　140 000

　贷：营业外收入——非流动资产处置利得　　　　　140 000

【例6-20】甲公司现有一台设备由于性能等原因决定提前报废，原价为500 000元，已计提折旧450 000元。报废时的残值变价收入为20 000元，报废清理过程中发生清理费用3 500元。有关收入、支出均通过银行办理结算。

（1）将报废固定资产转入清理时：

借：固定资产清理　　　　　　　　　　　　　　　　50 000

　　累计折旧　　　　　　　　　　　　　　　　　　450 000

　贷：固定资产　　　　　　　　　　　　　　　　　500 000

（2）收回残料变价收入时：

借：银行存款　　　　　　　　　　　　　　　　　　20 000

　贷：固定资产清理　　　　　　　　　　　　　　　20 000

（3）支付清理费用时：

借：固定资产清理　　　　　　　　　　　　　　　　3 500

　贷：银行存款　　　　　　　　　　　　　　　　　3 500

（4）结转报废固定资产发生的净损失时：

借：营业外支出——非流动资产处置损失　　　　　　33 500

　贷：固定资产清理　　　　　　　　　　　　　　　33 500

【例6-21】甲公司因遭受水灾而毁损一座仓库，该仓库原价4 000 000元，已计提折旧1 000 000元。其残料估计价值50 000元，残料已办理入库。发生的清理费用20 000元，以现金支付。经保险公司核定应赔偿损失1 500 000元，尚未收到赔款。

（1）将毁损的仓库转入清理时：

借：固定资产清理　　3 000 000

　　累计折旧　　1 000 000

　贷：固定资产　　4 000 000

（2）残料入库时：

借：原材料　　50 000

　贷：固定资产清理　　50 000

（3）支付清理费用时：

借：固定资产清理　　20 000

　贷：库存现金　　20 000

（4）确定应由保险公司理赔的损失时：

借：其他应收款　　1 500 000

　贷：固定资产清理　　1 500 000

（5）结转毁损固定资产发生的损失时：

借：营业外支出——非常损失　　1 470 000

　贷：固定资产清理　　1 470 000

（七）固定资产盘盈盘亏

设置“待处理财产损益”科目核算小企业在清查财产过程中查明的各种财产盘盈、盘亏和毁损的价值。应按照待处理流动资产损益和待处理非流动资产损益进行明细核算。待处理财产损益，应当查明原因，在年末结账前处理完毕，处理后本科目应无余额。

（1）盘盈的固定资产，按照同类或类似固定资产的市场价格或评估价值扣除按照该项固定资产新旧程度估计的折旧后的余额，借记“固定资产”科目，贷记本科目（待处理非流动资产损益）。盘亏的固定资产，按照该项固定资产的账面价值，借记本科目（待处理非流动资产损益），按照已计提的累计折旧，借记“累计折旧”科目，按照其原价，贷记“固定资产”科目。

（2）盘亏、毁损、报废的各项资产，按照管理权限经批准后处理时，按照残料价值，借记“原材料”等科目，按照可收回的保险赔偿或过失人赔偿，借记“其他应收款”科目，按照本科目余额，贷记本科目（待处理流动资产损益、待处理非流动资产损益），按照其借方差额，借记“营业外支出”科目。

盘盈的各种材料、产成品、商品、固定资产、现金等，按照管理权限经批准后处理时，按照本科目余额，借记本科目（待处理流动资产损益、待处理非流动资产损益），贷记“营业外收入”科目。

【例6－22】甲公司在财产清查过程中，发现一台未入账的设备，同类或者类似固定资产的市场价格为300 000元。

（1）盘盈固定资产时：

借：固定资产	300 000
贷：待处理财产损益	300 000

（2）处理时：

借：待处理财产损益	300 000
贷：营业外收入	300 000

【例6－23】甲公司进行财产清查时发现短缺一台笔记本电脑，原价为10 000元，已计提折旧7 000元。

（1）盘亏固定资产时：

借：待处理财产损益	3 000
累计折旧	7 000
贷：固定资产	10 000

（2）报经批准转销时：

借：营业外支出——盘亏损失	3 000
贷：待处理财产损益	3 000

二、生产性生物资产

是指小企业（农、林、牧、渔业）为生产农产品、提供劳务或出租等目的而持有的生物资产。包括：经济林、薪炭林、产畜和役畜等。

生产性生物资产应当按照成本进行计量。

1. 外购的生产性生物资产的成本，应当按照购买价款和相关税费确定

2. 自行营造或繁殖的生产性生物资产的成本，应当按照下列规定确定

（1）自行营造的林木类生产性生物资产的成本包括：达到预定生产经营目的前发生的造林费、抚育费、营林设施费、良种试验费、调查设计费和应分摊的间接费用等必要支出。

（2）自行繁殖的产畜和役畜的成本包括：达到预定生产经营目的前发生的饲料费、人工费和应分摊的间接费用等必要支出。

达到预定生产经营目的，是指生产性生物资产进入正常生产期，可以多年连续稳定产出农产品、提供劳务或出租。

3. 生产性生物资产应当按照年限平均法计提折旧

小企业（农、林、牧、渔业）应当根据生产性生物资产的性质和使用情况，并考虑税法的规定，合理确定生产性生物资产的使用寿命和预计净残值。

生产性生物资产的折旧方法、使用寿命、预计净残值一经确定，不得随意变更。

小企业（农、林、牧、渔业）应当自生产性生物资产投入使用月份的下月起按月计提折旧；停止使用的生产性生物资产，应当自停止使用月份的下月起停止计提折旧。

4. 设置“生产性生物资产”科目

核算小企业（农、林、牧、渔业）持有的生产性生物资产的原价（成本）。应按照“未成熟生产性生物资产”和“成熟生产性生物资产”，分别生物资产的种类、群别等进行明细核算。期末借方余额，反映小企业（农、林、牧、渔业）生产性生物资产的原价（成本）

（1）小企业外购的生产性生物资产，按照购买价款和相关税费，借记本科目，贷记“银行存款”等科目。涉及按照税法规定可抵扣的增值税进项税额的，还应当借记“应交税费——应交增值税（进项税额）”科目。

（2）自行营造的林木类生产性生物资产，达到预定生产经营目的前发生的造林费、抚育费、营林设施费、良种试验费、调查设计费和应分摊的间接费用等必要支出，借记本科目（未成熟生产性生物资产），贷记“原材料”、“银行存款”、“应付利息”等科目。

（3）自行繁殖的产畜和役畜，达到预定生产经营目的前发生的饲料费、人工费和应分摊的间接费用等必要支出，借记本科目（未成熟生产性生物资产），贷记“原材料”、“银行存款”、“应付利息”等科目。

（4）未成熟生产性生物资产达到预定生产经营目的时，按照其账面余额，借记本科目（成熟生产性生物资产），贷记本科目（未成熟生产性生物资产）。

（5）育肥畜转为产畜或役畜，应当按照其账面余额，借记本科目，贷记“消耗性生物资产”科目。

产畜或役畜淘汰转为育肥畜，应按照转群时其账面价值，借记“消耗性生物资产”科目，按照已计提的累计折旧，借记“生产性生物资产累计折旧”科目，按照其原价，贷记本科目。

（6）择伐、间伐或抚育更新等生产性采伐而补植林木类生产性生物资产发生的后续支出，借记本科目（未成熟生产性生物资产），贷记“银行存款”等科目。

生产性生物资产发生的管护、饲养费用等后续支出，借记“管理费用”科目，贷记“银行存款”等科目。

（7）因出售、报废、毁损、对外投资等原因处置生产性生物资产，应按照取得的出售生产性生物资产的价款、残料价值和变价收入等处置收入，借记“银行存款”等科目，按照已计提的累计折旧，借记“生产性生物资产累计折旧”科目，按照其原价，贷记本科目，按照其差额，借记“营业外支出——非流动资产处置净损失”科目或贷记“营业外收入——处置非流动资产处置净收益”科目。

5. “生产性生物资产累计折旧”科目

核算小企业（农、林、牧、渔业）成熟生产性生物资产的累计折旧，应按照生产性生物资产的种类、群别等进行明细核算。期末贷方余额，反映小企业成熟生产性生物资产的累计折旧额。

小企业按月计提成熟生产性生物资产的折旧，借记“生产成本”、“管理费用”等科目，贷记本科目。处置生产性生物资产还应同时结转生产性生物资产累计折旧。

第三节　无形资产和长期待摊费用

一、无形资产

1. 是指企业为生产产品、提供劳务、出租或经营管理而持有的、没有实物形态的可辨认非货币性资产。小企业的无形资产包括：土地使用权、专利权、商标权、著作权、非专利技术等

自行开发建造厂房等建筑物，相关的土地使用权与建筑物应当分别进行处理。外购土地及建筑物支付的价款应当在建筑物与土地使用权之间按照合理的方法进行分配；难以合理分配的，应当全部作为固定资产。

2. 无形资产应当按照成本进行计量

（1）外购无形资产的成本包括：购买价款、相关税费和相关的其他支出（含相关的借款费用）。

（2）投资者投入的无形资产的成本，应当按照评估价值和相关税费确定。

（3）自行开发的无形资产的成本，由符合资本化条件后至达到预定用途前发生的支出（含相关的借款费用）构成。

小企业自行开发无形资产发生的支出，同时满足下列条件的，才能确认为无形资产：

①完成该无形资产以使其能够使用或出售在技术上具有可行性；

②具有完成该无形资产并使用或出售的意图；

③能够证明运用该无形资产生产的产品存在市场或无形资产自身存在市场，无形资产将在内部使用的，应当证明其有用性；

④有足够的技术、财务资源和其他资源支持，以完成该无形资产的开发，并有能力使用或出售该无形资产；

⑤归属于该无形资产开发阶段的支出能够可靠地计量。

3. 无形资产应当在其使用寿命内采用年限平均法进行摊销，根据其受益对象计入相关资产成本或者当期损益

无形资产的摊销期自其可供使用时开始至停止使用或出售时止。有关法律规定或合同约定了使用年限的，可以按照规定或约定的使用年限分期摊销。小企业不能可靠估计无形资产使用寿命的，摊销期不得低于10年。

4. 处置无形资产，处置收入扣除其账面价值、相关税费等后的净额，应当计入营业外收入或营业外支出。无形资产的账面价值，是指无形资产的成本扣减累计摊销后的金额

5. 设置“无形资产”科目

核算小企业持有的无形资产成本。应按照无形资产项目进行明细核算。期末借方余额，反映小企业无形资产的成本。

（1）小企业外购无形资产，应当按照实际支付的购买价款、相关税费和相关的其他支出（含相关的利息费用），借记本科目，贷记“银行存款”、“应付利息”等科目。

（2）自行开发建造厂房等建筑物，外购土地及建筑物支付的价款应当在建筑物与土地使用权之间按照合理的方法进行分配，其中属于土地使用权的部分，借记本科目，贷记“银行存款”等科目。

（3）收到投资者投入的无形资产，应当按照评估价值和相关税费，借记本科目，贷记“实收资本”、“资本公积”科目。

（4）开发项目达到预定用途形成无形资产的，按照应予资本化的支出，借记本科目，贷记“研发支出”科目。

（5）因出售、报废、对外投资等原因处置无形资产，应当按照取得的

出售无形资产的价款等处置收入，借记“银行存款”等科目，按照其已计提的累计摊销，借记“累计摊销”科目，按照应支付的相关税费及其他费用，贷记“应交税费——应交营业税”、“银行存款”等科目，按照其成本，贷记本科目，按照其差额，贷记“营业外收入——非流动资产处置净收益”科目或借记“营业外支出——非流动资产处置净损失”科目。

6. 设置“累计摊销”科目

核算小企业对无形资产计提的累计摊销。应按照无形资产项目进行明细核算。期末借方余额，反映小企业无形资产的累计摊销额。

小企业按月采用年限平均法计提无形资产的摊销，应当按照无形资产的受益对象，借记“制造费用”、“管理费用”等科目，贷记本科目。处置无形资产还应同时结转累计摊销。

【例6-24】甲公司购入一项非专利技术，支付的买价和有关费用合计900 000元，以银行存款支付。

借：无形资产——非专利技术品　　　　900 000
　贷：银行存款　　　　900 000

【例6-25】甲公司自行研究、开发一项技术，截至20×3年12月31日，发生研发支出合计2 000 000元，经测试该项研发活动完成了研究阶段，从20×4年1月1日开始进入开发阶段，20×4年发生开发支出300 000元，假定符合《小企业会计准则》规定的开发支出资本化的条件。20×4年6月30日，研发活动结束，开发出一项非专利技术。

（1）20×3年发生的研发支出：

借：研发支出——费用化支出　　　　2 000 000
　贷：银行存款等　　　　2 000 000

（2）20×3年12月31日，发生的研发支出全部属于研究阶段的支出：

借：管理费用　　　　2 000 000
　贷：研发支出——费用化支出　　　　2 000 000

（3）20×4年，发生开发支出并满足资本化确认条件：

借：研发支出——资本化支出　　　　300 000
　贷：银行存款等　　　　300 000

（4）20×4年6月30日，该技术研发完成并形成无形资产：

借：无形资产　　　　300 000
　贷：研发支出——资本化支出　　　　300 000

【例6-26】甲公司购买了一项特许权，成本为4 800 000元，合同规定受益年限为 10 年，甲公司每月应摊销 40 000（4 800 000÷10÷12）元。

每月摊销时：

借：管理费用 40 000

贷：累计摊销 40 000

【例 6－27】20×4 年 1 月 1 日，甲公司将其自行开发完成的非专利技术出租给丁公司，该非专利技术成本为 3 600 000 元，双方约定的租赁期限为 10 年，甲公司每月应摊销 30 000（3 600 000÷10÷12）元。每月摊销时：

借：其他业务成本 30 000

贷：累计摊销 30 000

【例 6－28】甲公司将其购买的一专利权转让给乙公司，该专利权成本为 600 000 元，已摊销 220 000 元，应交税费 25 000 元，实际取得转让价款 500 000 元，款项已存入银行。

借：银行存款 500 000

累计摊销 220 000

贷：无形资产 600 000

应交税费 25 000

营业外收入——非流动资产处置利得 95 000

二、长期待摊费用

1. 小企业的长期待摊费用包括：已提足折旧的固定资产的改建支出、经营租入固定资产的改建支出、固定资产的大修理支出和其他长期待摊费用等

固定资产的大修理支出，是指同时符合下列条件的支出：

（1）修理支出达到取得固定资产时的计税基础 50% 以上；

（2）修理后固定资产的使用寿命延长 2 年以上。

2. 长期待摊费用应当在其摊销期限内采用年限平均法进行摊销，根据其受益对象计入相关资产的成本或者管理费用，并冲减长期待摊费用

（1）已提足折旧的固定资产的改建支出，按照固定资产预计尚可使用年限分期摊销。

（2）经营租入固定资产的改建支出，按照合同约定的剩余租赁期限分期摊销。

（3）固定资产的大修理支出，按照固定资产尚可使用年限分期摊销。

（4）其他长期待摊费用，自支出发生月份的下月起分期摊销，摊销期

不得低于3年。

3. 设置“长期待摊费用”科目

核算小企业已提足折旧的固定资产的改建支出、经营租入固定资产的改建支出、固定资产的大修理支出和其他长期待摊费用等。应按照支出项目进行明细核算。期末借方余额，反映小企业尚未摊销完毕的长期待摊费用。

（1）小企业发生的长期待摊费用，借记本科目，贷记“银行存款”、“原材料”等科目。

（2）按月采用年限平均法摊销长期待摊费用，应当按照长期待摊费用的受益对象，借记“制造费用”、“管理费用”等科目，贷记本科目。

【例6－29】20×4年4月1日，甲公司对其以经营租赁方式新租入的办公楼进行装修，发生以下有关支出：领用生产材料500 000元，购进该批原材料时支付的增值税进项税额为85 000元；辅助生产车间为该装修工程提供的劳务支出为180 000元；有关人员工资等职工薪酬435 000元。20×4年12月1日，该办公楼装修完工，达到预定可使用状态并交付使用，并按租赁期10年开始进行摊销。假定不考虑其他因素。

（1）装修领用原材料：

借：长期待摊费用　585 000

　贷：原材料　500 000

　　应交税费—应交增值税（进项税额转出）　85 000

（2）辅助生产车间为装修工程提供劳务时：

借：长期待摊费用　180 000

　贷：生产成本—辅助生产成本　180 000

（3）确认工程人员职工薪酬时：

借：长期待摊费用　435 000

　贷：应付职工薪酬　435 000

（4）摊销装修支出时：

借：管理费用　10 000

　贷：长期待摊费用　10 000

第七章 负 债

负债是指企业过去的交易或者事项形成的，预期会导致经济利益流出企业的现时义务。企业的负债按照其流动性，可分为流动负债和非流动负债。

第一节 流动负债

流动负债，是指预计在1年内或者超过1年的一个正常营业周期内清偿的债务。企业的流动负债包括：短期借款、应付及预收款项、应付职工薪酬、应交税费、应付利息等。各项流动负债应当按照其实际发生额入账。

一、短期借款

短期借款是指企业向银行或其他金融机构等借入的期限在1年以下（含1年）的各种借款，通常是为了满足正常生产经营的需要。无论借入款项的来源如何，企业均需要向债权人按期偿还借款的本金及利息。在会计核算上，企业要及时如实地反映短期借款的借入、利息的发生和本金及利息的偿还情况。短期借款应当按照借款本金和借款合同利率在应付利息日计提利息费用，计入财务费用。

设置“短期借款”科目。

核算企业向银行或其他金融机构等借入的期限在1年内的各种借款。应按照借款种类、贷款人和币种进行明细核算。期末贷方余额，反映企业尚未偿还的短期借款本金。

（1）企业借入的各种短期借款，借记“银行存款”科目，贷记本科目；偿还借款，做相反的会计分录。

银行承兑汇票到期，企业无力支付票款的，按照银行承兑汇票的票面金额，借记“应付票据”科目，贷记本科目。

持未到期的商业汇票向银行贴现，应当按照实际收到的金额（即减去贴现息后的净额），借记“银行存款”科目，按照贴现息，借记“财务费用”科目，按照商业汇票的票面金额，贷记“应收票据”科目（银行无追索权情况下）或本科目（银行有追索权情况下）。

（2）在应付利息日，应当按照短期借款合同利率计算确定的利息费用，借记“财务费用”科目，贷记“应付利息”等科目。

【例7－1】甲公司于20×3年1月1日向银行借入一笔生产经营用短期借款，共计120 000元，期限为9个月，年利率为8%。根据与银行签署的借款协议，该项借款的本金到期后一次归还；利息分月预提，按季支付。

（1）1月1日借入短期借款时：

借：银行存款　　120 000

　贷：短期借款　　120 000

（2）1月末，计提1月份应计利息时：

借：财务费用　　800（120 000×8%÷12）

　贷：应付利息　　800

2月末计提2月份利息费用的处理与1月份相同。

（3）3月末支付第一季度银行借款利息时：

借：财务费用　　800

　　应付利息　　1 600

　贷：银行存款　　2 400

第二、三季度的会计处理同上。

（4）10月1日偿还银行借款本金时：

借：短期借款　　120 000

　贷：银行存款　　120 000

如果上述借款期限是8个月，则到期日为9月1日，8月末之前的会计处理与上述相同。9月1日偿还银行借款本金，同时支付7月和8月已提未付利息：

借：短期借款　　120 000

　　应付利息　　1 600

　贷：银行存款　　121 600

二、应付票据

应付票据是指企业购买材料、商品和接受劳务供应等而开出、承兑的商业汇票，包括商业承兑汇票和银行承兑汇票。商业汇票的付款期限不超过六个月，作为流动负债管理和核算。由于应付票据的偿付时间较短，一般均按照开出、承兑的应付票据的面值入账。期末贷方余额，反映企业开出、承兑的尚未到期的商业汇票的票面金额。

设置“应付票据”科目。核算企业因购买材料、商品和接受劳务等日常生产经营活动开出、承兑的商业汇票（银行承兑汇票和商业承兑汇票）。应按照债权人进行明细核算。

(1) 企业开出、承兑商业汇票或以承兑商业汇票抵付货款、应付账款等，借记：“材料采购”或“在途物资”、“库存商品”等科目，贷记本科目。涉及增值税进项税额的，还应进行相应的账务处理。

(2) 支付银行承兑汇票的手续费，借记“财务费用”科目，贷记“银行存款”科目。支付票款，借记本科目，贷记“银行存款”科目。

(3) 银行承兑汇票到期，企业无力支付票款的，按照银行承兑汇票的票面金额，借记本科目，贷记“短期借款”科目。

(4) 企业应当设置“应付票据备查簿”，详细登记商业汇票的种类、号数和出票日期、到期日、票面金额、交易合同号和收款人姓名或单位名称以及付款日期和金额等资料，商业汇票到期结清票款后，在备查簿中应予注销。

【例 7-2】甲公司为增值税一般纳税人。该企业于 20×3 年 2 月 6 日开出一张面值为 58 500 元、期限 5 个月的不带息商业汇票，用以采购一批材料。增值税专用发票上注明的材料价款为 50 000 元，增值税额为 8 500 元。

借：材料采购（或在途物资） 50 000

　　应交税费——应交增值税（进项税额） 8 500

　贷：应付票据 58 500

企业因购买材料、商品和接受劳务供应等而开出、承兑商业汇票时，所支付的银行承兑汇票手续费应当计入财务费用。

【例 7-3】承【例 7-2】，假设上例中的商业汇票为银行承兑汇票，甲公司已交纳承兑手续费 29.25 元。

借：财务费用 29.25

　贷：银行存款 29.25

【例 7-4】承【例 7-2】，20×3 年 7 月 6 日，甲公司于 2 月 6 日开出的商业汇票到期。甲公司通知其开户银行以银行存款支付票款。

借：应付票据 58 500

　贷：银行存款 58 500

【例 7-5】承【例 7-2】，假设上述商业汇票为银行承兑汇票，该汇票到期时甲公司无力支付票款。

借：应付票据　　58 500

　贷：短期借款　　58 500

三、应付和预收款项

（一）应付账款

应付账款是指企业因购买材料、商品或接受劳务供应等经营活动应支付的款项。应付账款，一般应在与所购买物资所有权相关的主要风险和报酬已经转移，或者所购买的劳务已经接受时确认。

设置“应付账款”科目，核算企业因购买材料、商品和接受劳务等日常生产经营活动应支付的款项。应按照对方单位（或个人）进行明细核算。期末贷方余额，反映企业尚未支付的应付账款。

（1）企业购入材料、商品等未验收入库，货款尚未支付，应当根据有关凭证（发票账单、随货同行发票上记载的实际价款或暂估价值），借记“在途物资”科目，按照可抵扣的增值税进项税额，借记“应交税费——应交增值税（进项税额）”科目，按照应付的价款，贷记本科目。接受供应单位提供劳务而发生的应付未付款项，应当根据供应单位的发票账单，借记“生产成本”、“管理费用”等科目，贷记本科目。

（2）偿付应付账款，借记本科目，贷记“银行存款”等科目。企业确实无法偿付的应付款项，应当计入营业外收入，借记本科目，贷记“营业外收入”科目。

【例7-6】甲公司为增值税一般纳税人。20×3年3月1日，甲公司从A公司购入一批材料，货款100 000元，增值税17 000元，对方代垫运杂费1 000元。材料已运到并验收入库（该企业材料按实际成本计价核算），款项尚未支付。

借：原材料　　101 000

　　应交税费——应交增值税（进项税额）　　17 000

　贷：应付账款——A公司　　118 000

【例7-7】甲商场于20×3年4月2日，从A公司购入一批家电产品并已验收入库。增值税专用发票上列明，该批家电的价款为100万元，增值税为17万元。按照购货协议的规定，甲商场如在15天内付清货款，将获得1%的现金折扣（假定计算现金折扣时需考虑增值税）。

借：库存商品　　1 000 000

应交税费——应交增值税（进项税额） 170 000
贷：应付账款——A 公司 1 170 000

【例 7-8】根据供电部门通知，甲公司本月应支付电费 48 000 元。其中生产车间电费 32 000 元，企业行政管理部门电费 16 000 元，款项尚未支付。

借：制造费用 32 000
管理费用 16 000
贷：应付账款——××电力公司 48 000

【例 7-9】承【例 7-6】，3 月 31 日，甲公司用银行存款支付上述应付账款。

借：应付账款——A 公司 118 000
贷：银行存款 118 000

【例 7-10】承【例 7-7】，甲商场于 20×7 年 4 月 10 日，按照扣除现金折扣后的金额，用银行存款付清了所欠 A 公司货款。

借：应付账款——A 公司 1 170 000
贷：银行存款 1 158 300
财务费用 11 700

【例 7-11】20×3 年 12 月 31 日，甲公司确定一笔应付账款 4 000 元为无法支付的款项，应予转销。

借：应付账款 4 000
贷：营业外收入——其他 4 000

（二）预收账款

预收账款是指企业按照合同规定向购货单位预收的款项。与应付账款不同，预收账款所形成的负债不是以货币偿付，而是以货物偿付。有些购销合同规定，销货企业可向购货企业预先收取一部分货款，待向对方发货后再收取其余货款。企业在发货前收取的货款，表明企业承担了会在未来导致经济利益流出企业的应履行的义务，就成为企业的一项负债。

设置“预收账款”科目，核算企业按照合同规定预收的款项。包括：预收的购货款、工程款等。预收账款情况不多的，也可以不设置本科目，将预收的款项直接记入“应收账款”科目贷方。应按照对方单位（或个人）进行明细核算。期末贷方余额，反映企业预收的款项；期末如为借方余额，反映企业尚未转销的款项。

（1）企业向购货单位预收的款项，借记“银行存款”等科目，贷记本科目；

（2）销售收入实现时，按照实现的收入金额，借记本科目，贷记“主营业务收入”科目，按照增值税专用发票上注明的增值税额，贷记“应交税费——应交增值税（销项税额）”科目；

（3）收到购货单位补付的款项，借记“银行存款”科目，贷记“预收账款”科目；向购货单位退回其多付的款项时，借记“预收账款”科目，贷记“银行存款”科目。

【例7－12】 甲公司为增值税一般纳税人。20×3年6月3日，甲公司与B企业签订供货合同，向其出售一批设备，货款金额共计100 000元，应交纳增值税17 000元。根据购货合同规定，B企业在购货合同签订一周内，应当向甲公司预付货款60 000元，剩余货款在交货后付清。20×3年6月8日，甲公司收到B企业交来的预付款60 000元，并存入银行，6月18日甲公司将货物发到B企业并开出增值税发票，B企业验收合格后付清了剩余货款。

（1）6月8日收到B企业交来的预付款60 000元：

借：银行存款　　60 000
　贷：预收账款——B企业　　60 000

（2）6月18日甲公司发货后收到B企业剩余货款

借：预收账款——B企业　　117 000
　贷：主营业务收入　　100 000
　　应交税费——应交增值税（销项税额）　　17 000
借：银行存款　　57 000（117 000－60 000）
　贷：预收账款——B企业　　57 000

假若甲公司只能向B企业供货40 000元，则甲公司应退回预收账款13 200元。

借：预收账款——B企业　　60 000
　贷：主营业务收入　　40 000
　　应交税费——应交增值税（销项税额）　　6 800
　　银行存款　　13 200

四、应付职工薪酬

1. 应付职工薪酬，是指企业为获得职工提供的服务而应付给职工的各种形式的报酬以及其他相关支出。企业的职工薪酬包括

（1）职工工资、奖金、津贴和补贴；

（2）职工福利费；

（3）医疗保险费、养老保险费、失业保险费、工伤保险费和生育保险费等社会保险费；

（4）住房公积金；

（5）工会经费和职工教育经费；

（6）非货币性福利；

（7）因解除与职工的劳动关系给予的补偿；

（8）其他与获得职工提供的服务相关的支出等。

2. 设置“应付职工薪酬”科目

核算小企业根据有关规定应付给职工的各种薪酬。小企业（外商投资）按照规定从净利润中提取的职工奖励及福利基金，也通过本科目核算。应按照“职工工资”、“奖金、津贴和补贴”、“职工福利费”、“社会保险费”、“住房公积金”、“工会经费”、“职工教育经费”、“非货币性福利”、“辞退福利”等进行明细核算。期末贷方余额，反映小企业应付未付的职工薪酬。

月末，小企业应当将本月发生的职工薪酬区分以下情况进行分配：

（1）生产部门（提供劳务）人员的职工薪酬，借记“生产成本”、“制造费用”等科目，贷记本科目。

（2）应由在建工程、无形资产开发项目负担的职工薪酬，借记“在建工程”、“研发支出”等科目，贷记本科目。

（3）管理部门人员的职工薪酬和因解除与职工的劳动关系给予的补偿，借记“管理费用”科目，贷记本科目。

（4）销售人员的职工薪酬，借记“销售费用”科目，贷记本科目。

小企业发放职工薪酬应当区分以下情况进行处理：

向职工支付工资、奖金、津贴、福利费等，从应付职工薪酬中扣还的各种款项（代垫的家属药费、个人所得税等）等，借记本科目，贷记“库存现金”、“银行存款”、“其他应收款”、“应交税费——应交个人所得税”等科目。

支付工会经费和职工教育经费用于工会活动和职工培训，借记本科目，贷记“银行存款”等科目。按照国家有关规定缴纳的社会保险费和住房公积金，借记本科目，贷记“银行存款”科目。

以其自产产品发放给职工的，按照其销售价格，借记本科目，贷记“主营业务收入”科目；同时，还应结转产成品的成本。涉及增值税销项税额的，还应进行相应的账务处理。支付的因解除与职工的劳动关系给予职工的补偿，借记本科目，贷记“库存现金”、“银行存款”等科目。

【例7－13】甲公司本月应付工资总额462 000元，工资费用分配汇总表中列示工资为320 000元，车间管理人员工资为70 000元，企业行政管理人工资60 400元，销售人员工资为11 600元。

借：生产成本——基本生产成本　　320 000
　　制造费用　　70 000
　　管理费用　　60 400
　　销售费用　　11 600
　贷：应付职工薪酬——工资　　462 000

【例7－14】甲公司下设一所职工食堂，每月根据在岗职工数量及岗位分布情况、相关历史经验数据等计算需要补贴食堂的金额，从而确定企业每期因职工食堂而需要承担的福利费金额。20×3年11月，企业在岗职工共计100人，其中管理部门20人，生产车间80人，企业的历史经验数据表明，对于每个职工企业每月需补贴食堂120元。

借：生产成本　　9 600
　　管理费用　　2 400
　贷：应付职工薪酬—职工福利　　12 000

【例7－15】根据国家规定的计提标准计算，甲公司本月应向社会保险经办机构缴纳职工基本养老保险费共计64 680元，其中，应计入基本生产车间生产成本的金额为44 800元，应计入制造费用的金额为9 800元，应计入管理费用的金额为10 080元。

借：生产成本——基本生产成本　　44 800
　　制造费用　　9 800
　　管理费用　　10 080
　贷：应付职工薪酬——社会保险费（基本养老保险）
　　　　64 680

3. 非货币性职工薪酬

非货币性职工薪酬是企业以其自产产品作为非货币性福利发放给职工的，应当根据受益对象，按照该产品的公允价值，计入相关资产成本或当期损益，同时确认应付职工薪酬，借记“管理费用”、“生产成本”、“制造费用”等科目，贷记“应付职工薪酬——非货币性福利”科目。

将企业拥有的房屋等资产无偿提供给职工使用的，应当根据受益对象，将该住房每期应计提的折旧计入相关资产成本或当期损益，同时确认应付职工薪酬，借记“管理费用”、“生产成本”、“制造费用”等科目，贷记“应付职工薪酬——非货币性福利”科目，并且同时借记“应付职工薪酬——非货币性福利”科目，贷记“累计折旧”科目。

租赁住房等资产供职工无偿使用的，应当根据受益对象，将每期应付的租金计入相关资产成本或当期损益，并确认应付职工薪酬，借记“管理费用”、“生产成本”、“制造费用”等科目，贷记“应付职工薪酬——非货币性福利”科目。

难以认定受益对象的非货币性福利，直接计入当期损益和应付职工薪酬。

【例7-16】甲公司为家电生产企业，共有职工200名，其中170名为直接参加生产的职工，30名为总部管理人员。20×3年2月，公司以其生产的每台成本为900元的电暖器作为春节福利发放给公司每名职工。该型号的电暖器市场售价为每台1 000元，公司适用的增值税税率为17%。

借：生产成本　198 900（170×1 000×17%+170×1 000）
　　管理费用　35 100（30×1 000×17%+30×1 000）
　贷：应付职工薪酬——非货币性福利
　　　　234 000（200×1 000×17%+200×1 000）

【例7-17】甲公司为总部各部门经理级别以上职工提供汽车免费使用，同时为副总裁以上高级管理人员每人租赁一套住房。公司总部共有部门经理以上职工20名，每人提供一辆桑塔纳汽车免费使用，假定每辆桑塔纳汽车每月计提折旧1 000元；公司共有副总裁以上高级管理人员5名，公司为其每人租赁一套面积为200平方米带有家具和电器的公寓，月租金为每套8 000元。

借：管理费用　60 000
　贷：应付职工薪酬——非货币性福利　60 000
借：应付职工薪酬——非货币性福利　20 000
　贷：累计折旧　20 000

【例7-18】甲公司根据“工资结算汇总表”结算本月应付职工工资总额462 000元，代扣职工房租40 000元，企业代垫职工家属医药费2 000元，实发工资420 000元。

（1）向银行提取现金：

借：库存现金　420 000

贷：银行存款 420 000

（2）发放工资，支付现金：

借：应付职工薪酬——工资 420 000

贷：库存现金 420 000

（3）代扣款项：

借：应付职工薪酬——工资 420 000

贷：其他应收款——职工房租 420 000

——代垫医药费 2 000

【例7-19】20×3年9月，甲公司以现金支付职工张某生活困难补助800元。

借：应付职工薪酬——职工福利 800

贷：库存现金 800

【例7-20】承【例7-14】，甲公司下设一所职工食堂，每月根据在岗职工数量及岗位分布情况、相关历史经验数据等计算需要补贴食堂的金额，从而确定企业每期因职工食堂而需要承担的福利费金额。20×3年10月，以现金共支付12 000元补贴给食堂。有关会计分录如下：

借：应付职工薪酬——职工福利 12 000

贷：库存现金 12 000

【例7-21】甲公司以银行存款缴纳参加职工医疗保险的医疗保险费40 000元。

借：应付职工薪酬——社会保险费 40 000

贷：银行存款 40 000

【例7-22】承【例7-16】甲公司向职工发放电暖器作为福利，同时要根据相关税收规定，视同销售，计算增值税销项税额。

借：应付职工薪酬——非货币性福利 234 000

贷：主营业务收入 200 000

应交税费——应交增值税（销项税额） 34 000

借：主营业务成本 180 000

贷：库存商品——电暖器 180 000

甲公司应确认的主营业务收入 = 200 × 1 000 = 200 000（元）

甲公司应确认的增值税销项税额 = 200 × 1 000 × 17% = 34 000（元）

甲公司应结转的销售成本 = 200 × 900 = 180 000（元）

【例7-23】承【例7-17】甲公司每月支付副总裁以上高级管理人员

住房租金时，应进行如下会计处理：

借：应付职工薪酬——非货币性福利　　40 000

　贷：银行存款　　40 000

五、应付利息和应付利润

1. 应付利息

应付利息核算企业按照合同约定应支付的利息，包括分期付息到期还本的长期借款、企业债券等应支付的利息。设置“应付利息”科目，核算小企业按照合同约定应支付的利息费用。应按照贷款人等进行明细核算。期末贷方余额，反映小企业应付未付的利息费用。

（1）在应付利息日，小企业应当按照合同利率计算确定的利息费用，借记“财务费用”、“在建工程”等科目，贷记本科目。

（2）实际支付的利息，借记本科目，贷记“银行存款”等科目。

【例 7－24】 甲公司借入 5 年期到期还本每年付息的长期借款 5 000 000 元，合同约定年利率为 3.5%，假定不符合资本化条件。

（1）每年计算确定利息费用时：

借：财务费用　　175 000

　贷：应付利息　　175 000

企业每年应支付的利息＝5 000 000×3.5%＝175 000（元）

（2）每年实际支付利息时：

借：应付利息　　175 000

　贷：银行存款　　175 000

2. 应付利润

设置“应付利润”科目核算小企业向投资者分配的利润。应按照投资者进行明细核算。期末贷方余额，反映小企业应付未付的利润。

（1）小企业根据规定或协议确定的应分配给投资者的利润，借记“利润分配”科目，贷记本科目。

（2）向投资者实际支付利润，借记本科目，贷记“库存现金”、“银行存款”科目。

六、其他应付款

其他应付款是指企业除应付票据、应付账款、预收账款、应付职工薪酬、应交税费、应付利息、应付股利等经营活动以外的其他各项应付、暂收的款项，如应付租入包装租金、存入保证金等。

设置“其他应付款”科目，核算小企业除应付账款、预收账款、应付职工薪酬、应交税费、应付利息、应付利润等以外的其他各项应付、暂收的款项，如应付租入固定资产和包装物的租金、存入保证金等。应按照其他应付款的项目和对方单位（或个人）进行明细核算。期末贷方余额，反映小企业应付未付的其他应付款项。

（1）小企业发生的其他各种应付、暂收款项，借记“管理费用”等科目，贷记本科目。

（2）支付的其他各种应付、暂收款项，借记本科目，贷记“银行存款”等科目。

小企业无法支付的其他应付款，借记本科目，贷记“营业外收入”科目。

【例 7－25】甲公司从 20×3 年 1 月 1 日起，以经营租赁方式租入管理用办公设备一批，每月租金 5 000 元，按季支付，3 月 31 日，甲公司以银行存款支付应付租金。

（1）1 月 31 日计提应付经营租入固定资产租金：

借：管理费用　　　　5 000

　贷：其他应付款　　　　5 000

2 月底计提应付经营租入固定资产租金的会计处理同上。

（2）3 月 31 日支付租金：

借：其他应付款　　　　10 000

　　管理费用　　　　5 000

　贷：银行存款　　　　15 000

七、递延收益

“递延收益”科目核算小企业已经收到、应在以后期间计入损益的政府补助。应按照相关项目进行明细核算。期末贷方余额，反映小企业已经收到，但应在以后期间计入损益的政府补助。

递延收益的主要账务处理：

（1）小企业收到与资产相关的政府补助，借记“银行存款”等科目，贷记本科目。在相关资产的使用寿命内平均分配递延收益，借记本科目，贷记“营业外收入”科目。

（2）收到的其他政府补助，用于补偿本企业以后期间的相关费用或亏损的，应当按照收到的金额，借记“银行存款”等科目，贷记本科目。在发生相关费用或亏损的未来期间，应当按照应补偿的金额，借记本科目，贷记“营业外收入”科目。

用于补偿本企业已发生的相关费用或亏损的，应当按照收到的金额，借记“银行存款”等科目，贷记“营业外收入”科目。

八、应交税费

企业根据税法规定应交纳的各种税费包括：增值税、消费税、营业税、城市维护建设税、资源税、所得税、土地增值税、房产税、车船使用税、土地使用税、教育费附加、矿产资源补偿费、印花税、耕地占用税等。

企业缴纳的印花税、耕地占用税等不需要预计应交数的税金，不通过“应交税费”科目核算，直接计入“营业税金及附加”。

具体核算参见第十一章“小企业纳税核算”。

第二节　非流动负债

小企业的非流动负债，是指流动负债以外的负债，包括：长期借款、长期应付款等。非流动负债应当按照其实际发生额入账。

一、长期借款

长期借款是指企业向银行或其他金融机构借入的期限在一年以上（不含1年）的各种借款，一般用于固定资产的购建、改扩建工程、大修理工程、对外投资以及为了保持长期经营能力等方面。

长期借款应当按照借款本金和借款合同利率在应付利息日计提利息费用，计入相关资产成本或财务费用。

设置“长期借款”科目，核算小企业向银行或其他金融机构借入的期限在1年以上的各项借款本金。应按照借款种类、贷款人和币种进行明细核算。期末贷方余额，反映小企业尚未偿还的长期借款本金。

（1）小企业借入长期借款，借记“银行存款”科目，贷记本科目；

（2）在应付利息日，应当按照借款本金和借款合同利率计提利息费用，借记“财务费用”、“在建工程”等科目，贷记“应付利息”科目；

（3）偿还长期借款本金，借记本科目，贷记“银行存款”科目；

（4）到期一次还本付息的长期借款，可在“长期借款”科目下设“本金”和“应计利息”明细科目。

【例7－26】甲公司于20×5年11月30日从银行借入资金4 000 000元，借款期限为3年，年利率为6%（到期一次还本付息，不计复利），所借款项已存入银行。甲公司用该借款于当日购买不需安装的设备一台，价款3 900 000元，另支付运杂费及保险等费用100 000元，设备已于当日投入使用。

（1）取得借款时：

借：银行存款　　　　4 000 000
　贷：长期借款——本金　　　　4 000 000

（2）支付设备款和运杂费、保险费时：

借：固定资产　　　　4 000 000
　贷：银行存款　　　　4 000 000

【例7－27】承【例7－26】，甲公司于20×5年12月31日计提长期借款利息。

借：财务费用　　　　20 000（4 000 000×6%÷12）
　贷：长期借款——应计利息　　　　20 000

【例7－28】承【例7－27】，20×8年11月30日甲公司偿还该笔银行借款本息。

借：财务费用　　　　20 000
　　长期借款——本金　　　　4 000 000
　　长期借款——应计利息　　　　700 000
　贷：银行存款　　　　4 720 000

二、长期应付款

1. 设置“长期应付款”科目，核算小企业除长期借款以外的其他各种长期应付款项。包括：应付融资租入固定资产的租赁费、以分期付款方式购入固定资产发生的应付款项等。本科目应按照长期应付款的种类和债权人进行明细核算，本科目期末贷方余额，反映小企业应付未付的长期应付款项。

2. 长期应付款的主要账务处理。

（1）小企业融资租入固定资产，在租赁期开始日，按照租赁合同约定的付款总额和在签订租赁合同过程中发生的相关税费等，借记“固定资产”或“在建工程”科目，贷记本科目等科目。

（2）以分期付款方式购入固定资产，应当按照实际支付的购买价款和相关税费（不包括按照税法规定可抵扣的增值税进项税额），借记“固定资产”或“在建工程”科目，按照税法规定可抵扣的增值税进项税额，借记“应交税费——应交增值税（进项税额）”科目，贷记本科目。

第八章　所有者权益

所有者权益，是指小企业资产扣除负债后由所有者享有的剩余权益，包括：实收资本（或股本，下同）、资本公积、盈余公积和未分配利润。其中，盈余公积和未分配利润统称为留存收益。

第一节　实收资本

一、实收资本的概念及科目设置

（一）实收资本的概念

实收资本是指投资者按照合同协议约定或相关规定投入到小企业、构成小企业注册资本的部分。

（1）小企业收到投资者以现金或非货币性资产投入的资本，应当按照其在本企业注册资本中所占的份额计入实收资本，超出的部分，应当计入资本公积。

（2）投资者根据有关规定对小企业进行增资或减资，小企业应当增加或减少实收资本。

（3）企业收到所有者投入企业的资本后，应根据有关原始凭证（如投资清单、银行通知单等），分别不同的出资方式进行会计处理。

（二）设置“实收资本”科目

核算小企业收到投资者按照合同协议约定或相关规定投入的、构成注册资本的部分。期末贷方余额，反映小企业实收资本总额。小企业（股份有限公司）应当将本科目的名称改为“股本”科目。小企业收到投资者出资超过其在注册资本中所占份额的部分，作为资本溢价，在“资本公积”科目核算，不在本科目核算。

应按照投资者进行明细核算：小企业（中外合作经营）根据合同规定在合作期间归还投资者的投资，应在本科目设置“已归还投资”明细科目进行核算。

（1）小企业收到投资者的出资，借记“银行存款”、“其他应收款”、“固定资产”、“无形资产”等科目，按照其在注册资本中所占的份额，贷记本科目，按照其差额，贷记“资本公积”科目。

（2）根据有关规定增加注册资本，借记“银行存款”、“资本公积”、“盈余公积”等科目，贷记本科目。根据有关规定减少注册资本，借记本科目、“资本公积”等科目，贷记“库存现金”、“银行存款”等科目。小企业（中外合作经营）根据合同规定在合作期间归还投资者的投资，应当按照实际归还投资的金额，借记本科目（已归还投资），贷记“银行存款”等科目；同时，借记“利润分配——利润归还投资”科目，贷记“盈余公积——利润归还投资”科目。

二、实收资本的核算

（一）接受现金资产投资

1. 股份有限公司以外的企业接受现金资产投资

实收资本的构成比例即投资者的出资比例或股东的股份比例，是确定所有者在企业所有者权益中所占的份额和参与企业财务经营决策的基础，也是企业进行利润分配或股利分配的依据，同时还是企业清算时确定所有者对净资产的要求权的依据。

【例8－1】甲、乙、丙共同投资设立A有限责任公司，注册资本为2 000 000元，甲、乙、丙持股比例分别为60%、25%和15%。按照章程规定，甲、乙、丙投入资本分别为1 200 000元、500 000元和300 000元。A公司已如期收到各投资者一次缴足的款项。

借：银行存款	2 000 000	
贷：实收资本——甲		1 200 000
——乙		500 000
——丙		300 000

2. 股份有限公司接受现金资产投资

股份有限公司发行股票时，既可以按面值发行股票，也可以溢价发行（我国目前不准许折价发行）。股份有限公司在核定的股本总额及核定的股份总额的范围内发行股票时，应在实际收到现金资产时进行会计处理。

【例8－2】B股份有限公司发行普通股10 000 000股，每股面值1元，每股发行价格5元。假定股票发行成功，股款50 000 000元已全部收到，不考虑发行过程中的税费等因素。

借：银行存款　　50 000 000

　贷：股本　　10 000 000

　　资本公积——股本溢价　　40 000 000

（二）接受非现金资产投资

我国《公司法》规定，股东可以用货币出资，也可以用实物、知识产权、土地使用权等可以用货币估价并可以依法转让的非货币财产作价出资。但是，法律、行政法规规定不得作为出资的财产除外。对作为出资的非货币财产应当评估作价，核实财产，不得高估或者低估作价。法律、行政法规对评估作价有规定的，从其规定。全体股东的货币出资金额不得低于有限责任公司注册资本的30%。不论以何种方式出资，投资者如在投资过程中违反投资合约，不按规定如期缴足出资额，企业可以依法追究投资者的违约责任。

企业接受非现金资产投资时，应按投资合同或协议约定价值确定非现金资产价值（但投资合同或协议约定价值不公允的除外）和在注册资本中应享有的份额。包括接受投入固定资产、材料物资、无形资产投资。

【例8－3】甲有限责任公司于设立时收到乙公司作为资本投入的不需要安装的机器设备一台，合同约定该机器设备的价值为2 000 000元，增值税进项税额为340 000元（假设不允许抵扣）。合同约定的固定资产价值与公允价值相符，不考虑其他因素。

借：固定资产　　2 340 000

　贷：实收资本——乙公司　　2 340 000

【例8－4】甲有限公司于设立时收到B公司作为资本投入的原材料一批，该批原材料投资合同或协议约定价值（不含可抵扣的增值税进项税额部分）为100 000元，增值税进项税额为17 000元。B公司已开具了增值税专用发票。假设合同约定的价值与公允价值相符，该进项税额允许抵扣，不考虑其他因素。

借：原材料　　100 000

　　应交税费——应交增值税　　17 000

　贷：实收资本——B公司　　117 000

【例8－5】甲有限责任公司于设立时收到A公司作为资本投入的非专利技术一项，该非专利技术投资合同约定价值为60 000元，同时收到B公司作为资本投入的土地使用权一项，投资合同约定价值为80 000元。假设甲公司接受该非专利技术和土地使用权符合国家注册资本管理的有关规定，可按合同约定作实收资本入账，合同约定的价值与公允价值相符，不考虑其他因素。

借：无形资产——非专利技术　　　　　　　　60 000
　　　　　　——土地使用权　　　　　　　　80 000
　贷：实收资本——A 公司　　　　　　　　　　60 000
　　　　　　　——B 公司　　　　　　　　　　80 000

（三）实收资本（或股本）的增减变动

一般情况下，企业的实收资本应相对固定不变，但在某些特定情况下，实收资本也可能发生增减变化。我国企业法人登记管理条例中规定，除国家另有规定外，企业的注册资金应当与实收资本相一致，当实收资本比原注册资金增加或减少的幅度超过 20% 时，应持资金信用证明或者验资证明，向原登记主管机关申请变更登记。如擅自改变注册资本或抽逃资金，要受到工商行政管理部门的处罚。

1. 实收资本（或股本）的增加

一般企业增加资本主要有三个途径：接受投资者追加投资、资本公积转增资本和盈余公积转增资本。由于资本公积和盈余公积均属于所有者权益，用其转增资本时，如果是独资企业比较简单，直接结转即可。如果是股份公司或有限责任公司应该按照原投资者各出资比例相应增加各投资者的出资额。

【例 8 - 6】甲、乙、丙三人共同投资设立 A 有限责任公司，原注册资本为 4 000 000 元，甲、乙、丙分别出资 500 000 元、2 000 000 元和 1 500 000 元。为扩大经营规模，经批准，A 公司注册资本扩大为 5 000 000 元，甲、乙、丙按照原出资比例分别追加投资 125 000 元、500 000 元和 375 000 元。A 公司如期收到甲、乙、丙追加的现金投资。

借：银行存款　　　　　　　　　　　　1 000 000
　贷：实收资本——甲　　　　　　　　　　　125 000
　　　　　　　——乙　　　　　　　　　　　500 000
　　　　　　　——丙　　　　　　　　　　　375 000

【例 8 - 7】承【例 8 - 6】，因扩大经营规模需要，经批准，A 公司按原出资比例将资本公积 1 000 000 元转增资本。

借：资本公积　　　　　　　　　　　　1 000 000
　贷：实收资本——甲　　　　　　　　　125 000

——乙　500 000
——丙　375 000

【例 8 -8】承【例 8 -6】，因扩大经营规模需要，经批准，A 公司按原出资比例将盈余公积 1 000 000 元转增资本。

借：盈余公积　1 000 000
　贷：实收资本——甲　125 000
　　　　　　——乙　500 000
　　　　　　——丙　375 000

2. 实收资本（或股本）的减少，企业减少实收资本应按法定程序进行，做以上相反的会计处理

第二节　资本公积

资本公积，是指小企业收到的投资者出资额超过其在注册资本或股本中所占份额的部分。小企业用资本公积转增资本，应当冲减资本公积。小企业的资本公积不得用于弥补亏损。

设置“资本公积”科目，核算小企业收到投资者出资超出其在注册资本中所占份额的部分。

（1）小企业收到投资者的出资，借记“银行存款”、“其他应收款”、“固定资产”、“无形资产”等科目，按照其在注册资本中所占的份额，贷记“实收资本”科目，按照其差额，贷记本科目。

（2）根据有关规定用资本公积转增资本，借记本科目，贷记“实收资本”科目。根据有关规定减少注册资本，借记“实收资本”科目、本科目等科目，贷记“库存现金”、“银行存款”等科目。期末贷方余额，反映小企业资本公积总额。

资本溢价（股本溢价），是企业收到投资者的超出其在企业注册资本（或股本）中所占份额的投资。形成资本溢价（或股本溢价）的原因有溢价发行股票、投资者超额缴入资本等。

【例 8 -9】 甲有限责任公司由两位投资者投资 200 000 元设立，每人各出资 100 000 元。一年后，为扩大经营规模，经批准，甲有限责任公司注册资本增加到 300 000 元，并引入第三位投资者加入。按照投资协议，新投资者需缴入现金 110 000 元，同时享有该公司 1/3 的股份。甲有限责任公司已收到该现金投资。假定不考虑其他因素。

借：银行存款　　　　　　　　　　　　　　　　　110 000
　贷：实收资本　　　　　　　　　　　　　　　　　100 000
　　　资本公积——资本溢价　　　　　　　　　　　　10000

第三节　留存收益

小企业的留存收益包括盈余公积和未分配利润。

一、留存收益的概念及科目设置

（一）盈余公积

盈余公积是指小企业按照法律规定在税后利润中提取的法定公积金和任意公积金。小企业用盈余公积弥补亏损或者转增资本，应当冲减盈余公积。小企业的盈余公积还可以用于扩大生产经营。

设置“盈余公积”科目，核算小企业（公司制）按照公司法规定在税后利润中提取的法定公积金和任意公积金。

小企业（外商投资）按照法律规定在税后利润中提取储备基金和企业发展基金也在本科目核算。应当分别“法定盈余公积”、“任意盈余公积”进行明细核算。小企业（外商投资）还应当分别“储备基金”、“企业发展基金”进行明细核算。

小企业（中外合作经营）根据合同规定在合作期间归还投资者的投资，应在本科目设置“利润归还投资”明细科目进行核算。

（1）小企业（公司制）按照公司法规定提取法定公积金和任意公积金，借记“利润分配——提取法定盈余公积、提取任意盈余公积”科目，贷记本科目（法定盈余公积、任意盈余公积）。

小企业（外商投资）按照规定提取储备基金、企业发展基金、职工奖励及福利基金，借记“利润分配——提取储备基金、提取企业发展基金、提取职工奖励及福利基金”科目，贷记本科目（储备基金、企业发展基金）、“应付职工薪酬”科目。

（2）用盈余公积弥补亏损或者转增资本，借记本科目，贷记“利润分配——盈余公积补亏”或“实收资本”科目。

小企业（中外合作经营）根据合同规定在合作期间归还投资者的投资，应当按照实际归还投资的金额，借记“实收资本——已归还投资”科目，贷记“银行存款”等科目；同时，借记“利润分配——利润归还投资”科目，贷记本科目（利润归还投资）。

本科目期末贷方余额，反映小企业（公司制）的法定公积金和任意公积金总额、小企业（外商投资）的储备基金和企业发展基金总额。

（二）未分配利润

未分配利润是指小企业实现的净利润，经过弥补亏损、提取法定公积金和任意公积金、向投资者分配利润后，留存在本企业的、历年结存的利润。

1. 设置“本年利润”科目，核算小企业当期实现的净利润（或发生的净亏损）

（1）期（月）末结转利润时，小企业可以将“主营业务收入”、“其他业务收入”、“营业外收入”科目的余额，转入本科目，借记“主营业务收入”、“其他业务收入”、“营业外收入”科目，贷记本科目。将“主营业务成本”、“其他业务成本”、“营业税金及附加”、“销售费用”、“管理费用”、“财务费用”、“营业外支出”、“所得税费用”科目的余额，转入本科目，借记本科目，贷记“主营业务成本”、“其他业务成本”、“营业税金及附加”、“销售费用”、“管理费用”、“财务费用”、“营业外支出”、“所得税费用”科目。将“投资收益”科目的贷方余额，转入本科目，借记“投资收益”科目，贷记本科目；如为借方余额，做相反的会计分录。

结转后本科目的贷方余额为当期实现的净利润，借方余额为当期发生的净亏损。

（2）年度终了，应当将本年收入和支出相抵后结出的本年实现的净利润，转入“利润分配”科目，借记本科目，贷记“利润分配——未分配利润”科目；如为净亏损，做相反的会计分录。结转后本科目应无余额。

2. 设置“利润分配”科目

“利润分配”科目核算小企业利润的分配（或亏损的弥补）和历年分配（或弥补）后的余额。应按照“应付利润”、“未分配利润”等进行明细核算。

（1）小企业根据有关规定分配给投资者的利润，借记本科目（应付利润），贷记“应付利润”科目。

（2）用盈余公积弥补亏损，借记“盈余公积”科目，贷记本科目（盈余公积补亏）。

（3）小企业（中外合作经营）根据合同规定在合作期间归还投资者的投资，应按照实际归还投资的金额，借记“实收资本——已归还投资”科目，贷记“银行存款”等科目；同时，借记本科目（利润归还投资），贷记

“盈余公积——利润归还投资”科目。

(4) 年度终了，小企业应当将本年实现的净利润，自“本年利润”科目转入本科目，借记“本年利润”科目，贷记本科目（未分配利润）；为净亏损的，做相反的会计分录。同时，将“利润分配”科目所属明细科目（应付利润、盈余公积补亏）的余额转入本科目明细科目（未分配利润）。结转后，本科目除“未分配利润”明细科目外，其他明细科目应无余额。年末余额，反映小企业的未分配利润（或未弥补亏损）。

二、留存收益的主要账务处理

留存收益来自利润分配，是指企业根据国家有关规定和企业章程、投资者协议等，对企业当年可供分配的利润所进行的分配。

利润分配的顺序依次是：(1) 提取法定盈余公积；(2) 提取任意盈余公积；(3) 向投资者分配利润。

未分配利润是经过弥补亏损、提取法定盈余公积、提取任意盈余公积和向投资者分配利润等利润分配之后剩余的利润，它是企业留待以后年度进行分配的历年结存的利润。相对于所有者权益的其他部分来说，企业对于未分配利润的使用有较大的自主权。

（一）利润分配

企业应通过“利润分配”科目，核算企业利润的分配（或亏损的弥补）和历年分配（或弥补）后的未分配利润（或未弥补亏损）。该科目应分别“提取法定盈余公积”、“提取任意盈余公积”、“应付现金股利或利润”、“盈余公积补亏”、“未分配利润”等进行明细核算。企业未分配利润通过“利润分配——未分配利润”明细科目进行核算。年度终了，企业应将全年实现的净利润或发生的净亏损，自“本年利润”科目转入“利润分配——未分配利润”科目，并将“利润分配”科目所属其他明细科目的余额转入“利润分配——未分配利润”科目。结转后，“利润分配——未分配利润”科目如为贷方余额，表示累积未分配的利润数额；如为借方余额，则表示累积未弥补的亏损数额。

【例 8-10】D 股份有限公司年初未分配利润为 0，本年实现净利润 2 000 000 元，本年提取法定盈余公积 200 000 元，宣告发放现金股利 800 000 元。假定不考虑其他因素。

(1) 结转本年利润：

借：本年利润　　　　　　2 000 000

贷：利润分配——未分配利润　　　　2 000 000

如企业当年发生亏损，则应借记“利润分配—未分配利润”科目，贷记“本年利润”科目。

(2) 提取法定盈余公积、宣告发放现金股利：

借：利润分配——提取法定盈余公积　　　　200 000
　　　　　　——应付现金股利　　　　800 000
　贷：盈余公积　　　　200 000
　　　应付股利　　　　800 000

同时，

借：利润分配——未分配利润　　　　1 000 000
　贷：利润分配——提取法定盈余公积　　　　200 000
　　　　　　　——应付现金股利　　　　800 000

结转后，如果“未分配利润”明细科目的余额在贷方，表示累计未分配的利润；如果余额在借方，则表示累积未弥补的亏损。

(二) 盈余公积

盈余公积是指企业按规定从净利润中提取的企业积累资金。按照《公司法》有关规定，公司制企业应当按照净利润（减弥补以前年度亏损，下同）的10%提取法定盈余公积。非公司制企业法定盈余公积的提取比例可超过净利润的10%。法定盈余公积累计额已达注册资本的50%时可以不再提取。值得注意的是，在计算提取法定盈余公积的基数时，不应包括企业年初未分配利润。

企业提取的盈余公积经批准可用于弥补亏损、转增资本、发放现金股利或利润等。

【例8-11】E股份有限公司本年实现净利润为5 000 000元，年初未分配利润为0。经股东大会批准，E股份有限公司按当年净利润的10%提取法定盈余公积。

借：利润分配——提取法定盈余公积　　500 000（5 000 000×10%）
　贷：盈余公积——法定盈余公积　　500 000

【例8-12】经股东大会批准，F股份有限公司用以前年度提取的盈余公积弥补当年亏损，当年弥补亏损的数额为600 000元。

借：盈余公积　　　　600 000
　贷：利润分配——盈余公积补亏　　　　600 000

【例8-13】因扩大经营规模需要，经股东大会批准，G股份有限公司将盈余公积400 000 元转增股本。

借：盈余公积　　　　　　　　　　　　400 000

　贷：股本　　　　　　　　　　　　　　400 000

【例8－14】H公司20×8 年4 月20 日分派1 100 000 元现金股利，会计处理如下：

分派时：

借：利润分配——应付现金股利　　　　　　1 100 000

　贷：应付股利　　　　　　　　　　　　　1 100 000

支付时：

借：应付股利　　　　　　　　　　　　1 100 000

　贷：银行存款　　　　　　　　　　　　1 100 000

第九章　收入、费用、利润

第一节　收　入

一、收入的概念和分类

收入，是指小企业在日常生产经营活动中形成的、会导致所有者权益增加、与所有者投入资本无关的经济利益的总流入。包括：销售商品收入和提供劳务收入。

（一）销售商品收入，是指小企业销售商品（或产成品、材料，下同）取得的收入。

1. 收入的确认

通常小企业应当在发出商品且收到货款或取得收款权利时，确认销售商品收入。

（1）销售商品采用托收承付方式的，在办妥托收手续时确认收入；

（2）销售商品采取预收款方式的，在发出商品时确认收入；

（3）销售商品采用分期收款方式的，在合同约定的收款日期确认收入；

（4）销售商品需要安装和检验的，在购买方接受商品以及安装和检验完毕时确认收入，安装程序比较简单的，可在发出商品时确认收入；

（5）销售商品采用支付手续费方式委托代销的，在收到代销清单时确认收入；

（6）销售商品以旧换新的，销售的商品作为商品销售处理，回收的商品作为购进商品处理；

（7）采取产品分成方式取得的收入，在分得产品之日按照产品的市场价格或评估价值确定销售商品收入金额。

2. 收入的计量

小企业应当按照从购买方已收或应收的合同或协议价款，确定销售商品收入金额。

企业为第三方或客户代收的款项，如企业代国家收取的增值税等，一方面增加企业的资产，另一方面增加企业的负债，并不增加企业的所有者权益，因此不构成本企业的收入。

3. 商业折扣和现金折扣

销售商品涉及现金折扣的，应当按照扣除现金折扣前的金额确定销售商品收入金额。现金折扣应当在实际发生时，计入当期损益。

销售商品涉及商业折扣的，应当按照扣除商业折扣后的金额确定销售商品收入金额。前款所称现金折扣，是指债权人为鼓励债务人在规定的期限内付款而向债务人提供的债务扣除。商业折扣，是指小企业为促进商品销售而在商品标价上给予的价格扣除。

4. 销货退回

小企业已经确认销售商品收入的售出商品发生的销售退回（不论属于本年度还是属于以前年度的销售），应当在发生时冲减当期销售商品收入。小企业已经确认销售商品收入的售出商品发生的销售折让，应当在发生时冲减当期销售商品收入。销售退回，是指小企业售出的商品由于质量、品种不符合要求等原因发生的退货。销售折让，是指小企业因售出商品的质量不合格等原因而在售价上给予的减让。

（二）劳务收入

1. 劳务收入的概念

小企业提供劳务的收入，是指小企业从事建筑安装、修理修配、交通运输、仓储租赁、邮电通信、咨询经纪、文化体育、科学研究、技术服务、教育培训、餐饮住宿、中介代理、卫生保健、社区服务、旅游、娱乐、加工以及其他劳务服务活动取得的收入。

2. 劳务收入的确认

（1）同一会计年度内开始并完成的劳务，应当在提供劳务交易完成且收到款项或取得收款权利时，确认提供劳务收入。提供劳务收入的金额为从接受劳务方已收或应收的合同或协议价款。

（2）劳务的开始和完成分属不同会计年度的，应当按照完工进度确认提供劳务收入。年度资产负债表日，按照提供劳务收入总额乘以完工进度扣除以前会计年度累计已确认提供劳务收入后的金额，确认本年度的提供劳务收入；同时，按照估计的提供劳务成本总额乘以完工进度扣除以前会计年度累计已确认营业成本后的金额，结转本年度营业成本。

（3）小企业与其他企业签订的合同或协议包含销售商品和提供劳务时，销售商品部分和提供劳务部分能够区分且能够单独计量的，应当将销售商品的部分作为销售商品处理，将提供劳务的部分作为提供劳务处理。

销售商品部分和提供劳务部分不能够区分，或虽能区分但不能够单独计量的，应当作为销售商品处理。

二、收入的特征

（一）收入是企业在日常活动中形成的经济利益的总流入

日常活动，是指企业为完成其经营目标所从事的经常性活动以及与之相关的活动。工商企业销售产品、咨询公司提供咨询服务、软件开发企业为客户开发软件、安装公司提供安装服务、商业银行对外贷款、租赁公司出租资产等活动，均属于企业为完成其经营目标所从事的经常性活动，由此形成的经济利益的总流入构成收入。

工业企业对外出售不需用的原材料、对外转让无形资产使用权、对外进行权益性投资（取得现金股利）或债权性投资（取得利息）等活动，虽不属于企业的经常性活动，但属于企业为完成其经营目标所从事的与经常性活动相关的活动，由此形成的经济利益的总流入也构成收入。

日常活动区别于偶发事项等非日常活动。企业偶发事项等非日常活动所产生的经济利益，不属于收入，而属于利得。如企业处置固定资产、无形资产，因其他企业违约收取罚款等，这些活动形成的经济利益的总流入属于企业的利得而不是收入。

（二）收入会导致企业所有者权益的增加

收入形成的经济利益总流入的形式多种多样，既可能表现为资产的增加，如增加银行存款、应收账款；也可能表现为负债的减少，如减少预收账款；还可能表现为两者的组合，如销售实现时，部分冲减预收账款，部分增加银行存款。收入形成的经济利益总流入能增加资产或减少负债或两者兼而有之，根据“资产－负债＝所有者权益”的会计等式，收入一定能增加企业的所有者权益。

（三）收入与所有者投入资本无关

所有者投入资本主要是为谋求享有企业资产的剩余权益，由此形成的经济利益的总流入不构成收入，而应确认为企业所有者权益的组成部分。

三、收入核算的账户设置

（一）主营业务收入账户

核算小企业确认的销售商品或提供劳务等主营业务的收入。应按照主营业务的种类进行明细核算。

小企业销售商品或提供劳务实现的收入，应当按照实际收到或应收的金额，借记“银行存款”、“应收账款”等科目，按照税法规定应交纳的增值税额，贷记“应交税费——应交增值税（销项税额）”科目，按照确认的销售商品收入，贷记本科目。

发生销货退回（不论属于本年度还是属于以前年度的销售），按照应冲减销售商品收入的金额，借记本科目，按照实际支付或应退还的金额，贷记“银行存款”、“应收账款”等科目。涉及增值税销项税额的，还应进行相应的账务处理。

月末，可将本科目的余额转入“本年利润”科目，结转后本科目应无余额。

（二）其他业务收入账户

核算小企业确认的除主营业务活动以外的其他日常生产经营活动实现的收入。包括：出租固定资产、出租无形资产、销售材料等实现的收入。应按照其他业务收入种类进行明细核算。

小企业确认的其他业务收入，借记“银行存款”、“其他应收款”等科目，贷记本科目。涉及增值税销项税额的，还应进行相应的账务处理。

月末，可将本科目余额转入“本年利润”科目，结转后本科目应无余额。

（三）投资收益账户

核算小企业确认的投资收益或投资损失。应按照投资项目进行明细核算。

（1）对于短期股票投资、短期基金投资和长期股权投资，小企业应当按照被投资单位宣告分派的现金股利或利润中属于本企业的部分，借记“应收股利”科目，贷记本科目。

（2）在长期债券投资或短期债券投资持有期间，在债务人应付利息日，按照分期付息、一次还本的长期债券投资或短期债券投资的票面利率计算的利息收入，借记“应收利息”科目，贷记本科目；按照一次还本付息的长期债券投资票面利率计算的利息收入，借记“长期债券投资——应计利息”

科目，贷记本科目。

在债务人应付利息日，按照应分摊的债券溢折价金额，借记或贷记本科目，贷记或借记“长期债券投资——溢折价”科目。

(3) 出售短期投资、处置长期股权投资和长期债券投资，应当按照实际收到的价款或收回的金额，借记“银行存款”或“库存现金”科目，按照其账面余额，贷记“短期投资”、“长期股权投资”、“长期债券投资”科目，按照尚未领取的现金股利或利润、债券利息收入，贷记“应收股利”、“应收利息”科目，按照其差额，贷记或借记本科目。

月末，可将本科目余额转入“本年利润”科目，本科目结转应无余额。

(四) 主营业务成本账户

核算小企业确认销售商品或提供劳务等主营业务收入应结转的成本。应按照主营业务的种类进行明细核算。

(1) 月末，小企业可根据本月销售各种商品或提供各种劳务实际成本，计算应结转的主营业务成本，借记本科目，贷记“库存商品”、“生产成本”、“工程施工”等科目。

(2) 本月发生的销售退回，可以直接从本月的销售数量中减去，得出本月销售的净数量，然后计算应结转的主营业务成本，也可以单独计算本月销售退回成本，借记“库存商品”等科目，贷记本科目。

月末，可将本科目的余额转入“本年利润”科目，结转后本科目应无余额。

(五) 其他业务成本账户

核算小企业确认的除主营业务活动以外的其他日常生产经营活动所发生的支出。包括：销售材料的成本、出租固定资产的折旧费、出租无形资产的摊销额等。应按照其他业务成本的种类进行明细核算。

小企业发生的其他业务成本，借记本科目，贷记“原材料”、“周转材料”、“累计折旧”、“累计摊销”、“银行存款”等科目。

月末，可将本科目余额转入“本年利润”科目，结转后本科目应无余额。

四、收入的账务处理

(一) 销售商品收入

【例9-1】甲公司采用托收承付结算方式销售一批商品，开出的增值税专用发票上注明售价为600 000元，增值税税额为102 000元；商品已经发出，并已向银行办妥托收手续；该批商品的成本为420 000元，甲公司会计分录如下：

（1）确认收入。

借：应收账款　　702 000

　贷：主营业务收入　　600 000

　　　应交税费——应交增值税（销项税额）　　102 000

（2）结转销售商品成本。

借：主营业务成本　　420 000

　贷：库存商品　　420 000

【例9-2】甲公司向乙公司销售一批商品，开出的增值税专用发票上注明售价为300 000元，增值税税额为51 000元；甲公司已收到乙公司支付的货款351 000元，并将提货单送交乙公司；该批商品成本为240 000元。甲公司会计分录如下：

（1）确认收入。

借：银行存款　　351 000

　贷：主营业务收入　　300 000

　　　应交税费——应交增值税（销项税额）　　51 000

（2）结转成本。

借：主营业务成本　　240 000

　贷：库存商品　　240 000

【例9-3】甲公司向乙公司销售商品一批，开出的增值税专用票上注明售价为400 000元，增值税额为68 000元；甲公司收到乙公司开出的不带息银行承兑汇票一张，票面金额为468 000元，期限为2个月；该批商品已经发出，甲公司以银行存款代垫运杂费2 000元；该批商品成本为320 000元。甲公司会计分录如下：

（1）确认收入

借：应收票据　　468 000

　　应收账款　　2 000

　贷：主营业务收入　　400 000

　　　应交税费——应交增值税（销项税额）　　68 000

　　　银行存款　　2 000

（2）结转成本

借：主营业务成本　　320 000

贷：库存商品　　　　　　　　　　　　　　　　320 000

(二) 商业折扣、现金折扣和销售折让的核算

企业销售商品收入的金额通常按照从购货方已收或应收的合同或协议价款确定。在确定销售商品收入的金额时，应注意区分现金折扣、商业折扣和销售折让及其不同的账务处理方法。确定销售商品收入的金额时，不应考虑预计可能发生的现金折扣、销售折让，即应按总价确认，但是应扣除商业折扣后的净额。现金折扣、商业折扣、销售折让的区别以及相关会计处理方法如下：

1. 商业折扣

商业折扣是指企业为促进商品销售而在商品标价上给予的价格扣除。例如，企业为鼓励客户多买商品可能规定，购买 10 件以上商品给予客户 10% 的折扣。此外，企业为了尽快出售一些残次、陈旧、冷背的商品，也可能降价（即打折）销售。

商业折扣在销售时即已发生，并不构成最终成交价格的一部分。企业销售商品涉及商业折扣的，应当按照扣除商业折扣后的金额确定销售商品收入金额。

2. 现金折扣

现金折扣是指债权人为鼓励债务人在规定的期限内付款而向债务人提供的债务扣除。现金折扣一般用符号“折扣率/付款期限”表示，例如用“2/10，1/20，N/30”表示：销货方允许客户最长的付款期限为 30 天，如果客户在 10 天内付款；销货方可按商品售价给予客户 2% 的折扣；如果客户在 20 天内付款，销货方可按商品售价给予客户 1% 的折扣；如果客户在 21 天至 30 天内付款，将不能享受现金折扣。

现金折扣发生在企业销售商品之后，企业销售商品后现金折扣是否发生以及发生多少要视买方的付款情况而定，企业在确认销售商品收入时不能确定现金折扣金额。因此，企业销售商品涉及现金折扣的，应当按照扣除现金折扣前的金额确定销售商品收入金额。现金折扣实际上是企业为了尽快回笼资金而发生的理财费用，应在实际发生时计入当期财务费用。

在计算现金折扣时，还应注意销售方是按不包含增值税的价款提供现金折扣，还是按包含增值税的价款提供现金折扣，两种情况下购买方享有的现金折扣金额不同。例如，销售价格为 1 000 元的商品，增值税税额为 170 元，购买方应享有的现金折扣为 1%。如果购销双方约定计算现金折扣时不考虑增值税，则购买方应享有的现金折扣金额为 10 元；如果购销双方约定

计算现金折扣时一并考虑增值税，则购买方享有的现金折扣金额为 11.7 元。

【例 9-4】甲公司为增值税一般纳税企业，20×3 年 3 月 1 日销售 A 商品 10 000 件，每件商品的标价为 20 元（不含增值税），商品的实际成本为 12 元，A 商品适用的增值税税率为 17%；由于是成批销售，甲公司给予购货方 10% 的商业折扣，并在销售合同中规定现金折扣条件为 2/10，1/20，N/30；A 商品于 3 月 1 日发出，购货方于 3 月 9 日付款。假定计算现金折扣时考虑增值税。

根据销售商品收入的金额确定的有关规定，销售商品收入的金额应是未扣除现金折扣但扣除商业折扣后的金额，现金折扣应在实际发生时计入当期财务费用。甲公司应确认的销售商品收入金额为 180 000（20×10 000-20×10 000×10%）元，增值税销项税额为 30 600（180 000×17%）元。购货方于销售实现后的 10 日内付款，享有的现金折扣为 4 212［（180 000+30 600）×2%］元。

（1）3 月 1 日销售实现时：

借：应收账款　　　　210 600

　贷：主营业务收入　　　　180 000

　　　应交税费——应交增值税（销项税额）　　　　30 600

借：主营业务成本　　　　120 000（12×10 000）

　贷：库存商品　　　　120 000

（2）3 月 9 日收到货款时：

借：银行存款　　　　206 388

　　财务费用　　　　4 212

　贷：应收账款　　　　210 600

以上的 4 212 元为考虑增值税时的现金折扣，若本例假设计算现金折扣时不考虑增值税，则甲公司给予购货方的现金折扣为 180 000×2%=3 600（元）。本例中，若购货方于 3 月 19 日付款，则享有的现金折扣为 2 106（210 600×1%）元。

借：银行存款　　　　208 494

　　财务费用　　　　2 106

　贷：应收账款　　　　210 600

若购货方于 3 月底才付款，则应按全额付款：

借：银行存款　　　　210 600

　贷：应收账款　　　　210 600

3. 销售折让

销售折让是指企业因售出商品的质量不合格等原因而在售价上给予的减让。企业将商品销售给买方后，如买方发现商品在质量、规格等方面不符合要求，可能要求卖方在价格上给予一定的减让。

销售折让如发生在确认销售收入之前，则应在确认销售收入时直接按扣除销售折让后的金额确认；已确认销售收入的售出商品发生销售折让，且不属于资产负债表日后事项的，应在发生时冲减当期销售商品收入，如按规定允许扣减增值税额的，还应冲减已确认的应交增值税销项税额。

【例9－5】甲公司销售一批商品给乙公司，开出的增值税专用发票上注明的售价为100 000元，增值税税额为17 000元。该批商品的成本为70 000元。货到后乙公司发现商品质量不合格，要求在价格上给予5%的折让。乙公司提出的销售折让要求符合原合同的约定，甲公司同意并办妥了相关手续，开具了增值税专用发票（红字）。假定此前甲公司已确认该批商品的销售收入，销售款项尚未收到，发生的销售折让允许扣减当期增值税销项税额。

（1）销售实现时：

借：应收账款	117 000	
贷：主营业务收入		100 000
应交税费——应交增值税（销项税额）		17 000
借：主营业务成本	70 000	
贷：库存商品		70 000

（2）发生销售折让时：

借：主营业务收入	5 000（100 000×5%）	
应交税费——应交增值税（销项税额）	850	
贷：应收账款		5 850

（3）实际收到款项时：

借：银行存款	111 150	
贷：应收账款		111 150

（三）销售退回的核算

企业销售商品除了可能发生销售折让外，还有可能发生销售退回。企业售出商品发生的销售退回，应当分别不同情况进行会计处理：一是尚未确认销售商品收入的售出商品发生销售退回的，应当冲减“发出商品”，同时增加“库存商品”；二是已确认销售商品收入的售出商品发生销售退回的，除属于资产负债表日后事项外，一般应在发生时冲减当期销售商品收入，同时冲减当期销售商品成本，如按规定允许扣减增值税税额的，应同时冲减已确认的应交增值税销项税额。如该项销售退回已发生现金折扣的，应同时调整相关财务费用的金额。

【例9-6】甲公司20×3年9月5日收到乙公司因质量问题而退回的商品10件，每件商品成本为210元。该批商品系甲公司20×3年6月2日出售给乙公司，每件商品售价为300元，适用的增值税税率为17%，货款尚未收到，甲公司尚未确认销售商品收入。因乙公司提出的退货要求符合销售合同约定，甲公司同意退货，并按规定向乙公司开具了增值税专用发票（红字）。

借：库存商品　　2 100（210×10）

　贷：发出商品　　2 100

【例9-7】甲公司20×3年3月20日销售A商品一批，增值税专用发票上注明售价为350 000元，增值税税额为59 500元；该批商品成本为182 000元。A商品于20×3年3月20日发出，购货方于3月27日付款。甲公司对该项销售确认了销售收入。20×3年9月15日，该批商品质量出现严重问题，购货方将该批商品全部退回给甲公司，甲公司同意退货，于退货当日支付了退货款，并按规定向购货方开具了增值税专用发票（红字）。

（1）销售实现时：

借：应收账款　　409 500

　贷：主营业务收入　　350 000

　　应交税费——应交增值税（销项税额）　　59 500

借：主营业务成本　　182 000

　贷：库存商品　　182 000

（2）收到货款时：

借：银行存款　　409 500

　贷：应收账款　　409 500

（3）销售退回时：

借：主营业务收入　　350 000

　应交税费——应交增值税（销项税额）　　59 500

　贷：银行存款　　409 500

借：库存商品　　182 000

　贷：主营业务成本　　182 000

【例9-8】甲公司在20×3年3月18日向乙公司销售一批商品，开出的增值税专用发票上注明售价为50 000元，增值税额为8 500元。该批商品成本为26 000元。为及早收回货款，甲公司和乙公司约定的现金折扣条件为2/10，1/20，N/30。乙公司在20×3年3月27日支付货款。20×3年7月5日，该批商品因质量问题被乙公司退回，甲公司当日支付有关退货款。假定计算现金折扣时不考虑增值税。

（1）2007年3月18日销售实现时：

借：应收账款　　58 500

　贷：主营业务收入　　50 000

　　应交税费——应交增值税（销项税额）　　8 500

借：主营业务成本　　26 000

　贷：库存商品　　26 000

（2）20×3年3月27日收到货款时，发生现金折扣1 000（50 000×2%）元，实际收款57 500元（58 500-1 000）

借：银行存款　　57 500

　　财务费用　　1 000

　贷：应收账款　　58 500

（3）2007年7月5日发生销售退回时：

借：主营业务收入　　50 000

　　应交税费——应交增值税（销项税额）　　8 500

　贷：银行存款　　57 500

　　财务费用　　1 000

借：库存商品　　26 000

　贷：主营业务成本　　26 000

（四）采用预收款方式销售商品的核算

预收款销售方式下，销售方直到收到最后一笔款项才将商品交付购货方，表明商品所有权上的主要风险和报酬只有在收到最后一笔款项时才转移给购货方，销售方通常应在发出商品时确认收入，在此之前预收的货款应确认为预收账款。

【例9-9】甲公司与乙公司签订协议，采用预收款方式向乙公司销售一批商品。商品实际成本为600 000元。协议约定，该批商品销售价格为800 000元，增值税额为136 000元；乙公司应在协议签订时预付60%的货款（按销售价格计算），剩余货款于2个月后支付。

（1）收到60%货款时：

借：银行存款　　480 000

　贷：预收账款　　480 000

（2）收到剩余货款及增值税税款时：

借：预收账款　　480 000

　　银行存款　　456 000

　贷：主营业务收入　　800 000

　　　应交税费——应交增值税（销项税额）　　136 000

借：主营业务成本　　600 000

　贷：库存商品　　600 000

（五）采用支付手续费方式委托代销商品的核算

采用支付手续费代销方式下，委托方在发出商品时，商品所有权上的主要风险和报酬并未转移给受托方，委托方在发出商品时通常不应确认销售商品收入，而应在收到受托方开出的代销清单时确认销售商品收入，同时将应支付的代销手续费计入销售费用；受托方应在代销商品销售后，按合同或协议约定的方法计算确定代销手续费，确认劳务收入。

受托方可通过“受托代销商品”、“受托代销商品款”等科目，对受托代销商品进行核算。确认代销手续费收入时，借记“受托代销商品款”科目，贷记“其他业务收入”等科目。

【例9－10】甲公司委托丙公司销售商品200件，商品已经发出，每件成本为60元。合同约定丙公司应按每件100元对外销售，甲公司按售价的10%向丙公司支付手续费。丙公司对外实际销售100件，开出的增值税专用发票上注明的销售价格为10 000元，增值税税额为1 700元，款项已经收到。甲公司收到丙公司开具的代销清单时，向丙公司开具一张相同金额的增值税专用发票。假定：甲公司发出商品时纳税义务尚未发生；甲公司采用实际成本核算，丙公司采用进价核算代销商品。

甲公司的会计处理如下：

（1）发出商品时：

借：委托代销商品　　12 000

　贷：库存商品　　12 000

（2）收到代销清单时：

借：应收账款　　117 00

　贷：主营业务收入　　10 000

　　应交税费——应交增值税（销项税额）　　1 700
借：主营业务成本　　6 000
　贷：委托代销商品　　6 000
借：销售费用　　1 000
　贷：应收账款　　1 000
代销手续费金额＝10 000×10%＝1 000（元）
（3）收到丙公司支付的货款时：
借：银行存款　　10 700
　贷：应收账款　　10 700
丙公司的会计处理如下：
（1）收到商品时：
借：受托代销商品　　20 000
　贷：受托代销商品款　　20 000
（2）对外销售时：
借：银行存款　　11 700
　贷：受托代销商品　　10 000
　　应交税费——应交增值税（销项税额）　　1 700
（3）收到增值税专用发票时：
借：应交税费——应交增值税（进项税额）　　1 700
　贷：应付账款　　1 700
（4）支付货款并计算代销手续费时：
借：受托代销商品款　　10 000
　应付账款　　1 700
　贷：银行存款　　10 700
　　其他业务收入　　1 000

（六）销售材料等存货的核算

企业在日常活动中还可能发生对外销售不需用的原材料、随同商品对外销售单独计价的包装物等业务。企业销售原材料、包装物等存货也视同商品销售，其收入确认和计量原则比照商品销售。企业销售原材料、包装物等存货实现的收入作为其他业务收入处理，结转的相关成本作为其他业务成本处理。

企业销售原材料、包装物等存货实现的收入以及结转的相关成本，通过“其他业务收入”、“其他业务成本”科目核算。

“其他业务收入”科目核算企业除主营业务活动以外的其他经营活动实现的收入，包括销售材料、出租包装物和商品、出租固定资产、出租无形资产等实现的收入。该科目贷方登记企业实现的各项其他业务收入，借方登记期末结转入“本年利润”科目的其他业务收入，结转后该科目应无余额。

“其他业务成本”科目核算企业除主营业务活动以外的其他经营活动所发生的成本，包括销售材料的成本、出租固定资产的折旧额、出租无形资产的摊销额、出租包装物的成本或摊销额。该科目借方登记企业结转或发生的其他业务成本，贷方登记期末结转入“本年利润”科目的其他业务成本，结转后该科目应无余额。

【例9-11】甲公司销售一批原材料，开出的增值税专用发票上注明的售价为10 000元，增值税税额为1 700元，款项已由银行收妥。该批原材料的实际成本为9 000元。

（1）取得原材料销售收入：

借：银行存款	11 700
贷：其他业务收入	10 000
应交税费——应交增值税（销项税额）	1 700

（2）结转已销原材料的实际成本：

借：其他业务成本	9 000
贷：原材料	9 000

（七）劳务完成时间不同情况下提供劳务收入的确认原则

企业提供劳务的种类很多，如旅游、运输、饮食、广告、咨询、代理、培训、产品安装等。有的劳务一次就能完成，且一般为现金交易，如饮食、理发、照相等；有的劳务需要花费一段较长的时间才能完成，如安装、旅游、培训等。

企业提供劳务收入的确认原则因劳务完成时间的不同而不同。

1. 在同一会计期间内开始并完成的劳务

对于一次就能完成的劳务，或在同一会计期间内开始并完成的劳务，应在提供劳务交易完成时确认收入，确认的金额通常为从接受劳务方已收或应收的合同或协议价款，确认原则可参照销售商品收入的确认原则。

企业对外提供劳务，如属于企业的主营业务，所实现的收入应作为主营业务收入处理，结转的相关成本应作为主营业务成本处理；如属于主营业务以外的其他经营活动，所实现的收入应作为其他业务收入处理，结转的相关成本应作为其他业务成本处理。企业对外提供劳务发生的支出一般先通过

“劳务成本”科目予以归集，待确认为费用时，再由“劳务成本”科目转入“主营业务成本”或“其他业务成本”科目。

对于一次就能完成的劳务，企业应在提供劳务完成时确认收入及相关成本。对于持续一段时间但在同一会计期间内开始并完成的劳务，企业应在为提供劳务发生相关支出时确认劳务成本，劳务完成时再确认劳务收入，并结转相关劳务成本。

【例9－12】甲公司于20×3年3月10日接受一项设备安装任务，该安装任务可一次完成，合同总价款为9 000元，实际发生安装成本5 000元。安装业务属于甲公司主营业务。

借：应收账款（或银行存款）　　9 000

　贷：主营业务收入　　9 000

借：主营业务成本　　5 000

　贷：银行存款等　　5 000

若上述安装任务需花费一段时间（不超过本会计期间）才能完成，则应在为提供劳务发生有关支出时：

借：劳务成本

　贷：银行存款等

（注：以上分录未写明金额，主要是由于实际发生成本5 000元是个总计数，而每笔归集劳务成本的分录金额不同，下同）待安装完成确认所提供劳务的收入并结转该项劳务总成本时：

借：应收账款（或银行存款）　　90 000

　贷：主营业务收入　　90 000

借：主营业务成本　　5 000

　贷：劳务成本　　5 000

2. 劳务的开始和完成分属不同的会计期间

（1）提供劳务交易结果能够可靠估计。

如劳务的开始和完成分属不同的会计期间，且企业在资产负债表日提供劳务交易的结果能够可靠估计的，应采用完工百分比法确认提供劳务收入。同时满足下列条件的，提供劳务交易的结果能够可靠估计：

①收入的金额能够可靠地计量。收入的金额能够可靠地计量，是指提供劳务收入的总额能够合理地估计。通常情况下，企业应当按照从接受劳务方已收或应收的合同或协议价款确定提供劳务收入总额。随着劳务的不断提供，可能会根据实际情况增加或减少已收或应收的合同或协议价款，此时，

企业应及时调整提供劳务收入总额。

②相关的经济利益很可能流入企业。相关的经济利益很可能流入企业，是指提供劳务收入总额收回的可能性大于不能收回的可能性。企业在确定提供劳务收入总额能否收回时，应当结合接受劳务方的信誉、以前的经验以及双方就结算方式和期限达成的合同或协议条款等要素，综合进行判断。通常情况下，企业提供的劳务符合合同或协议要求，接受劳务方承诺付款，就表明提供劳务收入总额收回的可能性大于不能收回的可能性。

③交易的完工进度能够可靠地确定。企业可以根据提供劳务的特点，选用下列方法确定提供劳务交易的完工进度：

第一种情况：已完工作的测量，这是一种比较专业的测量方法，由专业测量师对已经提供的劳务进行测量，并按一定方法计算确定提供劳务交易的完工程度。

第二种情况：已经提供的劳务占应提供劳务总量的比例，这种方法主要以劳务量为标准确定提供劳务交易的完工程度。

第三种情况：已经发生的成本占估计总成本的比例，这种方法主要以成本为标准确定提供劳务交易的完工程度。只有反映已提供劳务的成本才能包括在已经发生的成本中，只有反映已提供或将提供劳务的成本才能包括在估计总成本中。

④交易中已发生和将发生的成本能够可靠地计量。交易中已发生和将发生的成本能够可靠地计量，是指交易中已经发生和将要发生的成本能够合理地估计。企业应当建立完善的内部成本核算制度和有效的内部财务预算及报告制度，准确地提供每期发生的成本，并对完成剩余劳务将要发生的成本作出科学、合理的估计。同时应随着劳务的不断提供或外部情况的不断变化，随时对将要发生的成本进行修订。

（2）提供劳务交易结果不能可靠估计。

如劳务的开始和完成分属不同的会计期间，且企业在资产负债表日提供劳务交易结果不能可靠估计的，即不能同时满足上述四个条件的，不能采用完工百分比法确认提供劳务收入。此时，企业应当正确预计已经发生的劳务成本能否得到补偿，分别下列情况处理：

①已经发生的劳务成本预计全部能够得到补偿的，应按已收或预计能够收回的金额确认提供劳务收入，并结转已经发生的劳务成本。

②已经发生的劳务成本预计部分能够得到补偿的，应按能够得到补偿的劳务成本金额确认提供劳务收入，并结转已经发生的劳务成本。

【例9-13】甲公司于20×3年12月25日接受乙公司委托，为其培训一批学员，培训期为6个月，20×4年1月1日开学。协议约定，乙公司应向甲公司支付的培训费总额为60 000元，分三次等额支付，第一次在开学时预付，第二次在20×4年3月1日支付，第三次在培训结束时支付。

20×4年1月1日，乙公司预付第一次培训费。至20×4年2月28日，甲公司发生培训成本30 000元（假定均为培训人员薪酬）。20×4年3月1日，甲公司得知乙公司经营发生困难，后两次培训费能否收回难以确定。

（1）20×4年1月1日收到乙公司预付的培训费：

借：银行存款　　20 000

　贷：预收账款　　20 000

（2）实际发生培训成本30 000元：

借：劳务成本　　30 000

　贷：应付职工薪酬　　30 000

（3）20×4年2月28日确认提供劳务收入并结转劳务成本：

借：预收账款　　20 000

　贷：主营业务收入　　20 000

借：主营业务成本　　30 000

　贷：劳务成本　　30 000

甲公司已经发生的劳务成本30 000元预计只能部分得到补偿，即只能按预收款项得到补偿，应按预收账款20 000元确认劳务收入，并将已经发生的劳务成本30 000元结转入当期损益。

③已经发生的劳务成本预计全部不能得到补偿的应将已经发生的劳务成本计入当期损益（主营业务成本或其他业务成本），不确认提供劳务收入。

3. 采用完工百分比法确认提供劳务收入的会计处理

完工百分比法是指按照提供劳务交易的完工进度确认收入与费用的方法。完工百分比法下，本期应确认的劳务收入及费用的计算公式如下：

本期确认的收入=劳务总收入×本期末止劳务的完工进度-以前期间已确认的收入

本期确认的费用=劳务总成本×本期末止劳务的完工进度-以前期间已确认的费用

上述公式中的劳务总收入通常按照接受劳务方已收或应收的合同或协议价款确定，在劳务总收入和总成本能够可靠取得的情况下，关键是确定劳务的完工进度。企业应根据所提供劳务的特点，选择确定劳务完工进度的方法。

【例9－14】甲公司于20×3年12月1日接受一项设备安装任务，安装期为3个月，合同总收入300 000元，至年底已预收安装费220 000元，实际发生安装费用140 000元（假定均为安装人员薪酬），估计完成安装任务还需发生安装费用60 000元。假定甲公司按实际发生的成本占估计总成本的比例确定劳务的完工进度。

实际发生的成本占估计总成本的比例＝140 000÷（140 000＋60 000）＝70%

20×3年12月31日确认的劳务收入＝300 000×70%－0＝210 000（元）

20×3年12月31日确认的费用＝（140 000＋60 000）×70%－0＝140 000（元）

（1）实际发生劳务成本140 000元：

借：劳务成本　　140 000

　贷：应付职工薪酬　　140 000

（2）预收劳务款220 000元：

借：银行存款　　220 000

　贷：预收账款　　220 000

（3）20×3年12月31日确认提供劳务收入并结转劳务成本：

借：预收账款　　210 000

　贷：主营业务收入　　210 000

借：主营业务成本　　140 000

　贷：劳务成本　　140 000

【例9－15】甲公司于20×3年10月1日为客户研制一项软件，合同规定的研制开发期为5个月，合同总收入为400 000元，至20×3年12月31日已发生成本180 000元，预收账款250 000元。预计开发完成该项软件的总成本为250 000元。20×3年12月31日，经专业测量师测量，软件的完工进度为70%。假定合同总收入很可能收回，研制开发软件属于甲公司的主营业务。

（1）发生成本时：

借：劳务成本　　180 000

　贷：银行存款（应付职工薪酬等）　　180 000

（2）预收账款时：

借：银行存款　　250 000

　贷：预收账款　　250 000

(3) 20×3 年 12 月 31 日确认该项劳务的本期收入和费用：若按专业测量师测量结果确定该劳务的完工进度，则 20×3 年应确认的收入为：400 000×70% −0 = 280 000（元），20×3 年应确认的费用为：250 000×70% −0 = 175 000（元）

借：预收账款　　280 000

　贷：主营业务收入　　280 000

借：主营业务成本　　175 000

　贷：劳务成本　　175 000

若按已提供的劳务占应提供劳务总量的比例确定该劳务的完工进度（假定研制开发期内劳务量均衡发生），则至 20×3 年 12 月 31 日，该劳务的完工进度为 60%（该项软件研制开发已完成的工作时间为 3 个月，占完成此项劳务所需总工作时间 5 个月的 60%）。据此，20×3 年应确认的收入为：400 000×60% −0 = 240 000（元），20×3 年应确认的费用为：250 000×60% −0 = 150 000（元）

借：预收账款　　240 000

　贷：主营业务收入　　240 000

借：主营业务成本　　150 000

　贷：劳务成本　　150 000

若按已发生成本占估计总成本的比例确定该劳务的完工进度，至 20×3 年 12 月 31 日，该劳务的完工进度为 72%（180 000 ÷ 250 000）。20×3 年应确认的收入为：400 000×72% −0 = 288 000（元），20×3 年应确认的费用为：250 000×72% −0 = 180 000（元）

借：预收账款　　288 000

　贷：主营业务收入　　288 000

借：主营业务成本　　180 000

　贷：劳务成本　　180 000

【例 9-16】 某咨询公司于 20×3 年 7 月 1 日与客户签订一项咨询合同。合同规定，咨询期为两年，咨询费为 240 000 元，客户分三次等额支付，第一次在项目开始时支付，第二次在项目中期支付，第三次在项目结束时支付。估计总成本为 160 000 元（假定均为咨询人员薪酬），其中，20×3 年发生成本 38 000 元，20×4 年发生成本 80 000 元，20×5 年发生成本

42 000元。假定成本估计十分准确，咨询费也很可能收回，该公司按照已提供的劳务占应提供劳务总量的比例（按时间比例）确定该项劳务的完工程度，该公司按年编制财务报表。

（1）20×3年实际发生成本时：

借：劳务成本　　38 000

　贷：应付职工薪酬　　38 000

预收账款时：

借：银行存款　　80 000

　贷：预收账款　　80 000

20×3年12月31日按完工百分比法确认收入和费用：劳务的完工进度 $=6\div24=25\%$

应确认的收入 $=240\ 000\times25\%-0=60\ 000$（元）

应确认的费用 $=160\ 000\times25\%-0=40\ 000$（元）

借：预收账款　　60 000

　贷：主营业务收入　　60 000

借：主营业务成本　　40 000

　贷：劳务成本　　40 000

（2）20×4年实际发生成本时：

借：劳务成本　　80 000

　贷：应付职工薪酬　　80 000

预收账款时：

借：银行存款　　80 000

　贷：预收账款　　80 000

20×4年12月31日按完工百分比法确认收入和费用：劳务的完工进度 $=18\div24=75\%$

应确认的收入 $=240\ 000\times75\%-60\ 000=120\ 000$（元）

应确认的费用 $=160\ 000\times75\%-40\ 000=80\ 000$（元）

借：预收账款　　120 000

　贷：主营业务收入　　120 000

借：主营业务成本　　80 000

　贷：劳务成本　　80 000

（3）20×5年实际发生成本时：

借：劳务成本　　42 000

贷：应付职工薪酬　　42 000

预收账款时：

借：银行存款　　80 000

贷：预收账款　　80 000

20×5 年 7 月 1 日完工时确认剩余收入和费用：

借：预收账款　　60 000

贷：主营业务收入　　60 000

借：主营业务成本　　40 000

贷：劳务成本　　40 000

（八）让渡资产使用权使用费收入的核算

让渡资产使用权收入包括使用费收入和利息收入。资产使用费收入主要指让渡无形资产等资产使用权的使用费收入，包括出租固定资产取得的租金。进行债权投资收取的利息、进行股权投资取得的现金股利等，也构成让渡资产使用权收入。

企业让渡资产使用权的使用费收入，一般作为其他业务收入处理；让渡资产所计提的摊销额等，一般作为其他业务成本处理。

【例 9－17】甲公司向乙公司转让某软件的使用权，一次性收取使用费 60 000 元，不提供后续服务，款项已经收回。

借：银行存款　　60 000

贷：其他业务收入　　60 000

【例 9－18】甲公司于 20×3 年 1 月 1 日向丙公司转让某专利权的使用权，协议约定转让期为 5 年，每年年末收取使用费 200 000 元。20×3 年该专利权计提的摊销额为 120 000 元，每月计提金额为 10 000 元。假定不考虑其他因素。

（1）20×3 年年末确认使用费收入：

借：应收账款（或银行存款）　　200 000

贷：其他业务收入　　200 000

（2）20×3 年每月计提专利权摊销额：

借：其他业务成本　　10 000

贷：累计摊销　　10 000

【例 9－19】甲公司向丁公司转让某商品的商标使用权，约定丁公司每年年末按年销售收入的 10% 支付使用费，使用期 10 年。第一年，丁公司实现销售收入 1 200 000 元；第二年，丁公司实现销售收入 1 800 000 元。假定甲公司均于每年年末收到使用费。

（1）第一年年末确认使用费收入：应确认的使用费收入 = 1 200 000 × 10% = 120 000（元）

借：银行存款　　120 000

　贷：其他业务收入　　120 000

（2）第二年年末确认使用费收入：应确认的使用费收入 = 1 800 000 × 10% = 180 000（元）

借：银行存款　　180 000

　贷：其他业务收入　　180 000

第二节　费　用

一、费用的概念和分类

费用是指小企业在日常生产经营活动中发生的、会导致所有者权益减少、与向所有者分配利润无关的经济利益的总流出。

小企业的费用包括：营业成本、营业税金及附加、销售费用、管理费用、财务费用等。

（1）营业成本，是指小企业所销售商品的成本和所提供劳务的成本。

（2）营业税金及附加，是指小企业开展日常生产经营活动应负担的消费税、营业税、城市维护建设税、资源税、土地增值税、城镇土地使用税、房产税、车船税、印花税和教育费附加、矿产资源补偿费、排污费等。

（3）销售费用，是指小企业在销售商品或提供劳务过程中发生的各种费用。包括：销售人员的职工薪酬、商品维修费、运输费、装卸费、包装费、保险费、广告费、业务宣传费、展览费等费用。

小企业（批发业、零售业）在购买商品过程中发生的费用（包括：运输费、装卸费、包装费、保险费、运输途中的合理损耗和入库前的挑选整理费等）构成销售费用。

（4）管理费用，是指小企业为组织和管理生产经营发生的其他费用。包括：小企业在筹建期间内发生的开办费、行政管理部门发生的费用（包括：固定资产折旧费、修理费、办公费、水电费、差旅费、管理人员的职工薪酬等）、业务招待费、研究费用、技术转让费、相关长期待摊费用摊销、财产保险费、聘请中介机构费、咨询费（含顾问费）、诉讼费等费用。

(5) 财务费用，是指小企业为筹集生产经营所需资金发生的筹资费用。包括：利息费用（减利息收入）、汇兑损失、银行相关手续费、小企业给予的现金折扣（减享受的现金折扣）等费用。

小企业的费用应当在发生时按照其发生额计入当期损益。企业销售商品收入和提供劳务收入已予确认的，应当将已销售商品和已提供劳务的成本作为营业成本结转至当期损益。

二、费用的特征

费用具有以下特点：

(一) 费用是企业在日常活动中发生的经济利益的总流出

日常活动是指企业为完成其经营目标所从事的经常性活动以及与之相关的其他活动。工商企业制造、购买并销售商品、咨询公司提供咨询服务、软件开发企业为客户开发软件、安装公司提供安装服务、租赁公司出租资产等活动中发生的经济利益的总流出构成费用。工业企业对外出售不需用的原材料结转的材料成本等，也构成费用。

日常活动区别于偶发事项等非日常活动。企业偶发事项等非日常活动所导致经济利益流出，不属于企业的日常活动。例如，企业处置固定资产、无形资产等非流动资产，因违约支付罚款，对外捐赠，因自然灾害等非常原因造成财产毁损等，这些活动或事项形成的经济利益的总流出属于企业的损失而不是费用。

(二) 费用会导致企业所有者权益的减少

费用既可能表现为资产的减少，如减少银行存款、库存商品等；也可能表现为负债的增加，如增加应付职工薪酬、应交税费（应交营业税、消费税等）等。根据“资产-负债=所有者权益”的会计等式，费用一定会导致企业所有者权益的减少。

企业经营管理中的某些支出并不减少企业的所有者权益，也就不构成费用。例如，企业以银行存款偿还一项负债，只是一项资产和一项负债的等额减少，对所有者权益没有影响，因此，不构成企业的费用。

(三) 费用与向所有者分配利润无关

向所有者分配利润或股利属于企业利润分配的内容，不构成企业的费用。

三、账户设置

（一）营业税金及附加账户

核算小企业开展日常生产经营活动应负担的消费税、营业税、城市维护建设税、资源税、土地增值税、城镇土地使用税、房产税、车船税、印花税和教育费附加、矿产资源补偿费、排污费等相关税费，与最终确认营业外收入或营业外支出相关的税费，在“固定资产清理”、“无形资产”等科目核算，不在本科目核算。应按照税费种类进行明细核算。

小企业按照规定计算确定的与其日常生产经营活动相关的税费，借记本科目，贷记“应交税费”等科目。

月末，可将本科目余额转入“本年利润”科目，结转后本科目应无余额。

（二）销售费用账户

核算小企业在销售商品或提供劳务过程中发生的各种费用。包括：销售人员的职工薪酬、商品维修费、运输费、装卸费、包装费、保险费、广告费和业务宣传费、展览费等费用。

小企业（批发业、零售业）在购买商品过程中发生的费用（包括：运输费、装卸费、包装费、保险费、运输途中的合理损耗和入库前的挑选整理费等），也在本科目核算。应按照费用项目进行明细核算。

小企业在销售商品或提供劳务过程中发生的销售人员的职工薪酬、商品维修费、运输费、装卸费、包装费、保险费、广告费、业务宣传费、展览费等费用，借记本科目，贷记“库存现金”、“银行存款”等科目。

小企业（批发业、零售业）在购买商品过程中发生的运输费、装卸费、包装费、保险费、运输途中的合理损耗和入库前的挑选整理费等，借记本科目，贷记“库存现金”、“银行存款”、“应付账款”等科目。

月末，可将本科目余额转入“本年利润”科目，结转后本科目应无余额。

（三）管理费用

核算小企业为组织和管理生产经营发生的其他费用。包括：小企业在筹建期间发生的开办费、行政管理部门发生的费用（包括：固定资产折旧费、修理费、办公费、水电费、差旅费、管理人员的职工薪酬等）、业务招待费、研究费用、技术转让费、相关长期待摊费用摊销、财产保险费、聘请中介机构费、咨询费（含顾问费）、诉讼费等费用。应按照费用项目进行明细核算。

小企业（批发业、零售业）管理费用不多的，可不设置本科目，本科目的核算内容可并入“销售费用”科目核算。

（1）小企业在筹建期间内发生的开办费（包括：相关人员的职工薪酬、办公费、培训费、差旅费、印刷费、注册登记费以及不计入固定资产成本的借款费用等费用），在实际发生时，借记本科目，贷记“银行存款”等科目。

（2）行政管理部门人员的职工薪酬，借记本科目，贷记“应付职工薪酬”科目。

（3）行政管理部门计提的固定资产折旧费和发生的修理费，借记本科目，贷记“累计折旧”、“银行存款”等科目。

（4）行政管理部门发生的办公费、水电费、差旅费，借记本科目，贷记“银行存款”等科目。

（5）小企业发生的业务招待费、相关长期待摊费用摊销、技术转让费、财产保险费、聘请中介机构费、咨询费（含顾问费）、诉讼费等，借记本科目，贷记“银行存款”、“长期待摊费用”等科目。

（6）小企业自行研究无形资产发生的研究费用，借记本科目，贷记“研发支出”科目。

月末，可将本科目的余额转入“本年利润”科目，结转后本科目应无余额。

（四）财务费用

核算小企业为筹集生产经营所需资金发生的筹资费用。包括：利息费用（减利息收入）、汇兑损失、银行相关手续费、小企业给予的现金折扣（减享受的现金折扣）等费用。应按照费用项目进行明细核算。

小企业为购建固定资产、无形资产和经过1 年期以上的制造才能达到预定可销售状态的存货发生的借款费用，在“在建工程”、“研发支出”、“制造费用”等科目核算，不在本科目核算。

小企业发生的汇兑收益，在“营业外收入”科目核算，不在本科目核算。

（1）小企业发生的利息费用、汇兑损失、银行相关手续费、给予的现金折扣等，借记本科目，贷记“应付利息”、“银行存款”等科目。

（2）持未到期的商业汇票向银行贴现，应当按照实际收到的金额（即减去贴现息后的净额），借记“银行存款”科目，按照贴现息，借记本科目，按照商业汇票的票面金额，贷记“应收票据”科目（银行无追索权情况下）或“短期借款”科目（银行有追索权情况下）。

(3) 发生的应冲减财务费用的利息收入、享受的现金折扣等，借记“银行存款”等科目，贷记本科目。

月末，可将本科目余额转入“本年利润”科目，结转后本科目应无余额。

（五）营业外支出

核算小企业发生的各项营业外支出。包括：存货的盘亏、毁损、报废损失，非流动资产处置净损失，坏账损失，无法收回的长期债券投资损失，无法收回的长期股权投资损失，自然灾害等不可抗力因素造成的损失，税收滞纳金，罚金，罚款，被没收财物的损失，捐赠支出，赞助支出等。应按照支出项目进行明细核算。

(1) 小企业确认存货的盘亏、毁损、报废损失，非流动资产处置净损失，自然灾害等不可抗力因素造成的损失，借记本科目、“生产性生物资产累计折旧”、“累计摊销”等科目，贷记“待处理财产损益——待处理流动资产损益、待处理非流动资产损益”、“固定资产清理”、“生产性生物资产”、“无形资产”等科目。

(2) 根据小企业会计准则规定确认实际发生的坏账损失、长期债券投资损失，应当按照可收回的金额，借记“银行存款”等科目，按照应收账款、预付账款、其他应收款、长期债券投资的账面余额，贷记“应收账款”、“预付账款”、“其他应收款”、“长期债券投资”等科目，按照其差额，借记本科目。

(3) 根据小企业会计准则规定确认实际发生的长期股权投资损失，按照可收回的金额，借记“银行存款”等科目，按照长期股权投资的账面余额，贷记“长期股权投资”科目，按照其差额，借记本科目。

(4) 支付的税收滞纳金、罚金、罚款，借记本科目，贷记“银行存款”等科目。

(5) 确认被没收财物的损失、捐赠支出、赞助支出，借记本科目，贷记“银行存款”等科目。

月末，可将本科目余额转入“本年利润”科目，结转后本科目应无余额。

（六）所得税费用

核算小企业根据企业所得税法确定的应从当期利润总额中扣除的所得税费

用。小企业根据企业所得税法规定补交的所得税，也通过本科目核算。小企业按照规定实行企业所得税先征后返的，实际收到返还的企业所得税，在“营业外收入”科目核算，不在本科目核算。

年度终了，小企业按照企业所得税法规定计算确定的当期应纳税税额，借记本科目，贷记“应交税费——应交企业所得税”科目。

年度终了，应将本科目的余额转入“本年利润”科目，结转后本科目应无余额。

四、费用的核算

【例 9－20】甲公司为宣传新产品发生广告费 80 000 元，均用银行存款支付。

借：销售费用　　80 000
　贷：银行存款　　80 000

【例 9－21】甲公司销售部 8 月份共发生费用 220 000 元，其中：销售人员薪酬 100 000 元，销售部专用办公设备折旧费 50 000 元，业务费 70 000 元（均用银行存款支付）。

借：销售费用　　220 000
　贷：应付职工薪酬　　100 000
　　累计折旧　　50 000
　　银行存款　　70 000

【例 9－22】甲公司销售一批产品，销售过程中发生运输费 5 000 元、装卸费 2 000 元，均用银行存款支付。

借：销售费用　　7 000
　贷：银行存款　　7 000

【例 9－23】某企业筹建期间发生办公费、差旅费等开办费 25 000 元，均用银行存款支付。

借：管理费用　　25 000
　贷：银行存款　　25 000

【例 9－24】甲公司为拓展产品销售市场发生业务招待费 50 000 元，用银行存款支付。

借：管理费用　　50 000
　贷：银行存款　　50 000

【例 9－25】甲公司就一项产品的设计方案向有关专家进行咨询，以现金支付咨询费30 000元。

借：管理费用　　30 000

　贷：库存现金　　30 000

【例9－26】甲公司行政部9月份共发生费用224 000元，其中：行政人员薪酬150 000元，行政部专用办公设备折旧费45 000元，报销行政人员差旅费21 000元，其他办公、水电费8 000元，均用银行存款支付。

借：管理费用　　224 000

　贷：应付职工薪酬　　150 000

　　　累计折旧　　45 000

　　　库存现金　　21 000

　　　银行存款　　8 000

【例9－27】甲公司当月按规定计算确定的应交房产税为3 000元，应交车船使用税为2 600元，应交土地使用税为4 300元。

借：营业税金及附加　　9 900

　贷：应交税费——应交房产税　　3 000

　　　　　　　——应交车船使用税　　2 600

　　　　　　　——应交土地使用税　　4 300

【例9－28】甲公司当月生产车间发生设备大修理费用45 000元，以银行存款支付，行政管理部门发生设备日常修理费用1 000元，以现金支付，均不满足固定资产确认条件。

借：管理费用　　46 000

　贷：银行存款　　45 000

　　　库存现金　　1 000

【例9－29】甲公司于20×7年1月1日向银行借入生产经营用短期借款360 000元，期限6个月，年利率5%，该借款本金到期后一次归还，利息分月预提，按季支付。假定所有利息均不符合利息资本化条件。

每月末，预提当月份应计利息：360 000×5%÷12＝1 500（元）

借：财务费用　　1 500

　贷：应付利息　　1 500

【例9－30】甲公司于20×7年1月1日向银行借入生产经营用短期借款360 000元，期限6个月，年利率5%，该借款本金到期后一次归还，利息分月预提，按季支付。假定1月份其中120 000元暂时作为闲置资金存入银行，并获得利息收入400元，假定所有利息均不符合利息资本化条件。

1 月份相关利息的会计处理如下：

1 月末，预提当月份应计利息：360 000 × 5% ÷ 12 = 1 500（元）

借：财务费用　　1 500

　贷：应付利息　　1 500

同时，当月取得的利息收入 400 元应作为冲减财务费用处理。

借：银行存款　　400

　贷：财务费用　　400

第三节　利润及利润分配

一、利润的概念和构成

利润，是指小企业在一定会计期间的经营成果。包括：营业利润、利润总额和净利润。利润包括收入减去费用后的净额、直接计入当期利润的利得和损失等。

直接计入当期利润的利得和损失，是指应当计入当期损益、会导致所有者权益发生增减变动的、与所有者投入资本或者向所有者分配利润无关的利得或者损失。

（一）营业利润

是指营业收入减去营业成本、营业税金及附加、销售费用、管理费用、财务费用，加上投资收益（或减去投资损失）后的金额。

营业收入是指小企业销售商品和提供劳务实现的收入总额。投资收益，由小企业股权投资取得的现金股利（或利润）、债券投资取得的利息收入和处置股权投资和债券投资取得的处置价款扣除成本或账面余额、相关税费后的净额三部分构成。

营业利润 = 营业收入 - 营业成本 - 营业税金及附加 - 销售费用 - 管理费用 - 财务费用

（二）利润总额

是指营业利润加上营业外收入，减去营业外支出后的金额。

利润总额 = 营业利润 + 营业外收入 - 营业外支出。

1. 营业外收入

是指小企业非日常生产经营活动形成的、应当计入当期损益、会导致所有者权益增加、与所有者投入资本无关的经济利益的净流入。

小企业的营业外收入包括：非流动资产处置净收益、政府补助、捐赠收益、盘盈收益、汇兑收益、出租包装物和商品的租金收入、逾期未退包装物押金收益、确实无法偿付的应付款项、已作坏账损失处理后又收回的应收款项、违约金收益等。通常小企业的营业外收入应当在实现时按照其实现金额计入当期损益。

政府补助，是指小企业从政府无偿取得货币性资产或非货币性资产，但不含政府作为小企业所有者投入的资本。

（1）小企业收到与资产相关的政府补助，应当确认为递延收益，并在相关资产的使用寿命内平均分配，计入营业外收入。收到的其他政府补助，用于补偿本企业以后期间的相关费用或亏损的，确认为递延收益，并在确认相关费用或发生亏损的期间，计入营业外收入；用于补偿本企业已发生的相关费用或亏损的，直接计入营业外收入。

（2）政府补助为货币性资产的，应当按照收到的金额计量。

政府补助为非货币性资产的，政府提供了有关凭据的，应当按照凭据上标明的金额计量；政府没有提供有关凭据的，应当按照同类或类似资产的市场价格或评估价值计量。

（3）小企业按照规定实行企业所得税、增值税、消费税、营业税等先征后返的，应当在实际收到返还的企业所得税、增值税（不含出口退税）、消费税、营业税时，计入营业外收入。

2. 营业外支出

是指小企业非日常生产经营活动发生的、应当计入当期损益、会导致所有者权益减少、与向所有者分配利润无关的经济利益的净流出。

小企业的营业外支出包括：存货的盘亏、毁损、报废损失、非流动资产处置净损失、坏账损失、无法收回的长期债券投资损失、无法收回的长期股权投资损失、自然灾害等不可抗力因素造成的损失、税收滞纳金、罚金、罚款、被没收财物的损失、捐赠支出、赞助支出等。通常小企业的营业外支出应当在发生时按照其发生额计入当期损益。

（三）净利润

净利润是指利润总额减去所得税费用后的净额。

净利润 = 利润总额 - 所得税费用

所得税费用是指企业确认的应从当期利润总额中扣除的所得税费用。

小企业应当按照企业所得税法规定计算当期应纳税额，确认所得税费用。小企业应当在利润总额的基础上，按照企业所得税法规定进行纳税调整，计算出当期应纳税所得额，以应纳税所得额与适用所得税税率为基础计算确定当期应纳税额。

小企业以当年净利润弥补以前年度亏损等剩余的税后利润，可用于向投资者进行分配。小企业（公司制）在分配当年税后利润时，应当按照公司法的规定提取法定公积金和任意公积金。

二、账户设置

（一）“营业外收入”账户

核算小企业实现的各项营业外收入。包括：非流动资产处置净收益、政府补助、捐赠收益、盘盈收益、汇兑收益、出租包装物和商品的租金收入、逾期未退包装物押金收益、确实无法偿付的应付款项、已作坏账损失处理后又收回的应收款项、违约金收益等。应按照营业外收入项目进行明细核算。

小企业收到出口产品或商品按照规定退回的增值税款，在“其他应收款”科目核算，不在本科目核算。

（1）小企业确认非流动资产处置净收益，比照“固定资产清理”、“无形资产”等科目的相关规定进行账务处理。

（2）确认的政府补助收入，借记“银行存款”或“递延收益”科目，贷记本科目。

（3）小企业按照规定实行企业所得税、增值税（不含出口退税）、消费税、营业税等先征后返的，应当在实际收到返还的企业所得税、增值税、消费税、营业税等时，借记“银行存款”科目，贷记本科目。

（4）确认的捐赠收益，借记“银行存款”、“固定资产”等科目，贷记本科目。

（5）确认的盘盈收益，借记“待处理财产损益——待处理流动资产损益、待处理非流动资产损益”科目，贷记本科目。

（6）确认的汇兑收益，借记有关科目，贷记本科目。

（7）确认的出租包装物和商品的租金收入、逾期未退包装物押金收益、确实无法偿付的应付款项、违约金收益等，借记“其他应收款”、“应付账款”、“其他应付款”等科目，贷记本科目。

（8）确认的已作坏账损失处理后又收回的应收款项，借记“银行存款”等科目，贷记本科目。

月末，可将本科目余额转入“本年利润”科目，结转后本科目应无余额。

(二)“营业外支出”账户

核算小企业发生的各项营业外支出。包括：存货的盘亏、毁损、报废损失，非流动资产处置净损失，坏账损失，无法收回的长期债券投资损失，无法收回的长期股权投资损失，自然灾害等不可抗力因素造成的损失，税收滞纳金，罚金，罚款，被没收财物的损失，捐赠支出，赞助支出等。应按照支出项目进行明细核算。

(1) 小企业确认存货的盘亏、毁损、报废损失，非流动资产处置净损失，自然灾害等不可抗力因素造成的损失，借记本科目、“生产性生物资产累计折旧”、“累计摊销”等科目，贷记“待处理财产损益——待处理流动资产损益、待处理非流动资产损益”、“固定资产清理”、“生产性生物资产”、“无形资产”等科目。

(2) 根据小企业会计准则规定确认实际发生的坏账损失、长期债券投资损失，应当按照可收回的金额，借记“银行存款”等科目，按照应收账款、预付账款、其他应收款、长期债券投资的账面余额，贷记“应收账款”、“预付账款”、“其他应收款”、“长期债券投资”等科目，按照其差额，借记本科目。

(3) 根据小企业会计准则规定确认实际发生的长期股权投资损失，按照可收回的金额，借记“银行存款”等科目，按照长期股权投资的账面余额，贷记“长期股权投资”科目，按照其差额，借记本科目。

(4) 支付的税收滞纳金、罚金、罚款，借记本科目，贷记“银行存款”等科目。

(5) 确认被没收财物的损失、捐赠支出、赞助支出，借记本科目，贷记“银行存款”等科目。

月末，可将本科目余额转入“本年利润”科目，结转后本科目应无余额。

(三)“所得税费用”账户

核算小企业根据企业所得税法确定的应从当期利润总额中扣除的所得税费用。小企业根据企业所得税法规定补交的所得税，也通过本科目核算。

小企业按照规定实行企业所得税先征后返的，实际收到返还的企业所得税，在“营业外收入”科目核算，不在本科目核算。

年度终了，小企业按照企业所得税法规定计算确定的当期应纳税税额，借记本科目，贷记“应交税费——应交企业所得税”科目。

年度终了，应将本科目的余额转入“本年利润”科目，结转后本科目应无余额。

三、利润的账务处理

（一）营业外收入

【例9－31】甲公司将固定资产报废清理的净收益8 000元转作营业外收入。

借：固定资产清理　　　　　　　　　　8 000
　贷：营业外收入　　　　　　　　　　　8 000

【例9－32】甲公司本期营业外收入总额为180 000元，期末结转本年利润。

借：营业外收入　　　　　　　　　　180 000
　贷：本年利润　　　　　　　　　　　180 000

（二）营业外支出

【例9－33】甲公司将已经发生的原材料意外灾害损失270 000元转作营业外支出。

借：营业外支出　　　　　　　　　　270 000
　贷：待处理财产损益　　　　　　　　270 000

【例9－34】甲公司用银行存款支付税款滞纳金30 000元。

借：营业外支出　　　　　　　　　　30 000
　贷：银行存款　　　　　　　　　　　30 000

【例9－35】甲公司将拥有的一项非专利技术出售，取得价款900 000元，应交的营业税为45 000元。该非专利技术的账面余额为1 000 000元，累计摊销额为100 000元。

借：银行存款　　　　　　　　　　　900 000
　　累计摊销　　　　　　　　　　　100 000
　　营业外支出　　　　　　　　　　45 000
　贷：无形资产　　　　　　　　　　1 000 000
　　　应交税费——应交营业税　　　　　45 000

【例9－36】甲公司本期营业外支出总额为840 000元，期末结转本年利润。

借：本年利润　　　　　　　　　　　840 000
　贷：营业外支出　　　　　　　　　　840 000

（三）所得税费用的核算

所得税是根据企业应纳税所得额的一定比例上交的一种税金。

1. 所得税的计算

应纳税所得额是在企业税前会计利润（即利润总额）的基础上调整确定的。计算公式为：应纳税所得额 = 税前会计利润 + 纳税调整增加额 - 纳税调整减少额。纳税调整增加额主要包括税法规定允许扣除项目中，企业已计入当期费用但超过税法规定扣除标准的金额（如超过税法规定标准业务招待费支出），以及企业已计入当期损失但税法规定不允许扣除项目的金额（如税收滞纳金、罚款、罚金）。纳税调整减少额主要包括按税法规定允许弥补的亏损和准予免税的项目，如前五年内的未弥补亏损和国债利息收入等。

企业当期所得税的计算公式为：应交所得税 = 应纳税所得额 × 所得税税率

【例9-37】甲公司20×3年度按企业会计准则计算的税前会计利润为199 000元，所得税税率为25%。经查，甲公司当年营业外支出中有1 000元为税款滞纳罚金。假定甲公司全年无其他纳税调整因素。

应纳税所得额 = 199 000 + 1 000 = 200 000（元）

当期应交所得税额 = 200 000 × 25% = 50 000（元）

【例9-38】甲公司20×3年全年利润总额（即税前会计利润）为102 000元，其中包括本年收到的国库券利息收入2 000元，所得税税率为25%。假定甲公司本年无其他纳税调整因素。

应纳税所得额 = 102 000 - 2 000 = 100 000（元）

当期应交所得税额 = 100 000 × 25% = 25 000（元）

2. 所得税费用的会计处理

企业应根据会计准则的规定，对当期所得税加以调整计算后，据以确认应从当期利润总额中扣除的所得税费用。

【例9-39】承【例9-38】，计缴所得税：

借：所得税费用　　25 000

　贷：应交税费——应交所得税　　25 000

（四）本年利润的会计处理

会计期末结转本年利润的方法有表结法和账结法两种。

年度终了，应将本年收入和支出相抵后结出的本年实现的净利润，由“本年利润”科目结转入“利润分配”科目。

【例9－40】甲公司20×3年有关损益类科目的年末余额如下（该企业采用表结法年末一次结转损益类科目，所得税税率为25%）：

科目名称	结账前余额
主营业务收入	6 000 000元（贷）
其他业务收入	700 000元（贷）
投资收益	600 000元（贷）
营业外收入	50 000元（贷）
主营业务成本	4 000 000元（借）
其他业务成本	400 000元（借）
营业税金及附加	80 000元（借）
销售费用	500 000元（借）
管理费用	770 000元（借）
财务费用	200 000元（借）
营业外支出	250 000元（借）

甲公司20×3年末未结转本年利润的会计分录如下：

(1) 将各损益类科目年末余额结转入“本年利润”科目：

①结转各项收入、利得类科目：

借：主营业务收入　6 000 000
　　其他业务收入　700 000
　　投资收益　600 000
　　营业外收入　50 000
　贷：本年利润　7 350 000

②结转各项费用、损失类科目

借：本年利润　6 200 000
　贷：主营业务成本　4 000 000
　　　其他业务成本　400 000
　　　营业税金及附加　80 000
　　　销售费用　500 000
　　　管理费用　770 000
　　　财务费用　200 000
　　　营业外支出　250 000

（2）经过上述结转后，“本年利润”科目的贷方发生额合计7 350 000元，减去借方发生额合计6 200 000元即为税前会计利润1 150 000元。假设将该税前会计利润进行纳税调整后，应纳税所得额为1 000 000元，则应交所得税额 = 1 000 000 × 25% = 250 000（元）。

①确认所得税费用：

借：所得税费用　　250 000

　贷：应交税费——应交所得税　　250 000

②将所得税费用结转入“本年利润”科目：

借：本年利润　　250 000

　贷：所得税费用　　250 000

（3）将“本年利润”科目年末余额900 000（1 150 000 - 250 000）转入“利润分配——未分配利润”科目：

借：本年利润　　900 000

　贷：利润分配——未分配利润　　900 000

第四节　政府补助

一、政府补助的概念和特征

政府补助是指企业从政府无偿取得货币性资产或非货币性资产，但不包括政府作为企业所有者投入的资本。其中，“政府”包括各级人民政府以及政府组成部门（如财政、卫生部门）、政府直属机构（如税务、环保部门）等。联合国、世界银行等国际类似组织，也视同为政府。

政府补助具有以下特征：

（一）无偿性

政府向企业提供补助属于非互惠交易，政府并不因此而享有企业的所有权，企业未来也不需要以提供服务、转让资产等方式偿还。无偿性是政府补助的基本特征。

（二）通常附有条件

政府补助通常附有一定的条件，主要包括政策条件和使用条件。

（1）政策条件。政府补助是政府为了鼓励或扶持某个行业、区域或领域的发展而给予企业的一种财政支持，具有很强的政策性。因此，政府补助的政策条件（即申报条件）是不可缺少的。企业只有符合相关政府补助政策的规定，才有资格申报政府补助。符合政策规定的，不一定都能够取得政府补助；不符合政策规定、不具备申报政府补助资格的，不能取得政府补助。

（2）使用条件。企业已获批准取得政府补助的，应当按照政府相关文件等规定的用途使用政府补助。否则，政府有权按规定责令其改正、终止资金拨付，甚至收回已拨付的资金。例如，企业从政府无偿取得的农业产业化资金，必须用于相关政策文件中规定的农业产业化项目。

（三）政府补助不包括政府的资本性投入

政府以企业所有者身份向企业投入资本，享有企业相应的所有权，企业有义务向投资者分配利润，政府与企业之间是投资者与被投资者的关系，属于互惠交易。这与其他单位或个人对企业的投资在性质上是一致的。财政拨入的投资补助等专项拨款中，相关政策明确规定作为“资本公积”处理的部分，也属于资本性投入的性质。政府的资本性投入无论采用何种形式，均不属于政府补助的范畴。

此外，政府代第三方支付给企业的款项，对于收款企业而言不属于政府补助，因为这项收入不是企业无偿取得的。例如，政府代农民交付供货企业的农机具购买资金，属于供货企业的产品销售收入，不属于政府补助。

二、政府补助的主要形式

政府补助通常为货币性资产形式，最常见的就是通过银行转账的方式；也存在无偿划拨非货币性资产的情况，随着市场经济的逐步完善，这种情况已经趋于消失。

（一）财政拨款

财政拨款是政府为了支持企业而无偿拨付的款项。为了体现财政拨款的政策引导作用，这类拨款通常具有严格的政策条件，只有符合申报条件的企业才能申请拨款；同时附有明确的使用条件，政府在批准拨款时就规定了资金的具体用途。

财政拨款可以是事前支付，也可以是事后支付。前者是指符合申报条件的企业，经申请取得拨款之后，将拨款用于规定用途或其他用途。比如，符合申请科技型中小企业技术创新基金的企业，取得拨付资金后，用于购买设备等规定用途。后者是指符合申报条件的企业，从事相关活动、发生相关费用之后，再向政府部门申请拨款。例如，为支持中小企业参与国际竞争，政府给予中小企业的国际市场开拓资金可以采用事后支付的方式，企业完成开拓市场活动

（如举办或参加境外展览会等）后，根据政府批复的支持金额获得资助资金。

（二）财政贴息

财政贴息是指政府为支持特定领域或区域发展，根据国家宏观经济形势和政策目标，对承贷企业的银行贷款利息给予的补贴。财政贴息的补贴对象通常是符合申报条件的某类项目。例如农业产业化项目、中小企业技术创新项目等。贴息项目通常是综合性项目，包括设备购置、人员培训、研发费用、人员开支、购买服务等；也可以是单项的，比如仅限于固定资产贷款项目。

目前，财政贴息主要有两种方式，一是财政将贴息资金直接支付给受益企业。例如，政府为支持中小企业专业化发展，对中小企业以银行贷款为主投资的项目提供的贷款贴息；二是财政将贴息资金直接拨付贷款银行，由贷款银行以低于市场利率的政策性优惠利率向企业提供贷款。例如，某些扶贫资金，由农行系统发放贴息贷款，财政部与农业银行总行结算贴息资金，承贷企业按照实际发生的利率计算和确认利息费用。

（三）税收返还

税收返还是政府向企业返还的税款。属于以税收优惠形式给予的一种政府补助。税收返还主要包括先征后返的所得税和先征后退、即征即退的流转税，其中，流转税包括增值税、消费税和营业税等。

除了税收返还之外，税收优惠还包括直接减征、免征、增加计税抵扣额、抵免部分税额等形式。这类税收优惠体现了政策导向，政府并未直接向企业无偿提供资产，因此不作为企业会计准则规范的政府补助处理。

三、与资产相关的政府补助

与资产相关的政府补助，是指企业取得的、用于购建或以其他方式形成长期资产的政府补助。这类补助一般以银行转账的方式拨付，如政府拨付的用于企业购买无形资产的财政拨款、政府对企业用于建造固定资产的相关贷款给予的财政贴息等，应当在实际收到款项时按照到账的实际金额确认和计量。在很少的情况下，这类补助也可能表现为政府向企业无偿划拨长期非货币性资产，应当在实际取得资产并办妥相关受让手续时按照其公允价值确认和计量，公允价值不能可靠取得的，按照名义金额（即1元人民币）计量。

企业取得与资产相关的政府补助，不能全额确认为当期收益，应当随着相关资产的使用逐渐计入以后各期的收益。也就是说，与资产相关的政府补助应当确认为递延收益，然后自相关资产可供使用时起，在该项资产使用寿命内平均分配，计入当期营业外收入。

这里需要说明两点：(1) 递延收益分配的起点是“相关资产可供使用时”，对于应计提折旧或摊销的长期资产，即为资产开始折旧或摊销的时点。(2) 递延收益分配的终点是“资产使用寿命结束或资产被处置时（孰早)”。相关资产在使用寿命结束前被处置（出售、转让、报废等)，尚未分配的递延收益余额应当一次性转入资产处置当期的收益，不再予以递延。

【例9-41】20×3年1月1日，政府拨付甲公司500万元财政拨款（同日到账)，要求用于购买大型科研设备1台；并规定若有结余，留归企业自行支配。20×3年2月1日甲公司购入大型设备（假设不需安装)，实际成本为480万元，使用寿命为10年。20×9年2月1日，甲公司出售了这台设备。

(1) 20×3年1月1日实际收到财政拨款，确认政府补助：

借：银行存款　　5 000 000

　贷：递延收益　　5 000 000

(2) 20×3年2月1日购入设备：

借：固定资产　　4 800 000

　贷：银行存款　　4 800 000

(3) 在该项固定资产的使用期间，每个月计提折旧和分配递延收益：

借：研发支出　　40 000

　贷：累计折旧　　40 000

借：递延收益　　41 667（5 000 000÷10÷12）

　贷：营业外收入　　41 667

(4) 20×9年2月1日出售该设备：已计提折旧和摊销递延收益6年。

借：固定资产清理　　1 440 000

　　累计折旧　　3 360 000

　贷：固定资产　　4 800 000

借：递延收益　　2 000 000

　贷：营业外收入　　2 000 000

【例9-42】20×3年1月1日，甲公司为建造一项环保工程向银行贷款500万元，期限2年，年利率为6%。当年12月31日，甲公司向当地政府提出财政贴息申请。经审核，当地政府批准按照实际贷款额500万元给予甲公司年利率3%的财政贴息，共计30万元，分两次支付。20×4年1月15日，第一笔财政贴息资金12万元到账。20×4年7月1日，工程完工，第二笔财政贴息资金18万元到账，该工程预计使用寿命10年。

(1) 20×4年1月15日实际收到财政贴息，确认政府补助：

借：银行存款 120 000

　贷：递延收益 120 000

(2) 20×4年7月1日实际收到财政贴息，确认政府补助：

借：银行存款 180 000

　贷：递延收益 180 000

(3) 20×4年7月1日工程完工，开始分配递延收益，自20×4年7月1日起，每个资产负债表日：

借：递延收益 2 500（30÷10÷12）

　贷：营业外收入 2 500

四、与收益相关的政府补助

与收益相关的政府补助，是指除与资产相关的政府补助之外的政府补助。

这类补助通常以银行转账的方式拨付，应当在实际收到款项时按照到账的实际金额确认和计量。比如，按照有关规定对企业先征后返的增值税，企业应当在实际收到返还的增值税税款时将其确认为收益，而不应当在确认应付增值税时确认应收税收返还款。只有存在确凿证据表明该项补助是按照固定的定额标准拨付的，才可以在这项补助成为应收款时予以确认并按照应收的金额计量。例如，按储备量和补助定额计算和拨付给企业的储备量存储费用补贴，可以按照实际储备量和补贴定额计算应收政府补助款。

与收益相关的政府补助应当在其补偿的相关费用或损失发生的期间计入当期损益，即：用于补偿企业以后期间的相关费用或损失的，在取得时先确认为递延收益，然后在确认相关费用的期间计入当期营业外收入；用于补偿企业已发生的相关费用或损失的，取得时直接计入当期营业外收入。

有些情况下，企业可能不容易分清与收益有关的政府补助是用于补偿已发生费用，还是用于补偿以后将发生的费用。根据重要性原则，企业通常可以将与收益相关的政府补助直接计入当期营业外收入，对于金额较大的补助，可以分期计入营业外收入。

【例9-43】甲公司生产一种先进的模具产品，按照国家相关规定，该企业的这种产品适用增值税先征后返政策，即先按规定征收增值税，然后按实际缴纳增值税税额返还70%。20×3年1月，该企业实际缴纳增值税税额

120 万元。20×3 年 2 月，该企业实际收到返还的增值税税额 84 万元。甲企业实际收到返还的增值税税额的会计分录如下：

借：银行存款　　840 000

　贷：营业外收入　　840 000

【例 9-44】乙企业为一家储备粮企业，20×7 年实际粮食储备量 1 亿斤。根据国家有关规定，财政部门按照企业的实际储备量给以每斤 0.039 元的粮食保管费补贴，于每个季度初支付。

（1）20×7 年 1 月，乙企业收到财政拨付的补贴款时：

借：银行存款　　3 900 000

　贷：递延收益　　3 900 000

（2）20×7 年 1 月，将补偿 1 月份保管费的补贴计入当期收益：

借：递延收益　　1 300 000

　贷：营业外收入　　1 300 000

（20×7 年 2 月和 3 月的会计分录同上）

【例 9-45】按照相关规定，粮食储备企业需要根据有关主管部门每季度下达的轮换计划出售陈粮，同时购入新粮。为弥补粮食储备企业发生的轮换费用，财政部门按照轮换计划中规定的轮换量支付给企业 0.02 元/斤的轮换费补贴。假设按照轮换计划，企业需要在 20×7 年第一季度轮换储备粮 1.2 亿斤，款项尚未收到。

（1）20×7 年 1 月按照轮换量 1.2 亿斤和国家规定的补贴定额 0.02 元/斤，计算和确认其他应收款 240 万元：

借：其他应收款　　2 400 000

　贷：递延收益　　2 400 000

（2）20×7 年 1 月，将补偿 1 月份保管费的补贴计入当期收益：

借：递延收益　　800 000

　贷：营业外收入　　800 000

（20×7 年 2 月和 3 月的会计分录同上）

五、与资产和收益均相关的政府补助

政府补助的对象常常是综合性项目，可能既包括设备等长期资产的购置，也包括人工费、购买服务费、管理费等费用化支出的补偿，这种政府补助与资产和收益均相关。

以研发补贴为例，大部分研发补贴的对象是符合政策规定的特定研发项目，企业取得补贴后可以用于购置该研发项目所需的设备，或者购买试剂、支付劳务费等。例如，集成电路产业研究与开发专项资金的补贴内容包括：（1）人工费，含集成电路人才培养、引进和奖励费；（2）专用仪器及设备费；（3）专门用于研发活动的咨询和等效服务费用；（4）因研发活动而直接发生的如材料、供应品等日常费用；（5）因研发活动而直接发生的间接支出；（6）为管理研发资金而发生的必要费用。

企业取得这类政府补助时，需要将其分解为与资产相关的部分和与收益相关的部分，分别进行会计处理。在实务中，政府常常只补贴整个项目开支的一部分，企业可能确实难以区分某项政府补助中哪些与资产相关、哪些与收益相关，或者对其进行的划分不符合重要性原则或成本效益原则。这种情况下，企业可以将整项政府补助归类为与收益相关的政府补助，视情况不同计入当期损益，或者在项目期内分期确认为当期收益。

【例9－46】甲公司20×6年12月申请某国家级研发补贴。申报书中的有关内容如下：本公司于20×6年1月启动数字印刷技术开发项目，预计总投资360万元、为期3年，已投入资金120万元。项目还需新增投资240万（其中，购置固定资产80万元、场地租赁费40万元、人员费100万元、市场营销20万元），计划自筹资金120万元、申请财政拨款120万元。

20×7年1月1日，主管部门批准了甲公司的申报，签订的补贴协议规定：批准甲公司补贴申请，共补贴款项120万元，分两次拨付。合同签订日拨付60万元，结项验收时支付60万元（如果不能通过验收，则不支付第二笔款项）。

（1）20×7年1月1日，实际收到拨款60万元：

借：银行存款　　600 000

　贷：递延收益　　600 000

（2）自20×7年至20×9年，每个资产负债表日，分配递延收益（假设按年分配）：

借：递延收益　　300 000

　贷：营业外收入　　300 000

（3）20×9年项目完工，假设通过验收，于5月1日实际收到拨付60万元：

借：银行存款　　600 000

　贷：营业外收入　　600 000

【例9－47】按照有关规定，20×3年9月甲公司为其自主创新的某高新技术项目申报政府财政贴息，申报材料中表明该项目已于20×3年3月启动，预计共需投入资金2 000万元，项目期2.5年，已投入资金600万元。项目尚需新增投资1 400万元，其中计划贷款800万元，已与银行签订贷款协议，协议规定贷款年利率6%，贷款期2年。

经审核，20×3年11月政府批准拨付甲企业贴息资金70万元，分别在20×4年10月和20×5年10月支付30万元和40万元。

（1）20×4年10月实际收到贴息资金30万元：

借：银行存款　　300 000

　　贷：递延收益　　300 000

（2）20×4年10月起，在项目期内分配递延收益（假设按月分配）：

借：递延收益　　25 000

　　贷：营业外收入　　25 000

（3）20×5年10月实际收到贴息资金40万元：

借：银行存款　　400 000

　　贷：营业外收入　　400 000

第十章　小企业外币业务

小企业的外币业务由外币交易和外币财务报表折算构成。

第一节　外币交易的会计处理

小企业外币交易，是指小企业以外币计价或者结算的交易。小企业的外币交易包括：买入或者卖出以外币计价的商品或者劳务、借入或者借出外币资金和其他以外币计价或者结算的交易。外币，是指小企业记账本位币以外的货币。

外币交易的会计处理主要涉及：记账本位币的确定；外币交易发生日折算汇率的选择及相应的外币交易初始确认的会计处理；资产负债表日及结算日折算汇率的选择及所产生汇兑差额的会计处理。

一、记账本位币的确定

（一）记账本位币的定义

小企业记账本位币，是指小企业经营所处的主要经济环境中的货币。它通常是企业主要产生和支出现金的经济环境中的货币，因为使用这一货币最能反映企业主要交易业务的经济结果。

（二）企业记账本位币的确定

小企业应当选择人民币作为记账本位币。业务收支以人民币以外的货币为主的小企业，可以选定其中一种货币作为记账本位币，但编报的财务报表应当折算为人民币财务报表。

（三）记账本位币的变更

小企业记账本位币一经确定，不得随意变更，但小企业经营所处的主要经济环境发生重大变化除外。小企业因经营所处的主要经济环境发生重大变化，确需变更记账本位币的，应当采用变更当日的即期汇率将所有项目折算为变更后的记账本位币。

即期汇率，是指中国人民银行公布的当日人民币外汇牌价的中间价。

二、外币交易的会计处理

（一）外币交易发生日的初始确认

小企业对于发生的外币交易，应当将外币金额折算为记账本位币金额。

外币交易在初始确认时，采用交易发生日的即期汇率将外币金额折算为记账本位币金额，也可以采用交易当期平均汇率折算。

小企业收到投资者以外币投入的资本，应当采用交易发生日即期汇率折算，不得采用合同约定汇率和交易当期平均汇率折算。

按照折算后的记账本位币金额计入有关账户；在登记有关记账本位币账户的同时，按照外币金额登记相应的外币账户。

【例10－1】 甲公司属于增值税一般纳税人，记账本位币为人民币，其外币交易采用交易日即期汇率折算。20×3年3月2日，甲公司从国外乙公司购入某原材料，货款300 000美元，当日的即期汇率为1美元＝6.83人民币元，按照规定应缴纳的进口关税为204 900人民币元，支付进口增值税为348 330人民币元，货款尚未支付，进口关税及增值税已由银行存款支付。

借：原材料——××材料　　2 253 900（300 000×6.83＋204 900）
　　应交税费——应交增值税（进项税额）　　348 330
　贷：应付账款——乙公司（美元）　　2 049 000（300 000×6.83）
　　　银行存款　　553 230（204 900＋348 330）

【例10－2】 甲公司记账本位币为人民币，外币交易采用交易日即期汇率折算。20×3年4月10日，向国外丙公司出口销售商品一批，根据销售合同，货款共计800 000欧元，当日的即期汇率为1欧元＝8.87人民币元。假定不考虑增值税等相关税费，货款尚未收到。

借：应收账款——丙公司（欧元）　　7 096 000（800 000×8.87）
　贷：主营业务收入——出口××商品　　7 096 000

【例10－3】 甲公司的记账本位币为人民币，其外币交易采用交易日即期汇率折算。20×3年2月4日，从银行借入200 000英镑，期限为6个月，年利率为5%（等于实际利率），借入的英镑暂存银行。借入当日的即期汇率为1英镑=9.75人民币元。

借：银行存款——××银行（英镑）

1 950 000（200 000×9.75）

贷：短期借款——××银行（英镑）

1 950 000（200 000×9.75）

【例10-4】甲公司的记账本位币为人民币，其外币交易采用交易日即期汇率折算。20×3年7月28日，将货款1 000 000欧元到银行兑换成人民币，银行当日的欧元买入价为1欧元=9.51人民币元，中间价为1欧元=9.72人民币元。

企业与银行发生货币兑换，兑换所用汇率为银行的买入价，而通常记账所用的即期汇率为中间价，由此产生的汇兑差额计入当期财务费用。

借：银行存款——××银行（人民币）

9 510 000（1 000 000×9.51）

财务费用—汇兑差额 210 000

贷：银行存款——××银行（欧元）

9 720 000（1 000 000×9.72）

【例10-5】甲公司的记账本位币为人民币，其外币交易采用交易日即期汇率折算。20×3年7月28日，将货款100 000人民币到银行兑换成欧元，银行当日的欧元卖出价为1欧元=9.81人民币元，中间价为1欧元=9.70人民币元。

100 000人民币兑换成欧元=100 000÷9.81=10 193.68（欧元）

借：银行存款——××银行（欧元） 98 878.7（10 193.68×9.70）

财务费用——汇兑差额 1 121.3

贷：银行存款——××银行（人民币） 100 000

【例10-6】甲公司的记账本位币为人民币，其外币交易采用交易日即期汇率折算。20×3年2月25日，甲公司为增资与某外商签订投资合同，当日收到外商投资资本2 000 000美元，当日的即期汇率为1美元=6.82人民币元，其中，13 000 000人民币元作为注册资本的组成部分。假定投资合同约定的汇率为1美元=6.85人民币元。

企业收到以投资者以外币投入的资本，无论是否有合同约定汇率，均不得采用合同约定汇率和即期汇率的近似汇率折算，而应当采用交易发生日即期汇率折算。这样，外币投入资本与相应的货币性项目的记账本位币金额相

等，不产生外币资本折算差额

借：银行存款——××银行（美元）　　13 640 000（2 000 000 × 6.82）

贷：实收资本——××　　13 000 000

资本公积——资本溢价　　640 000

（二）资产负债表日及结算日的会计处理

小企业在资产负债表日，应当按照下列规定对外币货币性项目和外币非货币性项目进行会计处理：

（1）外币货币性项目，采用资产负债表日的即期汇率折算。因资产负债表日即期汇率与初始确认时或者前一资产负债表日即期汇率不同而产生的汇兑差额，计入当期损益。

货币性项目，是指小企业持有的货币资金和将以固定或可确定的金额收取的资产或者偿付的负债。货币性项目分为货币性资产和货币性负债。货币性资产包括：库存现金、银行存款、应收账款、其他应收款等；货币性负债包括：短期借款、应付账款、其他应付款、长期借款、长期应付款等。

（2）以历史成本计量的外币非货币性项目，仍采用交易发生日的即期汇率折算，不改变其记账本位币金额。

非货币性项目，是指货币性项目以外的项目。包括：存货、长期股权投资、固定资产、无形资产等。

【例 10－7】承【例10－1】，20×3年3月31日，甲公司尚未向乙公司支付所欠货款，当日即期汇率为1美元＝6.8人民币元。则对该笔交易产生的外币货币性项目"应付账款"采用期末即期汇率进行折算，折算为记账本位币 2 040 000 人民币元（300 000 ×6.8），与其原记账本位币 2 049 000 之差额9 000 人民币元计入当期损益。

借：应付账款——乙公司（美元）

9 000［300 000 ×（6.83－6.8）］

贷：财务费用——汇兑差额　　9 000

【例 10－8】沿用【例 10－2】，20×3 年4 月30 日，甲公司仍未收到丙公司购货款，当日的即期汇率为1 欧元＝9.08 人民币元。则对该笔交易产生的外币货币性项目"应收账款"采用期末即期汇率进行折算，折算为记账本位币 7 264 000 人民币元（800 000 ×9.08），与其原记账本位币 7 096 000 之差额168 000 人民币元计入当期损益。

借：应收账款——丙公司（欧元）　　168 000［800 000 ×（9.08 －

8.87)]

贷：财务费用——汇兑差额　　168 000

假定20×3年5月20日收到上述货款，兑换成人民币直接存入银行，当日银行的欧元买入价为1欧元=9.28人民币元。

借：银行存款——××银行（人民币）　　7 424 000（800 000×9.28）

贷：应收账款——丙公司（欧元）　　7 264 000

财务费用——汇兑差额　　160 000

【例10-9】承【例10-3】，假定20×3年2月28日即期汇率为1英镑=9.85人民币元，则对该笔交易产生的外币货币性项目"短期借款——××银行（英镑）"采用期末即期汇率进行折算，折算为记账本位币1 970 000人民币元（200 000×9.85），与其原记账本位币1 950 000之差额20 000元人民币计入当期损益。

借：财务费用——汇兑差额　　20 000［200 000×（9.85－9.75）］

贷：短期借款——××银行（英镑）　　20 000

20×3年8月4日以人民币归还所借英镑，当日银行的英镑卖出价为1英镑=11.27人民币元，假定价款利息在到期归还本金时一并支付，则当日应归还银行借款利息5 000英镑（200 000×5%÷12×6），按当日英镑卖出价折算为人民币为56 350元（5 000×11.27）。假定20×3年7月31日的即期汇率为1英镑=9.80人民币元。

借：短期借款——××银行（英镑）　　1 960 000

财务费用——汇兑差额　　294 000

贷：银行存款——××银行（人民币）　　2 254 000（200 000×11.27）

借：财务费用——利息费用　　56 350（5 000×11.27）

贷：银行存款——××银行（人民币）　　56 350

【例10-10】甲公司的记账本位币为人民币，其外币交易采用交易日即期汇率折算。20×3年3月2日进口一台机器设备，支付价款1 000 000美元，已按当日即期汇率1美元=6.83人民币元折算为人民币并记入"固定资产"账户。"固定资产"属于非货币性项目，因此，资产负债表日也不需要再按照当日即期汇率进行调整。

第二节　外币财务报表的折算

小企业对外币财务报表进行折算时，应当采用资产负债表日的即期汇率对外币资产负债表、利润表和现金流量表的所有项目进行折算。

【例 10－11】甲公司的记账本位币为人民币，该公司在英国有一子公司乙公司，乙公司确定的记账本位币为英镑。甲公司拥有乙公司 70% 的股权，并能够对乙公司的财务和经营政策实施控制。甲公司采用当期平均汇率折算乙公司利润表项目。乙公司有关资料如下：

（20×3 年 12 月 31 日的汇率为 1 英镑 ＝10.00 人民币元，20×3 年的平均汇率为 1 英镑＝12.87 人民币元，实收资本、资本公积发生日的即期汇率为 1 英镑＝14.27 人民币元。）

表 10－1　利润表（简表）

20×3 年度

单位：万元

项　目	本年金额（英镑）	折算汇率	折算为人民币金额
一、营业收入	2 400	10.00	24 000
减：营业成本	1 800	10.00	18 000
营业税金及附加	50	10.00	500
管理费用	120	10.00	1 200
财务费用	10	10.00	100
加：投资收益	30	10.00	300
二、营业利润	450		4 500
加：营业外收入	50	10.00	500
减：营业外支出	20	10.00	200
三、利润总额	480		4 800
减：所得税费用	130	10.00	1 300
四、净利润	350	——	3 500
五、每股收益		——	

注：在实务中，财务报表应当以“元”为单位列报。

【例 10－12】假设上例资产负债表日即期汇率为 1 英镑 ＝9. 88 人民币元：

表 10－2　资产负债表（简表）

20×8 年 12 月 31 日

单位：万元

资　产	期末数（英镑）	折算汇率	折算为人民币金额	负债和所有者权益	期末数（英镑）	折算汇率	折算为人民币金额
流动资产：				流动负债：			
货币资金	230	9. 88	2 272. 4	短期借款	50	9. 88	494
应收账款	230	9. 88	2 272. 4	应付账款	340	9. 88	3 359. 2
存货	280	9. 88	2 766. 4	其他流动负债	130	9. 88	1 284. 4
其他流动资产	240	9. 88	2 371. 2	流动负债合计	520	——	5 137. 6
流动资产合计	980	——	9 682. 4	非流动负债：			
非流动资产：				长期借款	170	9. 88	1 679. 6
长期应收款	140	9. 88	1 383. 2	应付债券	100	9. 88	988
固定资产	660	9. 88	6 520. 8	其他非流动负债	90	9. 88	889. 2
在建工程	90	9. 88	889. 2	非流动负债合计	360	—	3 556. 8
无形资产	120	9. 88	1 185. 6	负债合计	880		8 694. 4
其他非流动资产	40	9. 88	395. 2	所有者权益：			
非流动资产合计	1 050	——	10 374	实收资本	600	9. 88	5 928
				盈余公积	130	9. 88	1 284. 4
				未分配利润	420	9. 88	4 149. 6
				外币报表折算差额			
				所有者权益合计	1 150		11 362
资产合计	2 030		20 056. 4	负债和所有者权益合计	2 030		20 056. 4

第十一章　小企业纳税核算

第一节　税收概述

一、税收的概念和职能

（一）税收的概念

税收是国家为了实现其职能，凭借政治权力，按照法律规定的标准，无偿取得财政收入的一种特定分配方式。税收体现了国家主权和国家权力。

（二）税收的职能

税收作为实现国家职能的一种重要工具，具有三个基本职能：财政职能、经济职能和社会职能。

税收的职能既是一个统一性的整体，又具有差异性。各职能之间存在着相互制约、相辅相成的关系；各个职能在整体或结构中的地位不是相等的，其中财政职能是基本职能，其他两个职能是派生的。税收的财政职能是指国家凭借政治权力，通过税收把经济单位及个人占有的一部分社会产品或价值集中起来，形成由国家集中支配的财政收入，以满足国家提供公共产品需要的职责或功能，是税收的基本功能。税收的经济职能是指税收具有的国家通过制定和实施税收政策和税收制度，影响个人、企业的经济利益，进而影响经济活动和经济运行的职责或功能。税收的社会职能，又称税收的收入再分配职能，是指税收所具有的均衡社会成员之间占有收入或财富的差距，维护社会公平的职责或功能。

二、税收的分类

税收的分类是指按照一定的标准对于不同税种进行归类。我国对税收的分类，依据不同的标准，通常有以下几种主要分类方法：

（一）按征税对象分类

按征税对象分为：流转税类、所得税类、财产税类、特定行为税类和资源税类

1. 流转税类

流转税是以商品流转额和非商品营业额（服务收入）为征税对象的一类税种。目前，我国税制中属于流转课税类的主要有增值税、消费税、营业税、关税等税种。

2. 所得税类

所得税即收益税，是对企业和个人因为从事劳动、经营和投资所取得的各种收益为征税对象的一类税种。目前，我国税制中属于收益所得税类的主要有企业所得税、个人所得税等税种。

3. 财产税类

财产税是指对拥有应纳税财产的人征收的一类税种。目前，我国税制中属于财产课税类的主要有房产税、契税等税种。

4. 特定行为税类

特定行为税，又称特定目的税，是指对某些法定行为的实施征收的一类税种。目前，我国税制中属于行为课税类的主要有车船使用税、车辆购置税、耕地占用税、印花税等。

5. 资源税类

资源税是以各种自然资源为课税对象、为了调节资源级差收入并体现国有资源有偿使用而征收的一类税种。目前，我国税制中属于资源课税类的主要有资源税、城镇土地使用税等税种。

（二）按照征收管理分类

按照征收管理分为工商税类、关税类。

工商税类，是指以工业品、商业零售、交通运输、服务性业务的流转额为征税对象的各种税收的总称，是我国现行税制的主要部分。该类税收由税务机关负责征收管理。工商税类主要包括：增值税、消费税、营业税、资源税、企业所得税、个人所得税、城市维护建设税、房产税、城市房地产税、车船税、车辆使用牌照税、土地增值税、城镇土地使用税、印花税、车辆购置税等税种。

关税类，是指对进出境的货物、物品征收的税收总称，主要包括：进出口关税、由海关代征的进出口环节增值税、消费税和船舶吨税。该类税收由海关负责征收管理。

(三) 按照税收的征收权限和收入支配权限进行分类

按照税收的征收权限和收入支配权限分为：中央税、地方税和中央地方共享税。

中央税，是指中央立法、收入划归重要并由中央政府征收管理的税收。如：关税、海关代征的进口环节消费税和增值税，消费税，铁道部门、各银行总行、各保险总公司集中缴纳的营业税和城市维护建设税。

地方税，是指由中央统一立法或者授权立法、收入划归地方并由地方负责征收管理的税收。如：营业税、城镇土地使用税、城市维护建设税、房产税、车船税、契税、土地增值税。

中央地方共享税，是指税收收入支配由中央和地方按比例或法定方式分享税收。如：增值税、所得税、资源税、对证券（股票）交易征收的印花税。

(四) 按照计税标准分类

按照计税标准的不同分为从价税、从量税和复合税

从价税是指以征税对象的价值或者价格为计税依据征收的一种税，一般采用比例税率和累进税率，比如我国的增值税、营业税、个人所得税都采取从价计征形式；从量税是指以征税对象的实物量作为计税依据征收的一种税，一般采用定额税率，我国的资源税、耕地占用税、城镇土地使用税等均采取从量计征形式；复合税是指对征收对象采取从价和从量相结合的复合计税方法征收的一种税，如对卷烟、白酒征收的消费税采取从价和从量相结合的复合计税方法。

三、税收的特征

税收与其他财政收入形式相比较，具有强制性、无偿性、固定性三个特征。

(一) 强制性

税收的强制性，是指税收是国家凭借政治权力并运用法律、法规的形式加以规定和征收的，是一种强制性征税。税收的强制性是与国家的政治权力紧密联系在一起的，国家凭借其政治权力征税，因而不受生产资料所有权归属的限制，对不同的所有者都可行使国家征税权。税收强制性包括两层含义：第一，税收分配关系具有强制性，即税收分配关系是国家凭借政治权力通过立法程序确定的，不以纳税人的意愿而变动，是一种不对等关系；第二，税收的征收具有强制性，即国家借助于税法征税，国家征税的过程就是

强制地将一部分社会财富的所有权单向转移，纳税人必须服从税法。

（二）无偿性

税收的无偿性，是指国家征税以后，税款即归国家所有，不再归还给原纳税人，也不直接向纳税人支付任何报酬或代价。税收的无偿性是针对具体的单位、个人而言的，而不是就全体纳税人而言的

（三）固定性

税收的固定性，是指国家在征税前预先规定了征税对象、纳税人和征税标准等征税行为规范，征纳双方都必须共同遵守，不能随意变动。税收固定性包括两层含义：第一，税法具有相对稳定性，国家征税的相关内容，以法律的形式公布执行，在一定时期内稳定。第二，税收征收数量具有有限性。税收分配不是随意地、无界定地转移财富的所有权，而是征纳双方遵守国家的税法，纳税人只要发生了规定纳税的收入、行为等，就要按照法律规定纳税；国家对纳税人征税，是按照法律规定的标准进行的，不得随意提高或降低。所以税收额度，是有限度的。

四、税法

（一）税法的概念

税法是国家制定的用以调整国家与纳税人之间在征纳税方面的权利义务关系的法律规范的总称。它是国家及其纳税人依法征税、依法纳税的行为准则，其目的是依法保障国家和纳税人的利益，维护正常的税收秩序，保证国家的财政收入。

税法与税收存在着紧密的联系，在现代法治国家，税收活动必须严格依照税法的规定进行，不得法外征税。税法是税收的法律依据和法律保障，而税法又必须以保障税收活动的有序进行为其存在的理由和根据。

（二）我国税法的内容

1. 税收法律

税收法律是指全国人民代表大会及其常务委员会制定生效的税收基本法律和税收其他法律。如：《中华人民共和国企业所得税法》、《中华人民共和国个人所得税法》、《中华人民共和国税收征收管理法》。除《宪法》外，税收法律具有最高的法律效力，是其他机关制定税收规范性文件的法律依据，任何机关制定的税收规范性文件都不得与税收法律相抵触。

全国人民代表大会及其常务委员会制定生效的有关税收方面的法律，都是税收法律的组成部分，如《刑法》、《公司法》、《证券法》等法律中涉及

税收的相关规定。

2. 税收行政法规

税收行政法规是指由国务院根据宪法、法律制定生效的税收法规。如《中华人民共和国税收征收管理法实施细则》、《中华人民共和国企业所得税法实施条例》、《中华人民共和国个人所得税法实施条例》等。其效力低于《宪法》、法律，高于地方性法规、部门规章和地方政府规章。

3. 税收地方性法规

税收地方性法规是指与宪法、法律、行政法规等不相抵触的前提下，由省、自治区、直辖市以及较大的市的人民代表大会及其常委会制定的适用于本地区的税收法规。税收地方性法规的效力低于宪法、法律和行政法规，高于本级和下级地方政府规章。

4. 税收规章

税收规章包括两种：一种是税收部门规章，由国务院的部、委，主要是财政部、国家税务总局、海关总署等根据法律和国务院的行政法规、决定、命令，在本部门的权限范围内制定的税收规范性文件。另一种是税收地方政府规章，由省、自治区、直辖市以及较大的市的人民政府根据法律、行政法规和本省、自治区、直辖市的地方性法规制定的适用于本地区的税收规范性文件。税收地方政府规章的效力低于宪法、法律、行政法规和地方性法规。税收地方政府规章与税收部门规章之间具有同等效力，在各自的权限范围内施行。如果部门规章与地方政府规章之间对同一事项的规定不一致时，由国务院裁决。

五、税收的要素

一般包括：征税人、纳税义务人、征税对象、税目、税率、计税依据、纳税环节、纳税期限、纳税地点、减免税与加成加倍征收、法律责任等。其中，纳税义务人、征税对象、税率是构成税收的三个最基本的要素。

（一）征税人

征税人是指代表国家行使税收征管职权的各级税务机关和其他征收机关。因税种的不同，可能有不同的征税人。如增值税征税人是税务机关，关税的征税人是海关。

（二）纳税义务人

纳税人（纳税主体），是纳税义务人的简称，是指税法规定的直接负有纳税义务的法人、自然人和其他组织。纳税人是纳税的主体，每一种税的税法都必须规定纳税人，包括自然人和法人。自然人是指公民个人，根据《中华人民共和国民法通则》的规定，公民自出生起至死亡止，具有民事能力，依法享有民事权利，承担民事义务。法人是指按照法律程序设立，具备必要的生产经营条件，实行独立经济核算并能独立承担经济责任和行使经济权利的社会组织。

在税收的实体法，还涉及与纳税人有关的两个概念：扣缴义务人和负税人。扣缴义务人，是指税法规定的、在其经营活动中负有代扣税款并向国库缴纳义务的企业或单位，也称代扣代缴义务人。负税人，是指最终负担国家征收税款的法人和自然人。

（三）征税对象

征税对象（纳税客体），是指税收法律关系中征纳双方权利义务所指向的物或者行为，即对什么征税。一般来说，不同的税种有着不同的征税对象，不同的征税对象又是区分不同税种的主要标志。我国税收分成流转税、所得税、财产税、特定行为税和资源税 5 类，就是按照征税对象划分的。

（四）税目

税目是指征税对象的具体项目，反映具体的征税范围。比如，营业税规定了交通运输业、建筑业、金融保险业、邮电通信业、文化体育业、娱乐业、服务业、转让无形资产和销售不动产等税目。每个税目都规定了相应的税率。

（五）税率

税率是指应纳税额与征税对象之间的比例，是计算应纳税额的尺度，它体现征税的深度。税率的高低直接关系到国家财政收入和纳税人的负担水平，税率是税收制度的中心环节。

税率分为比例税率、定额税率和累进税率三种类型。比例税率，是对同一课税对象，不论数额多少，均按同一比例征税的一种税率制度。定额税率，又称固定税额，是指按照征税对象的一定数量直接规定一定的税额。累进税率，是以征税对象为依据，划分为若干级别，不同级别规定不同的税率，征税对象数额越大税率越高，数额越小税率越低的一种税率。累进税率按其累进依据和累进方式的不同，分为全额累进税率和超额累进税率。

（六）计税依据

计税依据也称计税标准，是指计算应纳税额的依据或标准，即根据什么来计算纳税人应缴纳的税额。计税依据可以分为从价计征、从量计征、复合计征三种类型。

(1) 从价计征。计税金额是从价计征应纳税额的计税依据，主要包括收入额、收益额、财产额、资金额等。其计算公式为：

计税金额 = 征税对象的数量 × 计税价格

应纳税额 = 计税金额 × 适用税率

(2) 从量计征。计税数量是从量计征应纳税额的计税依据。计税数量因征税对象不同，所包含的内容也不同，有重量、容量、面积等。其计算公式为：

应纳税额 = 计税数量 × 单位适用税额

(3) 复合计征。征税对象的价格和数量均为其计税依据。其计算公式为：

应纳税额 = 计税数量 × 单位适用税额 + 计税金额 × 适用税率

(七) 纳税环节

纳税环节是指税法规定的征税对象在从生产到消费的流转过程中应当缴纳税款的环节。如流转税在商品的生产和流通环节纳税，所得税在分配环节纳税。其表现形式有一次课征制和多次课征制，前者指同一种税在商品流转的全过程中只选择某一环节课征，如现行消费税对生产销售应税消费品的选择在出厂销售环节征税，以后的批发、零售环节就不再征消费税；后者指同一种税在商品流转的全过程中选择两个或两个以上环节课征，如现行增值税，货物从出厂销售到批发到零售再到最终消费，每经过一个环节就征一次税。

(八) 纳税期限

纳税期限，是指负有纳税义务的纳税人向国家缴纳税款的最后时间限制。它是税收强制性、固定性在时间上的体现。纳税人的具体纳税期限，由主管税务机关根据纳税人应纳税额的大小分别核定；不能按照固定期限纳税的，可以按次纳税。

(九) 纳税地点

纳税地点是指纳税人（包括代征、代扣、代缴义务人）具体缴纳税款的地点。通常，在税法上规定的纳税地点主要是机构所在地、经济活动发生地、财产所在地、报关地等。

(十) 税收减免

减税免税是指税法规定的对某些特殊情况给予减轻或免除税收负担的一种税收优惠措施或特殊调节手段。减税是对应征税款减少征收一部分；免税是全部免除税收负担。

（十一）法律责任

法律责任是指对有违反税法行为的纳税人采取的惩罚措施，包括加收滞纳金、处以罚款、追究刑事责任等。罚则是税收强制性在税收制度中的体现，纳税人必须按期足额缴纳税款，凡有拖欠税款、逾期不缴税、偷税抗税等违反税法行为的，都应受到制裁（包括刑事制裁和行政处罚制裁等）。

第二节　纳税登记和申报

一、税务登记

税务登记，是指纳税人对生产、经营活动向税务机关进行登记，并据此对纳税人实施税务管理的法定手续。税务登记是税收征收管理的首要环节，是征纳双方法律关系成立的依据与证明。

根据《税收征管法》的规定，税务登记包括：开业登记，变更登记，停业、复业登记，注销登记，外出经营报验登记等。

（一）开业税务登记

企业及企业在外地设立的分支机构和从事生产、经营的场所，个体工商户和从事生产、经营的事业单位（简称纳税人），自领取营业执照之日起30日内，持有关证件，向税务机关申报办理税务登记。税务机关应当自收到申报之日起30日内审核并发给税务登记证件。上述规定以外的纳税人，除国家机关和个人外，应当自纳税义务发生之日起30日内，持有关证件向所在地的主管税务机关申报办理税务登记。

（二）变更税务登记

纳税人税务登记内容发生变化，应当自工商行政管理机关或其他机关办理变更登记之日起30日内，持有关证件向原登记的税务机关申报办理变更税务登记。对于不需要在工商行政管理机关办理变更登记的，应当自发生变化之日起30日内，持有关证件向原登记的税务机关申报办理变更税务登记。变更登记的内容涉及税务登记证件内容的，应当收回原税务登记证件，税务机关按变更后的内容，重新核发税务登记证。

（三）停业、复业税务登记

实行定期定额征收方式的个体工商户需要停业的，应当在停业前向税务机关申请办理停业登记。纳税人的停业期不得超过1年。纳税人在停业期间发生纳税义务的，应当按照税收法律、行政法规的规定申报交纳税款。纳税人要恢复生产经营的，应当于恢复生产经营之前，向税务机关申请办理复业登记，如实填写《停业、复业报告书》，领回并启用税务登记证件、发票领购簿及停业前领购的发票。纳税人停业期满不能及时恢复生产经营的，应当在停业期满前向税务机关提出延长停业登记申请，并如实填写《停业、复业报告书》。

（四）注销税务登记

（1）依法终止纳税义务情况下注销税务登记。纳税人发生解散、破产、撤销以及其他情形，依法终止纳税义务的，应当在向工商行政管理机关或者其他机关办理注销登记之前，持有关证件向原登记的税务管理机关申报办理注销税务登记。按照规定不需要在工商行政管理机关或者其他机关办理注销登记的纳税人，应当自有关机关批准或者宣告终止之日起 15 日内，持有关证件向原税务登记机关申报办理注销税务登记。

（2）纳税人住所、经营地变动情况下注销税务登记。纳税人因住所、经营地点变动而涉及改变税务登记机关的，应当在向工商行政管理机关或者其他机关申请办理变更或注销登记前，或者在住所、经营地点变动前，向原税务登记机关申报办理注销税务登记，并在 30 日内向迁达地税务机关申报办理税务登记。

（3）纳税人被吊销营业执照情况下注销税务登记。纳税人被工商行政管理机关吊销营业执照的，或者被其他机关予以撤销登记的，应当自营业执照被吊销或被撤销登记之日起 15 日内，向原税务登记机关申报办理注销税务登记。

纳税人在办理注销登记前，应当向税务机关结清应纳税款、滞纳金、罚款，缴销发票、税务登记证件和其他税务证件。

（五）外出经营报验登记

从事生产、经营的纳税人到外县（市）临时从事生产、经营活动的，应当持《税务登记证》副本和所在地税务机关的《外出经营活动税收管理证明》，向营业地税务机关申请报验登记，接受税务管理。从事生产、经营的纳税人外出经营，连续 12 个月内在同一地累计超过 180 天的，应当在营业地办理税务登记手续。

二、账簿、凭证管理

账簿、凭证是纳税人进行生产经营活动和核算财务收支的工具，也是税务机关征收税款的重要依据。账簿指总账、明细账、日记账以及辅助性账簿。凭证主要指发票，包括普通发票和增值税专用发票。

（一）账簿管理

从事生产、经营的纳税人应当自领取营业执照或发生纳税义务之日起15日内，按照国家有关规定设置账簿，并且应当自领取税务登记证件之日起15日内，将其财务、会计制度或者财务、会计处理办法报送主管税务机关备案。纳税人使用电子计算机记账的，应当在使用前将会计电算化系统的会计核算软件、使用说明书及有关资料报送主管税务机关备案。

扣缴义务人应当自税收法律、行政法规规定的扣缴义务发生之日起10日内，按照所代扣、代收的税种，分别设置代扣代缴、代收代缴税款账簿。

（二）发票管理

发票是指在购销商品、提供或者接受服务以及从事其他经营活动中，开具、收取的收付款的书面证明。它是确定经营收支行为发生的法定凭证，是会计核算的原始依据，也是税务稽查的重要依据。

发票的种类由省级（含省级）以上税务机关确定。在全国范围内统一样式的发票，由国家税务总局确定。省、自治区、直辖市范围内统一样式的发票，由省级税务机关确定。禁止倒买倒卖发票、发票监制章和发票防伪专用品。

应当按照税务机关的规定存放和保管发票，已经开具的发票存根联和发票登记簿，应当保存5年。保存期满，报请税务机关查验后销毁。

税务机关对发票的检查包括以下几项内容：①检查印制、领购、开具、取得和保管发票的情况；②调出发票查验；③查阅、复制与发票有关的凭证、资料；④向当事各方询问与发票有关的问题和情况；⑤在查处发票案件时，对与案件有关的情况和资料，可以记录、录音、录像、照相和复制。对印制使用发票的单位和个人，必须接受税务机关依法检查，如实反映情况，提供有关资料，不得拒绝、隐瞒。

三、纳税申报

纳税申报是指纳税人、扣缴义务人发生法定纳税义务或扣缴义务后，在规定的申报期限内就纳税事项向税务机关提出书面申报的法定手续，也是税务机关办理征收业务、核定应纳税款与填开纳税凭证的依据。

（一）纳税申报的内容

纳税人、扣缴义务人的纳税申报或者代扣代缴、代收代缴税款报告表的主要内容包括：税种、税目，应纳税项目或者应代扣代缴、代收代缴税款项目，计税依据，扣除项目及标准，适用税率或者单位税额，应退税项目及税额，应减税免税项目及税额，应纳税额或者代扣代缴、代收代缴税额，税款所属期限或延期缴纳税款、欠税、滞纳金等。

纳税人办理纳税申报时，应如实填写纳税申报表，并根据不同情况相应报送下列有关证件、资料：①财务会计报表及其说明材料；②与纳税有关的合同、协议书及凭证；③税控装置的电子报税资料；④外出经营活动税收管理证明和异地完税凭证；⑤境内或者境外公证机构出具的有关证明文件；⑥税务机关规定应当报送的其他有关证件、资料。

（二）延期申报

纳税人、扣缴义务人按照规定的期限办理纳税申报或者报送代扣代缴、代收代缴税款报告表确有困难，需要延期的，应当在规定的期限内向税务机关提出书面延期申请，经税务机关核准，在核准的期限内办理。经核准延期申报的，应当在纳税期内按照上期实际缴纳的税额或税务机关核定的税额预缴税款，并在核准的延期内办理税款结算。

（三）纳税申报的方式

纳税人、扣缴义务人应自行到税务机关办理申报纳税或者报送代扣代缴、代收代缴税款报告表，经税务机关批准，也可以采取邮寄、数据电文方式办理上述申报、报送事项。

（1）直接申报，是指纳税人直接到税务机关办理的纳税申报；

（2）邮寄申报，是指经税务机关批准的纳税人使用统一规定的纳税申报专用信封，并以邮政部门的收据作为申报凭据，邮寄申报以寄出时的邮戳日期为实际申报日期；

（3）数据电文方式，是指经税务机关确定的电话语音、电子数据交换和网络传输等电子方式。

实行定期定额缴纳税款的纳税人，可以实行简易申报、简并征期等申报纳税方式。

（四）纳税申报应注意的问题

（1）纳税人在纳税期内没有应纳税款的，也应当按照规定办理纳税申报；

（2）纳税人享受减税、免税待遇的，在减税、免税期间应当按照规定办理纳税申报。

四、税款征收

税款征收是指税务机关依照法律、征收法规的规定征收税款，纳税人、扣缴义务人依法缴纳或者解缴税款的法定手续。税款征收方式：

(1) 查账征收：主要适用于账簿、凭证和会计核算比较健全的单位。

(2) 查验征收：主要适用于零星、分散的高税率产品生产单位。

(3) 查定征收：主要适用于生产不固定、税源分散、账簿不健全的单位。

(4) 核定征收：是指税务机关对不能完整、准确提供纳税资料的纳税人采用特定方式确定其应纳税收入或应纳税额，纳税人据以缴纳税款的一种税款征收方式。适用于以下情况：

①依照法律、行政法规的规定可以不设置账簿的；

②依照法律、行政法规的规定应当设置账簿但未设置的；

③擅自销毁账簿或者拒不提供纳税资料的；

④虽设置账簿，但账目混乱，或者成本资料、收入凭证、费用凭证残缺不全，难以查账的；

⑤发生纳税义务，未按照规定的期限办理纳税申报，经税务机关责令限期申报，逾期仍不申报的；

⑥纳税人申报的计税依据明显偏低，又无正当理由的。

(5) 其他方式，如代收代缴、代扣代缴、委托代征方式。

第三节　应交税费的核算

企业根据税法规定应交纳的各种税费包括：增值税、消费税、营业税、城市维护建设税、资源税、所得税、土地增值税、房产税、车船使用税、土地使用税、教育费附加、矿产资源补偿费、印花税、耕地占用税等。

设置“应交税费”科目，核算小企业按照税法等规定计算应交纳的各种税费。贷方登记应交纳的各种税费等，借方登记实际交纳的税费。应按照应交的税费项目进行明细核算，期末贷方余额，反映小企业尚未交纳的税费；期末如为借方余额，反映小企业多交或尚未抵扣的税费。小企业代扣代缴的个人所得税等，也通过本科目核算。

一、应交增值税

（一）增值税概述

增值税是指对我国境内销售货物、进口货物，或提供加工、修理修配劳务的增值额征收的一种流转税。货物是指有形动产，也包括电力、热力和气体。增值税的纳税人是在我国境内销售货物、进口货物，或提供加工、修理修配劳务的单位和个人。按照纳税人的经营规模及会计核算的健全程度，增值税纳税人分为一般纳税人和小规模纳税人。一般纳税人应纳增值税额，根据当期销项额减去当期进项额计算确定；小规模纳税人应纳增值税额，按照销售额和规定的征收率计算确定。

按照《中华人民共和国增值税暂行条例》规定，企业购入货物或接受应税劳务支付的增值税（即进项税额），可从销售货物或提供劳务按规定收取的增值税（即销项税额）中抵扣。准予从销项税额抵扣的进项税额通常包括：（1）从销售方取得的增值税专用发票上注明的增值税额；（2）从海关取得的完税凭证上注明的增值税额。

（二）设置“应交税费——应交增值税”科目

一般纳税企业为了统计企业应交增值税的发生、抵扣、缴纳、退税及转出等情况，应在“应交税费”科目下设置“应交增值税”明细科目，并在“应交增值税”明细账内设置“进项税额”、“已交税金”、“销项税额”、“出口退税”、“进项税额转出”等专栏。

小规模纳税人只需设置“应交增值税”明细科目，不需要在“应交增值税”明细科目中设置上述专栏。

（三）应交增值税的账务处理

（1）小企业采购物资等，按照应计入采购成本的金额，借记“材料采购”或“在途物资”、“原材料”、“库存商品”等科目，按照税法规定可抵扣的增值税进项税额，借记本科目（应交增值税——进项税额），按照应付或实际支付的金额，贷记“应付账款”、“银行存款”等科目。购入物资发生退货的，做相反的会计分录。

购进免税农业产品，按照购入农业产品的买价和税法规定的税率计算的增值税进项税额，借记本科目（应交增值税——进项税额），按照买价减去按照税法规定计算的增值税进项税额后的金额，借记“材料采购”或“在途物资”等科目，按照应付或实际支付的价款，贷记“应付账款”、“库存现金”、“银行存款”等科目。

（2）销售商品（提供劳务），按照收入金额和应收取的增值税销项税额，借记“应收账款”、“银行存款”等科目，按照税法规定应交纳的增值税销项税额，贷记本科目（应交增值税——销项税额），按照确认的营业收入金额，贷记“主营业务收入”、“其他业务收入”等科目。发生销售退回的，做相反的会计分录。

随同商品出售但单独计价的包装物，应当按照实际收到或应收的金额，借记“银行存款”、“应收账款”等科目，按照税法规定应交纳的增值税销项税额，贷记本科目（应交增值税——销项税额），按照确认的其他业务收入金额，贷记“其他业务收入”科目。

（3）有出口产品的企业，其出口退税的账务处理如下：

①实行“免、抵、退”管理办法的小企业，按照税法规定计算的当期出口产品不予免征、抵扣和退税的增值税额，借记“主营业务成本”科目，贷记本科目（应交增值税——进项税额转出）。按照税法规定计算的当期应予抵扣的增值税额，借记本科目（应交增值税——出口抵减内销产品应纳税额），贷记本科目（应交增值税——出口退税）。

出口产品按照税法规定应予退回的增值税款，借记“其他应收款”科目，贷记本科目（应交增值税——出口退税）。

②未实行“免、抵、退”管理办法的小企业，出口产品实现销售收入时，应当按照应收的金额，借记“应收账款”等科目，按照税法规定应收的出口退税，借记“其他应收款”科目，按照税法规定不予退回的增值税额，借记“主营业务成本”科目，按照确认的销售商品收入，贷记“主营业务收入”科目，按照税法规定应交纳的增值税额，贷记本科目（应交增值税——销项税额）。

（4）购入材料等按照税法规定不得从增值税销项税额中抵扣的进项税额，其进项税额应计入材料等的成本，借记“材料采购”或“在途物资”等科目，贷记“银行存款”等科目，不通过本科目（应交增值税——进项税额）核算。

（5）将自产的产品等用做福利发放给职工，应视同产品销售计算应交增值税的，借记“应付职工酬薪”科目，贷记“主营业务收入”、本科目（应交增值税——销项税额）等科目。

（6）非正常损失的购进货物、在产品、产成品、应税劳务以及非正常损失的在产品、产成品所耗用的购进货物、应税劳务，用于非增值税应税项目、免税增值税项目、集体福利或个人消费的购进货物或者应税劳务，按照税法规定不得从增值税销项税额中抵扣的进项税额，其进项税额应转入有关科目，借记“待处理财产损益”等科目，贷记本科目（应交增值税——进项税额转出）。

非正常损失是指因管理不善造成的被盗、丢失、霉烂变质的损失。

由于工程而使用本企业的产品或商品，应当按照成本，借记“在建工程”科目，贷记“库存商品”科目。同时，按照税法规定应交纳的增值税销项税额，借记“在建工程”科目，贷记本科目（应交增值税——销项税额）。

（7）交纳的增值税，借记本科目（应交增值税——已交税金），贷记“银行存款”科目。

（四）应交增值税的账务处理

（1）采购物资和接受应税劳务。

【例 11－1】甲公司购入原材料一批，增值税专用发票上注明货款 60 000 元，增值税额 10 200 元，货物尚未到达，货款和进项税款已用银行存款支付。该企业采用计划成本对原材料进行核算。

借：材料采购	60 000	
应交税费——应交增值税（进项税额）	10 200	
贷：银行存款		70 200

按照增值税暂行条例，企业购入免征增值税货物，一般不能够抵扣增值税销项税额。但是对于购入的免税农产品，可以按照买价和规定的扣除率计算进项税额，并准予从企业的销项税额中抵扣。企业购入免税农产品，按照买价和规定的扣除率计算进项税额，借记“应交税费——应交增值税（进项税额）”科目，按买价扣除按规定计算的进项税额后的差额，借记“材料采购”、“原材料”、“库存商品”等科目，按照应付或实际支付的价款，贷记“应付账款”、“银行存款”等科目。

【例 11－2】商场购入免税农产品一批，价款 100 000 元，规定的扣除率为 13%，货物尚未到达，货款已用银行存款支付。

借：材料采购	87 000	
应交税费——应交增值税（进项税额）	13 000	
贷：银行存款		100 000

进项税额＝购买价款×扣除率＝100 000×13%＝13 000（元）

企业购进固定资产所支付的不可抵扣的增值税额，应计入固定资产的成本；购进设备等货物且可抵扣的增值税额，应计入“应交税费——应交增值税（进项税额）”；企业购进的货物用于非应税项目，其所支付的增值税额应计入购入货物的成本。

【例 11－3】企业购入不需要安装设备一台，用于增值税应税项目，价款300 000元，增值税专用发票上注明的增值税额51 000元，支付运输费的发票注明10 000元，款项尚未支付。

借：固定资产　　309 300

　　应交税费——应交增值税（进项税额）　　51 700（51 000＋10 000×7%）

　贷：应付账款　　361 000

本例属于购进有形动产，属于增值税应税项目，可以抵扣。

【例 11－4】甲公司购入基建工程所用物资一批，价款及运输保险等费用合计100 000元，增值税专用发票上注明的增值税额17 000元，物资已验收入库，款项尚未支付。

借：工程物资　　117 000

　贷：应付账款　　117 000

企业购进的货物用于非应税项目所支付的增值税额17 000元，应计入购入货物的成本，不得抵扣。

【例 11－5】甲公司生产车间委托外单位修理机器设备，对方开来的专用发票上注明修理费用10 000元，增值税额1700元，款项已用银行存款支付。

借：制造费用　　10 000

　　应交税费——应交增值税（进项税额）　　1 700

　贷：银行存款　　11 700

（2）进项税额转出。

企业购进的货物发生非正常损失，以及将购进货物改变用途（如用于非应税项目、集体福利或个人消费等），其进项税额应通过“应交税费——应交增值税（进项税额转出）”科目转入有关科目，借记“待处理财产损益”、“在建工程”、“应付职工薪酬”等科目，贷记“应交税费——应交增值税（进项税额转出）”科目；属于转作待处理财产损失的进项税额，应与遭受非常损失的购进货物、在产品或库存商品的成本一并处理。

【例 11－6】甲公司库存材料因管理不善毁损一批，有关增值税专用发票确认的成本为10 000元，增值税额1 700元。

借：待处理财产损益——待处理流动资产损益　　11 700

贷：原材料　10 000

应交税费——应交增值税（进项税额转出）　1 700

【例 11-7】甲公司因自然灾害毁损库存商品一批，其实际成本 80 000 元，经确认损失外购材料的增值税 13 600 元。

借：待处理财产损益——待处理流动资产损益　80 000

贷：库存商品　80 000

本例不属于非正常损失。

【例 11-8】甲公司建造厂房领用生产用原材料 50 000 元，原材料购入时支付的增值税为 8 500 元。

借：在建工程　58 500

贷：原材料　50 000

应交税费——应交增值税（进项税额转出）　8 500

【例 11-9】甲公司所属的职工医院维修领用原材料 5 000 元，其购入时支付的增值税为 850 元。

借：应付职工薪酬——职工福利　5 850

贷：原材料　5 000

应交税费——应交增值税（进项税额转出）　850

（3）销售物资或者提供应税劳务。

【例 11-10】甲公司销售产品一批，价款 500 000 元，按规定应收取增值税额 85 000 元，提货单和增值税专用发票已交给买方，款项尚未收到。

借：应收账款　585 000

贷：主营业务收入　500 000

应交税费——应交增值税（销项税额）　85 000

【例 11-11】甲公司为外单位代加工电脑桌 400 个，每个收取加工费 100 元，适用的增值税税率为 17%，加工完成，款项已收到并存入银行。

借：银行存款　46 800

贷：主营业务收入　40 000

应交税费——应交增值税（销项税额）　6 800

此外，企业将自产、委托加工或购买的货物分配给股东，应当参照企业销售物资或者提供应税劳务进行会计处理。

（4）视同销售行为。

企业的有些交易和事项从会计角度看不属于销售行为，不能确认销售收入，但是按照税法规定，应视同对外销售处理，计算应交增值税。视同销售需要交纳增值税的事项包括：代销和委托代销；企业将自产或委托加工的货物用于非应税项目、集体福利或个人消费；将自产、委托加工或购买的货物作为投资分配给股东或投资者，无偿赠送他人；设有两个以上机构并统一核算的纳税人，将货物从一个机构移送到其他机构用于销售，但相关机构设在同一个县（市）的除外。在这些情况下，企业应当借记“在建工程”、“长期股权投资”、“营业外支出”等科目，贷记“应交税费——应交增值税（销项税额）”科目等。

【例 11－12】甲公司将自己生产的产品用于自行建造职工俱乐部。该批产品的成本为 200 000 元，计税价格为 300 000 元。增值税税率为 17%。

借：在建工程　　251 000

　贷：库存商品　　200 000

　　应交税费——应交增值税（销项税额）　　51 000

企业在建工程领用自己生产的产品的销项税额 = 300 000 × 17% = 51 000（元）

需要注意的是，企业将自产和委托加工的产品用于个人消费、投资、分红、无偿赠送他人，即物的所有权发生转移，要确认营业收入和营业成本。

（5）出口退税。企业出口产品按规定退税的，按应收的出口退税额，借记“其他应收款”科目，贷记“应交税费——应交增值税（出口退税）”科目。

（6）交纳增值税。企业交纳的增值税，借记“应交税费——应交增值税（已交税金）”科目，贷记“银行存款”科目。“应交税费——应交增值税”科目的贷方余额，表示企业应交纳的增值税。

【例 11－13】某企业以银行存款交纳本月增值税 100 000 元。

借：应交税费——应交增值税（已交税金）　　100 000

　贷：银行存款　　100 000

【例 11－14】甲公司本月发生销项税额合计 84 770 元，进项税额转出 24 578 元，进项税额 20 440 元，已交增值税 60 000 元。

该企业本月“应交税费——应交增值税”科目的余额为：

84 770 + 24 578 － 20 440 － 60 000 = 28 908（元）该金额在贷方，表示企业尚未交纳增值税 28 908 元。

（五）小规模纳税企业的核算

小规模纳税企业应当按照不含税销售额和规定的增值税征收率计算交纳增值税，销售货物或提供应税劳务时只能开具普通发票，不能开具增值税专用发票。小规模纳税企业不享有进项税额的抵扣权，其购进货物或接受应税劳务支付的增值税直接计入有关货物或劳务的成本。

小规模纳税企业只需在“应交税费”科目下设置“应交增值税”明细科目，贷方登记应交纳的增值税，借方登记已交纳的增值税；期末贷方余额为尚未交纳的增值税，借方余额为多交纳的增值税。

小规模纳税企业购进货物和接受应税劳务时支付的增值税，直接计入有关货物和劳务的成本，借记“材料采购”、“在途物资”等科目，贷记“银行存款”等科目。

【例 11－15】某小规模纳税企业购入材料一批，取得的专用发票中注明货款 20 000 元，增值税 3 400 元，款项以银行存款支付，材料已验收入库（该企业按实际成本计价核算）。

借：原材料　　23 400
　贷：银行存款　　23 400

【例 11－16】某小规模纳税企业销售产品一批，所开出的普通发票中注明的货款（含税）为 21 200 元，增值税征收率为 6%，款项已存入银行。

借：银行存款　　21 200
　贷：主营业务收入　　20 000
　　　应交税费——应交增值税　　1 200

不含税销售额 = 含税销售额 ÷（1 + 征收率）= 21 200 ÷（1 + 6%）= 20 000（元）

应纳增值税 = 不含税销售额 × 征收率 = 20 000 × 6% = 200（元）

【例 11－17】某小规模纳税企业月末以银行存款上交增值税 1 200 元。会计处理如下：

借：应交税费——应交增值税　　1 200
　贷：银行存款　　1 200

二、应交消费税的核算

消费税是指在我国境内生产、委托加工和进口应税消费品的单位和个人，按其流转额交纳的一种税。消费税有从价定率和从量定额两种征收方法。采取从价定率方法征收的消费税，以不含增值税的销售额为税基，按照税法规定的税率计算。企业的销售收入包含增值税的，应将其换算为不含增值税的销售额。采取从量定额计征的消费税，根据按税法确定的企业应税消费品的数量和单位应税消费品应缴纳的消费税计算确定。

（1）销售需要交纳消费税的物资应交的消费税，借记“营业税金及附加”等科目，贷记本科目（应交消费税）。

（2）以生产的产品用于在建工程、非生产机构等，按照税法规定应交纳的消费税，借记“在建工程”、“管理费用”等科目，贷记本科目（应交消费税）。

随同商品出售但单独计价的包装物，按照税法规定应交纳的消费税，借记“营业税金及附加”科目，贷记本科目（应交消费税）。出租、出借包装物逾期未收回的押金应交的消费税，借记“营业税金及附加”科目，贷记本科目（应交消费税）。

（3）需要交纳消费税的委托加工物资，由受托方代收代缴税款（除受托加工或翻新改制金银首饰按照税法规定由受托方交纳消费税外）。小企业（受托方）按照应交税款金额，借记“应收账款”、“银行存款”等科目，贷记本科目（应交消费税）。

委托加工物资收回后，直接用于销售的，小企业（委托方）应将代收代缴的消费税计入委托加工物资的成本，借记“库存商品”等科目，贷记“应付账款”、“银行存款”等科目；委托加工物资收回后用于连续生产，按照税法规定准予抵扣的，按照代收代缴的消费税，借记本科目（应交消费税），贷记“应付账款”、“银行存款”等科目。

（4）有金银首饰零售业务的以及采用以旧换新方式销售金银首饰的小企业，在营业收入实现时，按照应交的消费税，借记“营业税金及附加”科目，贷记本科目（应交消费税）。有金银首饰零售业务的小企业因受托代销金银首饰按照税法规定应交纳的消费税，借记“营业税金及附加”科目，贷记本科目（应交消费税）；以其他方式代销金银首饰的，其交纳的消费税，借记“营业税金及附加”科目，贷记本科目（应交消费税）。

有金银首饰批发、零售业务的小企业将金银首饰用于馈赠、赞助、广告、职工福利、奖励等方面的，应于物资移送时，按照应交的消费税，借记“营业外支出”、“销售费用”、“应付职工薪酬”等科目，贷记本科目（应交消费税）。

随同金银首饰出售但单独计价的包装物，按照税法规定应交纳的消费税，借记“营业税金及附加”科目，贷记本科目（应交消费税）。

小企业因受托加工或翻新改制金银首饰按照税法规定应交纳的消费税，于向委托方交货时，借记“营业税金及附加”科目，贷记本科目（应交消费税）。

（5）需要交纳消费税的进口物资，其交纳的消费税应计入该项物资的成本，借记“材料采购”或“在途物资”、“库存商品”、“固定资产”等科目，贷记“银行存款”等科目。

（6）小企业（生产性）直接出口或通过外贸企业出口的物资，按照税法规定直接予以免征消费税的，可不计算应交消费税。

（7）交纳的消费税，借记本科目（应交消费税），贷记“银行存款”科目。

（8）应交消费税的账务处理。

1）销售应税消费品。

【例 11－18】甲公司销售所生产的化妆品，价款 2 000 000 元（不含增值税），适用的消费税税率为 30%。

借：营业税金及附加　　600 000

　贷：应交税费——应交消费税　　600 000

2）自产自销应税消费品。

企业将生产的应税消费品用于在建工程等非生产机构时，按规定应交纳的消费税，借记“在建工程”等科目，贷记“应交税费——应交消费税”科目。

【例 11－19】甲公司在建工程领用自产柴油 50 000 元，应交纳增值税 10 200 元，应交纳消费税 6000 元。

借：在建工程　　66 200

　贷：库存商品　　50 000

　　应交税费——应交增值税（销项税额）　　10 200

　　　　——应交消费税　　6 000

【例 11－20】甲公司下设的职工食堂享受企业提供的补贴，本月领用自产产品一批，该产品的账面价值 40 000 元，市场价格 60 000 元（不含增值税），适用的消费税税率为 10%，增值税税率为 17%。

借：管理费用　　76 200（60 000 + 60 000 × 17% + 60 000 × 10%）

　贷：应付职工薪酬——非货币性福利　　76 200

借：应付职工薪酬——非货币性福利　　76 200

　贷：主营业务收入　　60 000

　　应交税费——应交增值税（销项税额）　　10 200

　　　　——应交消费税　　6 000

借：主营业务成本　　40 000

　贷：库存商品　　40 000

3）委托加工应税消费品。

企业如有应交消费税的委托加工物资，一般应由受托方代收代交税款，受托方按照应交税款金额，借记“应收账款”、“银行存款”等科目，贷记“应交税费——应交消费税”科目。受托加工或翻新改制金银首饰按照规定由受托方交纳消费税。

委托加工物资收回后，直接用于销售的，应将受托方代收代交的消费税计入委托加工物资的成本，借记“委托加工物资”等科目，贷记“应付账款”、“银行存款”等科目；委托加工物资收回后用于连续生产应税消费品，按规定准予抵扣的，应按已由受托方代收代交的消费税，借记“应交税费——应交消费税”科目，贷记“应付账款”、“银行存款”等科目。

【例 11－21】甲公司委托乙企业代为加工一批应交消费税的材料（非金银首饰）。甲公司的材料成本为 1 000 000 元，加工费为 200 000 元，由乙企业代收代交的消费税为 80 000 元（不考虑增值税）。材料已经加工完成，并由甲企业收回验收入库，加工费尚未支付。甲公司采用实际成本法进行原材料的核算。

①如果甲公司收回的委托加工物资用于继续生产应税消费品：

借：委托加工物资　　1 000 000

　贷：原材料　　1 000 000

借：委托加工物资　　200 000

　　应交税费——应交消费税　　80 000

　贷：应付账款　　280 000

借：原材料　　1 200 000

　贷：委托加工物资　　1 200 000

②如果甲公司收回的委托加工物资直接用于对外销售：

借：委托加工物资　　1 000 000

　贷：原材料　　1 000 000

借：委托加工物资　　280 000

　贷：应付账款　　280 000

借：原材料　　1 280 000

　贷：委托加工物资　　1 280 000

③乙企业对应收取的受托加工代收代交消费税：

借：应收账款　　　　　　　　　　　　　　　80 000

　贷：应交税费——应交消费税　　　　　　　　80 000

4）进口应税消费品。

企业进口应税物资在进口环节应交的消费税，计入该项物资的成本，借记“材料采购”、“固定资产”等科目，贷记“银行存款”科目。

【例 11－22】甲公司从国外进口一批需要交纳消费税的商品，商品价值 2 000 000 元，进口环节需要交纳的消费税为 400 000 元（不考虑增值税），采购的商品已经验收入库，货款尚未支付，税款已经用银行存款支付。

借：库存商品　　　　　　　　　　　　　　2 400 000

　贷：应付账款　　　　　　　　　　　　　　2 000 000

　　　银行存款　　　　　　　　　　　　　　　400 000

三、应交营业税的核算

营业税是对在我国境内提供应税劳务、转让无形资产或销售不动产的单位和个人征收的流转税。其中：应税劳务是指属于交通运输业、建筑业、金融保险业、邮电通信业、文化体育业、娱乐业、服务业税目征收范围的劳务，不包括加工、修理修配等劳务；转让无形资产，是指转让无形资产的所有权或使用权的行为；销售不动产，是指有偿转让不动产的所有权，转让不动产的有限产权或永久使用权，以及单位将不动产无偿赠与他人等视同销售不动产的行为。营业税以营业额作为计税依据。营业额是指纳税人提供应税劳务、转让无形资产和销售不动产而向对方收取的全部价款和价外费用。

（1）小企业按照营业额和税法规定的税率，计算应交纳的营业税，借记“营业税金及附加”等科目，贷记本科目（应交营业税）。

（2）出售原作为固定资产管理的不动产应交纳的营业税，借记“固定资产清理”等科目，贷记本科目（应交营业税）。

（3）交纳的营业税，借记本科目（应交营业税），贷记“银行存款”科目。

（4）应交营业税的账务处理。

【例 11－23】某运输公司某月运营收入为 500 000 元，适用的营业税税率为 3%。

借：营业税金及附加　　　　　　15 000（500 000 × 3%）

　贷：应交税费——应交营业税　　15 000

【例 11－24】甲公司出售一栋办公楼，出售收入 320 000 元已存入银行。该办公楼的账面原价为400 000元，已提折旧100 000元，出售过程用银行存款支付清理费用5 000元。销售该项固定资产适用的营业税税率为5%。

（1）该固定资产转入清理：

借：固定资产清理　　300 000
　　累计折旧　　100 000
　贷：固定资产　　400 000

（2）收到出售收入320 000元：

借：银行存款　　320 000
　贷：固定资产清理　　320 000

（3）支付清理费用5 000元：

借：固定资产清理　　5 000
　贷：银行存款　　5 000

（4）计算应交营业税：320 000×5%＝16 000（元）

借：固定资产清理　　16 000
　贷：应交税费——应交营业税　　16 000

（5）结转销售该固定资产的净损失：

借：营业外支出　　1 000
　贷：固定资产清理　　1 000

四、其他应交税费

其他应交税费是指除上述应交税费以外的应交税费，包括应交资源税、应交城市维护建设税、应交土地增值税、应交所得税、应交房产税、应交土地使用税、应交车船使用税、应交教育费附加、应交矿产资源补偿费、应交个人所得税等。企业应当在"应交税费"科目下设置相应的明细科目进行核算，贷方登记应交纳的有关税费，借方登记已交纳的有关税费，期末贷方余额表示尚未交纳的有关税费。

（一）应交城市维护建设税和教育费附加的核算

城市维护建设税是以增值税、消费税、营业税为计税依据征收的一种税。其纳税人为交纳增值税、消费税、营业税的单位和个人。计算公式：应纳税额＝（应交增值税＋应交消费税＋应交营业税）×适用税率。

教育费附加是为了发展教育事业而向企业征收的附加费用，企业按应交流转税的一定比例计算交纳。

（1）小企业按照税法规定应交的城市维护建设税、教育费附加，借记“营业税金及附加”科目，贷记本科目（应交城市维护建设税、应交教育费附加）。

（2）交纳的城市维护建设税和教育费附加，借记本科目（应交城市维护建设税、应交教育费附加），贷记“银行存款”科目。

【例 11－25】 甲公司本期实际应上交增值税 400 000 元，消费税 241 000 元，营业税 159 000 元。该企业适用的城市维护建设税税率为 7%。

（1）计算应交的城市维护建设税：

借：营业税金及附加　　56 000

　贷：应交税费——应交城市维护建设税　　56 000

应交的城市维护建设税 =（400 000 + 241 000 + 159 000）× 7% = 56 000（元）

（2）用银行存款上交城市维护建设税时：

借：应交税费——应交城市维护建设税　　56 000

　贷：银行存款　　56 000

【例 11－26】 甲公司按税法规定计算，20×7 年度第 4 季度应交纳教育费附加 300 000 元，款项已经用银行存款支付。

借：营业税金及附加　　300 000

　贷：应交税费——应交教育费附加　　300 000

借：应交税费——应交教育费附加　　300 000

　贷：银行存款　　300 000

（二）应交企业所得税的核算

（1）小企业按照税法规定应交的企业所得税，借记“所得税费用”科目，贷记本科目（应交企业所得税）。

（2）交纳的企业所得税，借记本科目（应交企业所得税），贷记“银行存款”科目。

（三）应交个人所得税

（1）小企业按照税法规定应代扣代缴的职工个人所得税，借记“应付职工薪酬”科目，贷记本科目（应交个人所得税）。

（2）交纳的个人所得税，借记本科目（应交个人所得税），贷记“银行存款”科目。

【例 11－27】 甲公司结算本月应付职工工资总额 200 000 元，代扣职工个人所得税共计 2 000 元，实发工资 198 000 元。

借：应付职工薪酬——工资　　　　　　　　　　　2 000

　贷：应交税费——应交个人所得税　　　　　　　　2 000

(四) 应交资源税的账务处理

资源税是对在我国境内开采矿产品或者生产盐的单位和个人征收的税。资源税按照应税产品的课税数量和规定的单位税额计算。开采或生产应税产品对外销售的，以销售数量为课税数量；开采或生产应税产品自用的，以自用数量为课税数量。

(1) 小企业销售商品按照税法规定应交纳的资源税，借记“营业税金及附加”科目，贷记本科目（应交资源税）。

(2) 自产自用的物资应交纳的资源税，借记“生产成本”科目，贷记本科目（应交资源税）。

(3) 收购未税矿产品，按照实际支付的价款，借记“材料采购”或“在途物资”等科目，贷记“银行存款”等科目，按照代扣代缴的资源税，借记“材料采购”或“在途物资”等科目，贷记本科目（应交资源税）。

(4) 外购液体盐加工固体盐：在购入液体盐时，按照税法规定所允许抵扣的资源税，借记本科目（应交资源税），按照购买价款减去允许抵扣的资源税后的金额，借记“材料采购”或“在途物资”、“原材料”等科目，按照应支付的购买价款，贷记“银行存款”、“应付账款”等科目；加工成固体盐后，在销售时，按照销售固体盐应交纳的资源税，借记“营业税金及附加”科目，贷记本科目（应交资源税）；销售固体盐应交资源税抵扣液体盐已交资源税后的差额上交时，借记本科目（应交资源税），贷记“银行存款”科目。

(5) 交纳的资源税，借记本科目（应交资源税），贷记“银行存款”科目。

【例 11－28】甲公司对外销售某种资源税应税矿产品 2 000 吨，每吨应交资源税 5 元。

借：营业税金及附加　　　　　　　　10 000 (2 000 ×5)

　贷：应交税费——应交资源税　　　　10 000

【例 11－29】甲公司将自产的资源税应税矿产品 500 吨用于企业的产品生产，每吨应交资源税 5 元。

借：生产成本　　　　　　　　　　　　　　　　2 500

　贷：应交税费——应交资源税　　　　　　　　　2 500

（五）应交土地增值税的账务处理

土地增值税是指在我国境内有偿转让土地使用权及地上建筑物和其他附着物产权的单位和个人，就其土地增值额征收的一种税。土地增值额是指转让收入减去规定扣除项目金额后的余额。转让收入包括货币收入、实物收入和其他收入。扣除项目主要包括取得土地使用权所支付的金额、开发土地的费用、新建及配套设施的成本、旧房及建筑物的评估价格等。

（1）小企业转让土地使用权应交纳的土地增值税，土地使用权与地上建筑物及其附着物一并在“固定资产”科目核算的，借记“固定资产清理”科目，贷记本科目（应交土地增值税）。

土地使用权在“无形资产”科目核算的，按照实际收到的金额，借记“银行存款”科目，按照应交纳的土地增值税，贷记本科目（应交土地增值税），按照已计提的累计摊销，借记“累计摊销”科目，按照其成本，贷记“无形资产”科目，按照其差额，贷记“营业外收入——非流动资产处置净收益”科目或借记“营业外支出——非流动资产处置净损失”科目。

（2）小企业（房地产开发经营）销售房地产应交纳的土地增值税，借记“营业税金及附加”科目，贷记本科目（应交土地增值税）。

（3）交纳的土地增值税，借记本科目（应交土地增值税），贷记“银行存款”科目。

【例 11－30】甲公司对外转让一栋厂房，根据税法规定计算的应交土地增值税为 27 000 元。

（1）计算应交纳的土地增值税：

借：固定资产清理	27 000	
贷：应交税费——应交土地增值税		27 000

（2）用银行存款交纳应交土地增值税税款：

借：应交税费——应交土地增值税	27 000	
贷：银行存款		27 000

（六）应交城镇土地使用税、房产税、车船税、矿产资源补偿费、排污费的账务处理

城镇土地使用税是国家为了合理利用城镇土地，调节土地级差收入，提高土地使用效益，加强土地管理而开征的一种税，以纳税人实际占用的土地面积为计税依据，依照规定税额计算征收。

房产税是国家对在城市、县城、建制县和工矿区征收的由产权所有人缴纳的一种税。房产税依照房产原值一次减除 10% 至 30% 后的余额计算交纳。

没有房产原值作为依据的，由房产所在地税务机关参考同类房产核定；房产出租的，以房产租金收入为房产税的计税依据。

车船使用税由拥有并且使用车船的单位和个人交纳。车船使用税按照适用税额计算交纳。

矿产资源补偿费是对在我国领域和管辖海域开采矿产资源而征收的费用。矿产资源补偿费按照矿产品销售收入的一定比例计征，由采矿人交纳。

(1) 小企业按照规定应交纳的城镇土地使用税、房产税、车船税、矿产资源补偿费、排污费，借记“营业税金及附加”科目，贷记本科目（应交城镇土地使用税、应交房产税、应交车船税、应交矿产资源补偿费、应交排污费）。

(2) 交纳的城镇土地使用税、房产税、车船税、矿产资源补偿费、排污费，借记本科目（应交城镇土地使用税、应交房产税、应交车船税、应交矿产资源补偿费、应交排污费），贷记“银行存款”科目。

（七）企业缴纳的印花税、耕地占用税等不需要预计应交数的税金，不通过“应交税费”科目核算，计入“营业税金及附加”账户

五、小企业按照规定实行企业所得税、增值税、消费税、营业税等先征后返的，应当在实际收到返还的企业所得税、增值税（不含出口退税）、消费税、营业税等时，借记“银行存款”科目，贷记“营业外收入”科目

第十二章　财务报表

第一节　财务报表概述

一、财务报表的概念及目标

财务报表是对企业财务状况、经营成果和现金流量的结构性表述。

企业编制财务报表的目标，是向财务报表使用者提供与企业财务状况、经营成果和现金流量等有关的会计信息，反映企业管理层受托责任的履行情况，有助于财务报表使用者作出经济决策。财务报表使用者通常包括投资者、债权人、政府及其有关部门和社会公众等。

小企业的财务报表，是指对小企业财务状况、经营成果和现金流量的结构性表述。小企业的财务报表至少应当包括下列组成部分：

（1）资产负债表；

（2）利润表；

（3）现金流量表；

（4）附注。

小企业应当根据实际发生的交易和事项，按照《小企业会计准则》的规定进行确认和计量，在此基础上按月或者按季编制财务报表。小企业对会计政策变更、会计估计变更和会计差错更正应当采用未来适用法进行会计处理。

会计政策，是指小企业在会计确认、计量和报告中所采用的原则、基础和会计处理方法。会计估计变更，是指由于资产和负债的当前状况及预期经济利益和义务发生了变化，从而对资产或负债的账面价值或者资产的定期消耗金额进行调整。前期差错包括：计算错误、应用会计政策错误、应用会计估计错误等。

未来适用法，是指将变更后的会计政策和会计估计应用于变更日及以后发生的交易或者事项，或者在会计差错发生或发现的当期更正差错的方法。

二、财务报表的分类

（一）按内容分类

资产负债表、利润表和现金流量表分别从不同角度反映企业的财务状况、经营成果和现金流量。资产负债表反映企业在某一特定日期所拥有的资产、需偿还的债务以及股东（投资者）拥有的净资产情况；利润表反映企业在一定会计期间的经营成果，即利润或亏损的情况，表明企业运用所拥有的资产的获利能力；现金流量表反映企业在一定会计期间现金和现金等价物流入和流出的情况。

附注是财务报表不可或缺的组成部分，是对在资产负债表、利润表、现金流量表和所有者权益变动表等报表中列示项目的文字描述或明细资料，以及对未能在这些报表中列示项目的说明等。

（二）按财务报表编报期间分为中期财务报表和年度财务报表

中期财务报表是以短于一个完整会计年度的报告期间为基础编制的财务报表，包括月报、季报和半年报等。中期财务报表至少应当包括资产负债表、利润表、现金流量表和附注，其中，中期资产负债表、利润表和现金流量表应当是完整报表，其格式和内容应当与年度财务报表相一致。与年度财务报表相比，中期财务报表中的附注披露可适当简略。

（三）按财务报表编报主体分为个别财务报表和合并财务报表

个别财务报表是由企业在自身会计核算基础上对账簿记录进行加工而编制的财务报表，它主要用以反映企业自身的财务状况、经营成果和现金流量情况。合并财务报表是以母公司和子公司组成的企业集团为会计主体，根据母公司和所属子公司的财务报表，由母公司编制的综合反映企业集团财务状况、经营成果及现金流量的财务报表。

三、小企业财务报表种类

编　号	报表名称	编报期
会小企 01 表	资产负债表	月报、年报
会小企 02 表	利润表	月报、年报
会小企 03 表	现金流量表	月报、年报

第二节　资产负债表

一、资产负债表概述

资产负债表，是指反映小企业在某一特定日期的财务状况的报表。资产负债表主要反映资产、负债和所有者权益三方面的内容，并满足“资产＝负债＋所有者权益”平衡式。

（一）资产：小企业资产负债表中的资产类应当包括流动资产和非流动资产的合计项目

流动资产是指预计在一个正常营业周期中变现、出售或耗用，或者主要为交易目的而持有，或者预计在资产负债表日起一年内（含一年）变现的资产，或者自资产负债表日起一年内交换其他资产或清偿负债的能力不受限制的现金或现金等价物。

小企业资产负债表中列示的流动资产项目通常包括：货币资金、应收及预付款项、存货。

非流动资产是指流动资产以外的资产。小企业资产负债表中列示的非流动资产项目通常包括：长期债券投资、长期股权投资、固定资产、生产性生物资产、无形资产、长期待摊费用。

（二）负债：应当包括流动负债、非流动负债和负债的合计项目

流动负债是指预计在一个正常营业周期中清偿，或者主要为交易目的而持有，或者自资产负债表日起一年内（含一年）到期应予以清偿，或者企业无权自主地将清偿推迟至资产负债表日后一年以上的负债。小企业资产负债表中列示的流动负债项目通常包括：短期借款、应付及预收款项、应付职工薪酬、应交税费、应付利息。

非流动负债是指流动负债以外的负债。小企业资产负债表中的非流动负债项目通常包括：长期借款、长期应付款。

（三）所有者权益：所有者权益类应当包括所有者权益的合计项目

小企业资产负债表中的所有者权益项目包括：实收资本、资本公积、盈余公积、未分配利润。

二、小企业资产负债表格式及编制说明

资产负债

会小企 01 表

编制单位：　　　　　　______年______月______日　　　　　　单位：元

资　产	行次	期末余额	年初余额	负债和所有者权益	行次	期末余额	年初余额
流动资产：				流动负债：			
货币资金	1			短期借款	31		
短期投资	2			应付票据	32		
应收票据	3			应付账款	33		
应收账款	4			预收账款	34		
预付账款	5			应付职工薪酬	35		
应收股利	6			应交税费	36		
应收利息	7			应付利息	37		
其他应收款	8			应付利润	38		
存货	9			其他应付款	39		
其中：原材料	10			其他流动负债	40		
在产品	11			流动负债合计	41		
库存商品	12			非流动负债：			
转材料	13			长期借款	42		
其他流动资产	14			长期应付款	43		
流动资产合计	15			递延收益	44		
非流动资产：				其他非流动负债	45		
长期债券投资	16			非流动负债合计	46		
长期股权投资	17			负债合计	47		
固定资产原价	18						
减：累计折旧	19						
固定资产账面价值	20						

续　表

资　产	行次	期末余额	年初余额	负债和所有者权益	行次	期末余额	年初余额
在建工程	21						
工程物资	22						
固定资产清理	23						
生产性生物资产	24			所有者权益（或股东权益）			
无形资产	25			实收资本（或股本）	48		
开发支出	26			资本公积	49		
长期待摊费用	27			盈余公积	50		
其他非流动资产	28			未分配利润	51		
非流动资产合计	29			所有者权益（或股东权益）合计	52		
资产总计	30			负债和所有者权益（股东权益）总计	53		

小企业（中外合作经营）根据合同规定在合作期间归还投资者的投资，应在“实收资本（或股本）”项目下增加“减：已归还投资”项目单独列示。

1. 本表反映小企业某一特定日期全部资产、负债和所有者权益的情况。

2. 本表“年初余额”栏内各项数字，应根据上年末资产负债表“期末余额”栏内所列数字填列。

3. 本表“期末余额”各项目的内容和填列方法：

（1）“货币资金”项目，反映小企业库存现金、银行存款、其他货币资金的合计数。本项目应根据“库存现金”、“银行存款”和“其他货币资金”科目的期末余额合计填列。

（2）“短期投资”项目，反映小企业购入的能随时变现并且持有时间不准备超过1 年的股票、债券和基金投资的余额。本项目应根据“短期投资”科目的期末余额填列。

（3）“应收票据”项目，反映小企业收到的未到期收款也未向银行贴现的应收票据（银行承兑汇票和商业承兑汇票）。本项目应根据“应收票据”科目的期末余额填列。

（4）“应收账款”项目，反映小企业因销售商品、提供劳务等日常生产经营活动应收取的款项。本项目应根据“应收账款”的期末余额分析填列。如“应收账款”科目期末为贷方余额，应当在“预收账款”项目列示。

（5）“预付账款”项目，反映小企业按照合同规定预付的款项。包括：根据合同规定预付的购货款、租金、工程款等。本项目应根据“预付账款”科目的期末借方余额填列。如“预付账款”科目期末为贷方余额，应当在“应付账款”项目列示。

属于超过1 年期以上的预付账款的借方余额应当在“其他非流动资产”项目列示。

（6）“应收股利”项目，反映小企业应收取的现金股利或利润。本项目应根据“应收股利”科目的期末余额填列。

（7）“应收利息”项目，反映小企业债券投资应收取的利息。小企业购入一次还本付息债券应收的利息，不包括在本项目内。本项目应根据“应收利息”科目的期末余额填列。

（8）“其他应收款”项目，反映小企业除应收票据、应收账款、预付账款、应收股利、应收利息等以外的其他各种应收及暂付款项。包括：各种应收的赔款、应向职工收取的各种垫付款项等。本项目应根据“其他应收款”科目的期末余额填列。

（9）“存货”项目，反映小企业期末在库、在途和在加工中的各项存货的成本。包括：各种原材料、在产品、半成品、产成品、商品、周转材料（包装物、低值易耗品等）、消耗性生物资产等。本项目应根据“材料采购”、“在途物资”、“原材料”、“材料成本差异”、“生产成本”、“库存商品”、“商品进销差价”、“委托加工物资”、“周转材料”、“消耗性生物资产”等科目的期末余额分析填列。

（10）“其他流动资产”项目，反映小企业除以上流动资产项目外的其他流动资产（含1 年内到期的非流动资产）。本项目应根据有关科目的期末余额分析填列。

（11）“长期债券投资”项目，反映小企业准备长期持有的债券投资的本息。本项目应根据“长期债券投资”科目的期末余额分析填列。

（12）“长期股权投资”项目，反映小企业准备长期持有的权益性投资的成本。本项目应根据“长期股权投资”科目的期末余额填列。

（13）“固定资产原价”和“累计折旧”项目，反映小企业固定资产的原价（成本）及累计折旧。这两个项目应根据“固定资产”科目和“累计折旧”科目的期末余额填列。

（14）“固定资产账面价值”项目，反映小企业固定资产原价扣除累计折旧后的余额。本项目应根据“固定资产”科目的期末余额减去“累计折旧”科目的期末余额后的金额填列。

（15）“在建工程”项目，反映小企业尚未完工或虽已完工，但尚未办理竣工决算的工程成本。本项目应根据“在建工程”科目的期末余额填列。

（16）“工程物资”项目，反映小企业为在建工程准备的各种物资的成本。本项目应根据“工程物资”科目的期末余额填列。

（17）“固定资产清理”项目，反映小企业因出售、报废、毁损、对外投资等原因处置固定资产所转出的固定资产账面价值以及在清理过程中发生的费用等。本项目应根据“固定资产清理”科目的期末借方余额填列；如“固定资产清理”科目期末为贷方余额，以“－”号填列。

（18）“生产性生物资产”项目，反映小企业生产性生物资产的账面价值。本项目应根据“生产性生物资产”科目的期末余额减去“生产性生物资产累计折旧”科目的期末余额后的金额填列。

（19）“无形资产”项目，反映小企业无形资产的账面价值。本项目应根据“无形资产”科目的期末余额减去“累计摊销”科目的期末余额后的金额填列。

（20）“开发支出”项目，反映小企业正在进行的无形资产研究开发项目满足资本化条件的支出。本项目应根据“研发支出”科目的期末余额填列。

（21）“长期待摊费用”项目，反映小企业尚未摊销完毕的已提足折旧的固定资产的改建支出、经营租入固定资产的改建支出、固定资产的大修理支出和其他长期待摊费用。本项目应根据“长期待摊费用”科目的期末余额分析填列。

（22）“其他非流动资产合计”项目，反映小企业除以上非流动资产以外的其他非流动资产。本项目应根据有关科目的期末余额分析填列。

(23)“短期借款”项目，反映小企业向银行或其他金融机构等借入的期限在1 年内的、尚未偿还的各种借款本金。本项目应根据“短期借款”科目的期末余额填列。

(24)“应付票据”项目，反映小企业因购买材料、商品和接受劳务等日常生产经营活动开出、承兑的商业汇票（银行承兑汇票和商业承兑汇票）尚未到期的票面金额。本项目应根据“应付票据”科目的期末余额填列。

(25)“应付账款”项目，反映小企业因购买材料、商品和接受劳务等日常生产经营活动尚未支付的款项。本项目应根据“应付账款”科目的期末余额填列。如“应付账款”科目期末为借方余额，应当在“预付账款”项目列示。

(26)“预收账款”项目，反映小企业根据合同规定预收的款项。包括：预收的购货款、工程款等。本项目应根据“预收账款”科目的期末贷方余额填列；如“预收账款”科目期末为借方余额，应当在“应收账款”项目列示。

属于超过1 年期以上的预收账款的贷方余额应当在“其他非流动负债”项目列示。

(27)“应付职工薪酬”项目，反映小企业应付未付的职工薪酬。本项目应根据“应付职工薪酬”科目期末余额填列。

(28)“应交税费”项目，反映小企业期末未交、多交或尚未抵扣的各种税费。本项目应根据“应交税费”科目的期末贷方余额填列；如“应交税费”科目期末为借方余额，以“-”号填列。

(29)“应付利息”项目，反映小企业尚未支付的利息费用。本项目应根据“应付利息”科目的期末余额填列。

(30)“应付利润”项目，反映小企业尚未向投资者支付的利润。本项目应根据“应付利润”科目的期末余额填列。

(31)“其他应付款”项目，反映小企业除应付账款、预收账款、应付职工薪酬、应交税费、应付利息、应付利润等以外的其他各项应付、暂收的款项。包括：应付租入固定资产和包装物的租金、存入保证金等。本项目应根据“其他应付款”科目的期末余额填列。

(32)“其他流动负债”项目，反映小企业除以上流动负债以外的其他流动负债（含1 年内到期的非流动负债）。本项目应根据有关科目的期末余额填列。

(33)“长期借款”项目，反映小企业向银行或其他金融机构借入的期限在1 年以上的、尚未偿还的各项借款本金。本项目应根据“长期借款”

科目的期末余额分析填列。

(34)“长期应付款”项目，反映小企业除长期借款以外的其他各种应付未付的长期应付款项。包括：应付融资租入固定资产的租赁费、以分期付款方式购入固定资产发生的应付款项等。本项目应根据“长期应付款”科目的期末余额分析填列。

(35)“递延收益”项目，反映小企业收到的、应在以后期间计入损益的政府补助。本项目应根据“递延收益”科目的期末余额分析填列。

(36)“其他非流动负债”项目，反映小企业除以上非流动负债项目以外的其他非流动负债。本项目应根据有关科目的期末余额分析填列。

(37)“实收资本（或股本）”项目，反映小企业收到投资者按照合同协议约定或相关规定投入的、构成小企业注册资本的部分。本项目应根据“实收资本（或股本）”科目的期末余额分析填列。

(38)“资本公积”项目，反映小企业收到投资者投入资本超出其在注册资本中所占份额的部分。本项目应根据“资本公积”科目的期末余额填列。

(39)“盈余公积”项目，反映小企业（公司制）的法定公积金和任意公积金、小企业（外商投资）的储备基金和企业发展基金。本项目应根据“盈余公积”科目的期末余额填列。

(40)“未分配利润”项目，反映小企业尚未分配的历年结存的利润。本项目应根据“利润分配”科目的期末余额填列。未弥补的亏损，在本项目内以“-”号填列。

4. 本表中各项目之间的钩稽关系为：

行15=行1+行2+行3+行4+行5+行6+行7+行8+行9+行14；

行9≥行10+行11+行12+行13；

行29=行16+行17+行20+行21+行22+行23+行24+行25+行26+行27+行28

行20=行18-行19；

行30=行15+行29；

行41=行31+行32+行33+行34+行35+行36+行37+行38+行39+行40；

行46=行42+行43+行44+行45；

行47=行41+行46；

行52=行48+行49+行50+行51；

行 53 = 行 47 + 行 52 = 行 30。

三、资产负债表的编制

资产负债表各项目均需填列“年初余额”和“期末余额”两栏。其中“年初余额”栏内各项数字，应根据上年末资产负债表的“期末余额”栏内所列数字填列。

“期末余额”栏主要有以下几种填列方法：

（1）根据总账科目余额填列。如“短期借款”、“应付票据”、“应付职工薪酬”等项目，根据各总账科目的余额直接填列；有些项目则需根据几个总账科目的期末余额计算填列，如“货币资金”项目，需根据“库存现金”、“银行存款”、“其他货币资金”三个总账科目的期末余额的合计数填列。

【例 12－1】甲公司 20×3 年 12 月 31 日结账后的“库存现金”科目余额为 10 000 元，“银行存款”科目余额为 4 000 000 元，“其他货币资金”科目余额为 1 000 000 元。

该企业 20×3 年 12 月 31 日资产负债表中的货币资金项目金额为：10 000 +4 000 000 + 1 000 000 = 5 010 000（元），企业应当按照“库存现金”、“银行存款”和“其他货币资金”三个总账科目余额加总后的金额，作为资产负债表中“货币资金”项目的金额。

【例 12－2】甲公司 20×3 年 3 月 1 日向银行借入一年期借款 320 000 元，向其他金融机构借款 230 000 元，无其他短期借款业务发生。

企业 20×3 年 12 月 31 日资产负债表中的“短期借款”项目金额为：

320 000 + 2300 00 = 550 000（元）

企业直接以“短期借款”总账科目余额填列在资产负债表中。

（2）根据明细账科目余额计算填列。如“应付账款”项目，需要根据“应付账款”和“预付账款”两个科目所属的相关明细科目的期末贷方余额计算填列；“应收账款”项目，需要根据“应收账款”和“预付账款”两个科目所属的相关明细科目的期末借方余额计算填列。

【例 12－3】甲公司 20×3 年 12 月 31 日结账后有关科目所属明细科目借贷方余额如下表所示：

单位：元

科目名称	明细科目借方余额合计	明细科目贷方合计
应收账款	1 600 000	100 000
预付账款	800 000	60 000
应付账款	400 000	1 800 000
预收账款	600 000	1 400 000

20×3 年 12 月 31 日资产负债表中相关项目的金额为：

“应收账款”项目金额为：1 600 000＋600 000＝2 200 000（元）

“预付账款”项目金额为：800 000＋400 000＝1 200 000（元）

“应付账款”项目金额为：60 000＋1 800 000＝1 860 000（元）

“预收账款”项目金额为：1 400 000＋100 000＝1 500 000（元）

本例中，应收账款项目，应当根据“应收账款”科目所属明细科目借方余额1 600 000元和“预收账款”科目所属明细科目借方余额600 000元加总，作为资产负债表中“应收账款”的项目金额2 200 000元。

预付款项项目，应当根据“预付账款”科目所属明细科目借方余额800 000元和“应付账款”科目所属明细科目借方余额400 000元加总，作为资产负债表中“预付账款”的项目金额1 200 000元。

应付账款项目，应当根据“应付账款”科目所属明细科目贷方余额1 800 000元和“预付账款”科目所属明细科目贷方余额60 000元加总，作为资产负债表中“应付账款”的项目金额1 860 000元。

预收款项项目，应当根据“预收账款”科目所属明细科目贷方余额1 400 000元和“应收账款”科目所属明细科目贷方余额100 000元加总，作为资产负债表中“预收款项”的项目金额1 500 000元。

（3）综合运用上述填列方法分析填列。如资产负债表中的“存货”项目，应根据“原材料”、“委托加工物资”、“周转材料”、“材料采购”、“在途物资”、“发出商品”、“材料成本差异”等总账科目期末余额的分析汇总数填列。

【例 12－4】甲公司采用计划成本核算材料，20×3 年 12 月 31 日结账后有关科目余额为：“材料采购”科目余额为140 000元（借方），“原材料”科目余额为2 400 000（借方），“周转材料”科科目余额为1 800 000元（借方），“库存商品”科目余额为1 600 000元（借方），“生产成本”科目余额为600 000元（借方），“材料成本差异”科目余额为120 000元（贷方）。

20×3 年 12 月 31 日资产负债表中的“存货”项目金额为：

140 000 + 2 400 000 + 1 800 000 + 1 600 000 + 600 000 − 120 000 = 6 420 000（元）

本例中，企业应当以“材料采购”（表示在途材料采购成本）、“原材料”、“周转材料”（比如包装物和低值易耗品等）、“库存商品”、“生产成本”（表示期末在产品金额）各总账科目余额加总后，加上或减去“材料成本差异”总账科目的余额（若为贷方余额，应减去；若为借方余额，应加上），作为资产负债表中“存货”项目的金额。

第三节 利润表

一、利润表概述

小企业利润表是指反映企业在一定会计期间内的经营成果的报表。

通过提供利润表，可以反映企业在一定会计期间的收入、费用、利润（或亏损）的数额、构成情况，帮助财务报表使用者全面了解企业的经营成果，分析企业的获利能力及盈利增长趋势，从而为其作出经济决策提供依据。

利润表至少应当单独列示反映下列信息的项目：营业收入、营业成本、营业税金及附加、销售费用、管理费用、财务费用、所得税费用、净利润。

二、小企业利润表格式及编制说明

利 润 表

会小企 02 表

编制单位：　　　　＿＿＿年＿＿＿月　　　　单位：元

项　目	行　次	本年累计金额	本月金额
一、营业收入	1		
减：营业成本	2		
营业税金及附加	3		
其中：消费税	4		
营业税	5		
城市维护建设税	6		
资源税	7		

续　表

项　目	行　次	本年累计金额	本月金额
土地增值税	8		
城镇土地使用税、房产税、车船税、印花税	9		
教育费附加、矿产资源补偿费、排污费	10		
销售费用	11		
其中：商品维修费	12		
广告费和业务宣传费	13		
管理费用	14		
其中：开办费	15		
业务招待费	16		
研究费用	17		
财务费用	18		
其中：利息费用（收入以“－”号填列）	19		
加：投资收益（损失以“－”号填列）	20		
二、营业利润（亏损以“－”号填列）	21		
加：营业外收入	22		
其中：政府补助	23		
减：营业外支出	24		
其中：坏账损失	25		
无法收回的长期债券投资损失	26		
无法收回的长期股权投资损失	27		
自然灾害等不可抗力因素造成的损失	28		
税收滞纳金	29		
三、利润总额（亏损总额以“－”号填列）	30		
减：所得税费用	31		
四、净利润（净亏损以“－”号填列）	32		

（一）本表反映小企业在一定会计期间内利润（亏损）的实现情况

（二）本表“本年累计金额”栏反映各项目自年初起至报告期末止的累

计实际发生额

本表“本月金额”栏反映各项目的本月实际发生额；在编报年度财务报表时，应将“本月金额”栏改为“上年金额”栏，填列上年全年实际发生额。

（三）本表各项目的内容及其填列方法

（1）“营业收入”项目，反映小企业销售商品和提供劳务所实现的收入总额。本项目应根据“主营业务收入”科目和“其他业务收入”科目的发生额合计填列。

（2）“营业成本”项目，反映小企业所销售商品的成本和所提供劳务的成本。本项目应根据“主营业务成本”科目和“其他业务成本”科目的发生额合计填列。

（3）“营业税金及附加”项目，反映小企业开展日常生产活动应负担的消费税、营业税、城市维护建设税、资源税、土地增值税、城镇土地使用税、房产税、车船税、印花税和教育费附加、矿产资源补偿费、排污费等。本项目应根据“营业税金及附加”科目的发生额填列。

（4）“销售费用”项目，反映小企业销售商品或提供劳务过程中发生的费用。本项目应根据“销售费用”科目的发生额填列。

（5）“管理费用”项目，反映小企业为组织和管理生产经营发生的其他费用。本项目应根据“管理费用”科目的发生额填列。

（6）“财务费用”项目，反映小企业为筹集生产经营所需资金发生的筹资费用。本项目应根据“财务费用”科目的发生额填列。

（7）“投资收益”项目，反映小企业股权投资取得的现金股利（或利润）、债券投资取得的利息收入和处置股权投资和债券投资取得的处置价款扣除成本或账面余额、相关税费后的净额。本项目应根据“投资收益”科目的发生额填列。如为投资损失，以“－”号填列。

（8）“营业利润”项目，反映小企业当期开展日常生产经营活动实现的利润。本项目应根据营业收入扣除营业成本、营业税金及附加、销售费用、管理费用和财务费用，加上投资收益后的金额填列。如为亏损，以“－”号填列。

（9）“营业外收入”项目，反映小企业实现的各项营业外收入金额。包括：非流动资产处置净收益、政府补助、捐赠收益、盘盈收益、汇兑收益、出租包装物和商品的租金收入、逾期未退包装物押金收益、确实无法偿付的应付款项、已作坏账损失处理后又收回的应收款项、违约金收益等。本项目应根据“营业外收入”科目的发生额填列。

(10)“营业外支出”项目，反映小企业发生的各项营业外支出金额。包括：存货的盘亏、毁损、报废损失，非流动资产处置净损失，坏账损失，无法收回的长期债券投资损失，无法收回的长期股权投资损失，自然灾害等不可抗力因素造成的损失，税收滞纳金，罚金，罚款，被没收财物的损失，捐赠支出，赞助支出等。本项目应根据“营业外支出”科目的发生额填列。

(11)“利润总额”项目，反映小企业当期实现的利润总额。本项目应根据营业利润加上营业外收入减去营业外支出后的金额填列。如为亏损总额，以“-”号填列。

(12)“所得税费用”项目，反映小企业根据企业所得税法确定的应从当期利润总额中扣除的所得税费用。本项目应根据“所得税费用”科目的发生额填列。

(13)“净利润”项目，反映小企业当期实现的净利润。本项目应根据利润总额扣除所得税费用后的金额填列。如为净亏损，以“-”号填列。

(四) 本表中各项目之间的钩稽关系为

行21=行1-行2-行3-行11-行14-行18+行20；

行3≥行4+行5+行6+行7+行8+行9+行10；

行11≥行12+行13；

行14≥行15+行16+行17；

行18≥行19；

行30=行21+行22-行24；

行22≥行23；

行24≥行25+行26+行27+行28+行29；

行32=行30-行31。

三、利润表的编制

企业利润表的主要编制步骤和内容如下：第一步，以营业收入为基础，减去营业成本、营业税金及附加、销售费用、管理费用、财务费用和投资收益（减去投资损失），计算出营业利润；第二步，以营业利润为基础，加上营业外收入，减去营业外支出，计算出利润总额；第三步，以利润总额为基础，减去所得税费用，计算出净利润（或亏损）。

利润表各项目均需填列“本期金额”和“上期金额”两栏。其中“上期金额”栏内各项数字，应根据上年该期利润表的“本期金额”栏内所列数字填列。

“本期金额”栏内各期数字，应当按照相关科目的发生额分析填列。如“营业收入”项目，根据“主营业务收入”、“其他业务收入”科目的发生额分析计算填列；“营业成本”项目，根据“主营业务成本”、“其他业务成本”科目的发生额分析计算填列。其他项目均按照各该科目的发生额分析填列。

【例 12－5】甲公司 20×3 年度“主营业务收入”科目的贷方发生额为 33 000 000 元，借方发生额为 200 000 元（系 11 月份发生的购买方退货），“其他业务收入”科目的贷方发生额为 2 000 000 元。

20×3 年度利润表中“营业收入”的项目金额为：

33 000 000－200 000＋2 000 000＝34 800 000（元）

本例中，企业一般应当以“主营业务收入”和“其他业务收入”两个总账科目的贷方发生额之和，作为利润表中“营业收入”项目金额。当年发生销售退回的，以应冲减销售退回主营业务收入的金额，填列“营业收入”项目。

【例 12－6】甲公司 20×3 年度“主营业务成本”科目的借方发生额为 30 000 000 元；20×3 年 12 月 8 日，当年 9 月销售给某单位的一批产品由于质量问题被退回，该项销售已确认成本 1 800 000 元；“其他业务成本”科目借方发生额为 800 000 元。

20×3 年度利润表中的“营业成本”的项目金额为：

30 000 000－1 800 000＋800 000＝29 000 000（元）

本例中企业一般应当以“主营业务成本”和“其他业务成本”两个总账科目的借方发生额之和，作为利润表中“营业成本”的项目金额。当年发生销售退回的，应当减去销售退回商品成本后的金额，填列“营业成本”项目。

【例 12－7】截止到 20×4 年 12 月 31 日，某企业“主营业务收入”科目发生额为 1 990 000 元，“主营业务成本”科目发生额为 630 000 元，“其他业务收入”科目发生额为 500 000 元，“其他业务成本”科目发生额为 150 000 元，“营业税金及附加”科目发生额为 780 000 元，“销售费用”科目发生额为 60 000 元，“管理费用”科目发生额为 50 000 元，“财务费用”科目发生额为 170 000 元，“投资收益”科目贷方发生额为 850 000 元（无借方发生额），“营业外收入”科目发生额为 100 000 元，“营业外支出”科目发生额为 40 000 元，“所得税费用”科目发生额为 171 600 元。

20×4 年度利润表中营业利润、利润总额和净利润的计算过程如下：

营业利润＝1 990 000＋500 000－630 000－150 000－780 000－60 000－50 000－170 000＋850 000＝1 500 000（元）

利润总额＝1 500 000＋100 000－40 000＝1 560 000（元）

净利润 = 1 560 000 − 171 600 = 1 388 400（元）

企业应当根据编制利润表的多步式步骤，确定利润表中各主要项目的金额，相关计算公式如下：

（1）营业利润 = 营业收入 − 营业成本 − 营业税金及附加 − 销售费用 − 管理费用 − 财务费用 + 投资收益（或 − 投资损失）

其中，营业收入 = 主营业务收入 + 其他业务收入营业成本 = 主营业务成本 + 其他业务成本

（2）利润总额 = 营业利润 + 营业外收入 − 营业外支出

（3）净利润 = 利润总额 − 所得税费用

第四节　现金流量表

一、现金流量表概述

小企业现金流量表是指反映小企业在一定会计期间现金流入和流出情况的报表。

现金流量表应当分别经营活动、投资活动和筹资活动列报现金流量。现金流量应当分别按照现金流入和现金流出总额列报。

现金，是指小企业的库存现金以及可以随时用于支付的存款和其他货币资金。

1. 经营活动，是指小企业投资活动和筹资活动以外的所有交易和事项。小企业经营活动产生的现金流量应当单独列示反映下列信息的项目：

（1）销售产成品、商品、提供劳务收到的现金；

（2）购买原材料、商品、接受劳务支付的现金；

（3）支付的职工薪酬；

（4）支付的税费。

2. 投资活动，是指小企业固定资产、无形资产、其他非流动资产的购建和短期投资、长期债券投资、长期股权投资及其处置活动。小企业投资活动产生的现金流量应当单独列示反映下列信息的项目：

（1）收回短期投资、长期债券投资和长期股权投资收到的现金；

（2）取得投资收益收到的现金；

（3）处置固定资产、无形资产和其他非流动资产收回的现金净额；

（4）短期投资、长期债券投资和长期股权投资支付的现金；

（5）购建固定资产、无形资产和其他非流动资产支付的现金。

3. 筹资活动，是指导致小企业资本及债务规模和构成发生变化的活动。小企业筹资活动产生的现金流量应当单独列示反映下列信息的项目：

（1）取得借款收到的现金；

（2）吸收投资者投资收到的现金；

（3）偿还借款本金支付的现金；

（4）偿还借款利息支付的现金；

（5）分配利润支付的现金。

二、小企业现金流量表格式及编制说明

现金流量表

会小企 03 表

编制单位：　　　　______年______月　　　　单位：元

项　目	行次	本年累计金额	本月金额
一、经营活动产生的现金流量			
销售产成品、商品、提供劳务收到的现金	1		
收到其他与经营活动有关的现金	2		
购买原材料、商品、接受劳务支付的现金	3		
支付的职工薪酬	4		
支付的税费	5		
支付其他与经营活动有关的现金	6		
经营活动产生的现金流量净额	7		
二、投资活动产生的现金流量			
收回短期投资、长期债券投资和长期股权投资收到的现金	8		
取得投资收益收到的现金	9		
处置固定资产、无形资产和其他非流动资产收回的现金净额	10		
短期投资、长期债券投资和长期股权投资支付的现金	11		
购建固定资产、无形资产和其他非流动资产支付的现金	12		

续　表

项　目	行次	本年累计金额	本月金额
投资活动产生的现金流量净额	13		
三、筹资活动产生的现金流量：			
取得借款收到的现金	14		
吸收投资者投资收到的现金	15		
偿还借款本金支付的现金	16		
偿还借款利息支付的现金	17		
分配利润支付的现金	18		
筹资活动产生的现金流量净额	19		
四、现金净增加额	20		
加：期初现金余额	21		
五、期末现金余额	22		

（一）本表反映小企业一定会计期间内有关现金流入和流出的信息

（二）本表“本年累计金额”栏反映各项目自年初起至报告期末止的累计实际发生额

本表“本月金额”栏反映各项目的本月实际发生额；在编报年度财务报表时，应将“本月金额”栏改为“上年金额”栏，填列上年全年实际发生额。

（三）本表各项目的内容及填列方法如下

1. 经营活动产生的现金流量。

(1)“销售产成品、商品、提供劳务收到的现金”项目，反映小企业本期销售产成品、商品、提供劳务收到的现金。本项目可以根据“库存现金”、“银行存款”和“主营业务收入”等科目的本期发生额分析填列。

(2)“收到其他与经营活动有关的现金”项目，反映小企业本期收到的其他与经营活动有关的现金。本项目可以根据“库存现金”和“银行存款”等科目的本期发生额分析填列。

(3)“购买原材料、商品、接受劳务支付的现金”项目，反映小企业本期购买原材料、商品、接受劳务支付的现金。本项目可以根据“库存现金”、“银行存款”、“其他货币资金”、“原材料”、“库存商品”等科目的本期发生额分析填列。

（4）“支付的职工薪酬”项目，反映小企业本期向职工支付的薪酬。本项目可以根据“库存现金”、“银行存款”、“应付职工薪酬”科目的本期发生额填列。

（5）“支付的税费”项目，反映小企业本期支付的税费。本项目可以根据“库存现金”、“银行存款”、“应交税费”等科目的本期发生额填列。

（6）“支付其他与经营活动有关的现金”项目，反映小企业本期支付的其他与经营活动有关的现金。本项目可以根据“库存现金”、“银行存款”等科目的本期发生额分析填列。

2. 投资活动产生的现金流量

（1）“收回短期投资、长期债券投资和长期股权投资收到的现金”项目，反映小企业出售、转让或到期收回短期投资、长期股权投资而收到的现金，以及收回长期债券投资本金而收到的现金，不包括长期债券投资收回的利息。本项目可以根据“库存现金”、“银行存款”、“短期投资”、“长期股权投资”、“长期债券投资”等科目的本期发生额分析填列。

（2）“取得投资收益收到的现金”项目，反映小企业因权益性投资和债权性投资取得的现金股利或利润和利息收入。本项目可以根据“库存现金”、“银行存款”、“投资收益”等科目的本期发生额分析填列。

（3）“处置固定资产、无形资产和其他非流动资产收回的现金净额”项目，反映小企业处置固定资产、无形资产和其他非流动资产取得的现金，减去为处置这些资产而支付的有关税费等后的净额。本项目可以根据“库存现金”、“银行存款”、“固定资产清理”、“无形资产”、“生产性生物资产”等科目的本期发生额分析填列。

（4）“短期投资、长期债券投资和长期股权投资支付的现金”项目，反映小企业进行权益性投资和债权性投资支付的现金。包括：企业取得短期股票投资、短期债券投资、短期基金投资、长期债券投资、长期股权投资支付的现金。本项目可以根据“库存现金”、“银行存款”、“短期投资”、“长期债券投资”、“长期股权投资”等科目的本期发生额分析填列。

（5）“购建固定资产、无形资产和其他非流动资产支付的现金”项目，反映小企业购建固定资产、无形资产和其他非流动资产支付的现金。包括：购买机器设备、无形资产、生产性生物资产支付的现金、建造工程支付的现金等现金支出，不包括为购建固定资产、无形资产和其他非流动资产而发生的借款费用资本化部分和支付给在建工程和无形资产开发项目人员的薪酬。为购建固定资产、无形资产和其他非流动资产而发生借款费用资本化部分，在“偿还借款利息支付的现金”项目反映；支付给在建工程和无形资产开发项目人员的薪酬，在“支付的职工薪酬”项目反映。本项目可以根据“库存现金”、“银行存款”、“固定资产”、“在建工程”、“无形资产”、“研发支出”、“生产性生物资产”、“应付职工薪酬”等科目的本期发生额分析填列。

3. 筹资活动产生的现金流量

（1）“取得借款收到的现金”项目，反映小企业举借各种短期、长期借款收到的现金。本项目可以根据“库存现金”、“银行存款”、“短期借款”、“长期借款”等科目的本期发生额分析填列。

（2）“吸收投资者投资收到的现金”项目，反映小企业收到的投资者作为资本投入的现金。本项目可以根据“库存现金”、“银行存款”、“实收资本”、“资本公积”等科目的本期发生额分析填列。

（3）“偿还借款本金支付的现金”项目，反映小企业以现金偿还各种短期、长期借款的本金。本项目可以根据“库存现金”、“银行存款”、“短期借款”、“长期借款”等科目的本期发生额分析填列。

（4）“偿还借款利息支付的现金”项目，反映小企业以现金偿还各种短期、长期借款的利息。本项目可以根据“库存现金”、“银行存款”、“应付利息”等科目的本期发生额分析填列。

（5）“分配利润支付的现金”项目，反映小企业向投资者实际支付的利润。本项目可以根据“库存现金”、“银行存款”、“应付利润”等科目的本期发生额分析填列。

（四）本表中各项目之间的钩稽关系为

行7 = 行1 + 行2 − 行3 − 行4 − 行5 − 行6；

行13 = 行8 + 行9 + 行10 − 行11 − 行12；

行19 = 行14 + 行15 − 行16 − 行17 − 行18；

行20 = 行7 + 行13 + 行19；

行22 = 行20 + 行21。

第五节　附　注

一、概述

附注，是指对在资产负债表、利润表和现金流量表等报表中列示项目的文字描述或明细资料，以及对未能在这些报表中列示项目的说明等。附注应当按照下列顺序披露：

（1）遵循小企业会计准则的声明。

（2）短期投资、应收账款、存货、固定资产项目的说明。

（3）应付职工薪酬、应交税费项目的说明。

（4）利润分配的说明。

（5）用于对外担保的资产名称、账面余额及形成的原因；未决诉讼、未决仲裁以及对外提供担保所涉及的金额。

（6）发生严重亏损的，应当披露持续经营的计划、未来经营的方案。

（7）对已在资产负债表和利润表中列示项目与企业所得税法规定存在差异的纳税调整过程。

（8）其他需要在附注中说明的事项。

二、附注的内容

附注是财务报表的重要组成部分。小企业应当按照小企业会计准则规定披露附注信息，主要包括下列内容：

（一）遵循小企业会计准则的声明

小企业应当声明编制的财务报表符合小企业会计准则的要求，真实、完整地反映了小企业的财务状况、经营成果和现金流量等有关信息。

（二）短期投资、应收账款、存货、固定资产项目的说明

1. 短期投资的披露格式如下

项　目	期末账面余额	期末市价	期末账面余额与市价的差额
1. 股票			
2. 债券			
3. 基金			
4. 其他			
合　计			

2. 应收账款按账龄结构披露的格式如下

账龄结构	期末账面余额	年初账面余额
1 年以内（含1 年）		
1 年至2 年（含2 年）		
2 年至3 年（含3 年）		
3 年以上		
合　计		

3. 存货的披露格式如下

存货种类	期末账面余额	期末市价	期末账面余额与市价的差额
1. 原材料			
2. 在产品			
3. 库存商品			
4. 周转材料			
5. 消耗性生物资产			
……			
合　计			

4. 固定资产的披露格式如下

项　目	原价	累计折旧	期末账面价值
1. 房屋、建筑物			
2. 机器			
3. 机械			
4. 运输工具			

续　表

项　目	原价	累计折旧	期末账面价值
5. 设备			
6. 器具			
7. 工具			
……			
合　计			

（三）应付职工薪酬、应交税费项目的说明。

1. 应付职工薪酬的披露格式如下

应付职工薪酬明细表

会小企 01 表附表 1

编制单位：　　　　＿＿＿＿年＿＿＿＿月　　　　单位：元

项　目	期末账面余额	年初账面余额
1. 职工工资		
2. 奖金、津贴和补贴		
3. 职工福利费		
4. 社会保险费		
5. 住房公积金		
6. 工会经费		
7. 职工教育经费		
8. 非货币性福利		
9. 辞退福利		
10. 其他		
合　计		

2. 应交税费的披露格式如下

应交税费明细表

会小企01 表附表2

编制单位：　　　　　______年______月　　　　　　　　　　单位：元

项　目	期末账面余额	年初账面余额
1. 增值税		
2. 消费税		
3. 营业税		
4. 城市维护建设税		
5. 企业所得税		
6. 资源税		
7. 土地增值税		
8. 城镇土地使用税		
9. 房产税		
10. 车船税		
11. 教育费附加		
12. 矿产资源补偿费		
13. 排污费		
14. 代扣代缴的个人所得税		
……		
合　计		

（四）利润分配的说明

利润分配表

会小企01 表附表3

编制单位：　　　　　______年______月　　　　　　　　　　单位：元

项　目	行　次	本年金额	上年金额
一、净利润	1		
加：年初未分配利润	2		
其他转入	3		
二、可供分配的利润	4		
减：提取法定盈余公积	5		
提取任意盈余公积	6		

续 表

项 目	行 次	本年金额	上年金额
提取职工奖励及福利基金 *	7		
提取储备基金 *	8		
提取企业发展基金 *	9		
利润归还投资 * *	10		
三、可供投资者分配的利润	11		
减：应付利润	12		
四、未分配利润	13		

* 提取职工奖励及福利基金、提取储备基金、提取企业发展基金这 3 个项目仅适用于小企业（外商投资）按照相关法律规定提取的 3 项基金。

* * 利润归还投资这个项目仅适用于小企业（中外合作经营）根据合同规定在合作期间归还投资者的投资。

（五）用于对外担保的资产名称、账面余额及形成的原因；未决诉讼、未决仲裁以及对外提供担保所涉及的金额

（六）发生严重亏损的，应当披露持续经营的计划、未来经营的方案

（七）对已在资产负债表和利润表中列示项目与企业所得税法规定存在差异的纳税调整过程。参见《中华人民共和国企业所得税年度纳税申报表》

（八）其他需要说明的事项

第十三章　小企业会计工作组织

第一节　会计法律制度概述

一、会计与会计法

会计是以货币为主要计量单位，反映和监督单位经济活动的一种经济管理工作。

会计法是会计在处理各种经济业务关系时必须遵循的具有约束力的规范，包括：道德的规范、单位内部规范、行业组织规范和国家的规范。《中华人民共和国会计法》是我国最高层次的会计法律规范，在会计法律规范体系中权威性最高，法律效力最高。

二、我国会计法律制度的构成

按照法律的构成、制定机关和效力的不同，我国的法律体系常由宪法、法律、行政法规、部门规章和规范性文件等构成。法律的范围有广义和狭义之分。广义的法律包括所有由国家制定发布或认定的法律规范。狭义的法律指由国家最高权力机关——全国人民代表大会及其常务委员会制定发布的法律规范。

行政法规是由国家最高行政管理机关——国务院制定、经总理签署、国务院令予以公布的法律规范。部门规章是由国务院各管理部门和地方人民政府在其职权范围内依法制定、经国务院各管理部门首长和地方人民政府首长签署命令予以公布的法律规范。规范性文件由国务院主管部门以部门文件形式印发。省、自治区、直辖市的人民代表大会及其常务委员会在与宪法、法律和行政法规不相抵触的前提下，可以根据本地区情况制定、发布地方性法规。

我国会计法律制度的基本构成如下表所示：

	按照效力层次分	
会计法律制度的构成	会计法律	
	会计行政法规	
	国家统一的会计制度	会计部门规章
		会计规范性文件
	地方性会计法规	

（一）会计法律

我国目前有两部会计法律，分别是《会计法》和《注册会计师法》:

《会计法》调整国家机关、社会团体、公司、企业、事业单位和其他组织（以下统称单位），在办理会计事务中产生的经济管理关系。包括单位内部的会计事务管理关系、单位之间在办理会计事务中产生的经济关系、单位与国家会计管理机关和有关行政管理机关之间在会计事务管理中产生的行政管理关系等。《会计法》于1985年1月21日由第六届全国人大常委会第九次会议通过。1993年12月29日，第八届全国人大常委会第五次会议修正，1999年10月31日，第九届全国人大常委会第十二次会议修订，2000年7月1日在全国范围内实施。

（二）会计行政法规

会计行政法规是指由国家最高行政机关——国务院制定的、调整经济生活中某些方面会计关系的法律规范。

会计行政法法规制定的依据是《会计法》，会计行政法规的效力仅次于会计基本法。如1990年12月31日国务院发布的《总会计师条例》、国务院2000年6月21日发布、2001年1月1日施行的《企业财务会计报告条例》、《总会计师条例》。

（三）国家统一的会计制度

国家统一的会计制度是指国务院财政部门根据《会计法》制定的关于会计核算、会计监督、会计机构和会计人员以及会计工作管理的制度。国家统一的会计制度包括会计部门规章和会计规范性文件。国家统一的会计制度的法律效力低于会计行政法规。

会计部门规章是根据《立法法》规定的程序，由财政部制定，并由财政部部长签署命令予以公布的制度办法，如《财政部门实施会计监督办法》、《会计从业资格管理办法》、《代理记账管理办法》和《企业会计准则

——基本准则》等。

会计规范性文件是指主管全国会计工作的行政部门即国务院财政部门制定并发布的制度办法，如企业会计准则体系中的38项具体准则及应用指南、《企业会计制度》、《小企业会计制度》、《会计基础工作规范》，以及财政部与国家档案局联合发布的《会计档案管理办法》等。会计规范性文件也包括国务院有关部门根据其职责制定的会计方面的规范性文件，但必须报财政部备案。

三、会计工作管理体制

会计工作管理体制是划分管理会计工作职责权限关系的制度，包括会计工作管理组织形式、管理权限划分、管理机构设置等内容。在《会计法》中已对我国的会计管理体制作出明确规定，形成了会计行政管理、自律管理和单位会计管理各有侧重、协调发展的会计管理体制。

（一）会计工作的行政管理

《会计法》第七条规定："国务院财政部门主管全国的会计工作，县级以上地方各级人民政府财政部门管理本行政区域内的会计工作。"财政部门按照"统一领导，分级管理"的原则管理会计工作。

统一领导：国务院财政部门主管全国的会计工作。

分级管理：县级以上地方各级人民政府财政部门管理本区域内的会计工作。

《会计法》规定财政部门是会计工作的主管部门，但并不排斥国家其他部门依法对会计工作进行管理，如国家审计机关、证券监督机构等。

在市场经济条件下，政府的职能主要是经济调节、市场监督、社会管理和公共服务，根据《会计法》，财政部门履行的会计行政管理职能主要有：

1. 会计准则制度及相关标准规范的制定和组织实施

会计准则制度及相关标准规范的制定和组织实施是财政部门管理会计工作的一项基本的职能。

《会计法》第八条规定："国家实行统一的会计制度。国家统一的会计制度由国务院财政部门根据本法制定并公布。国务院有关部门可以依照本法和国家统一的会计制度制定对会计核算和会计监督有特殊要求的行业实施国家统一的会计制度的具体办法或者补充规定，报国务院财政部门审核批准。中国人民解放军总后勤部可以依照本法和国家统一的会计制度制定军队实施国家统一的会计制度的具体办法，报国务院财政部门备案。"

2. 会计市场管理

在市场经济条件下，政府应当加强对会计市场的管理，包括会计市场的准入管理、过程的监管和会计市场的退出管理三个方面。会计市场准入包括会计从业资格、会计师事务所的设立、代理记账机构的设立等。获准进入会计市场后，这些机构和人员还应当持续符合相关的资格条件，并主动接受财政部门的监督检查。当资格不再符合时，原审批机关应当撤回行政许可。

3. 会计专业人才评价

我国已经基本形成阶梯式的会计专业人才评价机制，包括初级、中级、高级会计人才评价机制的会计行业领军人才的培养评价等。

4. 会计监督检查

财政部门实施的会计监督检查主要是会计信息质量检查和会计师事务所执业质量检查。

根据《会计法》有关规定，财政部组织实施对全国的会计信息质量检查，并依法对违法行为实施行政处罚；县级以上财政部门组织实施本行政区域内的会计信息质量检查，并依法对本行政区域单位或人员的违法行为实施行政处罚。

（二）会计工作的自律管理

行业自律是相对于行政管理的一种管理模式。行政管理是国家行政机关依法对国家和社会公共事务进行管理。行业自律是指行业协会根据会员一致的意愿，自行制定规则，并据此对各成员进行管理，以促进成员之间的公平竞争和行业的有序发展。会计行业自律管理制度是对行政管理制度的一种有益的补充，有助于督促会计人员依法开展会计工作，树立良好的行业风气，促进行业的发展。

（三）单位内部的会计工作管理

单位对会计工作的管理主要包括会计工作的组织领导、会计人员的选拔任用等。

1. 单位负责人要组织、管理好本单位的会计工作

《会计法》第四条规定："单位负责人对本单位的会计工作和会计资料的真实性、完整性负责。"第二十八条规定："单位负责人应当保证会计机构、会计人员依法履行职责，不得授意、指使、强令会计机构、会计人员违法办理会计事项。"这些规定明确了单位负责人在单位会计工作管理中的权力和责任。

单位负责人是指单位法定代表人或者依照法律、行政法规规定代表单位

行使职权的主要负责人。如下图所示：

- 单位负责人
  - 单位的法定代表人
    - 国有工业企业厂长、经理
    - 公司制企业的董事长
    - 国家机关的最高行政官员
  - 按照法律、行政法规规定
  - 代表单位行使职权的负责人
    - 代表合伙企业执行合伙企业事务的合伙人
    - 个人独资企业的投资人

单位负责人的会计责任范围：

（1）单位负责人按照《会计法》的规定设置会计机构、选用会计人员，为会计资料真实性、完整性提供组织保证和人员保证。

（2）单位负责人应当保证会计机构和会计人员依法履行职责，不得授意、指使、强令会计机构、会计人员违法办理会计事项。

（3）单位负责人不得对依法履行职责、抵制违反会计法规定行为的会计人员实行打击报复。

（4）单位负责人作为本单位会计行为的责任主体，对忠于职守、坚持原则、成绩突出的会计人员给予物质和精神奖励。

（5）单位负责人要认真审核本单位编制的财务会计报告，在上面签名并盖章，以对本单位财务会计报告的真实性、完整性承担法律责任。

2. 会计人员的选拔任用由所在单位具体负责

财政部只对从事会计工作人员的相关资格条件进行统一规定，如从事具体会计工作应当取得会计从业资格，担任会计机构负责人应当具备会计师以上专业技术职务资格或者从事会计工作3年以上的经历，担任会计职务应当通过相应级别的会计专业技术资格考试或考评，担任总会计师应当在取得会计师任职资格后主管一个单位或者单位内一个重要方面的财务会计工作不少于3年。会计人员取得相关资格或符合有关条件下，能否具体从事相关工作，由所在单位自行决定。单位要加强对本单位会计人员的管理，依法合理设置会计岗位，督促会计人员按照国家统一的会计制度的规定进行会计核算和监督。

第二节　会计核算

一、会计核算的基本要求

会计核算的基本要求，是指各单位进行会计核算应当遵循的基本规范。《会计法》对会计核算的基本要求主要体现在以下三个方面：

（1）会计核算依据的基本要求：①会计核算必须以实际发生的经济业务事项为依据；②禁止以虚假的经济业务事项或资料进行会计核算。

（2）会计资料的基本要求：①会计资料必须符合国家统一的会计制度的规定；②生成和提供虚假会计资料是一种严重违法行为。

（3）会计电算化的基本要求：①用电子计算机进行会计核算的单位，使用的会计软件必须符合国家统一的会计制度的规定；②用电子计算机生成的会计资料必须符合国家统一的会计制度的要求。

二、会计核算的内容

根据《会计法》第十条规定，应当办理会计手续，进行会计核算的经济业务包括：

（1）款项和有价证券的收付；

（2）财物的收发、增减和使用；

（3）债权债务的发生和结算；

（4）资本、资金的增减；

（5）收入、支出、费用、成本的计算；

（6）财务成果的计算和处理；

（7）其他事项。

三、会计年度

会计年度是以年度为单位进行会计核算的时间区间，是反映单位财务状况、核算经营成果的时间界限。每个会计年度按照公历日期划分为半年度、季度、月度。

《会计法》规定：会计年度自公历1月1日起至12月31日止。企业应当依照有关法律、行政法规定的结账日进行结账，不得提前或者延迟。年度结账日为公历年度每年的 12 月 31 日；半年度、季度、月度结账日分别为公历年度每半年、每季、每月的最后一天。

四、记账本位币

会计核算以货币计量，使会计核算的对象表现为货币运动，从而能够全面反映单位的财务状况和经营成果。《会计法》第十二条规定："会计核算以人民币为记账本位币，业务收支以人民币以外的货币为主的单位，可以选定其中的一种货币为记账本位币，但是编报的财务会计报告应当折算为人民币。"记账本位币一经确定，不得随意变动。编报的财务会计报告必须以人民币反映，应当依据国家统一的会计制度的规定，按照规定的外汇汇率折算为人民币反映。

五、会计文字记录

《会计法》规定："会计记录的文字应当使用中文。在民族自治地方，会计记录可以同时使用当地通用的一种民族文字。在中华人民共和国境内的外商投资企业、外国企业和其他外国组织的会计记录可以同时使用一种外国文字。"使用中文是强制性的，使用其他文字是备选性的。

六、财产清查

（一）财产清查的概念

财产清查是根据账簿记录，对各项财产物资和库存现金进行实地盘点，对银行存款和债权债务进行核对，确定各项财产物资、货币资金和债权债务的实存数，并查明实存数与账面数是否相符的一种专门方法，是会计核算重要方法之一。《会计法》第二十七条中规定："财产清查的范围、期限和组织程序应当明确。"

（二）财产清查的种类

1. 按照清查的对象和范围划分，可分为全面清查和局部清查

（1）全面清查。全面清查的内容多、范围广、投入的人力多，不可能经常进行，一般只用于年终结算前的清查。当然，在某些特别情况下，如企业破产、合并、改变隶属关系、清产核资或单位主要负责人调离工作岗位，为了明确经济责任或核定资金，也要进行全面清查。

（2）局部清查。局部清查是根据需要对部分财产、物资和往来款项等

进行盘点和清查。

2. 按照清查的时间划分，可分为定期清查和不定期清查

（1）定期清查。定期清查通常在年末、半年末、季末、月末结账时进行。

（2）不定期清查。不定期清查是指事先没有规定清查时间，根据特殊需要而进行的临时性清查。

七、会计档案管理

《会计法》第二十三条规定：各单位对会计凭证、会计账簿、财务会计报告和其他会计资料应当建立档案，妥善保管。会计档案的保管期限和销毁办法，由国务院财政部门会同有关部门制定。

会计档案是指记录和反映经济业务事项的重要历史资料和证据，一般包括会计凭证、会计账簿、财务会计报告以及其他会计资料等会计核算的专业材料。

1998 年，财政部和国家档案局修订了《会计档案管理办法》，对会计档案的立卷、归档、保管、调阅和销毁，以及单位变更后的会计档案管理等作出了更加明确的规定：

（1）会计档案应当妥善保管。会计档案由单位会计机构负责整理立卷归档，并保管一年，期满后移交会计档案管理机构。没有专门档案管理机构的单位应由会计机构指定专人继续保管单位的会计档案，不得外借，遇特殊情况，经本单位负责人批准可以提供查询或复制原件。

（2）会计档案应当分期保管。分为永久和定期两类，定期保管分为 3、5、10、15、25 年。

（3）会计档案应按规定程序销毁。应由单位档案管理机构提出销毁意见，会同会计机构共同鉴定，严格审查，编造销毁清册，报单位负责人批准后，由单位档案管理机构和会计机构共同派员监销；

对于保管期满但未结清的债权债务原始凭证及其他未了事项的原始凭证，不得销毁，应当单独抽出立卷，保管到未了事项解决时为止；正在项目建设期间的建设单位，其保管期满的会计档案不得销毁。

八、账务处理程序

（一）账务处理程序的意义

账务处理程序也称会计核算组织程序或会计核算形式，是指会计凭证、

会计账簿、财务报表相结合的方式。该程序包括会计凭证和账簿的种类、格式，会计凭证与账簿之间的联系方法，由原始凭证到编制记账凭证、登记明细分类账和总分类账、编制财务报表的工作程序和方法等。

有利于会计工作程序的规范化，提高会计信息质量；有利于保证会计记录的完整性、正确性，增强会计信息可靠性；有利于减少不必要的会计核算环节，保证会计信息的及时性。

(二）账务处理程序的种类

常用账务处理程序主要有记账凭证账务处理程序、科目汇总表账务处理程序和汇总记账凭证账务处理程序。

1. 记账凭证账务处理程序

(1）基本内容。

记账凭证账务处理程序是指发生的经济业务事项，都要根据原始凭证或汇总原始凭证编制记账凭证，然后根据记账凭证直接登记总分类账的一种账务处理程序。其特点是直接根据记账凭证逐笔登记总分类账。它是最基本的账务处理程序。

①根据原始凭证编制汇总原始凭证；

②根据原始凭证或汇总原始凭证，编制记账凭证；

③根据收款凭证、付款凭证逐笔登记现金日记账和银行存款日记账；

④根据原始凭证、汇总原始凭证和记账凭证，登记各种明细分类账；

⑤根据记账凭证逐笔登记总分类账；

⑥期末，现金日记账、银行存款日记账和明细分类账的余额同有关总分类账的余额核对相符；

⑦期末，根据总分类账和明细分类账的记录，编制财务报表。

(2）优缺点及适用范围。

记账凭证账务处理程序简单明了，易于理解，总分类账可以较详细地反映经济业务的发生情况。其缺点是：登记总分类账的工作量较大。它适用于规模较小、经济业务量较少的单位。

2. 汇总记账凭证账务处理程序

(1）基本内容。

汇总记账凭证账务处理程序是根据原始凭证或汇总原始凭证编制记账凭证，再根据记账凭证编制汇总记账凭证，然后据以登记总分类账的一种账务处理程序。其特点是：定期根据记账凭证分类编制汇总收款凭证、汇总付款凭证和汇总转账凭证，再根据汇总记账凭证登记总分类账。

①根据原始凭证编制汇总原始凭证；

②根据原始凭证或汇总原始凭证，编制记账凭证；

③根据收款凭证、付款凭证逐笔登记现金日记账和银行存款日记账；

④根据原始凭证、汇总原始凭证和记账凭证，登记各种明细分类账；

⑤根据各种记账凭证编制有关汇总记账凭证；

⑥根据各种汇总记账凭证登记总分类账；

⑦期末，现金日记账、银行存款日记账和明细分类账的余额同有关总分类账的余额核对相符；

⑧期末，根据总分类账和明细分类账的记录，编制财务报表。

（2）优缺点及适用范围。

汇总记账凭证账务处理程序减轻了登记总分类账的工作量，由于按照账户对应关系汇总编制记账凭证，便于了解账户之间的对应关系。其缺点是：按每一贷方科目编制汇总转账凭证，不利于会计核算的日常分工，并且当转账凭证较多时，编制汇总转账凭证的工作量较大。这一账务处理程序适用于规模较大、经济业务较多的单位。

3. 科目汇总表账务处理程序

（1）基本内容。

科目汇总表账务处理程序又称记账凭证汇总表账务处理程序，它是根据记账凭证定期编制科目汇总表，再根据科目汇总表登记总分类账的一种账务处理程序。其特点是编制科目汇总表并据以登记总分类账。其记账凭证、账簿的设置与记账凭证账务处理程序基本相同。

①根据原始凭证编制汇总原始凭证；

②根据原始凭证或汇总原始凭证，编制记账凭证；

③根据收款凭证、付款凭证逐笔登记现金日记账和银行存款日记账；

④根据原始凭证、汇总原始凭证和记账凭证，登记各种明细分类账；

⑤根据各种记账凭证编制科目汇总表；

⑥根据科目汇总表登记总分类账；

⑦期末，现金日记账、银行存款日记账和明细分类账的余额同有关总分类账的余额核对相符；

⑧期末，根据总分类账和明细分类账的记录，编制财务报表。

（2）优缺点及适用范围。

科目汇总表账务处理程序减轻了登记总分类账的工作量，并可做到试算平衡，简明易懂，方便易学。其缺点是：科目汇总表不能反映账户对应关系，不便于查对账目。它适用于经济业务较多的单位。

第三节　会计监督

会计监督分为：单位内部监督、会计工作的国家监督、会计工作的社会监督。

一、单位内部会计监督

（一）单位内部会计监督的概念和作用

单位内部会计监督，是指为了保护单位资产的安全、完整，保证其经营活动符合国家法律、法规和内部有关管理制度，提高经营管理水平和效率，而在单位内部采取的一系列相互制约、相互监督的制度和方法。

《会计法》第二十七条中规定："各单位应当建立、健全本单位内部会计监督制度。"单位内部会计监督的保证作用主要表现在以下方面：

1. 保证单位经营管理目标的实现和单位各项经济活动在法定范围内进行。

2. 保护单位资产的安全完整，保证账面资产与实存资产定期核对相符。

3. 保证业务活动按照适当的授权进行，保证资产和记录的接触、处理均经过适当的授权。

4. 保证所有交易和事项以正确的金额、在恰当的会计期间及时记录于适当的会计账簿，使会计报表的编制符合会计准则的相关要求。

5. 保证会计记录的可靠性和及时提供真实的会计信息。

（二）单位内部会计监督的主体和对象

1. 单位内部会计监督的主体是各单位的会计机构和会计人员。

2. 单位内部会计监督的对象是本单位的经济活动。

（三）单位内部会计监督制度的基本要求

《会计法》第二十七条规定："各单位应当建立、健全本单位内部会计监督制度。"单位内部会计监督制度应当符合下列要求：

1. 记账人员与经济业务事项和会计事项的审批人员、经办人员、财务保管人员的职责权限应当明确，并相互分离、相互制约。

2. 重大对外投资、资产处置、资金调度和其他重要经济业务事项的决策和执行的相互监督、相互制约程序应当明确。

3. 财产清查的范围、期限和组织程序应当明确。

4. 对会计资料定期进行内部审计的办法和程序应当明确。

（四）单位负责人在单位内部会计监督中的职责

《会计法》第二十八条第一款规定："单位负责人应该保证会计机构、会计人员依法履行职责，不得授意、指使、强令会计机构、会计人员违法办理会计事项。"

（五）会计机构、会计人员在单位内部会计监督中的职权

《会计法》第二十八条第二款规定："会计机构、会计人员对违反本法和国家统一的会计制度规定的会计事项，有权拒绝办理或者按照职权予以纠正。"第二十九条规定："会计机构、会计人员发现会计账簿记录与实物、款项及有关资料不相符的，按照国家统一的会计制度的规定有权自行处理的，应当及时处理；无权处理的，应当立即向单位负责人报告，请求查明原因，作出处理。"

会计机构、会计人员在单位内部会计监督中主要行使以下职权：

1. 有权拒绝对通过作假手段制造出来的经济业务事项或者资料进行会计核算。

2. 对于应当办理会计手续、进行会计核算的经济业务事项，而没有办理会计手续，进行会计核算的，有权予以纠正。

3. 拒绝来自任何方面伪造、变造会计凭证、会计账簿及其他会计资料和提供虚假财务会计报告的任何要求。

4. 在对原始凭证进行审核的时候，发现原始凭证不真实、不合法，有权不予接受，并向单位负责人报告，发现记载不准确、不完整的原始凭证予以退回，并要求按照国家统一的会计制度的规定更正、补充。

5. 拒绝违反《会计法》和国家统一的会计制度的规定，对本单位发生的经济业务事项未在依法设置的会计账簿上统一登记、核算，发现私设会计账簿登记、核算的"小金库"或者账外经营的违法行为要坚决予以制止。

6. 发现会计账簿之间相对应的记录不符，发现会计账簿的记录与本单位的实物、款项的实有数额不符，与会计凭证的有关内容不符，与会计报表的有关内容不符，要按照《会计法》和国家统一的会计制度的规定进行纠正，或者向单位负责人报告，请求处理。

7. 在编制本单位财务会计报告的时候，对于非法干预产生的下列问题有权予以纠正或者制止。

（1）需要变更的会计处理方法；（2）按照《会计法》和国家统一的会计制度的规定，应当在财务会计报告中说明的事项没有说明；（3）向不同

的会计资料的使用者提供编制依据不相一致的财务会计报告；（4）财务会计报告应当而未经过注册会计师审计。

8. 有权制止来自任何方面隐匿和违反规定销毁会计资料的要求和行为。

9. 会计机构、会计人员应当保证会计账簿记录的真实、完整。

（1）会计机构、会计人员要对本单位各项财物、款项的增减变动和结存情况及时进行记录、计算、反映和核对。

（2）会计机构、会计人员对账实不符的情况要及时做出处理。

（3）会计机构、会计人员对账实不符无权处理的，一经发现，就应当立即报请单位负责人处理，不得拖延，否则就会造成资产不实，也给追究责任、避免和挽回损失带来困难。

二、政府监督

县级以上人民政府财政部门为各单位会计工作的监督检查部门，对各单位会计工作行使监督权，对违法会计行为实施行政处罚。

（一）财政部门实施会计监督的对象和范围

会计工作的政府监督，主要是指财政部门代表国家对单位和单位中相关人员的会计行为实施的监督检查，以及对发现的违法会计行为实施的行政处罚，是一种外部监督。

在对会计工作的国家监督中，财政部门有权进行普遍监督，分别对有关单位会计资料实施监督检查：

1. 是否依法设置会计账簿。

依法设置会计账簿，首先是指设置会计账簿必须规范，符合法律、法规和国家统一的会计制度的要求。其次，会计账簿的设置，必须符合统一的原则，即进行会计核算。最后，依法设置会计账簿是指不得设置虚假的会计账簿。

2. 会计凭证、会计账簿、财务会计报告和其他会计资料是否真实、完整。

第一，检查各单位应当办理会计手续、进行会计核算的经济业务事项是否在会计凭证、会计账簿、财务会计报告和其他会计资料上得到了反映。第二，检查各单位填制的会计凭证、登记的会计账簿、编制的财务会计报告与实际发生的经济业务事项是否相符。第三，检查各单位的财务会计报告是否符合有关法律、法规和国家统一会计制度的要求。第四，检查其他会计资料是否存在虚假。

3. 会计核算是否符合《会计法》和国家统一的会计制度的规定。

第一，检查经济业务事项是否完整。第二，检查会计凭证的审核、会计账簿的记录、财务会计报告的编制以及其他会计资料的取得和使用。第三，检查资产、负责、所有者权益和收入、支出、费用、成本、利润的确认、计量和会计处理方法是否符合国家统一的会计制度的规定。第四，检查会计档案保管是否符合法定要求。

4. 从事会计工作的人员是否具备从业资格。

5. 国务院财政部门和省、自治区、直辖市人民政府财政部门，依法对注册会计师、会计师事务所和注册会计师协会进行监督、指导。

（二）财政部门实施会计监督的方式

《会计法》规定，财政部门在对会计资料质量实施监督，需要有关单位和金融机构支持时，有关单位和金融机构应给予支持，这是一项法定义务。

（三）会计工作政府监督的其他形式

《会计法》第三十三条规定："财政、审计、税务、人民银行、证券监管、保险监管等部门应当依照有关法律、行政法规规定的职责，对有关单位的会计资料实施监督检查。前款所列监督检查部门对有关单位的会计资料依法实施监督检查后，应当出具检查结论。有关监督检查部门已经作出的检查结论能够满足其他监督检查部门履行本部门职责需要的，其他监督检查部门应当加以利用，避免重复查账。"

（四）对实施监督检查的政府部门及其工作人员的保密要求

《会计法》第三十四条规定："依法对有关单位的会计资料实施监督检查的部门及其工作人员对在监督检查中知悉的国家秘密和商业秘密负有保密义务。"

（五）各单位应当依法接受监督检查

《会计法》第三十四条规定："各单位必须依照有关法律、行政法规的规定，接受有关监督检查部门依法实施的监督检查，如实提供会计凭证、会计账簿、财务会计报告和其他会计资料以及有关情况，不得拒绝、隐匿、谎报。"

三、会计工作的社会监督

（一）会计工作社会监督的概念

社会监督主要指社会中介机构（如会计师事务所）的注册会计师对委托单位的经济活动进行审计。此外单位和个人检举违反《会计法》和国家统一会计制度规定的行为也属于社会监督。

《会计法》第三十一条规定："有关法律、行政法规规定，须经注册会计师进行审计的单位，应当向受委托的会计师事务所如实提供会计凭证、会计账簿、财务会计报告和其他会计资料以及有关情况。任何单位或者个人不得以任何方式要求或者示意注册会计师及其所在的会计师事务所出具不实或者不当的审计报告。财政部门有权对会计师事务所出具审计报告的程序和内容进行监督。"

（二）注册会计师及其所在会计师事务所的业务范围

1. 依法承办审计业务。

（1）审查企业财务会计报告，出具审计报告。

（2）验证企业资本，出具验资报告。

（3）办理企业合并，分立，清算事宜中的审计业务，出具有关报告。

（4）法律、行政法规规定的其他审计业务。

2. 承办会计咨询、服务业务。

（1）设立会计制度，担任会计顾问，提供会计、管理咨询。

（2）代理纳税申报，提供税务咨询。

（3）代理申请工商登记，拟定合同、章程和其他业务文件。

（4）办理投资评估、资产评估和项目可行性研究中的有关业务。

（5）培训会计、审计和财务管理人员。

（6）其他会计咨询、服务。

（三）注册会计师审计的相关问题

1. 委托注册会计师审计的单位应当如实提供会计资料。

2. 不得干扰注册会计师独立开展审计业务。

3. 财政部门有权对会计师事务所出具审计报告的程序和内容进行监督。

（四）注册会计师审计与内部审计的关系

注册会计师审计和内部审计之间的区别主要在于：审计独立性不同、审计方式不同、审计的职责和作用不同。

（五）对违法会计行为的检举：任何单位和个人有权检举违法会计工作，有关部门应当及时处理并为检举人保密

第四节　会计机构和会计人员

一、会计机构的设置

《会计法》第三十六条第一款规定：“各单位应当根据会计业务的需要，设置会计机构，或者在有关机构中设置会计人员并指定会计主管人员；不具备设置条件的，应当委托经批准设立从事会计代理记账业务的中介机构代理记账。”

“会计主管人员”是《会计法》中的一个特指概念，不同于通常所说的“会计主管”、“主管会计”、“主办会计”等，而是指负责组织管理会计事务、行使会计机构负责人职权的负责人。

“代理记账”是指从事代理记账业务的社会中介机构接受委托人的委托办理会计业务。委托人是指委托代理记账机构办理会计业务的单位。代理记账机构是指从事代理记账业务的中介机构。

二、会计机构负责人（会计主管人员）的任职资格

（一）会计机构负责人（会计主管人员）的设置

会计机构负责人（会计主管人员），是指在一个单位内具体负责会计工作的中层领导人员。在设置会计机构的情况下，这位负责人就是会计机构负责人；而在有关机构设置会计人员的情况下，被指定为会计主管人员的人就是负责人。

（二）会计机构负责人（会计主管人员）的任职资格和任职条件

1. 政治素质：要求会计机构负责人（会计主管人员）遵纪守法，坚持原则，廉洁奉公，具备良好的职业道德。

2. 专业技术资格条件和工作经历：担任单位会计机构负责人（会计主管人员）的，除取得会计从业资格证书外，还应当具备会计师以上专业技术职务资格或者从事会计工作三年以上经历。

3. 政策业务水平：要求熟悉国家财经法律、法规、规章制度，掌握财务会计理论及本行业的业务管理知识。

4. 组织能力：不仅要求自己是会计工作的行家里手，还要能领导和组织好本单位的会计工作。

5. 身体条件：必须具备良好的身体素质，才能适应和胜任本职工作。

三、会计工作岗位设置

（一）设置会计工作岗位的基本原则

1. 根据本单位会计业务的需要设置会计工作岗位。

会计工作岗位一般分为：总会计师（或行使总会计师职权）岗位；会计机构负责人（会计主管人员）岗位；出纳岗位；稽核岗位；资本、基金核算岗位；收入、支出、债权债务核算岗位；工资核算、成本核算、财务成果核算岗位；财产物资的收发、增减核算岗位；总账岗位；对外财务会计报告编制岗位；会计电算化岗位；会计档案管理岗位。

2. 符合内部牵制制度的要求。根据规定，会计工作岗位可以一人一岗、一人多岗或者一岗多人，但出纳人员不得兼任稽核、会计档案保管和收入、支出费用、债权债务账目的登记工作。

3. 对会计人员的工作岗位要有计划地进行轮岗。

4. 要建立岗位责任制。

（二）会计机构内部稽核制度和内部牵制制度

《会计法》第三十七条规定："会计机构内部应当建立稽核制度。出纳人员不得兼任稽核、会计档案保管和收入、支出、费用、债权债务账目的登记工作。"

1. 内部稽核制度。

内部稽核制度是内部控制制度的重要组成部分，内部稽核制度不同于内部设置的审计制度，前者是会计机构内部的一种工作制度，后者是单位在会计机构之外另行设置的内部审计机构或者审计人员对会计工作进行再检查的一种制度。

（1）审核财务、成本、费用、会计报表的方法等。

（2）审核实际发生的经济业务或财务收支是否符合现行法律、法规、规章制度的规定。

（3）审核会计凭证、会计账簿、财务会计报告和其他会计资料的内容是否真实、完整，计算是否正确，手续是否齐全，是否符合有关法律、法规、规章和制度。

（4）审核各项财产物资的增减变动和结存情况，并与账面记录进行核对，确定账实是否相符。

2. 内部牵制制度。

内部牵制制度，也称钱账分管制度，是内部控制制度的重要组成部分。

四、会计人员回避制度

为保证会计工作的公正性，会计人员实行回避制度。包括两方面：职务回避、业务回避。

《会计基础工作规范》规定国家机关、国有企业、事业单位任用会计人员应当实行回避制度：

1. 与单位负责人有直系亲属关系的人员，不得在本单位担任会计机构负责人、会计主管。

2. 与会计机构负责人、会计主管有直系亲属关系的人员，不得在本单位担任出纳工作。

3. 直系亲属包括夫妻关系、直系血亲关系、三代以内旁系血亲以及近姻亲关系。

4. 会计人员本人如果办理经济业务事项，本人应当在该事项的会计核算中予以回避。

5. 回避制度适用于委托代理记账。

6. 私营企业和外国独资企业可以参照本制度实行。

五、会计人员工作交接

（一）会计人员工作交接的意义

做好会计交接工作，可以使会计工作前后衔接，保证会计工作连续进行；可以防止账目不清、财务混乱等现象发生；是明确经济责任的有效措施。

（二）需要办理会计工作交接的情况

1. 临时离职或因病不能工作，需要接替或代理的，会计机构负责人（会计主管人员）或单位负责人必须指定专人接替或代理，并办理会计工作交接手续。

2. 临时离职或因病不能工作的会计人员恢复工作时，应当与接替或代理人员办理交接手续。

3. 移交人员因病或其他特殊原因不能亲自办理移交手续的，经单位负责人批准，可由移交人委托他人代办交接，但委托人应当对移交人的会计凭证、会计账簿、财务会计报告和其他有关资料的真实性、完整性承担法律责任。

（三）办理会计工作交接的基本程序

1. 交接前的准备工作。

（1）已经受理的经济业务尚未填制会计凭证的应当填制完毕。

（2）尚未登记的账目应当登记完毕，结出余额，并在最后一笔余额后加盖经办人印章。

（3）整理好应该移交的各项资料，对未了事项和遗留问题要写出书面说明材料。

（4）编制移交清册，列明应该移交的会计凭证、会计账簿、财务会计报告、公章、现金、有价证券、支票簿、发票、文件、其他会计资料和物品等内容；实行会计电算化的单位，从事该项工作的移交人员应在移交清册上列明会计软件及密码、会计软件数据盘、磁带等内容。

（5）会计机构负责人（会计主管人员）移交时，应将财务会计工作、重大账务收支问题和会计人员的情况等向接替人员介绍清楚。

2. 移交点收。

移交人员离职前，必须将本人经管的会计工作，在规定的期限内全部向接管人员移交清楚。接管人员应认真按照移交清册逐项点收：

（1）现金要根据会计账簿记录余额进行当面点交，不得短缺，接替人员发现不一致或“白条抵库”现象时，由移交人员在规定期限内负责查清处理；（2）有价证券的数量要与会计账簿记录一致，有价证券面额与发行价不一致时，按照会计账簿余额交接；（3）会计凭证、会计账簿、财务会计报告和其他会计资料必须完整无缺，不得遗漏，如有短缺，必须查清原因，并在移交清册中加以说明，由移交人负责。银行存款账户余额要与银行对账单核对相符，如有未达账项，应编制银行存款余额调节表调节相符；（4）各种财产物资和债权债务的明细账户余额，要与总账有关账户的余额核对相符；（5）对重要实物要实地盘点，对余额较大的往来账户要与往来单位、个人核对；（6）公章、收据、空白支票、发票、科目印章以及其他物品等必须交接清楚；（7）实行会计电算化的单位，交接双方应在电子计算机上对有关数据进行实际操作，确认有关数字正确无误后方可交接。

3. 专人负责监交。

一般会计人员办理交接手续，由会计机构负责人（会计主管人员）监交；会计机构负责人（会计主管人员）办理交接手续，由单位负责人监交，必要时主管单位可以派人会同监交。

“必要时”通常有三种情况：（1）所属单位负责人不能监交，需要由主管单位派人代表主管单位监交。（2）所属单位负责人拖延监交，需要由主管单位派人督促监交。（3）不宜由所属单位负责人单独监交，而需要主管单位会同监交。此外，主管单位认为交接中存在某种问题需要派人监交时，也可派人会同监交。

4. 交接后的有关事宜。

（1）会计工作交接完毕后，交接双方和监交人应在移交清册上签名或盖章，并应在移交清册上注明：单位名称、交接日期、交接双方和监交人的职务、姓名、移交清册页数以及需要说明的问题和意见等。

（2）接管人员应继续使用移交前的账簿，不得擅自另立账簿，以保证会计记录前后衔接，内容完整。

（3）移交清册一般应填制一式三份，交接双方各执一份，存档一份。

（四）移交后的责任

接替人员在交接时因疏忽没有发现所接会计资料在合法性、真实性方面的问题而在事后发现，仍应由原移交人员负责，原移交人员不得以会计资料已移交而推脱应负的责任。

第五节　会计法律责任

一、法律责任的概述

（一）法律责任的概念

法律责任是法律制度的一个重要组成部分，是保障法律得以遵守与执行的关键所在。法律责任包括：民事责任、行政责任、刑事责任。我国《会计法》中规定的法律责任是行政责任和刑事责任。

（二）行政责任的种类

《会计法》的行政责任包括行政处分与行政处罚。

行政处罚的形式主要有警告、罚款、没收违法所得、没收非法财物、责令停产停业、暂扣或者吊销许可证、暂扣或者吊销执照、行政拘留。

行政处分的形式主要有警告、记过、记大过、降级、降职、撤职、留用察看和开除等八种。

行政处分与行政处罚的主要区别：一是制裁的原因不同；二是制裁的对象不同；三是制裁权的来源和根据不同。四是制裁的范围和形式不同；五是行为的属性及效力不同。

（三）刑事责任

刑事责任指行为人的行为严重违反法律规定，已构成犯罪而承担的法律责任。刑事责任包括主刑和附加刑。主刑有管制、拘役、有期徒刑、无期徒刑和死刑（只能独立使用不可附加适用）；附加刑有罚金、剥夺政治权利和没收财产。对于犯罪的外国人，也可以独立或者附加适用驱除出境（可以独立适用又可附加适用）。

二、违反《会计法》规定应当承担的法律责任

（一）违反会计制度规定应当承担的法律责任

1. 违反会计核算法律规定的行为。

（1）不依法设置会计账簿的行为或者未按规定的种类、形式及要求设置会计账簿的行为；（2）私设会计账簿的行为；（3）未按照规定填制、取得原始凭证或者填制、取得的原始凭证不符合规定的行为；（4）以未经审核的会计凭证为依据登记会计账簿或者登记会计账簿不符合规定的行为；（5）随意变更会计处理方法的行为；（6）向不同的会计资料使用者提供的财务会计报告编制依据不一致的行为；（7）未按照规定使用会计记录文字或者记账本位币的行为；（8）未按照规定保管会计资料，致使会计资料毁损、灭失的行为；（9）未按照规定建立并实施单位内部会计监督制度，或者拒绝依法接受监督，或者不如实提供有关会计资料及有关情况的行为；（10）任用会计人员不符合《会计法》规定的行为

2. 违反会计制度规定行为应当承担的法律责任。

（1）责令限期改正：违法单位或者个人应当按照县级以上人民政府财政部门的责令限期改正决定的要求，停止违法行为，纠正错误。

（2）罚款：县级以上人民政府财政部门可以对单位并处3 000元以上5万元以下的罚款，对其直接负责的主管人员和其他直接责任人可处以2 000元以上2万元以下的罚款

（3）给予行政处分：适用于单位、其上级单位或者行政监察部门给予警告、记过、记大过、降级、撤职、留用察看和开除等行政处分；

（4）吊销会计从业资格证书：县级以上人民政府财政部门对其吊销会计从业资格证书。

（5）依法追究刑事责任：构成犯罪的，依法追究刑事责任。

（二）伪造、变造会计凭证、会计账簿，编制虚假财务会计报告的法律责任

伪造、变造会计凭证、会计账簿，编制虚假财务会计报告的行政责任：(1)通报；(2)罚款：可以对单位并处5 000元以上10万元以下的罚款，对其直接负责的主管人员和其他直接责任人可处以3 000元以上5万元以下的罚款；(3)行政处分；(4)吊销会计从业资格证书（由县级以上人民政府财政部门吊销）；(5)伪造、变造会计凭证、会计账簿，编制虚假财务会计报告构成犯罪的追究刑事责任。

（三）隐藏或者故意销毁依法应当保存的会计凭证、会计账簿、财务会计报告的法律责任

尚不构成犯罪的，由县级以上人民政府财政部门予以通报，可以对单位并处5 000元以上10万元以下的罚款；对其直接负责的主管人员和其他直接责任人员，可以处3 000元以上5万元以下的罚款；撤职直至开除的行政处分；对其中的会计人员，并由县级以上人民政府财政部门吊销其会计从业资格证书。情节严重的，处5年以下有期徒刑或者拘役，并处或者单处2万元以上20万元以下罚金。

（四）授意、指使、强令会计机构、会计人员及其他人员伪造、变造会计凭证、会计账簿，编制虚假财务会计报告或者隐匿、故意销毁依法应当保存的会计凭证、会计账簿、财务会计报告的法律责任

尚不构成犯罪的，可以处5 000元以上5万元以下的罚款；降级、撤职、开除的行政处分。构成犯罪的，依法追究刑事责任。

（五）单位负责人对依法履行职责、抵制违反《会计法》规定行为的会计人员实行打击报复的法律责任以及对受打击报复的会计人员的补救措施

《会计法》第四十六条规定："单位负责人对依法履行职责、抵制违反本法规定行为的会计人员以降级、撤职、调离工作岗位、解聘或者开除等方式实行打击报复，构成犯罪的，依法追究刑事责任；尚不构成犯罪的，由其所在单位或者有关单位依法给予行政处分。对受打击报复的会计人员，应当恢复其名誉和原有职务、级别。"

（六）财政部门及有关行政部门的工作人员滥用职权、玩忽职守、徇私舞弊或者泄露国家秘密、商业秘密的法律责任

《会计法》第四十七条规定："财政部门及有关行政部门的工作人员在实施监督管理中滥用职权、玩忽职守、徇私舞弊或者泄露国家秘密、商业秘密，构成犯罪的，依法追究刑事责任；尚不构成犯罪的，依法给予行政

处分。”

（七）将检举人姓名和检举材料转给被检举单位、被检举人个人的法律责任

《会计法》第四十八条规定：“违反本法第三十条规定，将检举人姓名和检举材料转给被检举单位和被检举人个人的，由所在单位或者有关单位依法给予行政处分。”

（八）违反《会计法》同时违反其他法律规定行为的处罚

《会计法》第四十九条规定：“违反本法规定，同时违反其他法律规定的，由有关部门自职权范围内依法进行处罚。”对同一违法当事人的同一违法行为，不得给予两次以上罚款的行政处罚。

1. 同一违法行为同时违反两个以上的法律规范，应当处以罚款的行政处罚时，由某一个法律规定的处罚机关依据该法律的规定进行处罚。

2. 如果某一个处罚机关已经对违法行为人给予了罚款处罚，其他机关不得再对同一违法当事人的同一违法行为给予罚款处罚。

第十四章　小企业会计行为和会计监督

第一节　会计行为

会计行为是提供会计信息的行为，即会计信息的生产和分配活动。会计行为目标可概括为会计目标和会计行为主体动机两者互动均衡的结果，其中含有会计最终目的，即满足会计信息使用者的有关需要。由于会计行为是会计目标和会计行为主体动机两者的互动均衡，因此，会计行为主体的研究与会计信息质量密切相关。会计行为主体也就是会计人员，他们的行为动机是双重的，一方面追求财富的最大化，另一方面又追求非财富（利他主义）的最大化。当这种目标不一致时，会计行为主体会出于自身利益考虑，把自己的成本转嫁给他人，产生失真的会计信息，进而又对社会造成危害。

对会计行为主体进行规范，应发挥制度约束和职业道德双重作用。

一、会计行为的法律标准

会计行为的法律标准是指会计行为主体在享受权利和承担义务时，必须严格遵循的相关法律规范，即指会计行为主体在对其行为客体实施行为时所依据的法律法规。其中《会计法》、《会计基础工作规范》及相关会计法规制度是会计行为最基本的法律标准。这些法律标准基本上涵盖了会计行为的内容、法律关系和法律责任。尽管制约和影响会计行为的因素包括多个方面，有法律标准、行业制度、道德规范、技术要求和人员素质等，但由于法律标准的地位和其强制性特征，决定了法律标准成为控制会计行为最基本和最主要的依据。会计行为的法律标准体现国家利益，着眼于社会经济秩序，其评价标准主要是会计行为的合法性。

二、会计行为必须建立行业标准规范

会计行为的行业标准主要是指会计主体在行使其行为时所参照的标准，

并受制于所处行业的基本制度和最终目标，即处于不同行业的会计行为主体在面对不同的会计行为客体时，其行为表现和行为过程由于所处行业的利益及制度的不同而有所区别。就像上市公司的会计行为与非上市公司会计行为、工商企业会计行为与行政事业单位会计行为、外资企业会计行为与中资企业会计行为等，均有不同的行业标准。这里所说的会计行为的行业标准与行业的会计制度是两个不同概念，行业的会计制度一般是指根据行业的业务范围和经营特点所制定出的具体的会计规则、方法和程序的总称，而会计行为的行业标准则是会计主体在会计制度控制下的行为准则和行为要求。会计行为的行业标准属于一种技术规范。

三、会计行为的道德标准

道德属于意识形态范畴，是一种调节社会经济利益关系和人际关系的行为规范的总和。而会计行为的道德标准则是指会计主体在职业行为过程中应遵循的、体现会计活动特征的、调节会计人员与社会以及与相关利益集团之间关系的行为规范，其主要内容包括会计主体的思想、责任、态度、作风、素质和纪律等。在《国际会计职业道德准则》和中国财政部制定的相关制度中，都有关于会计行为的道德标准的明确表述。作为一种意识形态要求，会计行为的道德标准属于非强制性规范，是会计行为法律标准的重要补充，但又具有法律标准所不可替代的作用。会计行为道德标准主要着眼于人际关系和职业修养，其评价标准主要是会计行为的逻辑性、合理性及合情性。

四、会计行为的影响因素

第一，会计环境因素的影响。环境因素是制约人的行为的重要因素之一，会计行为也同样受其会计环境因素的影响。会计环境是会计产生和发展所赖以存在的客观基础，是影响会计行为各种因素的综合反映。会计环境可分为社会环境、市场环境和工作环境。其中社会环境主要包括政治、经济、法律、道德、文化等方面的内容；市场环境由市场规律、行业特点和竞争状况等组成；工作环境由会计人员的地位、技术和待遇等因素构成。会计环境还可分为宏观环境和微观环境。会计环境对会计行为的影响，具体表现为对会计信息的传递、会计核算模式的选择和会计组织程序的应用等过程。会计行为的外在表现与会计工作的决策者、管理者和实施者所处的环境直接相关。

第二，制度因素的影响。制度是为控制人们的相互关系而人为制定的规范和约束，目的是利用其约束力和影响力来制约和规范人的行为，是会计主体的一种行为准则，明确“应该怎样做”和“不该怎样做”。影响会计行为的制度除了会计制度外，还包括政治制度、法律制度和企业内部制度。会计主体接受和制定制度并成为影响其行为的重要因素，是因为制度具有外在约束力和内在控制力，外在约束力包括职能权利和社会评价，属他律性规范；内在控制力包括目标引导和自我约束，属自律性规范。制度是他律和自律的结合体，制度的完善、规范和执行力对会计主体的会计行为产生重要影响。

第三，管理因素的影响。会计行为的管理可分为来自外部的管理和来自内部的管理。对会计行为的外部管理主要是依据会计法规、经济政策，运用调控和行政手段等形式实现。内部管理则是通过单位治理结构、组织形式、经营模式、目标责任、运转系统和会计人力资源等管理方式来实施和发挥作用，对会计行为的影响直接而具体。

第二节 会计监督

规范小企业会计行为，加强小企业会计监督，必须系统地、创造性地厘清其理论支撑和政策规范，指导和促进会计行为、会计监督建设。

一、小企业会计监督职能

现代会计是一个以提供相关、可靠的财务信息为职能的财务信息系统。在现代企业制度下，会计以完成和认定受托责任作为最终目标。在市场经济条件下，服务于自主经营、自负盈亏企业的会计是为企业内、外部提供决策依据的信息源。会计理论界对会计职能的讨论，普遍认为会计有两大基本职能，即反映与监督。所谓反映，就是客观地记录和报告企业经济活动与经营成果，这就是人们所说的提供财务信息。无论对会计职能持何种观点者，都认为会计具有反映职能，会计的提供财务信息的职能得到广泛认同。

在新的经济形势下，会计有没有监督职能？这是一个必须搞清楚的问题。马克思关于会计“对过程的控制和观念的总结”这句名言，是对会计职能的最好概括，其中提到的“控制”就包含监督的意思。会计监督可以定义为：经授权的会计人员按照内部和外部的相关规章制度，使用特定的程序和方法，对单位内部经济活动的全过程进行综合监督和督促，以确保会计信息的相关性和可靠性，为管理和决策服务，从而达到提高单位经济效益的目的。

市场经济要求强化会计监督。市场经济是法制化的经济，要求各单位的经济活动必须在法律、法规、制度规定的范围内进行。会计监督作为我国经济监督体系的重要组成部分，必须在维护社会主义市场经济秩序、保障财政经济法律、法规、规章贯彻执行中发挥重要作用。有的小企业认为，在社会主义市场经济条件下，各单位是独立的利益主体，追求利益最大化，单位内部的会计监督职能可以弱化。这种认识显然是不正确的，是与《会计法》、《会计基础工作规范》的要求相违背的。各单位追求其自身的经济利益是应当的，但对经济利益的追求必须置于合法这一大前提之下。合法的经济活动是产生经济利益的前提，也是微观、宏观效益及社会效益和谐统一的前提。法制的制定正是从既维护国家和社会公众利益，又保护各单位经济利益出发的；相反，违法的经济活动如偷税、漏税等，虽然从眼前看来，单位可以得到一些利益，但对国家、社会发展及中小企业长远发展将造成损失。而且，这些违法活动最终必将受到法律的制裁，对单位的经济利益带来更大的损失，是一种得不偿失的行为。会计人员不仅作为普通公民，有遵守法律、法规、规章的责任和义务，更重要的是，会计人员作为财政经济法律、法规、规章的执行者，应在参与本单位经营管理、维护本单位经济利益的同时，承担着保证单位经济活动认真执行法律、法规、规章的重要责任。这是法律赋予会计人员的职责，也是会计人员从其专业角度把好这一关口、保证单位经济活动在合法的前提下实现经济效益最大化的客观要求。会计人员进行会计监督，不仅是对法律负责，也是对单位的经济效益负责。因此，在社会主义市场经济条件下，不但不能削弱会计监督，而且要加强包括单位内部监督、社会监督、国家监督在内的多种形式的会计监督。

二、会计监督职能的政策制度规定

监督是一种权力机制，会计监督的客体即监督的对象是企业经济活动的全过程。会计人员通过确认、计量、记录、报告等手段全面反映企业活动，监督的依据是国家、企业的相关法规制度和经济运行规律。国家的法律法规是对企业和会计人员的外部约束力量，经济运行规律和企业内部制度是对企业和会计人员的内部约束力量，监督的直接目的是为企业管理者做出决策服务和保障经济正常运行，最终是为了提高企业的经济效益。我国的会计监督已形成单位内部监督、社会监督和政府监督三位一体的会计监督体系。

会计监督有两方面的含义：一是对会计工作、会计人员的行为的监督；二是对企业经济活动合法性、合理性的监督。前者指会计人员在从事会计工作时，应当以职业道德规范或行为准则自我约束（自律），与其会计职业道德结合在一起。后者体现在《会计法》第二十七条："各单位应当建立、健全本单位内部会计监督制度。单位内部会计监督制度应当符合下列要求：(1) 记账人员与经济业务事项和会计事项的审批人员、经办人员、财物保管人员的职责权限应当明确，并相互分离、相互制约；(2) 重大对外投资、资产处置、资金调度和其他重要经济业务事项的决策和执行的相互监督、相互制约程序应当明确；(3) 财产清查的范围、期限和组织程序应当明确；(4) 对会计资料定期进行内部审计的办法和程序应当明确。"第二十八条："单位负责人应当保证会计机构、会计人员依法履行职责，不得授意、指使、强令会计机构、会计人员违法办理会计事项。会计机构、会计人员对违反本法和国家统一的会计制度规定的会计事项，有权拒绝办理或者按照职权予以纠正。"第二十九条："会计机构、会计人员发现会计账簿记录与实物、款项及有关资料不相符的，按照国家统一的会计制度的规定有权自行处理的，应当及时处理；无权处理的，应当立即向单位负责人报告，请求查明原因，作出处理。"第三十条："任何单位和个人对违反本法和国家统一会计制度规定的行为，有权检举。收到检举的部门有权处理的，应当依法按照职责分工及时处理，无权处理的，应当及时移送有权处理的部门处理。"第三十一条："有关法律、行政法规规定，须经注册会计师进行审计的单位，应当向受委托的会计师事务所如实提供会计凭证、会计账簿、财务会计报告和其他会计资料以及有关情况。"第三十五条："各单位必须依照有关法律、行政法规的规定，接受有关监督检查部门依法实施的监督检查，如实提供会计凭证、会计账簿、财务会计报告和其他会计资料以及有关情况，不得拒绝、隐匿、谎报。"《会计基础工作规范》第六十三条规定："各单位的会计机构、会计人员对本单位的经济活动进行会计监督。"第七十四条："会计机构、会计人员进行会计监督的依据是：(1) 财经法律、法规、规章；(2) 会计法律、法规和国家统一会计制度；(3) 各省、自治区、直辖市财政厅（局）和国务院业务主管部门根据《中华人民共和国会计法》和国家统一会计制度制定的具体实施办法或者补充规定；(4) 各单位根据《中华人民共和国会计法》和国家统一会计制度制定的单位内部会计管理制度；(5) 各单位内部的预算、财务计划、经济计划、业务计划等。"

会计法律法规对会计监督的责任、义务、权限、职责、策略、方法及法律关系作出了明确的规范和描述。规范中小企业会计行为、加强中小企业会计监督，具备了充分的法律依据。

第三节　小企业会计行为和会计监督存在的问题

小企业规模小、数量多，在国民生产总值、实现税利、就业人员中均占有较大的比重和地位。但在实际工作中，会计监督与财务监督环境亟待优化，存在着会计行为不规范，会计资料不真实、费用支出失控和潜在亏损增加，会计信息的相关性和可靠性受到质疑等问题。会计监督（内部和外部）弱化，违法违纪现象时常发生，危害了社会经济秩序，给国家、投资者、债权人和社会公众造成了损失，制约了小企业的健康协调发展。

一、会计行为不规范

随着我国市场经济改革的逐步深入，社会主义市场经济制度日益完善，会计行为在总体上日趋合理。但由于会计行为受内、外部环境以及会计人员业务水平的制约，必然会对会计信息的相关性和可靠性产生影响。如粉饰营业或偿债能力、隐瞒利润或亏损、减低甚至逃避纳税、操纵利润等。这些会计行为，违反会计制度的规定，歪曲财务报表信息，损害会计信息使用者以及相关方面的利益。

（一）会计监督不力导致企业损失和浪费严重、资产流失

小企业资产通过各种渠道流失，与企业内部相应规章制度不健全、不完善有关，会计监督未能有力地发挥其职能作用是重要因素之一。有些小企业片面理解经营政策，放松管理，导致内部管理的规章制度不健全，责任不明确，浪费严重，致使会计监督无从着手。由于规章制度不健全，在合法的原始票据掩护下，使企业资产流失。

（二）财务信息不对称

财务信息不对称是财务监督乏力的直接原因。根据非对称信息理论，市场上买卖双方各自掌握的信息是有差异的，通常供方有较完全的信息，需方则不具备完全的信息。在这种情况下，有信息优势的一方就希望通过输出对自己有利的信息使自己获利，而较少信息的一方则通过各种手段去获取信息。在现实生活中，人们经常利用这种信息的不对称现象来达到自利的目的，这就是经济学所关注的“损人利己”和“机会主义”现象。有的小企业及其财务人员利用这种不对称的信息，采取隐瞒财务信息、粉饰财务报表等方式进行舞弊，且具有较强的隐蔽性。

(三) 企业资产管理混乱，财务控制薄弱

现金管理不严，造成资金闲置或不足。有些小企业认为现金越多越好，造成现金闲置，未参加生产周转；有些小企业的资金使用缺少计划安排，过量购置不动产，无法应付经营急需的资金，陷入财务困境。大多数小企业不编制现金计划，经常出现现金不足或闲置现象；信用管理水平低，对即期付款、延期付款、超期付款没有具体的管理措施，缺乏严格的信用政策。

应收账款周转缓慢、控制不力，造成资金回收困难。由于供货企业间的竞争激烈，小企业为了避免自己的产品被淘汰出局，采取垫资发货的销售方式，造成应收账款居高不下，从而增加了坏账的数量；没有建立严格的赊销政策，缺乏有力的催收措施，应收账款不能兑现或形成呆账，影响了销售额和利润的质量，阻碍了资金的流动速度。

存货控制薄弱，造成资金呆滞。很多小企业月末存货占用资金往往超过其营业额的两倍以上，造成周转失灵，资金呆滞现象泛滥。很多企业材料采购和产品销售采用现金交易，现金长期不结算，造成资金呆滞。

固定资产管理混乱，购置的固定资产没有及时登记入账或者因没有取得发票而无法入账；由于原始记录不清，购置的固定资产无法按现有会计制度要求采取分类折旧；报废、毁损的固定资产没有按规定清理，造成账实不符等一系列问题。

重钱不重物，资产浪费严重，不少小企业的管理者，对原材料、半成品、固定资产等的管理不到位，出了问题无人追究，资产浪费严重。

(四) 投融资能力差，且缺乏科学性，限制了企业发展

目前我国小企业初步建立了较为独立、渠道多元的融资体系，但是，融资难、担保难仍然是制约小企业发展的最突出的问题。小企业负债过多，融资成本高，风险大，造成小企业信用等级低，吸引金融机构的投资或借款比较困难；追求短期目标，由于自身规模较小，贷款投资所占的比例较大，面临的风险也更大，所以它们将重点放在收回投资方面，而忽视了自身规模的扩大；投资存在盲目性，难以把握准确的方向；小企业的信息披露制度不健全，基本上还是非公开，信息透明度差，可抵押资产少，借贷信誉大打折扣，使小企业的资金规模受到很大的限制，融资成本高，导致企业规模较小，难以扩大发展。

二、会计资料存在不真实现象

（一）核算混乱，会计数据失真

小企业会计核算操作不规范，带来会计核算方面的问题：一方面，企业账户设置不规范，有些企业只设一本账簿，总账和各类明细账合二为一；有些企业滥用会计科目进行简化核算；也有的企业以表代账，不设账簿，不做记账凭证。另一方面，会计数据失真，经营者为了个人利益或实现短期效益，不愿让会计人员规范操作，会计核算的权责发生制原则得不到有效落实，出现人为调节企业经营成果的做法，影响企业自身发展，使小企业的壮大受到严重的限制。

（二）财务会计制度得不到有效落实，存在偷漏税现象

从税务部门的纳税检查中发现，无论从发生的问题大小或税款查补的多少来看，小企业财务会计制度得不到有效落实，存在偷漏税现象。其原因是小企业执行会计制度有很大的随意性，一方面，小企业的领导集权现象比较严重，会计人员无法真正行使自己的职权，由于受雇的原因，只能听任业主和法人安排，再加上小企业会计人员流动性大，责任心自然受到影响，从而又滋长了小企业领导的集权作风。另一方面，很多小企业会计人员自身素质低，政策水平、理论水平不高，不熟悉会计制度，有关政策掌握不够，错用和乱用政策的现象经常发生，从而也加重了企业偷税漏税现象的发生。

会计信息失真的综合表现反映在会计报表的失真上。小企业采用编造、变造、伪造等手法编制会计报表，掩盖企业真实财务状况、经营成果与现金流量情况。企业之所以出现会计信息失真问题，其根本原因在于小企业经营者出于自身利益而操纵会计工作，屏蔽财务会计真实信息，以变造虚假的会计报表借以粉饰或掩盖业绩。这些虚假的会计信息，导致会计信息严重失真，影响了我国市场经济的健康发展。

三、会计监督弱化

包含内部监督和外部监督的弱化：

（一）企业负责人不执行会计法规，会计监督失效

很多小企业负责人，凭借集中和权威的经营管理权，不顾会计法规，干预会计工作，导致会计监督丧失效力。

（二）机构设置不规范，缺乏内部监督制度

在许多小企业，由于规模较小，人员较少，不设置会计机构，有的虽然

设置了会计机构，但考虑到费用开支问题，仍不按规定设岗，只设一个会计人员，该会计人员既当会计又当出纳，既管钱又管物，违反了《会计法》的有关规定。有的小企业岗位人员的内部牵制制度严重缺失，单位领导人的直系亲属在本单位会计机构中担任出纳工作，出纳人员兼管会计档案的保管和收入、费用及债权债务账目的登记工作，实施家族式管理，极大地限制了企业规范管理、内部控制和会计监督。

（三）政府外部监督弱化

外部会计监督是以企业整体作为监督的对象，主要通过对企业内部会计监督和内部控制的再监督来实施，具有独力性强、人员专业能力有保障的优点，并且有相当专业化的资源配置，可以弥补内部会计监督、内部控制在强制性和权威性上的不足，及其受管理水平、业务水平所限而发生的监督不力的情况，为内部会计监督创造出更有利的执法环境，促进内部会计监督。

近几年来，政府有关部门对小企业会计控制失灵、会计监督不够到位，导致外部会计监督弱化。

第一，会计管理体制的缺陷。我国现行的会计管理体制是财政部门管理会计工作，侧重于管理政策制度建设、业务指导工作和证书管理工作，而对会计工作组织、人事、考核工作重视不够。这就给会计人员履行监督职能带来一定的困难，在遇到单位利益与国家利益冲突或单位领导违反财经纪律时，会计人员往往“顶得住的站不住，站得住的顶不住”。现代会计管理体制赋予会计人员的这种双重身份，把会计人员推进两难的窘境，削弱了其监督职能。

第二，法制建设滞后，实际执法不严。近年来，国家在会计法规建设上迈出了较大的步伐，一系列的法律、法规相继出台。然而，市场经济处于逐步完善的过程，立法工作还相对滞后，不少经济活动没有相应的制度来规范。对会计法律法规执行不力、对查出的违法违纪者打击不力，也导致了会计监督的弱化。

第三，国家职能部门的会计监督机制松弛。会计监督除会计机构、会计人员外，财政、审计、税务、金融等部门的监督也是一个重要方面。但在实际工作中，财政部门和审计部门往往侧重于对企业财务会计结果的监督，对会计行为的过程缺乏有效制约。

从监管部门来看，财政部门作为企业会计主管部门，疏于对小企业会计工作的检查、监督管理，忽视了对小企业行使《会计法》赋予的监督管理权力的检查。主管税务机关在实际工作中对小企业的会计工作监督管理力度也不够，只侧重于对纳税管理，而对会计行为、其他会计资料则不重视。审计、人民银行、证券监管、保险监管等部门依法对各有关单位的会计资料行使监督检查的权力，但对小企业的监管相对松弛。人民银行对各金融单位违反《现金管理暂行条例》规定的现金支付范围和支付限额监管不力，给一些小企业利用大量现金账外循环有可乘之机，既容易躲避会计监督，也容易逃避纳税义务。

（四）会计工作的社会监督受到利益驱动的干扰

会计工作的社会监督，主要是由注册会计师及其所在的会计师事务所等社会中介机构接受委托，依法对受托单位的经济活动进行审计、出具审计报告、发表审计意见的一种监督制度。根据《会计法》的规定，法律、行政法规规定须经注册会计师进行审计的单位，应当向受委托的会计师事务所如实提供会计凭证、会计账簿、财务会计报告和其他会计资料以及有关情况。任何单位或者个人不得以任何方式要求或者示意注册会计师及其所在的会计师事务所出具不实或者不当的审计报告。此外，单位和个人检举违反《会计法》和国家统一的会计制度规定的行为，也属于会计工作社会监督的范畴。注册会计师依法承办：审查企业财务会计报告、出具审计报告、验证企业资本、出具验资报告、办理企业合并、分立、清算事宜中的审计业务，并出具有关的报告，法律、行政法规规定的其他审计业务。

目前，存在注册会计师执业环境不规范的问题，执业市场混乱、行政干预、地区（部门）保护严重的现象，严重制约着注册会计师服务、沟通、公证、监督作用的有效发挥，导致中介业务的变相分割，致使中介市场出现了严重的恶性竞争，带来一些中介机构和执业人员在执业质量和职业道德上的放纵，虚假信息得不到揭露，甚至迎合地区利益、部门利益、客户利益的需要，弄虚作假，共同作弊，造成经济信息质量低下，严重扰乱了经济秩序的有序运行。

第四节　小企业会计行为和会计监督存在问题的原因

小企业会计行为不规范、会计资料不真实、会计监督弱化等问题，不是近期才出现，也不是单方面的原因造成的。而是由于长期的对会计监督的思想认识、内部控制、内部和外部会计监督不够等多方面原因综合形成的。

一、对会计监督的思想认识误区

小企业会计监督的首要问题是思想观念的认识问题，单位负责人、经营管理人员和会计人员对会计监督的法律观念淡薄、对“会计监督”的含义认识不清，是产生会计行为不规范的根本原因。

很多小企业负责人会计法规意识模糊，对违反会计法规的行为认识不清，不按现行会计法规的要求建立健全企业内部财务会计制度和管理制度，会计监督观念缺失。只重视经济活动和经济效益，错误认为会计监督会削弱企业法人的经营自主权，排斥会计监督，严重影响会计监督职能的实现。财务管理意识淡薄，很多小企业的所有者同时又是经营者，经营权和所有权高度集中，存在重技术、轻管理，重经营、轻理财的观念，在进行财务活动和处理各种经济关系时，忽视财务管理对企业生产经营活动的作用，具有明显的随意性，制约了财务管理功能的发挥。

小企业经营管理人员思想意识落后，不熟悉现代企业管理制度，经营管理能力不高，缺乏战略远见，对财务管理在企业管理中的重要地位认识不到位，对财务管理不够重视，机构设置层次不清，内部管理职责不明，效率不高，缺乏活力，财务管理环节遗漏、重复，对高素质、高水平财务人才聘用和培训严重缺失。

财务管理人员大多缺乏现代理财理念和管理方式，风险意识薄弱，理论政策水平和业务素质不高，责任心不强，缺乏创新能力。职业判断低下，没有能力履行审核经济业务活动是否合法、合理的职责，有的会计人员由于经济利益驱动，与企业管理者共同舞弊，损害小企业的可持续发展。

二、会计从业队伍就业现状造成的原因

会计从业队伍的就业现实，成为中小企业会计行为不规范、会计监督弱化的一个重要的原因。一段时间以来，我国就业压力大，小企业的会计人员都是由老板、经理所聘用，老板、经理为了追求自身利益最大化，指使会计人员做假账，伪造会计资料，办理违法会计事项，会计人员与单位具有共同利益，也为了“饭碗”明哲保身，客观公正的会计监督往往难于实施。《会计法》等会计法规要求会计人员对握有自己“就业权”的老板所作的财务收支进行会计监督，既不符合监督与被监督的基本规律，也缺乏可能性。当小企业所有者和经营者的职业道德和职业自觉性缺失时，会计监督就会失去效力。由于会计人员就业依附于所属企业的客观原因，《会计法》赋予会计

人员的权利和义务往往不能有效体现。

三、企业内部会计监督和内部控制问题

小企业会计行为不规范、会计资料不真实的核心问题是缺失内部会计监督和内部控制规范的实施。从小企业本身来看，会计监督弱化既有外部原因，更有有企业自身的内部原因。主要表现在：部分小企业没有按《会计法》的要求建立会计账簿，有的虽然设置了会计账簿，但没有按照会计制度要求进行会计核算，缺少必要的企业会计监督和内部控制制度；对会计凭证的合法性和账实核对没有审核审批程序；会计岗位设置不能按会计法规的要求，遵循不相容岗位相互分离相互制约的原则；缺少会计监督应有的业务流程环节的相互牵制，会计监督和内部管理控制的作用难于有效发挥。

1. 小企业会计基础工作薄弱。在小企业中，会计人员无证上岗、会计主管不具备专业技术资格的现象十分普遍，会计人员的继续教育和业务培训工作，得不到单位的支持，几乎处于停顿和半停顿状态。小企业在会计人员的任用上普遍存在着任人唯亲的问题，导致中小企业建账不规范或不依法建账，会计事项的处理和会计核算不规范。

2. 内部会计监督制度不健全。小企业预算计划制度、内部牵制制度、稽核制度、验收发货制度、财务清查制度、成本核算制度、财务收支审批制度等基本制度，残缺不全，而且在实际工作中得不到认真、有效执行。尤其是内控制度的不健全、不完善，给企业带来了很多负面的影响。这种状况既损害了小企业自身的根本利益，造成资产流失、浪费严重、经营管理混乱，也导致企业外部会计监督难于获取明晰、规范的会计资料和会计信息。

3. 内部会计监督职能未能真正发挥。实行内部会计监督是保证会计信息真实准确和保证会计行为规范、合法的重要保证。内部会计监督要求会计人员对本企业内部的经济活动进行监督，但是小企业的所有者和管理者人为干预会计工作，会计人员受制于管理者，或受利益驱使，按管理者的意图处理会计事项和进行会计核算，放弃会计监督的职责，只核算不监督。有的小企业甚至将是否会做假账作为招聘会计人员的一个条件。

4. 被监督者对会计监督的错误认识。小企业的很多经营管理者对会计监督存在两种错误观念。一种是认为会计监督就是管卡约束，很多业务工作部门和岗位认为财务部门手伸得太长、管得过多，对会计监督工作存在不信任和对抗心理；另一种认为会计纯粹是为企业老板服务的，老板要怎么干，就怎么干，不存在监督的问题。实际工作中，会计人员往往会被动偏向企业

中实际权力较大的一方，丧失会计监督的原则，影响了会计监督的实施。

5. 小企业自身财务会计制度不健全。企业财务管理环境包括外部环境和内部环境。外部环境的建设主要依赖于政府政策的制定和相关职能机构的落实、检查，而内部环境的构建则主要取决于企业自身制度的建设。小企业自身财务制度建设方面的问题主要体现为财会制度不健全，大多数小企业缺乏完整、规范、操作性强的内部财会制度，财会部门职责权限、财会人员岗位责任制、账务处理程序、内部牵制制度、稽核制度等存在无序现象。

6. 内部审计制度不完善。小企业大多没有内部审计机构，有的虽然设立内部审计机构，但审计手段落后，审计方式僵化，将审计监督等同于会计监督，而事实上两者之间有着本质的区别，审计监督是对会计监督的再监督，对同一经济事项的监督有着截然不同的效果。因此随着小企业经济多元化的发展，对会计核算体系的内部审计不健全，就难以对复杂多样的经济活动进行会计监督。

7. 缺乏长远的、系统的财务管理目标。追求利润最大化是小企业经营的动力，是中小企业财务管理的最终目标。小企业规模小，资金短缺，筹资困难，在资金管理和使用上面临着债务偿还的支付风险。小企业承受损失和风险的能力有限，企业经营活动无奈地趋向短期行为，期望尽快回收投资，缺乏长期战略规划，追求短期利润，忽略了企业长远发展、持续发展的战略制定。

8. 财务控制力差，监管力度弱。小企业的很多财务管理人员和经营管理人员，对现代投资管理、资金运营、物流管理、资本增值的理念、方法缺乏了解，缺乏科学的财务预算，资金使用、分配、管理缺乏控制力。资本增值意识薄弱，资金浪费，损失利息收入和投资收入。由于市场竞争激烈，广泛赊销，应收账款等债权周转缓慢，催收不力，坏账风险大；存货控制薄弱，监管不力，缺乏规范实用的存货计划，导致存货资金占用较大，存货储运缺乏规范的制度保障；企业财产清查制度不完善、不落实、财产清查实施不到位，资产流失。财务控制力差，监管力度弱，致使资金周转运营效率低下，影响了企业的获利能力和抗风险能力。

四、小企业外部会计监督中的国家监督弱化

会计的国家监督是会计监督的重要组成部分，政府会计监督滞后于经济管理的发展需要，会计监督的法律约束机制不健全，就不能有效地行使其监督职能，导致小企业会计的国家监督不力。《会计法》明确规定："财政、

审计、税务、人民银行、证券监管、保险监管等部门应当依照有关法律、行政法规规定的职权，对有关单位的会计行为和会计资料实施监督检察。”但在广泛的小企业中，政府会计监督未能有效和到位地落实，其职能作用难于发挥。政府监督部门多头监督，功能交叉，各自为政，监督不到位，没有做到整合有序。企业财务部门成为执行多种指令的矛盾集中地，财务人员必须执行多个国家职能部门、企业所有者和经营管理者多方指令来处理各项财务活动，出现前后矛盾。财务人员为满足各监督方的需要，虚构财务信息。

政府监督部门对社会中介会计监控机构的监督不到位，社会中介监督的风险成本偏低和法律责任不明确，影响到中介机构对小企业会计监督、服务的可靠性。

五、小企业外部会计监督中的社会中介监督不尽职问题

社会中介会计监督是投资者对经营者实施事后监督的重要方式，形成三者之间的审计关系。社会中介会计监督机构，实行有偿服务，部分会计师事务所受利益驱动的影响，片面追求经济利益，不严格履行必要的审计程序，不严格执行审计标准，不能准确披露会计信息，甚至出现与被监督方串通舞弊的恶劣行为。

社会中介监督机构受利益驱动诱惑，政府监督部门对社会中介机构监控不到位，很多小企业的所有者又是经营者，三者审计关系中存在所有者缺位现象，这些原因必然导致社会监督低效，缺乏质量意识、责任意识和风险意识，不遵循法律法规和职业道德，从而出现执业质量问题，致使社会监督不力，与债权人、投资人和政府监督的要求存在很大差距，会计信息失真现象得不到揭露和制止，审计报告失实。

第五节　规范小企业会计行为和加强小企业会计监督的措施

中国经济快速稳步发展，经济总量全球第二，小企业在市场风险、产业结构调整、融资问题、内部管理、人员素质、战略决策、持续发展、做精做强等诸多挑战中，经济数量和质量虽然不断发展壮大。但要迎接以上挑战，必须分析会计行为的影响因素，引入“内控”的理念和方法，加强中小企业内部控制建设，加大国家监督力度，完善社会监督。

一、引入“内控”的理念和方法，加强中小企业内部控制建设

2009 年财政部会同证监会、审计署、银监会、保监会制定了《企业内部控制基本规范》和 18 个应用指引，2009 年 7 月 1 日起在上市公司范围内施行，鼓励非上市的大中型企业执行。虽然中小企业不在要求之列，但从小企业会计行为的问题和影响因素来看，将内控的理念、思路、精神和相关方法逐步应用到中小企业的内部控制建设中，对规范小企业会计行为，促进其可持续发展，将产生深远影响和积极作用。

内部控制是完善小企业会计基础工作、规范会计行为的重要手段，是保障会计监督的基础和前提。内部会计控制的定义为：“为了保证业务活动的有效进行，保护资产的安全和完整，防止、发现、纠正错误与舞弊，保证会计资料的真实、合法、完整而制定和实施的政策与程序。内部控制包括控制环境、会计系统和控制程序”。小企业采用内部控制，能够有效地规范会计行为、保证会计核算和监督职能的实现。第一，内部控制的系统性特点，能够全面地保证会计基础工作和会计行为的规范性和系统性，内部控制目标涵盖企业的会计系统，涉及企业方方面面的活动，保证经营的效益性和管理的合规性，包含企业经营全过程的监管和核算，保证会计基础工作的系统性。第二，内部控制的手段多样，有利于加强会计的监督工作。小企业传统的会计监督手段主要以查错防弊为主，即在一定的控制环境和控制程序下，防止、发现、纠正会计系统的差错舞弊。而内部控制将风险评估作为主要的控制手段，体现内部控制系统运行的稳定性，能够强化会计行为的规范性，提高会计监督的预见性和针对性。第三，内部控制的对象广泛，保障了会计基础工作的全面性。内部控制的对象涵盖了小企业从决策层到执行层，小企业的各项经济业务事项均会在系统中得以反映，对会计信息的真实、可靠起到了保护作用。第四，内部控制信息的有效沟通，能够促进会计信息反映的及时性和准确性。内部控制的信息系统不仅处理企业内部产生的信息，也处理与外界环境发生事项、活动而形成的信息。小企业的信息系统绝大多数要通过会计核算系统进行处理、加工，高效及时的信息沟通促进会计系统为会计监督提供更加准确可靠的会计信息，会计监督更加到位。第五，内部控制和会计监督在企业经营管理中相互补充、相互促进。良好的内部控制制度能够更好地提高会计行为和会计监督的质量，而高质量的会计行为和会计监督在内部控制系统中处于核心地位，通过二者的良性互动，提高小企业可持续发展的经营管理水平。

（一）创造良好的控制环境

控制环境是对建立、加强或削弱特定政策、程序及其效率产生影响的各种因素。营造小企业内控氛围，塑造企业文化，影响企业员工的控制意识，逐渐形成企业内部成员实施控制的自觉性，引导控制要素发挥积极作用。第一，注重企业文化的培养与优化，企业文化在企业经营管理中不可避免地影响着企业的内部控制，根据企业实际打造和建立一套员工普遍接受的企业文化，使员工真正从内心深处“心系企业”，产生一种凝聚力，建立广泛和牢固的内控体系环境。第二，完善组织结构与权责配置，企业组织结构建设，直接影响企业的经营成果及控制效果，完善管理层次，控制管理幅度，使组织机构扁平化，提高组织效率，降低费用开支。第三，加强人力资源管理，不断提高人员素质，通过培训、引导、挖掘、激发、实践等措施不断提高员工政治思想、文化水平、技术知识和业务能力等素质。

（二）建立风险预警防控体系

首先，树立风险防范意识，风险管理是企业的管理层和所有员工的基本责任，因此企业各个阶层都要树立风险防范意识。其次，对风险进行综合分析，通过对风险的重要程度和发生风险可能性分析，确定风险应对措施。在财务事项的风险控制中，通常基于会计职业判断，分别对风险采用接受、实施控制、分散转移、监控与回避等策略。但是，控制策略的选择不能只看风险的重要程度和风险发生的可能性，而应该通过两者的综合分析确定风险控制策略。再次，建立监督和预警管理机制，为风险控制系统提供强有力的支持。由于成本效益法则的约束、人为决策判断失误、管理人员风险偏好等因素的存在，风险控制系统只能为战略制定和风险管理提供合理保证，而非绝对保证。因此，必须打破监督体系弱化的现状，充分发挥监督机构的作用，保证风险控制系统能够有效地运转。同时建立预警管理系统，提高小企业应对突发事件的能力，为风险控制系统提供强有力的支撑。

（三）加强信息沟通和流动

建立良好的小企业信息系统，组织机构内部各部门之间通过交流和传递信息，实现彼此了解和相互协调的过程。信息技术的应用应该能够满足管理的需要并提高管理水平，先进的管理思想应该不断融入信息系统中规范运作。为实现有效的、客观真实的信息沟通，管理人员，特别是领导者应注意尽量减少组织层次，选择最佳沟通渠道，规范数据资源管理，树立实事求是的作风，保证沟通渠道正规化、制度化、程序化，善于因人、因时、因地制宜地选用各种正式的及非正式的沟通方式，注意进行有反馈和交流的双向沟通。

（四）健全企业内部会计监督制度

健全企业内部会计监督制度，贯彻不相容职务相互分离原则。参与经济业务事项的所有过程的工作人员要相互分离、相互制约；重要经济事项的决策和执行要建立相互监督、相互制约的工作程序；明确财产清查范围、期限和组织程序；明确对会计资料定期进行内部审计的程序。从源头上杜绝造假事件的发生，及时纠正和防止经营决策失误与经济舞弊，形成一系列内部控制的方法和措施，并予以规范化、系统化与制度化，使内部会计监督制度真正落到实处。

首先，健全财务管理资金控制制度，做好各项资金收支计划。做好资金的支出安排，尽量延长资金的增值时间，缩短资金的闲置时间。第二，严密凭证制度，合理会计核算程序。小企业应该改变发生经济业务后不及时记账的做法，对发生的每一笔经济业务，及时填制凭证，认真审核，以保证每项经济业务入账的正确性及合法性。根据企业规模大小、业务量多少，以及管理人员数量、水平等因素，建立一套适合小企业特点的、具有可操作性的会计核算程序。第三，严格日常核对制度，建立并严格实施相关会计记录的日常核对制度是加强小企业会计监督的重要措施。

（五）建立健全内部稽核和内部审计制度

建立内部稽核制度是会计管理制度的重要组成部分。只有健全的内部稽核制度，才能保证各种会计核算资料的真实性、合法性和完整性，才能使各部门的经办人员之间形成一种相互牵制的机制。随着内部审计由财务领域向经营管理领域的拓展，要增强内部审计的独立性和权威性。随着内部控制制度的建立，内部审计的作用将更多地体现在事前预防和事中控制。内部审计部门应有效开展对内部控制中的风险评估的评审，内部审计机构和人员应当充分了解组织的风险评估工作，审查和评价其充分性和有效性，以协助组织管理层进行有效的风险管理活动。在风险评估过程评价的基础上，内部审计是对会计监督的内容实施再监督的一种有效手段，内部审计机构与财务机构应分别独立，同时保证内审人员独立于被审部门，只有这样，才能更好地对会计监督的内容实施再监督，才能严肃财经纪律，改善企业的经营管理，保证企业的经营实现良性循环。所以，有条件的小企业都应该建立健全内部稽核和内部审计制度，保证经济活动的真实完整，保证企业的财产安全运营，为小企业的发展壮大奠定坚实的基础。

（六）强化内部控制监管

内部控制的监管是企业监管之本。监管是一种随着时间的推移而评估制度执行质量的过程。建立严密的内部和外部监管相结合的制度，对小企业内部控制制度的有效实施产生巨大的促进作用。建立完善的责任制度，落实责权匹配的岗位制度，明确责任，实现从软约束的问责到硬约束的问责，使责任清晰地落实到每个岗位、各个环节，使岗位的风险和权限非常清晰。一旦出现问题，可以很清晰地判断是哪个环节出了问题，并通过对相关责任人实行考核，形成内部控制实施效果的评价反馈，从而保障内部控制制度的正常运行。

二、加强外部监督，加大国家监督力度和完善社会监督

我国的会计监督是国家监督、社会监督和企业内部监督三位一体的监督体系。优化企业外部环境，建立完善的外部监管体制，在行政执法过程中，发现小企业会计核算过程中不符合相关法律、法规要求的，应由相关部门及时进行处理。会计监督职能作用的发挥，离不开政府监督，这是促进单位内部会计监督的重要保证，可以有效地保证各单位的经济活动依法有序进行，并可弥补单位内部会计监督存在的种种不足。加强政府监督职能部门对小企业经济活动的监督，这是会计监督内在要求所决定的。

（一）完善与《会计法》相配套的法规、制度建设

市场经济的本质是法制经济，任何经济活动都要做到有法可依，并且出现违法行为时要严格按照法律办事，充分体现法律的强制性。会计监督职能作用的发挥也需要法制来引导，《会计法》中明确规定：会计机构、会计人员依照本法规定进行会计核算，实行会计监督。任何单位或者个人不得以任何方式授意、指使、强令会计机构、会计人员伪造、变造会计凭证、会计账簿和其他会计资料，提供虚假财务会计报告。任何单位或者个人不得对依法履行职责、抵制违反本法规定行为的会计人员进行打击报复。从目前小企业的实际情况看，会计工作中有法不依、执法不严、违法不究的现象还十分严重，出了问题往往是以罚代法，这样就在很大程度上影响了会计监督职能的发挥。

法律法规是进行会计监督最强有力的后盾，完善会计法律体系，根据《会计法》的有关规定，结合会计工作的实际情况，研究制定与《会计法》相配套的法规、制度或者实施办法，明确执法依据，引入民事赔偿制度，衔接诉讼程序，促进《会计法》与相关法律的衔接，坚持行政执法的严肃性，

提高行政执法的质量，保证《会计法》各项规定的贯彻落实，满足多元企业的需要，明确会计监督职责和权限，加大法律法规的处罚、赔偿和执行力度，增加违法人员的违法成本，对违规违纪的单位及其连带负责人予以曝光，使会计监督真正做到有法可依。

（二）加大执法力度，解决有法不依、执法不严、违法不究的问题

代表国家利益的财政、税收、审计等经济监督部门加大执法力度，严格加强会计报告管理，严肃查处编造、篡改会计报表和弄虚作假的行为。财政、税务、审计部门要合理分工，建立责任制，各负其责。

财政部门作为管理会计工作的职能部门，承担着管理和监督的职责，要在《会计法》赋予的职权范围内，以会计信息质量为主要对象，加大对单位负责人、会计主管人员及直接责任人的查处力度，将处理事与处理人相结合，改变违法违规屡禁不止的局面。对一些典型案例在媒体公开曝光，营造会计工作法制氛围。逐步建立健全包括企业、负责人、会计人员、注册会计师、会计师事务所在内的会计信用评价系统，通过制定会计信用评价规则，协调税务、审计等部门搜集整理会计信用信息。各级财政部门应指导、督促小企业依照《会计基础工作规范》的要求建立健全账簿体系，加强对小企业会计工作指导，帮助小企业依法建账，建立健全账簿体系。发现不符合会计基础工作规范要求的，应及时更正处理。加强对小型企业会计人员的监督，依据有关法规，对小型企业会计人员持证上岗、履行职责、会计内部控制制度、内部核算制度、会计行为、会计资料进行经常性检查，提高小企业会计核算和会计监督水平。建立会计信用档案，加强信用轨迹跟踪，开设会计信用网站，做好监督工作，增加对会计造假者的舆论压力，促进诚实守信的职业道德建设。税务监督是政府部门对各企业会计工作监督的主要手段，税务监督的对象是纳税人依法纳税情况，财务会计资料是其监督的基本内容之一，如果监督职能到位，能在很大程度上解决财务会计工作中的违法违纪问题。

（三）强化会计责任主体

强化小企业法人在会计监督中的责任，明确单位负责人的会计责任主体地位，是保证会计信息真实的关键。作为单位负责人，对本单位的会计工作和会计资料的真实性、完整性负责，应当保证会计机构、会计人员依法履行职责，不得授意、指使、强令会计机构、会计人员违法办理会计事项，保障会计工作者行使会计监督职能。同时，单位负责人作为会计责任主体，必须熟悉有关经济法规，对自己和单位负责。对于会计人员，可采取将会计核算

与监督职能岗位相分离的办法来解决这个问题，会计核算和会计信息提供由企业会计负责，内部监督职能由内部审计部门负责，会计信息的质量则由外部独立审计机构来评价和确认。将企业会计人员从双重身份的尴尬境地解脱出来。企业会计人员对企业的经营者负责，经营者对所有者负责。受托人经营业绩的会计信息及其质量，由企业外部的社会中介机构认定，企业的会计人员和企业管理人员共同对会计信息失真承担有关责任。

（四）提高会计人员素质，加强法制意识和会计职业道德建设

加强对中小企业会计从业人员的监督管理，规范财务人员的行为，建立责权利相结合的人员管理体制，采用激励措施提高财务人员的创新精神和创新能力。提高会计队伍的整体素质，是强化中小企业会计监督的根本要求，也是会计人员后续教育的要求。会计人员在提供会计信息时，也承担着一定的风险，还要有较高的风险管理能力。因此会计人员应具备良好的职业道德，树立会计人员工作的责任感和荣誉感，形成客观、公正、严谨的工作态度，并且敢于坚持原则和勇于执法，在处理会计事务中坚持秉公办事，要有较高的业务素质和较强的职业判断能力。会计人员不仅要懂得业务知识，还应具备参与管理、决策、进行分析的能力，改变落后的财务管理观念，适应现代企业管理的需求，全面提高会计工作的水平。

（五）加强对社会中介机构的监管

社会监管以其特有的中介性和公正性而得到法律的认可，具有很强的公正性和权威性。以会计中介机构为主体的社会监督，是由其接受他人委托，根据有关规定，以独立第三者的身份，对有关单位的会计工作进行审计、验资，对企业会计报表的真实性进行检查，对委托单位的经济活动进行客观、公正、全面地评价，督促企业加强财务监督，提供真实、准确的会计信息，对依法公开披露的单位会计报告的真实性负法律责任。目前，社会中介会计监督机构，实行有偿服务，部分会计事务所受利益驱动的影响，片面追求经济利益，不严格履行必要的审计程序，不严格执行审计标准，不能准确披露会计信息，存在与被监督方串通舞弊的恶劣行为，发挥了副作用。财政部门和注册会计师协会必须切实抓好对注册会计师执业质量的监督管理，加强注册会计师队伍建设，充分发挥注册会计师的中介监督作用。近几年来，虽然在理顺注册会计师管理体制、培训注册会计师等方面做了大量工作，但对我国注册会计师执业的监管和约束力不够，注册会计师的社会监督作用未能较好地发挥出来，必须有效遏制出具虚假审计报告的歪风，纯洁注册会计师队伍，树立注册会计师执业信誉，保证整个社会会计信息的准确性和可靠性。

第十五章 成本核算

第一节 成本核算的要求和一般程序

一、成本的定义和作用

（一）成本的定义

成本的经济实质是生产经营过程中所耗费的生产资料的价值和劳动者为自己劳动所创造的价值的货币表现。狭义成本是指商品在制造过程中所发生的各种耗费价值，即制造成本。

成本是企业为生产产品、提供劳务而发生的各种经济资源的耗费。生产经营过程同时也是资产的耗费过程。例如为生产产品需要耗费材料、磨损固定资产、用现金向职工支付工资等职工薪酬。材料、固定资产和现金都是企业的资产，这些资产的耗费，在企业内部表现为由一种资产转变为另一种资产，是资产内部的相互转变，不会导致企业所有者权益的减少，不是经济利益流出企业，因此不是企业的费用。

从理论上讲，成本是企业在生产商品过程中已经耗费的、用货币表现的生产资料的价值和相当于工资的劳动者为自己创造的价值的总和，可以理解为狭义的成本。广义成本除包括狭义成本外，还包括管理费用等期间费用。

（二）成本的作用

（1）是补偿生产耗费的尺度；

（2）是综合反映企业工作质量的重要经济指标；

（3）是制定商品价格的基础；

（4）是企业进行决策的重要依据。

二、成本核算的要求

（一）做好成本核算的基础工作

为了进行成本审核、控制，正确计算产品成本，必须做好以下各项基础工作：

1. 定额的制定和修订

产品的消耗定额是编制成本计划、分析和考核成本水平的依据，也是审核和控制耗费的标准。企业应当制定和修订先进而又可行的原材料、燃料、动力和工时等项消耗定额，并据以审核各项耗费是否合理，是否节约，借以控制耗费，降低成本。

2. 材料物资的计量、收发、领退和盘点

为了进行成本管理和成本核算，还必须对材料物资的收发、领退和结存进行计量，建立和健全材料物资的计量、收发、领退和盘点制度。

3. 原始记录

为了进行成本核算和管理，对于生产过程中工时和动力的耗费，在产品和半成品的内部转移，以及产品质量的检验结果等，均应做出真实、完整的记录。

4. 厂内计划价格的制定和修订

在计划管理基础较好的企业中，为了分清企业内部各单位的经济责任，便于分析和考核内部各单位成本计划的完成情况，对材料、半成品和厂内各车间相互提供的劳务（如运输、修理等）制定厂内计划价格，作为内部结算和考虑的依据。厂内计划价格应该尽可能接近实际并相对稳定，年度内一般不作变更。

（二）正确划分费用的五方面界限

1. 划清收益性支出与资本性支出、营业外支出的界限

收益性支出是指与当期收入相配比的费用支出，收益性支出全部列作当期的成本、费用，也称为营业支出。例如工资支出、折旧费用等等。资本性支出是指其效益影响两个或两个以上会计年度的各项支出。营业外支出是指与企业生产经营无关的其他支出，如非常损失，处理固定资产损失，等等。区分不同性质的支出是企业正确计算产品成本的前提条件。

2. 正确划分存货成本与期间费用的界限

成本是在购买材料、生产产品或提供劳务过程中发生的，并由产品或劳务负担的耗费。

期间费用指企业当期发生的必须从当期收入得到补偿的经济利益的总流出。期间费用不应由产品或劳务负担。因此，费用不计入产品或劳务成本，而直接计入当期损益。

3. 正确划分各期成本的界限

权责发生制和受益原则是划清各期产品成本的依据，某项耗费是否应计入本月存货成本以及应计入多少，取决于是否应由本月负担以及受益量的大小。某项耗费是否应计入本月产品成本，不取决于成本金额的大小，而决定于本月产品是否受益，只要是本月产品受益的耗费，就应计入本期产品成本；只要是由本月与以后各月共同受益的耗费，就应在相关期内采用适当方法进行合理计量。

4. 正确划分各种产品的成本界限

企业已发生的各种生产成本中，还必须划清应由哪种产品负担。划分的依据是受益原则，哪一种产品受益，就由哪一种产品负担。凡是能直接确定应由某种产品负担的直接耗费，就应直接计入该种产品成本。凡是能确定由几种产品共同负担的耗费，应采用适当分配方法，合理地分配计入相关产品成本。

5. 正确划分完工产品和在产品的成本界限

通过以上成本界限的划分，确定了各种产品本月应负担的生产成本。月末，如果某产品已经全部完工，则本月发生的生产成本全部计入该完工产品；如果该产品全部尚未完工，则本月发生的生产成本全部计入未完工产品；如果某种产品既有完工产品又有在产品，就需要采用适当的分配方法，将产品应负担的成本在完工产品和在产品之间进行分配，分别计算出完工产品应负担的成本和在产品应负担的成本。上月末尚未完工的在产品，转入本月继续加工，其上月末分配负担的成本即为本月初在产品成本。月初在产品成本、本月生产成本、本月完工产品成本和月末在产品成本四者之间的关系为：月初在产品成本+本月生产成本=本月完工产品成本+月末在产品成本。公式中，本月完工产品应负担的成本，即本月完工产品成本。为了划清这一成本界限，首先要正确计算完工产品和在产品的数量，然后才能在数量计算的基础上进行成本的分配。

（三）选择适当的成本计算方法

小企业应当根据生产特点和成本管理的要求，选择适合于本企业的成本核算对象、成本项目和成本计算方法。

小企业发生的各项生产费用，应当按照成本核算对象和成本项目分别归集。

(1) 属于材料费、人工费等直接费用，直接计入基本生产成本和辅助生产成本。

(2) 属于辅助生产车间为生产产品提供的动力等直接费用，可以先作为辅助生产成本进行归集，然后按照合理的方法分配计入基本生产成本；也可以直接计入所生产产品发生的生产成本。

(3) 其他间接费用应当作为制造费用进行归集，月度终了，再按一定的分配标准，分配计入有关产品的成本。

在同一个企业里，可以采用一种成本计算方法，也可以采用多种成本计算方法，多种成本计算方法同时使用或多种成本计算方法结合使用。成本计算方法一经选定，一般不得随意变更。

(四) 成本核算使用的主要科目

为了按照用途归集各项成本，划清有关成本的界限，正确计算产品成本，应设置“生产成本”、“制造费用”科目，必要时还可以增设“待摊费用”和“预提费用”科目。

1. “生产成本”科目

核算小企业进行工业性生产发生的各项生产成本，可按照基本生产成本和辅助生产成本进行明细核算。包括：生产各种产品（产成品、自制半成品等）、自制材料、自制工具、自制设备等。小企业对外提供劳务发生的成本，可将本科目改为“劳务成本”科目，或单独设置“劳务成本”科目进行核算。期末借方余额，反映小企业尚未加工完成的在产品成本。

(1) 小企业发生的各项直接生产成本，借记本科目（基本生产成本、辅助生产成本），贷记“原材料”、“库存现金”、“银行存款”、“应付职工薪酬”等科目。各生产车间应负担的制造费用，借记本科目（基本生产成本、辅助生产成本），贷记“制造费用”科目。

(2) 辅助生产车间为基本生产车间、管理部门和其他部门提供的劳务和产品，可在月末按照一定的分配标准分配给各受益对象，借记本科目（基本生产成本）、“销售费用”、“管理费用”、“其他业务成本”、“在建工程”等科目，贷记本科目（辅助生产成本）；也可在提供相关劳务和产品时，借记本科目、“销售费用”、“管理费用”、“其他业务成本”、“在建工程”等科目，贷记“原材料”、“库存现金”、“银行存款”、“应付职工薪酬”等科目。

(3) 小企业已经生产完成并已验收入库的产成品以及入库的自制半成

品，可在月末，借记“库存商品”等科目，贷记本科目（基本生产成本）。

2. “制造费用”科目核算小企业生产车间（部门）为生产产品和提供劳务而发生的各项间接费用

小企业经过1年期以上的制造才能达到预定可销售状态的产品发生的借款费用，也在本科目核算。小企业行政管理部门为组织和管理生产经营活动而发生的管理费用，在“管理费用”科目核算，不在本科目核算。应按照不同的生产车间、部门和费用项目进行明细核算。

（1）生产车间发生的机物料消耗和固定资产修理费，借记本科目，贷记“原材料”、“银行存款”等科目。

（2）发生的生产车间管理人员的工资等职工薪酬，借记本科目，贷记“应付职工薪酬”科目。

（3）生产车间计提的固定资产折旧费，借记本科目，贷记“累计折旧”科目。

（4）生产车间支付的办公费、水电费等，借记本科目，贷记“银行存款”、“应付利息”等科目。

（5）发生季节性和修理期间的停工损失，借记本科目，贷记“原材料”、“应付职工薪酬”、“银行存款”等科目。

（6）小企业经过1年期以上的制造才能达到预定可销售状态的产品在制造完成之前发生的借款利息，在应付利息日根据借款合同利率计算确定的利息费用，借记本科目，贷记“应付利息”科目。制造完成之后发生的利息费用，借记“财务费用”科目，贷记“应付利息”科目。

（7）将制造费用分配计入有关的成本核算对象，借记“生产成本——基本生产成本、辅助生产成本”等科目，贷记本科目。

（8）季节性生产小企业制造费用全年实际发生额与分配额的差额，除其中属于为下一年开工生产做准备的可留待下一年分配外，其余部分实际发生额大于分配额的差额，借记“生产成本——基本生产成本”科目，贷记本科目；实际发生额小于分配额的差额，做相反的会计分录。

除季节性的生产性小企业外，本科目期末应无余额。

3. “研发支出”

核算小企业进行研究与开发无形资产过程中发生的各项支出。应按照研究开发项目，分别“费用化支出”、“资本化支出”进行明细核算。期末借方余额，反映小企业正在进行的无形资产开发项目满足资本化条件的支出。

（1）小企业自行研究开发无形资产发生的研发支出，不满足资本化条件的，借记本科目（费用化支出），满足资本化条件的，借记本科目（资本化支出），贷记“原材料”、“银行存款”、“应付职工薪酬”、“应付利息”等科目。

（2）研究开发项目达到预定用途形成无形资产的，应按本科目（资本化支出）的余额，借记“无形资产”科目，贷记本科目（资本化支出）。

月末，应将本科目归集的费用化支出金额转入“管理费用”科目，借记“管理费用”科目，贷记本科目（费用化支出）。

4. “工程施工”

核算小企业（建筑业）实际发生的各种工程成本。应按照建造合同项目分别“合同成本”和“间接费用”进行明细核算。期末借方余额，反映小企业尚未完工的建造合同成本和合同毛利。

（1）小企业进行合同建造时发生的人工费、材料费、机械使用费以及施工现场材料的二次搬运费、生产工具和用具使用费、检验试验费、临时设施折旧费等其他直接费用，借记本科目（合同成本），贷记“应付职工薪酬”、“原材料”等科目。发生的施工、生产单位管理人员职工薪酬、财产保险费、工程保修费、固定资产折旧费等间接费用，借记本科目（间接费用），贷记“累计折旧”、“银行存款”等科目。期（月）末，将间接费用分配计入有关合同成本，借记本科目（合同成本），贷记本科目（间接费用）。

（2）确认合同收入和合同费用时，借记“应收账款”、“预收账款”等科目，贷记“主营业务收入”科目；按照应结转的合同成本，借记“主营业务成本”科目，贷记本科目（合同成本）。

5. “机械作业”

核算小企业（建筑业）及其内部独立核算的施工单位、机械站和运输队使用自有施工机械和运输设备进行机械作业（含机械化施工和运输作业等） 所发生的各项费用。小企业及其内部独立核算的施工单位，从外单位或本企业其他内部独立核算的机械站租入施工机械发生的机械租赁费，在“工程施工”科目核算，不在本科目核算。应按照施工机械或运输设备的种类等进行明细核算。期末应无余额。

小企业内部独立核算的机械施工、运输单位使用自有施工机械或运输设备进行机械作业所发生的各项费用，应按照成本核算对象和成本项目进行归集。

成本项目一般分为：职工薪酬、燃料及动力费、折旧及修理费、其他直接费用、间接费用（为组织和管理机械作业生产所发生的费用）。

机械作业的主要账务处理：

（1）小企业发生的机械作业支出，借记本科目，贷记“原材料”、“应付职工薪酬”、“累计折旧”等科目。

（2）期（月）末，小企业及其内部独立核算的施工单位、机械站和运输队为本企业承包的工程进行机械化施工和运输作业的成本，应转入承包工程的成本，借记“工程施工”科目，贷记本科目。

对外单位、专项工程等提供机械作业（含运输设备）的成本，借记“生产成本（或劳务成本）”科目，贷记本科目。

三、费用的分类

（1）费用按经济内容分类（要素费用）：①外购材料；②外购燃料；③外购动力；④职工薪酬；⑤折旧费；⑥利息支出；⑦税金；⑧其他支出项目。

（2）费用按经济用途一般可分为三类（成本项目）：直接材料、直接人工、制造费用。

期间费用按经济用途不同可分为：销售费用、管理费用、财务费用。

（3）生产费用按与产品的关系分类，可以将费用划分为直接费用和间接费用。

（4）费用按成本性态分类：固定成本、变动成本、混合成本。

（5）费用按可控性分类：可控制成本和不可控制成本。

（6）费用按成本发生的时态分类：历史成本（实际成本）和未来成本（目标成本）。

四、产品生产成本项目

根据生产特点和管理要求，企业一般可以设立以下几个成本项目：

1. 直接材料

直接材料是指企业在生产产品和提供劳务过程中所消耗的直接用于产品生产并构成产品实体的原料、主要材料、外购半成品以及有助于产品形成的辅助材料等。

2. 直接人工

直接人工是指企业在生产产品和提供劳务过程中，直接参加产品生产的工人工资以及其他各种形式的职工薪酬。

3. 制造费用

制造费用是指企业为生产产品和提供劳务而发生的各项间接费用，包括生产车间管理人员的工资等职工薪酬、折旧费、办公费、水电费、机物料消耗、劳动保护费、季节性和修理期间的停工损失等。

五、生产成本核算的一般程序

（1）区分应计入产品成本的成本和不应计入产品成本的费用。

（2）将应计入产品成本的各项成本，区分为应当计入本月的产品成本与应当由其他月份产品负担的成本。

（3）将应计入本月产品成本的各项成本在各种产品之间进行归集和分配，计算出各种产品的成本。

（4）对既有完工产品又有在产品的产品，采用一定的方法在完工产品和期末在产品之间进行分配，计算出该种完工产品的总成本和单位成本。

第二节　生产成本的核算

一、要素费用的归集和分配

（一）归集和分配

要素费用的归集是按照要素费用的性质根据其发生的地点或受益对象进行归集，主要涉及的账户有“生产成本——基本生产成本”、“生产成本——辅助生产成本”、“制造费用”、“管理费用”、“财务费用”、“销售费用”等。

要素费用的分配是将各种要素费用的发生额按照一定的标准合理地分配给各个成本计算对象。常用的费用分配的标准有三类：成果类、消耗类、定额类。

要素费用的分配的主要程序：

（1）费用分配率＝待分配费用总额／分配标准总额

（2）某分配对象应分得的费用＝费用分配率×该分配对象分配标准份额

（二）生产成本的归集和分配

基本生产车间发生的各项成本，最终都要计入产品生产成本，即记入各种产品成本明细账。基本生产车间发生的直接用于产品生产但没有专门设立成本项目的成本，以及间接用于产品生产的成本，应先记入“制造费用”科目及其他相应明细账；月末，再将归集的全部制造成本转入“生产成本——基本生产成本”科目。

通过上述生产成本的归集和分配，在“生产成本——基本生产成本”科目和所属各种产品成本明细账的各个成本项目中，就归集了应由本月基本生产车间的各种产品负担的全部生产成本。将这些成本加上月初在产品成本，在完工产品和月末在产品之间进行分配，就可算出各种完工产品和月末在产品的成本。

辅助生产车间发生的各项生产成本的分配方法，与基本生产车间基本相同。

二、基本生产成本的核算

（一）直接材料成本的核算

基本生产车间发生的直接用于产品生产的直接材料成本，包括直接用于产品生产的燃料和动力成本，应专门设置“直接材料”等成本项目。这些原料和主要材料一般分产品领用，如冶炼用的矿石、造酒用的高粱、制皂用的油脂等，通常是按照产品分别领用的，属于直接成本，应根据领料凭证直接记入某种产品成本的“直接材料”项目。但是，如果是几种产品共同耗用的材料成本，如某化工生产的用料，则应采用适当的分配方法，分别计入各有关产品成本的“直接材料”成本项目。在消耗定额比较稳定、准确的情况下，通常采用材料定额消耗量比例或材料定额成本的比例进行分配，计算公式如下：

某种产品材料定额消耗量（或定额成本）＝该种产品实际产量×单位产品材料定额消耗量（或成本定额）

分配率＝材料实际总消耗量（或实际成本）/各种产品材料定额消耗量（或定额成本）之和

某种产品应分配的材料实际消耗量（或成本）＝分配率×该种产品材料定额消耗量（或定额成本）

原料及主要材料成本除按上述方法分配外，还可以按产量或重量比例分配。

直接用于产品生产、专设成本项目的各种直接材料成本，应借记“生产成本——基本生产成本”科目及其所属各产品成本明细账“直接材料”等成本项目。企业应根据发出材料的成本总额，贷记“原材料”等科目。

【例 15－1】甲公司基本生产车间领用某种材料 4 000 千克，单价 100 元，材料成本合计 400 000 元，生产 A 产品 4 000 件，B 产品 2 000 件。A 产品消耗定额为 12 千克，B 产品消耗定额 26 千克。

分配率＝400 000/（4 000 ×12 ＋2 000 ×26）＝400 000/（48 000 ＋52 000）＝4

应分配的材料成本：A 产品：48 000 ×4＝192 000（元）

B 产品：52 000 ×4＝208 000（元）

在实际工作中，材料成本的分配一般是通过“材料成本分配表”进行的。这种分配表应按照材料的用途和材料类别，根据归类后的领料凭证编制。其格式内容举例如表 15－1 所示。

表 15－1 材料成本分配表

应借科目			共同耗用的分配用原材料					直接领用原材料（元）	原材料耗用总额（元）
总账及二级科目	明细科目	成本或费用项目	产量（件）	消耗定额（千克）	定额消耗量（千克）	分配率	应分配原材料（元）		
生产成本——基本生产	A 产品	直接材料	4 000	12	48 000		192 000	408 000	600 000
	B 产品	直接材料	2 000	26	52 000		208 000	32 000	240 000
	小计				100 000	4	400 000	440 000	840 000
生产成本——辅助生产	锅炉车间	直接材料						125 000	125 000
	供电车间	直接材料						75 000	75 000
	小计							200 000	200 000
制造费用		机物料消耗						60 000	60 000
合计							400 000	700 000	1 100 000

根据“材料成本分配表”作如下会计处理：

借：生产成本——基本生产成本——A 产品—直接材料 600 000

——B 产品—直接材料 240 000

——辅助生产成本 200 000

制造费用—基本车间　　　　　　　　　　　　60 000

贷：原材料—某材料　　　　　　　　　　　　1 100 000

（二）直接人工成本的核算

直接人工成本核算直接进行产品生产的生产工人工资、福利费等职工薪酬，应单独记入“生产成本—基本生产成本”科目和所属产品成本明细账的借方（在明细账中记入“直接人工”成本科目），同时，贷记“应付职工薪酬”科目。

如果生产车间同时生产几种产品，则其发生的直接人工成本，包括工人工资、福利费等职工薪酬，应采用一定方法分配计入各产品成本中。由于工资形成的方式不同，直接人工的分配方法也不同。比如，按计时工资分配直接人工成本、按计件工资分配直接人工成本。

1. 按计时工资分配直接人工成本。计时工资一般是依据工人出勤记录和月标准工资计算，不能反映生产工人工资的用途，以产品生产耗用的生产工时为分配标准。计算公式：

分配率＝本期共同直接人工成本/各产品耗用的实际工时（或定额工时）之和

某产品应承担的直接人工成本＝该产品耗用的实际工时（或定额工时）×分配率

2. 按计件工资分配直接人工成本。计件工资下，直接人工成本的分配可根据产量和每件人工费率，分别产品进行汇总，计算出每种产品应负担的直接人工成本。

为了按工资的用途和发生地点归集并分配工资，月末应分生产部门根据工资结算单和有关的生产工时记录编制“工资成本分配表”，该表的格式内容举例如表 15－2 所示，生产车间工人除工资以外的其他职工薪酬的归集和分配方法，与工资基本相同。

【例 15－2】甲公司根据表 15－2 即可登记总账和有关的明细账，编制会计分录。

表 15－2 工资成本分配汇总表

金额：元

应借科目		工资			
总账及二级科目	明细科目	分配标准（工时）	直接生产人员（0.5）	管理人员工资	合计
生产成本——基本生产成本	A 产品	360 000	180 000		180 000
	B 产品	240 000	120 000		120 000
	小计	600 000	300 000		300 000
生产成本——辅助生产成本	锅炉车间				80 000
	供电车间				120 000
	小计				200 000
制造费用	基本车间			6 000	6 000
	锅炉车间			3 500	3 500
	供电车间			2 500	2 500
	小计			12 000	12 000
合计			300 000	12 000	512 000

借：生产成本——基本生产成本——A 产品　　180 000
　　　　　　　　　　　　　　——B 产品　　120 000
　　　　　　——辅助生产成本——锅炉车间　　80 000
　　　　　　　　　　　　　　——供电车间　　120 000
　　制造费用——基本车间　　6 000
　　　　　　——锅炉车间　　3 500
　　　　　　——供电车间　　2 500
　贷：应付职工薪酬　　512 000

三、辅助生产成本的核算

（一）辅助生产费用的归集与分配概述

辅助生产费用是辅助生产车间在提供服务时发生的各项费用总和。辅助生产车间主要是为基本生产提供服务的生产部门。

企业应该设置“生产成本——辅助生产成本”账户核算辅助生产费用。对于辅助生产车间发生的间接生产费用（制造费用），如果费用较少、辅助生产车间规模较小，且辅助生产部门对外销售商品或提供劳务时，可以直接计入“辅助生产成本”账户。否则，应先计入“制造费用——辅助生产车间”账户，然后再按照一定方法分配转入“辅助生产成本”账户。

（二）辅助生产费用的分配

辅助生产费用的分配方法通常有：直接分配法、交互分配法、计划成本分配法、顺序分配法和代数分配法。

1. 直接分配法

直接分配法是将各辅助生产成本明细账中归集的费用总额，不考虑各辅助生产车间之间相互提供的劳务（或产品），直接分配给辅助生产部门以外的各受益产品、车间、部门。

$$某辅助生产费用的直接分配率=\frac{该辅助生产部门归集的费用}{该辅助生产部门对外提供的劳务总量}$$

辅助生产费用的分配方法简单，不考虑各辅助生产车间之间相互提供的劳务的情况，仅分配一次，适用于辅助生产内部相互提供劳务不多的企业。

【例 15－3】甲公司企业设有供电和供水两个辅助生产车间，为基本生产车间和管理等部门提供服务，根据“辅助生产成本”明细账汇总的资料，供电、供水车间本月发生费用分别是 17 400 元和 8 500 元。两个辅助生产车间供应产品和劳务数量如表 15－3 所示。

表 15－3　辅助生产车间提供劳务数量表

受益部门		供电数量（千瓦时）	供水数量（立方米）
基本生产车间		20 000	9 000
辅助生产车间	供电车间		2 500
	供水车间	4 000	
行政管理部门		5 000	1 000
合计		29 000	12 500

要求：采用直接分配法计算各受益部门应承担的辅助生产费用，并编制相关的会计分录。

计算各受益单位应承担的辅助生产费用：

供电车间费用分配率＝17 400÷（29 000－4 000）＝0.696

基本生产车间应承担的电费＝20 000×0.696＝13 920（元）

行政管理部门应承担的电费 = 5 000 × 0.696 = 3 480（元）

供水车间费用分配率 = 8 500 ÷（12 500 − 2 500）= 0.85

基本生产车间应承担的水费 = 9 000 × 0.85 = 7 650（元）

行政管理部门应承担的水费 = 1 000 × 0.85 = 850（元）

表 15－4　辅助生产费用分配表（直接分配法）

项目		供电车间	供水车间	合计
待分配费用		17 400	8 500	25 900
提供给辅助生产以外的劳务数量		25 000	10 000	
单位成本（分配率）		0.696	0.85	
基本生产车间	耗用数量	20 000	9 000	
	分配金额	13 920	7 650	21 570
行政管理部门	耗用数量	5 000	1 000	
	分配金额	3 480	850	4 330
合计		17 400	8 500	25 900

借：制造费用　　21 570

　　管理费用　　4 330

　贷：辅助生产成本——供电车间　　17 400

　　　　　　　　——供水车间　　8 500

2. 交互分配法

分两步分配，先在辅助生产车间内进行交互分配，再将调整后的辅助生产费用在辅助生产车间以外单位分配，也就是在辅助生产车间、部门以外的各受益产品、车间、部门之间，按其接受的劳务数量和对外分配率进行分配。

提高了分配结果的正确性，适用于辅助生产车间较多，相互提供劳务量较大的企业。

【例 15－4】采用表 15－3 资料。

要求：采用交互分配法计算各受益部门应承担的辅助生产费用，并编制相关会计分录。

计算各受益单位应承担的辅助生产费用：

供电车间交互分配率 = 17 400 ÷ 29 000 = 0.6

供水车间负担的电费 = 4 000 × 0.6 = 2 400（元）

供水车间交互分配率 = 8 500 ÷ 12 500 = 0.68

供电车间负担的水费 = 2 500 × 0.68 = 1 700（元）

供电车间交互分配后的费用额 = 17 400 + 1 700 − 2 400 = 16 700（元）

供水车间交互分配后的费用额 = 8 500 + 2 400 − 1 700 = 9 200（元）

对外分配的计算：

供电车间对外分配率 = 16 700 ÷（29 000 − 4 000） = 0.668

供水车间对外分配率 = 9 200 ÷（12 500 − 2 500） = 0.92

基本生产车间负担的电费 = 20 000 × 0.668 = 13 360（元）

行政管理部门负担的电费 = 5 000 × 0.668 = 3 340（元）

基本生产车间负担的水费 = 9 000 × 0.92 = 8 280（元）

行政管理部门负担的水费 = 1 000 × 0.92 = 920（元）

对内交互分配：

借：辅助生产成本——供水车间　　2 400

　　　　　　　　——供电车间　　1 700

　贷：辅助生产成本——供电车间　　2 400

　　　　　　　　　——供水车间　　1 700

对外分配：

借：制造费用　　21 640

　　管理费用　　4 260

　贷：辅助生产成本——供水车间　　9 200

　　　　　　　　　——供电车间　　16 700

表 15−5　辅助生产费用分配表（交互分配法）

20×3 年 6 月　　　　　　　　单位：元

项　目		供电车间			供水车间			合计
		数量	分配率	金额	数量	分配率	金额	
待分配辅助生产费用		29 000	0.6	17 400	12 500	0.68	8 500	25 900
交互分配	辅助生产——供水	−4 000		−2 400			+2 400	
	辅助生产——供电			+1 700	−2 500		−1 700	
对外分配辅助生产费用		25 000	0.668	16 700	10 000	0.92	9 200	25 900
基本生产车间		20 000		13 360	9 000		8 280	21 640
行政管理部门		5 000		3 340	1 000		920	4 260
合　计		25 000		16 700	20 000		9 200	25 900

3. 计划成本分配法

辅助生产费用按照计划单位成本和各受益单位（含辅助生产车间）耗用的劳务数量进行分配，再将实际成本与计划成本的差异调整计入管理费用（超支用蓝字，节约用红字）。

【例 15－5】甲公司由供电和机修两个辅助生产车间，为基本生产车间和管理部门提供服务，为此，两车间共发生费用分别是 33 600 元和 34 020 元。该企业供电和机修两个辅助生产车间供应产品和劳务数量如表 15－6 所示。该公司每度电的计划成本为 0.33 元，每修理工时计划成本为 3.5 元。

要求：采用计划成本分配法计算各受益部门应承担的辅助生产费用，编制相关会计分录。

表 15－6　辅助生产车间供应产品和劳务数量表

供应对象		供电度数（千瓦小时）	修理工时（小时）
甲产品耗用		80 000	
基本生产车间一般消耗		12 000	6 000
辅助生产车间	供电车间		800
	机修车间	12 000	
行政管理部门		8 000	4 000
合　计		112 000	10 800

表 15－7　辅助生产费用分配表（计划成本分配法）

辅助生产车间				供电车间	机修车间	合计
待分配辅助生产费用				33 600	34 020	67 620
劳务供应量				112 000	10 800	
计划单位成本				0.33	3.5	
辅助车间耗用	辅助生产成本	供电车间	耗用数量		800	
			分配金额		2 800	2 800
		机修车间	耗用数量	1 200		
			分配金额	3 960		3 960
基本生产产品耗用	甲产品	耗用数量		80 000		
		分配金额		26 400		26 400

续　表

辅助生产车间			供电车间	机修车间	合计
基本生产车间耗用	制造费用	耗用数量	12 000	6 000	
		分配金额	3 960	21 000	24 960
管理部门耗用	管理费用	耗用数量	8 000	4 000	
		分配金额	2 640	14 000	16 640
计划成本分配金额合计			36 960	37 800	74 760
辅助生产实际成本			36 940	37 980	74 380
辅助生产成本差异			-560	180	-380

按计划成本分配的会计分录：

借：基本生产成本——甲产品　　26 400

　　制造费用　　24 960

　　辅助生产成本——供电车间　　2 800

　　　　　　　　——机修车间　　3 960

　　管理费用　　16 640

　贷：辅助生产成本——供电车间　　36 960

　　　　　　　　　——机修车间　　37 800

调整辅助生产成本差异的会计分录：

借：管理费用　　-560

　贷：辅助生产成本——供电车间　　-560

借：管理费用　　180

　贷：辅助生产成本——机修车间　　180

优点：简化和加速了辅助生产费用的分配计算工作，便于对各受益单位进行责任考核，还能反映出辅助生产费用的成本差异情况。适用于辅助生产车间的产品或劳务的计划单位成本比较准确的企业。

四、制造费用的核算

制造费用，是指企业为生产产品和提供劳务而发生的各项间接费用，包括生产车间发生的机物料消耗、管理人员的工资、福利费等职工薪酬、折旧费、办公费、水电费、季节性的停工损失等。制造费用属于应计入产品成本但不专设成本项目的各项成本。

制造费用归集和分配应当通过“制造费用”科目进行。该科目应当根据有关付款凭证、转账凭证和前述各种成本分配表登记；此外，还应按不同的车间设立明细账，账内按照成本项目设立专栏，分别反映各车间各项制造费用的发生情况和分配转出情况。基本生产车间和辅助生产车间发生的直接用于生产，但没有专设成本项目的各种材料成本以及用于组织和管理生产活动的各种材料成本，一般应借记“制造费用”及其明细账（基本生产车间或辅助生产车间）的相关成本项目，贷记“原材料”等科目；基本生产车间和辅助生产车间管理人员的工资、福利费等职工薪酬，应记入“制造费用”科目和所属明细账的借方，同时，贷记“应付职工薪酬”科目。

在生产一种产品的车间中，制造费用可直接计入其产品成本。在生产多种产品的车间中，就要采用合理的分配方法，将制造费用分配计入各种产品成本。

企业应根据制造费用的性质、产品的性质以及生产方式，结合自身的实际情况，对正常生产活动发生的制造费用，合理选择分配方法。由于企业各个生产车间或部门的生产任务、技术装备程度、管理水平和费用水准各不相同，因此，制造费用的分配一般应按生产车间或部门进行。

企业所选择的制造费用分配方法主要有：生产工人工时比例法、生产工人工资比例法、机器工时比例法、耗用原材料的数量或成本比例法、直接成本（材料、生产工资等职工薪酬之和）比例法和产成品产量比例法。企业具体选用哪种分配方法，由企业自行决定。分配方法一经确定，不得随意变更。如需变更，应当在附注中予以说明。

（1）生产工人工时比例法，即按照各种产品所用生产工人实际工时数的比例分配制造费用。

制造费用分配率＝制造费用总额÷车间生产工人实际工时总额

某产品应负担的制造费用＝该产品生产工人实际工时×制造费用分配率

（2）生产工人工资比例法，按照计入各种产品成本的生产工人实际工资的比例分配制造费用的方法。由于工资成本分配表可以直接提供生产工人工资资料，这种分配方法比较简便。

制造费用分配率＝制造费用总额÷车间生产工人实际工资总额

某产品应负担的制造费用＝该产品生产工人实际工资×制造费用分配率

（3）机器工时比例法，按照生产各种产品所用机器设备运转时间的比例分配制造费用。适用于产品生产的机械化程度较高的车间。采用这种方法，必须具备各种产品所用机器工时的原始记录。

制造费用分配率＝制造费用总额÷机器运转总时数

某产品应负担的制造费用＝该产品机器运转时数×制造费用分配率

（4）耗用原材料的数量或成本比例法，按照各种产品所耗用的原材料的数量或成本的比例分配制造费用的方法。

制造费用分配率＝制造费用总额÷耗用原材料的数量（或成本）总数

某产品应负担的制造费用＝该产品耗用原材料的数量（或成本）×制造费用分配率

（5）直接成本（材料、生产工人工资等职工薪酬之和）比例法，按照计入各种产品的直接成本（材料、生产工人工资等职工薪酬之和）的比例分配制造费用。

制造费用分配率＝制造费用总额÷各种产品的直接成本总额

某产品应负担的制造费用＝该产品直接成本×制造费用分配率

（6）产成品产量比例法，即按各种产品的实际产量（或标准产量）的比例分配制造费用。其中某种产品的标准产量，是通过将该产品的实际产量乘以换算标准产量的系数而求得。

制造费用分配率＝制造费用总额÷各种产品的实际产量（或标准产量）

某产品应负担的制造费用＝该产品的实际产量（或标准产量）×制造费用分配率

以上各种分配方法，通常是对各月生产车间或部门的制造费用实际发生额进行分配。

【例 15－6】甲公司基本生产车间 M 产品机器工时为 40 000 小时，N 产品机器工时为 30 000 小时，本月发生制造费用 630 000 元。要求在 M、N 产品之间分配制造费用，并编制会计分录。

制造费用分配率＝630 000/（40 000＋30 000）＝9

M 产品应负担的制造费用＝40 000×9＝360 000（元）

N 产品应负担的制造费用＝30 000×9＝27 000（元）

按机器工时比例法编制制造费用分配表，如表 15－8 所示。

表 15－8　制造费用分配表

单位：元

借方科目		机器工时	分配率	分配金额（分配率：9）
生产成本——基本生产成本	M 产品	40 000	9	360 000
	N 产品	30 000		270 000
合计		70 000		630 000

借：生产成本——基本生产成本——M 产品　　360 000
　　　　　　　　　　　　　　——N 产品　　270 000
　贷：制造费用　　　　　　　　　　　　　　630 000

第三节　生产成本在完工产品和在产品之间的分配

本月完工产品成本和月初、月末在产品成本与本月生产费用之间的数量关系表示为：

月初在产品成本 + 本月生产费用 = 本月完工产品成本 + 月末在产品成本

公式中，等式左边是本月生产费用与月初在产品成本之和，是已知数额。等式右边是本月完工产品与月末在产品成本之和，是未知数额。如何将月初在产品成本与本月生产费用在本月完工产品成本和月末在产品成本之间进行分配是成本核算的一项重要内容。一般分配方法有两类：一类是将公式左边的两项费用之和在完工产品成本和月末在产品成本之间按一定比例进行分配，同时确定完工产品成本和月末在产品成本；另一类是先采用一定的方法确定月末在产品成本，然后从公式左边的两项费用之和中减去月末在产品成本，从而确定完工产品成本，本月完工产品成本 = 月初在产品成本 + 本月生产费用 - 月末在产品成本。

一、在产品及其数量

（一）在产品的数量核算

在产品有狭义和广义之分：

广义在产品
- 等待或正在返修的废品
- 已完工未入库的产成品
- 部分步骤完工的半成品
- 狭义在产品是从某一生产车间或某一生产步骤来定义的

（二）在产品的清查核算

在产品的日常入库、出库成本核算与库存其他物资一样核算。在产品清查后，如果账实不符，应根据盘点结果进行账务处理。其基本分录为：

借：基本生产成本 贷：待处理财产损益 或 （盘盈）	借：待处理财产损益（盘亏） 贷：基本生产成本

待查明原因后，转销盘盈金额。其基本分录为：

借：待处理财产损益

贷：管理费用

待查明原因后，转销盘亏金额。其基本分录为：

借：原材料（或银行存款）——毁损在产品的残值

其他应收——过失人或保险公司赔款

营业外支出——自然灾害造成的净损失

制造费用——正常生产净损耗

管理费用——经营性净损失

贷：待处理财产损益

二、生产费用在完工产品与在产品之间的分配方法

企业在选择生产费用在完工产品与在产品之间分配的方法时，应该考虑以下因素：

（1）月末结存在产品数量的多少；

（2）月末在产品数量变化的大小；

（3）月末在产品价值的大小；

（4）在产品成本中各项费用比重的大小；

（5）定额管理基础工作的情况和水平。

（一）不计算在产品成本法

不计算月末在产品成本，又称在产品不计价法，其分配关系表现为：本月生产费用 = 本月完工产品成本。简化了成本计算工作，适用于各月末在产品数量很少，价值低，且各月在产品数量比较稳定的企业。

（二）在产品按年初固定成本计价法

月末在产品成本按年初固定的在产品成本计价，其分配关系表现为：本月生产费用 = 本月完工产品成本。简化了成本计算工作，适用于各月末在产品数量较少，或虽然在产品数量较多，但各月之间在产品数量变化不大的企业。如表 15－9 所示：

表 15-9　产品成本计算单

产品名称：甲产品　　　　　　20×3 年 10 月　　　　　　单位：元

摘要	直接材料	直接人工	制造费用	合计
月初在产品成本	5 000	2 000	1 000	8 000
本月生产费用	45 000	18 000	8 500	71 500
生产费用累计	50 000	20 000	9 500	79 500
本月完工产品成本	45 000	18 000	8 500	71 500
月末在产品成本	5 000	2 000	1 000	8 000

（三）在产品按所耗原材料费用计价法

月末在产品成本只计算其所耗用的原材料费用，其余成本费用均由完工产品成本负担，其分配关系表现为：

（1）月初在产品直接材料费用＋本月直接材料费用＝本月完工产品直接材料费用＋月末在产品直接材料费用；

（2）本月直接人工等其他生产费用＝本月完工产品直接人工等其他生产费用

突出了重点成本项目的分配计算工作，同时简化了非重点成本项目的计算工作。适用于各月末在产品数量较大且比较均衡，同时直接材料费用占其成本的比重较大的企业。

【例 15-7】甲公司生产甲产品，原材料在生产开始时一次投入，原材料费用在产品成本中占有较大比重，月末在产品按所耗原材料费用计价法。本月初在产品费用为 3 000 元，本月发生生产费用：直接材料费用 13 500 元，直接人工费 31 00 元，制造费用 900 元。本月完工成品 300 件，月末在产品 100 件。要求计算甲完工产品的总成本和单位成本以及月末在产品成本。

材料费用分配率＝（3 000＋13 500）/（300＋100）＝41.25

甲完工产品直接材料＝300×41.25＝12 375（元）

月末在产品成本＝100×41.25＝4 125（元）

甲完工产品成本＝12 375＋3 100＋900＝16 375（元）

甲完工产品单位成本＝16 375/300＝54.58（元）

表 15-10 产品成本计算单（在产品按所耗原材料费用计价法）

产品名称：甲产品　　20×3 年 9 月　　单位：元

摘要	直接材料	直接人工	制造费用	合计
月初在产品成本	3 000			3 000
本月生产费用	13 500	3 100	900	17 500
生产费用累计	16 500	3 100	900	20 500
本月完工产品成本	12 375	3 100	900	16 375
月末在产品成本	4 125			4 125

（四）约当产量比例法

约当产量比例法是指生产费用按照完工产品数量与月末产品约当产量的比例分配计算完工产品成本月末在产品成本的一种方法。所谓约当产量，是指将月末在产品数量按其投料程度和加工程度折算为相当于完工产品的数量，本月完工产品产量与月末在产品约当产量之和，称为约当总产量。

按照完工产品数量与月末在产品的约当产量的比例分配计算完工产品成本和月末在产品成本。这种方法要计算出月末在产品完工程度：

（1）全部在产品完工程度均按 50% 平均计算；

（2）按工序分别测定：某道工序产品完工率 =（累计至上一道工序工时定额之和 + 本工序工时定额 ×50%）÷产品工时定额。

【例 15-8】甲公司丁产品经过三道工序制成，第一道工序工时定额为 30 小时，第二道工序工时定额为 10 小时，第三道工序工时定额为 10 小时，每道工序按本工序工时定额的 50% 计算。本月丁产品各工序在产品数量：第一道工序为 500 件，第二道工序为 200 件，第三道工序为 100 件。要求：分工序计算在产品的完工率；分工序计算在产品约当产量。

$$第一道工序完工程度 = \frac{30 \times 50\%}{50} \times 100\% = 30\%$$

$$第二道工序完工程度 = \frac{30 + 10 \times 50\%}{50} \times 100\% = 70\%$$

$$第三道工序完工程度 = \frac{30 + 10 + 10 \times 50\%}{50} \times 100\% = 90\%$$

分工序计算在产品约当产量如下：

第一道工序在产品约当产量 = 500 × 30% = 150（件）

第二道工序在产品约当产量 = 200 × 70% = 140（件）

第三道工序在产品约当产量 =100×90% =90（件）

（3）月末在产品的约当产量。

在产品的约当产量 = 月末在产品的数量 × 完工率

适用于各月末在产品数量较多，且各月在产品数量变化也比较大，同时各项成本项目比重相差不多的企业。

【例 15 -9】甲公司生产乙产品，9 月份月初在产品成本为：直接材料费用 1 080 元，直接人工费用 1 520 元，制造费用 1 100 元。本月生产费用为：直接材料费用 39 580 元，直接人工费用 58 960 元，制造费用 22 300 元。9 月份完工产品 240 件，月末在产品 200 件，在产品的完工程度为 60%，乙产品所耗直接材料在生产开始时占投入全部材料的 70%。要求：采用约当产量比例法计算乙完工产品成本和月末在产品成本。

直接材料费用的分配：

月末在产品约当产量 =200 ×70% =140（件）

直接人工费用的分配率 =（1 080 + 39 580）/（240 + 140） = 107（元/件）

完工产品应负担的直接材料费用 =240 ×107 =25 680（元）

月末在产品应负担的直接材料费用 =140 ×107 =14 980（元）

直接人工费用的分配：

月末在产品约当产量 =200 ×60% =120（件）

直接人工费用分配率 =（1 520 +58 960）/（240 +120） =168

完工产品应负担的直接人工费用 =240 ×168 =40 320（元）

月末在产品应负担的直接人工费用 =120 ×168 =20 160（元）

制造费用的分配：

月末在产品约当产量 =200 ×60% =120（件）

制造费用分配率 =（1 100 +22 300）/（240 +120） =65

完工产品应负担的制造费用 =240 ×65 =15 600（元）

月末在产品应负担的制造费用 =120 ×65 =7 800（元）

完工产品成本和月末在产品成本：

完工产品成本 =25 680 +40 320 +15 600 =81 600（元）

月末在产品成本 =14 980 +20 160 +7 800 =42 940（元）

根据计算结果编制产品成本计算单，如表 15 -11 所示。

表 15－11　产品成本计算单（约当产量比例法）

产品名称：乙产品　　　　　　20×3 年 9 月　　　　　　单位：元

摘要	直接材料	直接人工	制造费用	合计
月初在产品成本	1 080	1 520	1 100	3 700
本月生产费用	39 580	58 960	22 300	120 840
生产费用累计	40 660	60 480	23 400	124 540
费用分配率	107	168	65	
完工产品成本	25 680	40 320	15 600	81 600
月末在产品成本	14 980	20 160	7 800	42 940

（五）在产品按完工产品计算法

月末在产品单位成本与完工产品单位成本相等，简化了成本计算工作，适用于各月末在产品已经接近完工，或者产品已经加工完毕，但尚未入库的产品。

【例 15－10】甲公司乙产品月初在产品费用为：原材料费用 35 145 元，直接人工费用 14 415 元，制造费用 19 335 元，合计 68 895 元；本月生产费用为：原材料费用 55 380 元，直接人工费 32 760 元，制造费用 35 490 元，合计 123 630 元；本月完工产品 930 件，月末在产品 345 件。月末在产品都已完工，尚未验收入库，可以视同完工产品分配各种项费用。要求：采用在产品按完工产品计算法，计算完工产品与月末产品的成本。

分配计算结果如表 15－12 所示：

表 15－12　产品成本计算单（在产品按完工产品计算法）

产品名称：乙产品　　　　　　20×3 年 9 月　　　　　　单位：元

摘要		直接材料	直接人工	制造费用	合计
月初在产品成本		35 145	14 415	19 335	68 895
本月生产费用		55 380	32 760	35 490	123 630
生产费用累计		90 525	47 175	54 825	192 525
费用分配率		71	37	43	
完工产品成本	数量（件）	930	930	930	-
	费用	66 030	34 410	39 990	140 430
月末在产品成本	数量（件）	345	345	345	
	费用	24 495	12 765	14 835	52 095

（六）在产品按定额成本计价法

月末在产品按照定额成本计价，当期实际生产费用与定额成本的差异全部计入当月完工产品成本，先要计算出月末在产品的单位定额成本。适用于定额管理工作较好，各项消耗定额或费用定额比较准确、稳定，且各月末在产品数量较多但数量变化不大的企业。

在产品直接材料定额成本＝在产品实际数量×单位在产品消耗定额×材料计划单价

在产品直接人工定额成本＝在产品实际数量×单位在产品定额工时×计划小时工资率

在产品制造费用定额成本＝在产品实际数量×单位在产品工时定额×计划小时制造费用率

月末在产品定额成本＝在产品材料定额成本＋在产品直接人工定额成本＋在产品制造费用定额成本

本月完工产品实际成本＝月初在产品成本＋本月生产费用－月末在产品定额成本

每月生产费用定额差异，全部计入当月完工产品成本。

【例15－11】甲公司20×3年6月基本生产车间生产甲产品，月初在产品定额成本为：直接材料费用29 700元。燃料及动力11 648元，直接人工费20 063元，制造费用6 159元，共计67 570元；本月生产费用合计为129 512元，其中直接材料费用为53 780元，燃料和动力31 056元，直接人工费为32 376地，制造费用为12 300元，该月甲产品完工255件，月末在产品盘存66件，甲产品所耗直接材料是在生产开始时一次投入的，月末在产品完成定额工时4 100小时。甲产品定额资料为：单位产品直接材料费用定额为385元，燃料及动力每小时费用定额为2.8元，直接工人费用定额每小时为5元，制造费用每小时费用定额为1.5元。要求：采用在产品按定额成本计价法，计算月末完工产品与在产品的成本。

直接材料定额成本＝66×385＝25 410（元）

燃料和动力定额成本＝4 100×2.8＝11 480（元）

直接人工定额成本＝4 100×5＝20 500（元）

制造费用定额成本＝4 100×1.5＝6 150（元）

月末在产品定额成本＝25 410＋11 480＋20 500＋6 150＝63 540（元）

本月完工产品实际成本＝67 570＋129 512－63 540＝133 542（元）

（七）定额比例法

将当期各项生产费用总额按照定额消耗量或定额费用的比例进行分配，不同成本项目应选择合适的分配定额标准，按照该定额标准计算费用分配率。有利于分析和考核各项消耗定额的执行情况，适用于定额管理工作较好，各项消耗定额或费用定额比较准确、稳定，且各月末在产品数量变化较大的企业。

【例 15－12】甲公司 20×3 年 9 月生产乙产品采用定额比例法分配费用，原材料按定额费用比例分配，其他费用按定额工时比例分配。月末完工乙产品 32 000 件，单位产品直接材料成本定额为 2 元，单位产品工时定额为 1.25 小时，月末实际结存在产品 8 000 件，单位产品直接材料成本定额 2 元，单位产品工时定额为 1 小时。乙产品 9 月初在产品成本和本月发生的实际费用如表 15－13 所示。

表 15－13　月初在产品成本和本月生产费用

产品名称：乙产品　　20×3 年 9 月　　单位：元

摘要	直接材料	直接人工	制造费用	合计
月初在产品成本	11 200	4 800	1 600	17 600
本月生产费用	65 600	24 000	8 000	97 600

要求：按定额比例分配完工产品成本和月末在产品成本。

分配率计算：

原材料分配率＝（112 000＋656 000）/（64 000＋16 000）＝0.96

直接人工分配率＝（4 800＋24 000）/（40 000＋8 000）＝0.6

制造费用分配率＝（1 600＋8 000）/（40 000＋8 000）＝0.2

计算结果如表 15－14 所示：

表 15－14　产品成本计算单（定额比例法）

产品名称：乙产品　　20×3 年 9 月　　单位：元

摘要	直接材料	直接人工	制造费用	合计
月初在产品成本	11 200	4 800	1 600	17 600
本月生产费用	65 600	24 000	8 000	97 600
生产费用累计	76 800	28 800	9 600	115 200
分配率	0.96	0.6	0.2	

续　表

摘要		直接材料	直接人工	制造费用	合计
完工产品成本	定额成本（分配标准）	64 000	40 000	40 000	
	实际成本	61 440	24 000	8 000	93 440
月末在产品	定额成本（分配标准）	16 000	8 000	8 000	
	实际成本	15 360	4 800	1 600	21 760
完工产品单位成本		1.92	0.75	0.25	2.92

三、完工产品成本结转的核算

完工产品包括产成品、自制材料、半成品等。完工产品验收入库后，应将其生产成本从“基本生产成本”账户中转出，按照产品类别分别计入“库存商品”、“自制半成品”、“原材料”、“周转材料”等账户。

四、联产品和副产品的成本分配

（一）联产品成本的分配

联产品是指使用同种原料，经过同一生产过程同时生产出来的两种或两种以上的主要产品。

联产品的生产特点是：在生产开始时，各产品尚未分离，同一加工过程中对联产品的联合加工。当生产过程进行到一定生产步骤，产品才会分离。在分离点以前发生的生产成本，称为联合成本“分离点”。分离后的联产品，有的可以直接销售，有的还需进一步加工才可供销售。

联产品成本的计算，通常分为两个阶段进行：一是联产品分离前发生的生产成本即联合成本，可按一个成本核算对象设置一个成本明细账进行归集，然后将其总额按一定方法分配，如：售价法、实物数量法等；二是分离后按各种产品分别设置明细账，归集其分离后所发生的加工成本。

联产品成本计算的一般程序为：

（1）将联产品作为成本核算对象，设置成本明细账。

联产品的特点决定了联产品在分离之前，不可能按各种产品分别计算成本，只能按联产品作为成本核算对象。

（2）归集联产品成本，计算联合成本。

联产品发生的成本为联合成本。联产品的在产品一般比较稳定，可不计算期初、期末在产品成本，本期发生的生产成本全部为联产品的完工产品成本。计算各种产品的成本时，联产品的联合成本在分离点后，按一定分配方法如：售价法、实物数量法等，在各联产品之间进行分配，分别确定各种产品的成本。

（1）售价法：联合成本是按分离点上每种产品的销售价格比例进行分配的。采取这种方法，要求每种产品在分离点时的销售价格能可靠地计量。

【例 15－13】甲公司生产 E 产品和 F 产品。E 产品和 F 产品为联产品。3 月份发生加工成本 12 000 000 元。E 产品和 F 产品在分离点上的销售价格总额为 15 000 000 元，其中 E 产品 9 000 000 元，F 产品 6 000 000 元。

采用售价法分配联合成本：

E 产品：12 000 000/（9 000 000 + 6 000 000）× 9 000 000 = 7 200 000（元）

F 产品：12 000 000/（9 000 000 + 6 000 000）× 6 000 000 = 4 800 000（元）

（2）实物数量法：联合成本是以产品的实物数量为基础分配的。这里的“实物数量”可以是数量、重量。实物数量法通常适用于所生产的产品的价格很不稳定或无法直接确定时。

单位成本（数量或重量）= 联合成本 ÷ 各联产品的总数量（或总重量）

【例 15－14】承上例，同时假定 E 产品为 700 个，F 产品为 300 个。

采用实物数量法分配联合成本：

E 产品：12 000 000/（700 + 300）× 700 = 8 400 000（元）

F 产品：12 000 000/（700 + 300）× 300 = 3 600 000（元）

（二）副产品成本的分配

副产品是指在同一生产过程中，使用同种原料，在生产主要产品的同时附带生产出来的非主要产品。它的产量取决于主产品的产量，随主产品产量的变动而变动，如甘油是生产肥皂这个主产品时的副产品。由于副产品价值相对较低，而且在全部产品生产中所占的比重较小，因而可以采用简化的方法确定其成本。将副产品和主产品作为一个成本核算对象，从总成本中扣除副产品的成本，其余额就是主产品的成本。比如副产品可以按预先规定的固定单价确定成本。

在分配主产品和副产品的生产成本时，通常先确定副产品的生产成本，然后确定主产品的生产成本。

【例 15－15】甲公司在生产主要产品的同时，还生产了某种副产品。该种副产品可直接对外出售，公司规定的售价为每千克100元。某月主要产品和副产品发生的生产成本总额为500 000元，副产品的产量为500千克。假定该公司按预先规定的副产品的售价确定副产品的成本。

副产品的成本 = 100 × 500 = 50 000（元）

主要产品应负担的成本 = 500 000 − 50 000 = 450 000（元）

第四节　成本计算的基本方法

生产成本归集分配完毕后，应按成本核算对象编制成本计算单，并选择一定的成本计算方法，计算各种产品的总成本和单位成本。企业在进行成本计算时，应当根据其生产经营特点、生产经营组织类型和成本管理要求，确定成本计算方法。成本计算的基本方法有品种法、分批法和分步法三种。其中品种法是最基本的方法。

一、品种法

品种法，是指以产品品种作为成本核算对象，归集和分配生产成本，计算产品成本的一种方法。这种方法一般适用于单步骤、大量生产的企业，如发电、供水、采掘等企业。在这种类型的生产中，产品的生产技术过程不能从技术上划分为步骤，比如，企业或车间的规模较小，或者车间是封闭式的，也就是从材料投入到产品产出的全部生产过程都是在一个车间内进行的，或者生产按流水线组织，管理上不要求按照生产步骤计算产品成本，则都可以按照品种计算产品成本。

品种法计算成本的主要特点：

（1）成本核算对象是产品品种。如果企业只生产一种产品，全部生产成本都是直接成本，可直接记入该产品生产成本明细账的有关成本项目中，不存在在各种成本核算对象之间分配成本的问题。如果生产多种产品，间接生产成本则要采用适当的方法，在各成本核算对象之间进行分配。

（2）品种法下一般定期（每月月末）计算产品成本。

（3）如果企业月末有在产品，要将生产成本在完工产品和在产品之间进行分配。

根据产品成本计算单（亦称基本生产成本明细账）编制完工产品入库的会计分录为：借记“库存商品——×产品、××产品”科目，贷记“生产成本——基本生产成本——×产品”科目、“生产成本——基本生产成本

——××产品”等科目。

二、分批法

分批法，是指以产品的批别作为产品成本核算对象，归集和分配生产成本，计算产品成本的一种方法。这种方法主要适用于单件、小批生产的企业，如造船、重型机器制造、精密仪器制造等，也可用于一般企业中的新产品试制或试验的生产、在建工程以及设备修理作业等。

分批法计算成本的主要特点：

（1）成本核算对象是产品的批别。由于产品的批别大多是根据销货订单确定的，因此，这种方法又称订单法。成本核算对象是购买者事先订货或企业规定的产品批别。

（2）产品成本的计算是与生产任务通知单的签发和结束紧密配合的，因此产品成本计算是不定期的。成本计算期与产品生产周期基本一致，但与财务报告期不一致。

（3）由于成本计算期与产品的生产周期基本一致，因此在计算月末在产品成本时，一般不存在在完工产品和在产品之间分配成本的问题。

【例 15－16】某出版社 20×3 年 5 月计划新出版三批图书，分别计算成本，三批图书的批号分别为 501 批、502 批、503 批，5 月份的产品生产资料如表 15－15 所示。

表 15－15　5 月份产品生产资料

批号	产量（套）		本月生产费用（元）			
	本月投产	月末完工	直接材料	直接人工	制造费用	合计
501	900	100	6 900	13 000	2 000	21 900
502	1 000	0	5 800	9 500	1 400	16 700
503	2 500	800	12 000	10 000	6 800	28 800
合计			24 700	32 500	10 200	67 400

每套图书按照批别计算成本。月末，生产费用在完工产品与在产品之间进行分配时，在产品按定额成本计价法。

各批产品月末在产品数量及定额成本资料如表 15－16 所示。

表 15－16　各批产品月末在产品数量及定额成本

20×3 年 5 月　　　　单位：元

产品批号	月末在产品数量（套）	直接材料	直接人工	制造费用	合计
501	800	5 100	10 000	1 200	16 300
502	1 000	5 800	9 500	1 400	16 700
503	1 700	4 000	3 600	2 800	10 400

第一步，根据已知资料开设生产成本明细账，如表 15－17、表 15－18 和表 15－19 所示，制造费用、辅助生产成本等明细账略。

表 15－17　基本生产成本明细账

产品批号：501 批　　　　单位：元

20×3 年		摘　要	产量（套）	直接材料	直接人工	制造费用	合计
月	日						
5	31	材料费用		6 900			6 900
5	31	人工费用			13 000		13 000
5	31	制造费用				2 000	2 000
5	31	生产费用合计	900	6 900	13 000	2 000	21 900
5	31	产成品成本	100	1 800	3 000	800	5 600
5	31	产成品单位成本		18	30	8	56
5	31	月末在产品成本（定额）	800	5 100	10 000	1 200	16 300

表 15－18　基本生产成本明细账

产品批号：502 批　　　　单位：元

20×3 年		摘要	产量（套）	直接材料	直接人工	制造费用	合计
月	日						
5	31	材料费用		5 800			5 800
5	31	人工费用			9 500		9 500
5	31	制造费用				1 400	1 400
5	31	生产费用合计	1 000	5 800	9 500	1 400	16 700

续 表

20×3年		摘要	产量（套）	直接材料	直接人工	制造费用	合计
月	日						
5	31	产成品成本	0	0	0	0	0
5	31	产成品单位成本					
5	31	月末在产品成本（定额）	1 000	5 800	9 500	1 400	16 700

表 15－19 基本生产成本明细账

产品批号：503 批　　　　单位：元

20××年		摘要	产量（套）	直接材料	直接人工	制造费用	合 计
月	日						
5	31	材料费用		12 000			12 000
5	31	人工费用			10 000		10 000
5	31	制造费用				6 800	6 800
5	31	生产费用合计	2 500	12 000	10 000	6 800	28 800
5	31	产成品成本	800	8 000	6 400	4 000	18 400
5	31	产成品单位成本		10	8	5	23
5	31	月末在产品成本（定额）	1 700	4 000	3 600	2 800	10 400

第二步，编制会计分录。根据表 15－18、表 15－19 和表 15－20 计算结果，结转月末完工产品成本，编制会计分录如下：

借：库存商品——501 批　　5 600
　　　　　　——503 批　　18 400
　贷：基本生产成本——501 批　　5 600
　　　　　　　　　——503 批　　18 400

三、分步法

分步法是指按照生产过程中各个加工步骤（分品种）为成本核算对象归集和分配生产成本，计算各步骤半成品和最后产成品成本的一种方法。这种方法适用于大量大批的多步骤生产，如冶金、纺织、机械制造等，在这类企业中，产品生产可以分为若干个生产步骤的成本管理，通常不仅要求按照产品品种计算成本，而且还要求按照生产步骤计算成本，以便为考核和分析各种产品及各生产步骤的成本计划的执行情况提供资料。

（一）分步法计算成本的主要特点

（1）成本核算对象是各种产品的生产步骤。

（2）月末为计算完工产品成本，还需要将归集在生产成本明细账中的生产成本在完工产品和在产品之间进行分配。

（3）除了按品种计算和结转产品成本外，还需要计算和结转产品的各步骤成本。其成本核算对象，是各种产品及其所经过的各个加工步骤。如果企业只生产一种产品，则成本核算对象就是该种产品及其所经过的各个生产步骤。其成本计算期是固定的，与产品的生产周期不一致。

（二）分步法成本计算程序

在实际工作中，根据成本管理对各生产步骤成本资料的不同要求（如是否要求计算半成品成本）和简化核算的要求，各生产步骤成本的计算和结转，一般采用逐步结转和平行结转两种方法，称为逐步结转分步法和平行结转分步法。

1. 逐步结转分步法

逐步结转分步法是为了分步计算半成品成本而采用的一种分步法，也称计算半成品成本分步法。它是按照产品加工的顺序，逐步计算并结转半成品成本，直到最后加工步骤完成才能计算产成品成本的一种方法。它是按照产品加工顺序先计算第一个加工步骤的半成品成本，然后结转给第二个加工步骤，这时，第二步骤把第一步骤结转来的半成品成本加上本步骤耗用的材料成本和加工成本，即可求得第二个加工步骤的半成品成本。这种方法适用于大量大批连续式复杂生产的企业。这种类型的企业，有的不仅将产成品作为商品对外销售，而且生产步骤所产半成品也经常作为商品对外销售。例如，钢铁厂的生铁、钢锭、纺织厂的棉纱等，都需要计算半成品成本。

逐步结转分步法在完工产品和在产品之间分配生产成本，即在各步骤完工产品和在产品之间进行分配。其优点：一是能提供各个生产步骤的半成品资料；二是为各生产步骤的在产品实物管理及资金管理提供资料；三是能够全面地反映各生产步骤的生产耗费水平，更好地满足各生产步骤成本管理的要求。其缺点：成本结转工作量较大，各步骤的半成品成本如果采用逐步综合结转方法，还要进行成本还原，增加了核算的工作量。

逐步结转分步法按照成本在下一步骤成本计算单中的反映方式，还可以分为综合结转和分项结转两种方法。这里仅就综合结转加以介绍。

综合结转法，是指上一步骤转入下一步骤的半成品成本，以“直接材料”或专设的“半成品”项目综合列入下一步骤的成本计算单中。如果半成品通过半成品库收发，由于各月所生产的半成品的单位成本不同，因而所耗半成品的单位成本可以如同材料核算一样，采用先进先出法或加权平均方法计算。

2. 平行结转分步法

平行结转分步法也称不计算半成品成本分步法。它是指在计算各步骤成本时，不计算各步骤所产半成品的成本，也不计算各步骤所耗上一步骤的半成品成本，而只计算本步骤发生的各项其他成本，以及这些成本中应计入产成品的份额，将相同产品的各步骤成本明细账中的这些份额平行结转、汇总，即可计算出该种产品的产成品成本。

（1）成本核算对象和成本结转程序。采用平行结转分步法的成本核算对象是各种产成品及其经过的各生产步骤中的成本份额。而各步骤的产品生产成本并不伴随着半成品实物的转移而结转。各生产步骤均不计算本步骤的半成品成本，尽管半成品的实物转入下一生产步骤继续加工，但其成本并不结转到下一生产步骤的成本计算单中去，只是在产品最后完工入产成品库时，才将各步骤生产成本中应由完工产品负担的份额，从各步骤成本计算单中转出，平行汇总计算产成品的成本。

（2）产品生产成本在完工产品和在产品之间的分配。采用平行结转分步法，每一生产步骤的生产成本也要在其完工产品与月末在产品之间进行分配。但是完工产品是指企业最后完工的产成品；在产品是指各步骤尚未加工完成的在产品和各步骤已完工但尚未最终完成的产品。

参考文献

[1] 中华人民共和国会计法.1999年10月31日第九届全国人民代表大会常务委员会第十二次会议修订（中华人民共和国主席令第二十四号）.

[2] 会计基础工作规范.1996年6月17日财政部发布（财会字[1996] 19号）.

[3] 小企业会计准则.2011年10月18日财政部发布（财会[2011] 17号）.

[4] 企业会计准则——基本准则.2006年2月15日财政部令第33号.

[5] 中华人民共和国中小企业促进法.2002年6月29日第九届全国人民代表大会常务委员会第二十八次会议通过（中华人民共和国主席令第六十九号）.

[6] 国务院关于进一步促进中小企业发展的若干意见.2009年9月19日国务院发布（国发[2009] 36号）.

[7]“十二五”中小企业成长规划.2011年9月23日工业和信息化部发布.

[8] 中小企业划型标准规定.2011年6月18日工业和信息化部等四部门发布（工信部联企业[2011] 300号）.

[9] 中华人民共和国增值税暂行条例.2008年11月10日颁布（国务院令第538号）.

[10] 中华人民共和国税收征收管理法实施细则.2002年9月7日国务院颁布（国务院令[2002] 362号）.

[11] 会计档案管理办法.1998年8月21日财政部 国家档案局发布（财会字[1998] 32号）.

[12] 企业内部控制基本规范.2008年5月22日财政部 证监会 审计署 银监会 保监会发布（财会[2008] 7号）.

[13] 企业内部控制配套指引.2011年4月15日财政部 证监会 审计署 银监会 保监会发布（财会[2010] 11号）.

[14] 财政部会计资格评价中心·初级会计实务 [M]. 北京：中国财政经济出版社，2010.

[15] 云南省会计从业资格考试辅导教材·财经法规与会计职业道德 [M]. 北京：经济科学出版社，2010.

[16] 中小企业年鉴2009. 北京：经济科学出版社.

[17] 中小企业年鉴2010. 北京：经济科学出版社.